近代社会思想コレクション 25

上村忠男 訳
Tadao Uemura

ヴィーコ
新しい学の諸原理［一七二五年版］

Principj di una scienza nuova

京都大学学術出版会

凡　例

一、本書はジャンバッティスタ・ヴィーコ（Giambattista Vico）の『諸国民の自然本性についての新しい学の諸原理──それをつうじて万民の自然法のいま一つ別の体系が見出される』（*Principj di una scienza nuova intorno alla natura delle nazioni per la quale si ritruovano i principj di altro sistema del diritto naturale delle genti*）（一七二五年）の全訳である。以下、『新しい学の諸原理［一七二五年版］』と略記する。

二、使用した底本は、Napoli の書肆 Felice Mosca から一七二五年に出版されたオリジナルの、Roma の Edizioni dell'Ateneo & Bizzarri から一九七九年に刊行された T. Gregory の編集によるファクシミリ復刻版である。

三、訳出にあたっては、つぎの三つの版を参考にした。

（1）Bari の Gius. Laterza & figli から一九三一年に出版された Fausto Nicolini による編集・校訂版（Giambattista Vico, *La Scienza nuova prima con la polemica contro gli «Atti degli eruditi» di Lipsia*）。

（2）Milano の Arnaldo Mondadori Editore から一九九〇年に出版された Andrea Battistini による編集・校訂版（Giambattista Vico, *Opere*, a cura di Andrea Battistini, tomo II 所収）。

（3）Cambridge University Press から二〇〇二年に出版された Leon Pompa による英訳（Vico, *The First New Science*）。

四、パラグラフ番号は Nicolini によって付けられたものである。引用にさいしては Nicolini によるパラグラフ番号を表示するのが、ヴィーコ研究者のあいだで通例になっている。

五、章の見出しのうち［　］で括ってある部分は Nicolini による補足である。

六、〔　〕の部分は訳者による補足である。

七、訳註の作成にあたっては、Battistini の校訂版に付されている註を参考にさせてもらった。

訳者からのメッセージ

本書はナポリの哲学者ジャンバッティスタ・ヴィーコ Giambattista Vico（一六六八―一七四四）が一七二五年に世に問うた『諸国民の自然本性についての新しい学の諸原理――それをつうじて万民の自然法のいま一つ別の体系の諸原理が見出される』*Principj di una scienza nuova intorno alla natura delle nazioni per la quale si ritruovano i principj di altro sistema del diritto naturale delle genti* の全訳である（以下、『新しい学の諸原理』と略記する）。

ヴィーコがこの世に生を享けた十七世紀半ばのナポリでは、法曹界で活躍するブルジョワ中間層が貴族階級に対抗する新興勢力としてしだいに勢威を増しつつあった。こうしてナポリの小さな本屋の息子に生まれたヴィーコも、若い頃から弁護士になることを志したようで、十八歳のときには法律事務所に見習いとして通っている。そして、たまたま商売がたきから訴えられた父親の弁護を引き受けて勝利してもいる。ただ、本人は法律の実務には向いていないと悟ったのか、学究の道を選び、ナポリからさらに南方のチレント半島にあるヴァトッラというところで、九年間にわたって当地の領主の息子たちの家庭教師をしたのち、一六九九年、三十一歳でようやく王立ナポリ大学の雄弁術の教授職にありつくものの、法学教授になる夢は捨てきれず、一七二四年にローマ法の教授の席が空いて公募があった折には応募するが、結果は不首尾に終わり、一七四二年に引退するまで、雄弁術教授にとどまり続けることとなる。

それでも、法学の研究そのものはすでにナポリ大学の教授になる以前からずっと続けていたようである。そして一七二〇—二一年にはその研究の成果を世に問うべく、《神と人間にかんすることどものあらゆる明らかにされた知識の基礎をなす単一の原理》を、フィロソフィアとフィロロギアを統合した〈新しい学〉の方法にもとづいて確立するという意図のもと、『普遍法の単一の原理ならびに単一の目的』*De universi iuris uno principio et fine uno* と『法律家の一貫性』*De constantia iurisprudentis*、そして両書への『註解』*Notae in duos libros* からなる、全三巻の著作（通称『普遍法』）を刊行している。

一七二五年の『新しい学の諸原理』はこの『普遍法』に散見される誤りや不備な点を補正して書き改めたものであって、サブタイトルにも暗示されているように、グローティウス、セルデン、プーフェンドルフの自然法・万民法論に取って代わる〈万民の自然法〉の新しい原理を確立することが主たる目的をなしている。この意味では、一七二五年の『新しい学の諸原理』は、ヴィーコの積年の法学研究の集大成といってよい。なお、ヴィーコの『自伝』によると、彼はこの一七二五年の『新しい学の諸原理』に先だって、グローティウスらの学説の正面からの批判に重きを置いた「否定版」を書いたとのことであるが、この「否定版」のほうはすでに『自伝』執筆（一七二三年）の時点で行方知れずになってしまっていたようである。

ただ、一七二五年の『新しい学の諸原理』には、ヴィーコ積年の法学研究の集大成ということだけで済ますことのできない画期的な点がある。というのも、ヴィーコは彼がナポリ大学でおこなった第七回目の開講講演（一七〇八年）をもとに大学が出版費用を負担して一七〇九年に刊行された『われらの時代の学問方法について』*De nostri temporis studiorum ratione* のなかで、《わたしたちが幾何学的ことがらを証明するのは、わたしたちが〔それらを〕作っているからである。もしかりにわたしたちが自然学的ことがらを証明できるとしたら、わたしたちは〔それらを〕作っていることになってしまうだろう》と述べて自然学的ことがらについての証明可能性を否定し、翌一七一〇年のヴィーコの最初の哲学的著作『ラテン語の起源から導き出されるイタリア人の太古の知恵』第一巻『形而上学篇』*De antiquissima Italorum sapientia ex linguae latinae originibus eruenda. Liber primus sive metaphysicus* において、それを《真なるものと作られたものとは置換される（verum et factum convertuntur）》、すなわち、真理の規準は当の真理を作ったということであるという、それ自体としては中世のスコラ学以来の知識理論にもとづいた定式にまとめるとともに、自然学的ことがらだけでなく、政治や倫理など、偶然と機会に左右される人間にかんすることがらにかんしても、証明不可能であるとして以来、『普遍法』にいたっても一貫してその立場を採りつづけてきた。ところが、なんと一七二五年の『新しい学の諸原理』ではまさに「コペルニクス的転回」と呼ぶにふさわしい一大転回をおこなって、つぎのように宣言しているのである。《かくも長くて濃い闇の夜にあって、ただひとつ、つぎの光だけがほのかに輝いている。すなわち、異教諸国民の世界はそれでもなおたしかに人間たちによって作られてきたのだ、というのがそれである。そして、この結果、そのような無限の疑わしさの大洋のなかに、ただひとつ足を踏まえることのできる、つぎのような小さな陸地が立ち現われる。すなわち、それ〔異教諸国民の世界〕の諸原理はわたしたちの人間の知性の自然本性的なあり方のうちに、ひいてはわたしたちの理解の能力のうちに、見出されるのでなければならない、というのがそれである》と。万民の自然法にかんする既存のあらゆる学説に異議を唱え、《あたかも、この探求のためには、わたしたちを手伝ってくれる哲学者も文献学者もかつてひとりとして存在したことがなかったかのように思いなして》、《人間と神にかんするいっさいの学識についてまったく無知の状態にまでみずからを引き戻さなくてはならない》との覚悟を固めたうえでの述言であるが、これはヴィーコにおける認識の変化と言うにとどまらず、人文学一般に真理認識の可能性をあたえたという意味でも、まことに画期的な述言といってよいのではないかと思う。これに先だってホッブズの例があるとしてもである。

またヴィーコが一七二五年の『新しい学の諸原理』で推理しているところによると、異教諸国民の世界を創建することになった「最初の人間たち」は、悟性的判断力はいまだ全然持ち合わせていなかった反面、全身がこれ感覚と想像力のかたまりであったにちがいなく、そのような自然本性上のあり方から必要性に迫られて作り出された「詩的記号(carattere poetico)」でもって最初の異教諸国民の言語はできあがっていたというのだが、これも言語ないし一般に記号というものの本質とそれが人間存在にとってもつ意味を考えるうえでも教示されるところの少なくない、一七二五年の『新しい学の諸原理』においてはじめて明示的に表明された特記すべき推理といってよいだろう。同書にはこれまでことのほか敬愛してきたプラトンについて、そのプラトンでさえ《他人のよく知られていないあり方のことは自分を尺度にして測る人間の知性に通有の誤謬》を犯して、《異教の文明の野蛮で粗野な起源を彼自身のいとも崇高で神のごとく深遠な認識がはじめて達成可能とされている〔文明の〕完成された状態にまで高めあげ》、《今日まで引き継がれている学識の錯誤（un dotto abbaglio）によって、異教の文明の最初の創建者たちがこのうえなく賢明で深遠な知恵を有していたことを立証しようとする》と批判していることとあわせて注目しておきたい。

最後に一言。ヴィーコは一七二五年の『新しい学の諸原理』をその後全面的に書き改め、一七三〇年に『諸国民の共通の自然本性についての新しい学の五つの巻』と題して出版している。そして、書き改めた理由について、『自伝』の追加部分（一七三一年執筆、公表されたのは十九世紀の初めになってからだった）で、一七二五年の『新しい学の諸原理』を「最初の新しい学」と呼んだうえで、《『最初の新しい学』では、主題においてではなかったにしても、順序においてたしかに誤った。というのも、観念の原理と言語の原理とは本性上互いに結合しているにもかかわらず、両者を切り離してあつかってしまったからである》と説明している。

ただ、このヴィーコの『自伝』における説明にかんして言わせてもらうなら、そこで言われている「順序における誤り」の「訂正」がかえって叙述の明断さを損なう結果になってしまってはいないかという疑問が残ることも事実である。実際にも、一七三〇年版と一七四四年版の『新しい学の諸原理』では、叙述にバロック的な過剰さと乱雑さが目立ち、それが魅力の一因をなしている一方で、一七二五年の『新しい学の諸原理』と異なって、第一巻では要素と要請から始まって原理と方法についての幾何学的様式なるものが採用されているものの、第二巻以降の叙述では哲学的な観念と文献学的な立証とが渾然一体となっていて、明晰さに曇りが生じているのが散見される。

またヴィーコは、一七二五年の『新しい学の諸原理』では、その直前に計画して執筆したもののお蔵入りになってしまった『新しい学・否定的形態版』の痕跡をなおも多分にとどめていることを認めたうえで、そのような否定的な、つまりは論敵にたいする駁論的な論の進め方を否定的にとらえている。しかし、そうした痕跡をとどめていることは『新しい学』がどのような学者たちのどのような学説を論敵にして書かれたのかをうかがうのにはむしろありがたいことではないだろうか。一七三〇年版とそれをブラッシュアップした一七四四年版では極力払拭の努力がなされているだけになおさらである。一七二五年の『新しい学の諸原理』は、ヴィーコ自身がそう呼んでいるように「最初の新しい学」と位置づけるよりも、それ自体独立の意義を有する一個の著作とみたほうが妥当ではないかと思う。

目次

新しい学の諸原理

〔一七二五年版〕

諸国民の自然本性についての
新しい学の諸原理
――それをつうじて
万民の自然法の
いま一つ別の体系の諸原理が見出される

一七二五年

一　ヨーロッパのアカデミーは、
異教の歴史の
物語や
民間伝承だけでなく、
最も評判の高い哲学者たちの
あらゆるどんな権威もが
厳格な道理の批判に
付される
この光に照らし出された時代にあって、
かれらの講壇から
このうえなき称賛とともに
万民の自然法を飾り立てている。
この万民の自然法の
スパルタとアテナイとローマの法は
それらの拡がりと持続において

一小部分なのである。
それはスパルタとアテナイとローマが
世界の一小部分であるのと同じである。

このヨーロッパのアカデミーに
ジャンバッティスタ・ヴィーコは
著者が
諸国民の自然本性についての
新しい学を
発見することによって
省察してきた
このいま一つ別の体系の諸原理を
イタリア語で
恭しく差し向けさせていただく。

諸国民の自然本性からこそ、疑いもなく、
万民の自然法は生じているのである。
そして、諸国民の文明に、

すべての
知識、学問、技芸は、
主として、
それらの実践のすべてを負っているのである。
たしかに、すべての知識、学問、技芸は
諸国民の文明から起源を引き出しており、
諸国民の文明のなかで生きているからである。

なお、著者がこの著作をヨーロッパのアカデミーに差し向けさせてもらうのは、
それらが公言する
学説を
公言するだけの価値がある場合には
かれらの学識と知恵をもって
ここでなされるもろもろの発見を
補充したり修正したりして
最高度にまで
前進させていただきたいからである。
それはまた、ひとえに法律という職業に

栄光をあたえることをめざしてのことである。
さらにイタリア語で差し向けさせてもらうのは、
著者がこれまでに書いてきた
天賦とぼしき
なにがしかの書き物に見るべきものがあるとすれば、
それはもっぱら
尊敬すべきイタリア語の
おかげであるからにほかならない。

著作の観念

ユピテルからムーサたちは生まれた
ウェルギリウス〔『牧歌』三・六〇〕

第一巻

二　つぎのような著作の観念、すなわち、諸国民の自然本性から諸国民の文明は生じているのであって、文明はどの国民のもとにあっても宗教とともに始まり、もろもろの知識、学問、技芸とともに完成を見るにいたっているという観念のもとで、諸国民の自然本性についてのある一つの学が構想される。

第二巻

三　《人をも地をも知らぬまま、わたしたちはさまよっていた（Ignari hominumque locorumque erramus）》――ウェルギリウス。[1]　異教の諸国民は、トマス・ホッブズのいう放縦で乱暴な者たち、[2]　フーゴー・グローティウスのいう、だれもが孤独で、弱くて、何から何まで欠いている、単純な者たち、[3]　ザームエル・プーフェンドルフのいう神の加護も援助もないままこの世界に投げ出された者たちからやってきた。[4]　そうした者たちの野獣的放浪[5]のうちにこの学を発見するという目的の必然性と手段の困難さ。

第三巻

四　《神々によって定められた法（Iura a diis posita）》――詩人たちによって共通に用いられてきた表現。将来を先見している神的な存在のものであると信じられたお告げや命令にもとづいてすべての異教諸国民は生じた。そうした神的なものの観念から導き出されるこの学の諸原理。

五　《万民の神聖なる掟（Fas gentium）[6]》――古代ローマの伝令使たちによって用いられた表現。すべての諸国民に共通のある一つの言語から導き出されるこの学の諸原理。

（1）　ウェルギリウス『アエネーイス』一・三三二―三三三。

（2）「放縦で乱暴な者たち」――社会契約説によって近代的な政治理論を基礎づけたことで知られるイングランドの哲学者トマス・ホッブズ Thomas Hobbes（一五八八―一六七九）は、『市民論』*De cive*（一六四二年）の序文で社会契約成立以前のいわゆる「自然状態」を「万民の万民にたいする戦争」の状態と規定するとともに、献辞では、古代ローマの格言から採って、その状態のもとでは「人間は人間にとって狼である」と述べている。こうした自然状態下における人間のありようについてのホッブズの仮説を受けたヴィーコ独特の表現である。

（3）「単純な者たち」――自然法にもとづいて国際法の基礎を築いたことで知られるオランダの法学者フーゴー・グローティウス Hugo Grotius（一五八三―一六四五）の『戦争と平和の法』*De jure belli ac pacis*（一六二五年）二・二・一―二参照。

（4）「神の加護も援助もないままこの世界に投げ出された者たち」――ドイツの法学者ザームエル・フォン・プーフェンドルフ Samuel von Pufendorf（一六三二―一六九四）の『自然法ならびに万民法』*De iure naturae et gentium*（一六七二年）二・二・二参照。

（5）「野獣的放浪」の原語は〝error ferino〟である。聖書で語られる世界大洪水後、人類は長らく、鬱蒼と繁った大森林の中を野獣のごとくに放浪して回っていたというのが、ヴィーコの見立てであった。

（6）　タキトゥス『年代記』一・四二・二。

第四巻

六　《永遠の法（Leges aeternae）[7]》――哲学者たちの表現。万民の自然法の体系全体をそれぞれの有する一定の永遠の特性でもって構成しているもろもろの習俗がどのようにしていつ誕生したのかを、一定の個別的な様式および一定の限定された最初の時代を示すことによって確立する証拠の根拠。それらの習俗が永遠の特性を有していることは、それらの自然本性あるいは生誕の様式と時代とがそのようなものであってそれ以外のものではないことを証明している。

第五巻

七　《人類の契約（Foedera generis humani）[8]》――歴史家たちの表現。諸国民が、さまざまに異なる場所、さまざまに異なる時代において、宗教と言語の同一の諸原理にもとづいて、同一の誕生、前進、停止、衰退、終焉を展開しつつ、手に手をとりあって人類世界へと広まっていくさいの素材の装置一式。

（7）キケロ『神々の本性について』一・一五・四〇。

（8）リウィウス『ローマ史』四・一九・三参照。

第一巻　ある一つの新しい学を見出すという目的の必然性と手段の困難さ

第一章　この著作を構想することになった動機

八　諸国民の自然法はたしかに諸国民に共通の習俗とともに生まれたのだった。また、世界に存在した国民で、神を信仰しない者たちからなる国民はいまだかつて一つとして存在したことがない。なぜなら、諸国民はすべて、なんらかの宗教から始まっているからである。そして宗教はすべて、永遠に生きたいという、人間だれもが生来有している願望のうちにその根を下ろしていた。人間が生来有しているこの共通の願望は、人間の霊魂は不滅であるという、人間の知性の根底に隠れているある一つの共通感覚[1]から生じてくる。この共通感覚は、原因が秘匿されているぶん、それだけ明瞭に結果を生み出す。すなわち、病の極みにあってまさに死を迎えんとするとき、わたしたちはなにか自然を超越した力が存在していて、その病を克服してくれないものかと願う、というのがそれである。そのような力は、もっぱら、自然そのものではなく、自然を超越した存在である神、いいかえれば、ある一つの無限にして永遠の知性のうちに見出されるべきはずの

（1）「共通感覚」の原語は〝senso comune〟である。

ものである。その神から人間たちは逸脱して、将来のことに好奇心を抱くのであった。

九　そのような好奇心は、本来ならば無限にして永遠の知性である神だけに固有のことがらについてのものであるので、ことがらの本性からして〔人間たちには〕禁じられている。ところが、そのような好奇心を抱いたために、これが動因となって人類の二人の始祖〔アダムとエヴァ〕の堕落は始まった。そこで、神は、その二人の始祖が将来を知りたいと願望したことの罰として、全人類を労働と苦痛と死の刑に処するとともに、ヘブライ人のもとにあって無限にして永遠の先見者たる神の崇拝にもとづいた真実の宗教を創設した。その一方で、虚偽の宗教はすべて、偶像崇拝、すなわち、病の極みにあるときに人間たちを救助してくれる、自然に超越した力をそなえた肉体的存在であるという偽りの思いこみに立って空想された神々の崇拝を基礎として生じることとなった。そして偶像崇拝は神占、すなわち、神々から人間たちのもとに送られてきたものと思いこまれた一定の可感的な知らせにもとづいた、将来についての虚しい知識といっしょに誕生した。すべての異教諸国民の通俗的な知恵(2)がそれから始まったにちがいないそのような虚しい知識は、しかしながら二つの偉大な真理の端緒〔原理〕を内に隠しもっている。一つは、人間にかんすることがらのいっさいを先見して支配している神的な存在者がいるのではないかというものであり、もう一つは、人間たちには選択の自由があって、もしみずから欲してそれを用いるならば、まえもって備えておかないと自分たちの身にふりかかったかもしれない災難を回避することができるというものである。この第二の真理から、つづいては、人間たちは正義によって生きる選択権を有しているということがやってくる。このような共通感覚が存在することは、人間たちには、生来、なにかそれらを欲したくない特別の利己感情によって動かされてでもいないかぎり、法律を求める共通の願望があるということから確証される。

一〇　これこそが、そして他の何ものでもなく、たしかに文明〔人間をして人間たらしめているもの〕であるのであって、文明はつねにいたるところでそれの実践的方策(3)をつぎのような三つの人類の共通感覚にもとづいて支え導いてきたのである。すなわち、第一には、万事を先見している者、つまりは神が存在するのではないかという感覚。第二には、ある決まった女性とのあいだに素性の確かな息子をもうけて、その女性と少なくとも公共的な宗教の諸原理が共通であるようになっていなければならないという感覚。父親と母親とによって、一つの精神のもとで、息子たちがかれらの生まれた国家の法律と宗教とに合致した教育をほどこされるようにするためである。そして第三には、死者は埋葬されなければならないという感覚。このために、世界には神を信仰しない者たちからなる国民はひとつとして存在したことはないのみならず、女性が結婚相手の男性の公的宗教に移ることのないような国民もひとつとして存在したことはないのである。また、だれもが素っ裸で歩き回っているような国民は存在したことがなかったとすれば、いわんや、他人の面前で犬のように無遠慮に性交しているような国民、あるいは野獣がやっているのと同様の相手かまわずの交わり以外の肉体的な交際のあり方を実施していないような国民も存在したことはないのである。また最後には、

(2)「通俗的な知恵」の原語は〝sapienza volgare〟である。哲学者たちの「深遠な知恵」（sapienza riposta）と対をなして用いられる。

(3)「実践的方策」の原語は〝pratiche〟である。「理論的原則」ないし「格率」（massime）と対をなして用いられる。

どれほど野蛮な国民といえども、自分たちの親族や友人の屍体を埋葬もせずに地面の上に放置して朽ちるにまかせているような国民も存在したことはないのである。そのような状態は非道の状態、すなわち、人間たちの共通の自然本性に反する罪深き状態であろうからである。そのような状態に転落することのないよう、諸国民はすべて、自分たち土着の宗教を神聖にして侵すべからざる祭典を挙行することによって遵守しているのであり、凝りに凝った儀礼や式典を挙げては、人間にかんする他のすべてのことがらに優先して、まずもっては婚儀と葬儀を執り行っているのである。以上が人類の通俗的な知恵なのであって、この知恵は宗教と法律とから始まって、知識とともに、学問と技芸とともに、完成され成就されたのだった。

第二章　ある一つの新しい学の構想

一一　ところで、すべての知識、すべての学問と技芸は、人間の諸能力を完成させ規制することへと差し向けられてきた。しかしながら、すべての知識、すべての学問と技芸は、疑いもなく諸国民の文明から出てきているにもかかわらず、その文明の諸原理について思索をめぐらせ、それらの諸原理によって、文明のアクメー、すなわち、完成状態を確定した者は、いまだだれひとりとしていない。他の死すべき運命にある事物と同様、諸国民の文明もいくつかの段階を経過せざるをえず、始点と終点とを結ぶ範囲の内部にあって終焉せざるをえない。このような文明の諸段階と両極とがその完成状態からは測定されうるのである。そして、ある国民の文明が興隆過程にあるときには、どのようにすればそのような完成された状態にまで到達できるのか、また、それがすでに衰退過程にあるときには、どのようにすればふたたびその完成された状態にまで引き戻すことができるのか、そのための実践的方策がそこからは確実に学びとられるのである。そのような完成状態とはもっぱらつぎのようなもの、すなわち、諸国民が恒常不変の道理をつうじて証明されるとともに万民に共通の習俗によって実践されているような一定の理論的原則のうちにとどまり続けている状態であろう。それらの理論的原則にもとづいてはじめて、哲学者たちの深遠な知恵は諸国民の通俗的な知恵に手を貸し、それを支え導いていくことができるようになるのであり、このようにして、アカデミーの最も高名な者たちと国家のすべての賢者たちとのあいだに一致がもたらされるのである。また、神と人間にかんする制度的なことがらについての知識、つまりは宗教と法律についての知識（習慣をつうじて獲得される実践的な神学と道徳）が、神と人間にかんする自然的なことがらについての知識（悟性的判断によって獲得される理論的な神学と道徳）によって支援されることが可能になるのである。このようなわけであるから、そのような理論的原則から外れることは、それこそ真の過誤ないし逸脱[4]というべきであって、これは人間ではなく、野獣にこそふさわしい振る舞いなのである。

（4）「真の過誤ないし逸脱」の原語は〝il vero errore o sia divagamento〟である。〝errore〟のラテン語〝error〟は、もともと、「放浪」という意味であったことにも注意されたい。本書〔四〕の叙述からもうかがえるように、ヴィーコは、原始の人間たちは「野獣的放浪」の状態にあったと見ていた。

第三章　エピクロス派とストア派の理論的原則ならびにプラトンの実践的方策によってはそのような学は欠落してしまっていること

一三　ところが、エピクロス派とストア派とは、互いに相違しているばかりか正反対の道をたどりながら、残念なことにも、双方とも、通俗的な知恵から遠ざかり、これを見棄ててしまっている。それというのも、エピクロス派は、偶然が人間にかんすることがらを盲目的に支配しているのであり、人間の霊魂は肉体とともに死滅する、肉体の感覚は肉体以外の何ものもあたえないのだから情念は快楽によって規制すべきである、時々刻々変化する利益が正義の尺度なのだと教えている。一方、ストア派は、これとは逆に、宿命的な必然性がいっさいを、人間の自由意志までをも引きずっているものと断定している。また死後の霊魂にも一定期間の生命をあたえている。そして、永遠にして不変の正義が存在することを説き、正直であることこそが人間の行動の規範でなければならぬと説きながら、情念がまったく無感覚になるよう欲することによって人間に本来そなわっている属性を否定してしまっており、罪に大小の差はない、奴隷を少しばかり過当に打つことも父親を殺すのと同じだけの罪を犯したことになるといったような、鉄よりもはるかに硬い理論的原則を立てることによって、人々をして自分たちの徳を実践することに絶望させてしまっている。このようなわけで、エピクロス派は、たえず変動してやまない利益に立脚することによって、この学の第一の主要な基礎たるべきもの、すなわち、万民の自然法の不変性を崩壊させてしまっている。また、ストア派は、鉄のごとき厳格さに立脚することによって、かの有名な罪の三段階[5]に従って利害と刑罰を規制しようとする温和な解釈[6]を同じく万民の自然法から追放してしまっている。これらの哲学者たちの流派がローマ法学と適合しうる度合いたるやかくのごときものなのであって、一方はローマ法学の諸原理のうちでも最も重要な理論的原則を根こそぎにしてしまっており、他方は同じく最も重要な実践的方策を否定してしまっているのだ！

一三　ただ一人神のごときプラトンだけが、宗教と法律の通俗的な知恵から学びとった理論的原則に従って人間を規制することができるような深遠な知恵について思索をめぐらせた。それというのも、かれはいっさいを神の先見〔摂理〕の存在と人間の霊魂の不滅性に賭けている。また、徳とは情念に節度をほどこすことだとみている。そして、哲学者としてのみずからの義務をはたすためには、たとえ法律がなんらかの理由で過度に厳しいものと化した場合でも、かれの師であるソクラテスがその生命を犠牲にして残した手本にもとづいて、法律に従って生きなければならないと教えているからである。ソクラテスは、無実であったにもかかわらず、有罪の宣告がくだされると、あえて異を唱えようとはせず、毒杯を手にとることを望んだの

（5）ヴィーコの『普遍法』第一巻『普遍法の単一の原理ならびに単一の目的』第六六章には、罪には「無知による過失」と「悪意による欺瞞」と「権利侵害」の三つの段階があるとの記述が見える。「罪の三段階」というのはこのことを指すものと思われる。

（6）「温和な解釈」の原語は〝benigna interpetrazione〟である。ローマ法学者たちのいう〝legum benigna interpretatio〟に該当する。『学説彙纂』一・三・一八におけるケルススの言を参照。

だった。しかしながら、そのプラトンも、他人のよく知られていないあり方のことは自分を尺度にして測るという人間の知性に通有の誤謬を犯して、異教の文明の野蛮で粗暴な起源をかれ自身のいとも崇高で神のごとく深遠な認識がはじめて達成可能とされている〔文明の〕完成された状態にまで高めあげてしまった（本来ならば、これとはまったく逆に、かれの「イデア」の世界からそうした異教の文明の野蛮で粗暴な起源にまで降りていき、それのなかに深く沈潜すべきであったのだ）。こうして、今日まで引き継がれている学識の錯誤[7]によって、異教の文明の最初の創建者たちがこのうえなく賢明で深遠な知恵を有していたことを立証しようとするときには、神の摂理の存在を見失ってしまうのである。異教の文明の最初の創建者たちは、かつてハムとヤフェトの種族がそうであったにちがいないように、神を崇敬せず、都市をもたない人間たちの種族として、ただただ何ごとにも驚愕しては我を忘れてしまう獰猛そのものの巨大な野獣以外の何ものでもありえなかったというのにだ。そのような学識の錯誤の結果、かれは、神が人類の共通の欲求そのものによって諸国民の世界を秩序づけ統治しようとするさいに利用する永遠の国家と永遠の正義の法律について思索をめぐらせるのではなくて、理念的な国家と同じく理念的な正義について思索をめぐらせることとなってしまった。こうして諸国民は人類全体の共通感覚にもとづいて支え導かれることがなくなるばかりか、残念ながら、それをねじ曲げ、廃止してしまうこととならざるをえなくなる。たとえば、かれが『国家』のなかで命じている、女性は共有すべしという正義がそうである[8]。

第四章　そのような学はローマの法学者たちが抱いていた万民の自然法の観念にもとづいて構想されること

一四　これらのことすべてからして、いまここで願望されるもの、それはまさしくローマの法学者たちがかれらの先祖から受けとって《神の先見〔摂理〕によって人間にとって必要または有益なことがらそのものの命ずるところに従って制定され、すべての国民のもとで等しく遵守されている法》と定義している万民の自然法の学[9]こそがそれであることになるだろう。

(7)「学識の錯誤」の原語は〝un dotto abbaglio〟である。

(8)プラトン『国家』五・七（四五七D）。

(9)万民の自然法についてのこのような定義そのものは、ローマの法学者たちの学説を集めた『学説彙纂』中には見出されない。ローマ法の精神を受け継いでいると自負するヴィーコ独自の定義である。

第五章　そのような学はグローティウス、セルデン、プーフェンドルフの体系によってても欠落してしまっていること

一五　わたしたちの時代になって、フーゴー・グローティウス、ジョン・セルデン、ザームエル・プーフェンドルフという三人の著名な人物が登場し、フーゴーを先頭に、それぞれが諸国民の自然法の独自の体系〔学説〕を構想した。そして、ベクラー[10]、ファン・デル・ミュウレン[11]、その他の者たちは、グローティウスの体系にいささかの装飾をほどこして註解する以上のことをほとんどなにもしていない。しかし、この学説のこれら三人の第一人者たちは、三人ともつぎの点で誤謬を犯している。すなわち、キリスト教を信仰する民として礼節にもとるところがないわけではないことにも、かれらのうちのだれひとりとしてその体系を神の先見〔摂理〕を基礎にして確立しようとは考えなかったというのがそれである。これにひきかえ、ローマの法学者たちのほうは、異教のまっただなかにありながら、神の先見〔摂理〕から万民の自然法の一大原理を見てとっていたのだった。

一六　それというのも、まずグローティウスは、真理への関心が強すぎるため、この種の主題においても形而上学においてもまったく許される余地のない誤謬を犯して、自分の体系はおよそ神の認識なるものをいっさい脇に置いても確固として維持されるだろうと公言してはばからない[12]。ところが、事実はといえば、なんらかの神への信仰なしには人間たちはけっして国民を形成することはなかったのだった。また、自然学

上のことがら、すなわち、物体の運動については、数学から引き出された真理の案内がなくては確実な知識は所有しえないのと同様、倫理学上のことがらについても、形而上学から引き出された真理の護衛がなくては、ひいては神の証明がなくては、確実な知識は所有しえないのである。このことに加えて、かれはソチーニ派(13)であったため、最初の人間は邪悪な心を起こしようもなかったので善良だったのであり、孤独で、力が弱く、いっさいのものを欠いているという条件のもとにあったが、それがやがて野獣的孤独状態のもたらす災悪によって必要性を気づかされて社会的関係を取り結ぶにいたったと想定する。その結果、最初の人類は孤立した単純な者たちからなっていたのが、やがて利益の命ずるところに従って社会生活に入っていったのだ、と。これは事実上、エピクロスの仮説である。

一七　つぎにセルデンがやってくるが、かれはヘブライ学――これについてはかれはじつに豊かな学識を

(10) ヨーハン・ハインリヒ・ベクラー Johann Heinrich Boecler（一六一一―一六九二）はドイツの法学者。一六六三―六四年に『グローティウス「戦争と平和の法」註解』*Commentatio in Grotii librum 'De jure belli ac pacis'* を出版している。

(11) ウィレム・ファン・デル・ミュウレン Willem van der Meulen（一六五八―一七一九）はオランダの法学者。一六九六―一七〇三年にグローティウス『戦争と平和の法』の註解を著わしている（全三巻）。

(12) グローティウス『戦争と平和の法』「序論」一一参照。

(13) 「ソチーニ派」の原語は〝sociniano〟である。十六世紀に東ヨーロッパに亡命したシエーナ出身の宗教改革者、レリオ・ソチーニ Lelio Socini（一五一五―一五六二）とファウスト・ソチーニ Fausto Socini（一五三九―一六〇四）によってしあげられた道徳神学理論の信奉者を指す。ただ、ここでは漠然と「異端派」の意味で用いられている。

有していた——への愛着が強すぎて、神がノアの息子たちにあたえたわずかばかりの実践的指示をもってかれの体系の原理となす。[14] ところが、じつはノアの息子たちのうちでただ一人アダムの神の真実の宗教を保持し続けたセムからは（ここではこのセムにたいしてプーフェンドルフが提出しているもろもろの疑義のことには言及しないでおく）、ハムとヤフェトの血を引く異教諸民族と共通する法ではなく、ある一つのきわめて独自の法がもたらされたのだった。そして、ここからヘブライ人と異教諸民族とのあの有名な分裂が残ることとなったのである。しかも、その分裂はかれらの最近の時代まで克服されることなく続いているのであって、そこでは、コルネリウス・タキトゥスがヘブライ人のことを《非社交的な者たち》と呼んでいるように、[15] ヘブライ人は、ローマ人によって壊滅させられてからも、他にほとんど例がないことにも、諸国民のあいだにあって、けっしてその一員となることなく、散在して生きているのである。

一八　最後に、プーフェンドルフは、神の先見〔摂理〕に奉仕しようと意図しており、そのために努力もしているものの、この世界に神の加護も援助もないまま投げ出された人間というまったくエピクロス的ないしホッブズ的な（この点ではエピクロス的と言うのとホッブズ的と言うのは同じことである）仮説を提出している。ここからして、グローティウスの《単純な者たち》と同様にプーフェンドルフの《見棄てられた者たち》[16] も、トマス・ホッブズがかれの「市民」に正義を否認して利益に従うよう教えこむさいに基礎に設定している《放縦で凶暴な者たち》と相集うことにならざるをえないのである。そのグローティウスとプーフェンドルフの仮説が不変の自然法を確立するのにふさわしいものであるとは！

一九　こうして、三人のうちだれひとりとして自分の〔体系の〕諸原理を確立しようとするにさいして神の先見〔摂理〕の存在に眼を向けることをしなかったため、三人のうちだれひとりとして、宗教、言語、習俗、法律、社会、政体、土地所有権、商業、身分、国家権力、裁判、刑罰、戦争、講和、降伏、隷属、同盟といった、万民の自然法の圏域全体を構成している部分のどれひとつについても、その真実のこれまで隠されていた起源を発見することはなしえなかった。そして、それらの起源を発見できなかったために、三人が三人ともそろって、つぎの三つのきわめて重大な誤謬におちいってしまった。

二〇　第一の誤謬は、かれらが道徳哲学者や神学者、また部分的には法学者たちの悟性的に推理された理論的諸原則を用いて確立した自然法について、それが本当に永遠であるのは理念においてであって、諸国民の習俗のもとではけっして実践されたことはなかったかのようにかれらが考えていることである。かれらは、自然法が――これについてはかれらよりもローマの法学者たちのほうがそれが神の先見〔摂理〕によって制定されたものだと認めているかぎりでよりすぐれた推理をおこなっているのだが――諸国民の習俗自体とともに生まれて、諸国民のいずれのもとにおいてもつぎのように展開していくという意味において、永遠な自然の法であることに気づいていないのだ。すなわち、それは宗教が始まるところから始まって、同じく

(14)　イングランドの法学者にしてヘブライ学者ジョン・セルデン John Selden（一五八四―一六四五）の『ヘブライ学にもとづく自然法ならびに万民法』*De jure naturali et gentium iuxta disciplinam Hebraeorum*（一六四〇年）参照。

(15)　タキトゥス『同時代史』五・五・一。

(16)　「見棄てられた者たち」――プーフェンドルフ『自然法ならびに万民法』二・二・二参照。

ローマの法学者たちが通常《時代の気風》[17]と呼び慣わしているものをつうじて、どの国民のもとでも同一の段階を経過しつつ前進していくのであり、ついには、それの完成または停止のためには、哲学者たちのなんらかの流派が永遠の正義という観念にもとづいて悟性的に推理した理論的諸原則によって仕上げ確固たるものにする以外のことはなにも残っていないといえるほど明確なものになる、という事実がそれである。このようなわけで、グローティウスはローマの法学者たちがその法の数多くの細目にかんして間違いを犯していることを指摘しようと考えているようだが（そうした問題点をかれは事物の原理について推理することを本務とする哲学者にふさわしい域を越えて無際限に列挙している）[18]、かれの攻撃はただいたずらに空を突いただけで終わらざるをえないのである。なぜなら、ローマの法学者たちのほうは諸国民の時代の気風のなかでおこなわれてきた自然法のことを考えていたのにたいして、グローティウスのほうは道徳哲学者たちの流派によって悟性的に推理された自然法のことを念頭に置いているからである。

二一　もう一つの誤謬は、各自が自分の体系を確証するために用いている権威〔典拠〕が（引き合いに出されている権威の数のおびただしさでは、他の二人以上に博識であるだけにグローティウスが際立っているように見受けられる）、少なくとも歴史時代の諸原理にかんする権威について見ても、なんらの確実性をも必然性をも携えてはいないということである。歴史時代といっても、野蛮段階にかんしては、どの国民のもとにあっても、それはなおも神話や伝説に包まれすぎている。物語〔神話伝説〕時代の権威についてはなおさらであり、暗闇時代の権威についてはとりわけそうである。[19] それというのも、かれらは、先見の明ある神が、そのいずれもがそれぞれに実現されるにふさわしい時というものを有している人間にとって必要または有益なことがらのどのような機会をとらえて、またどのような様式でもって、この人類の普遍的な国家をそれの永遠の秩序の観念にもとづいて秩序づけたのかについて思索をめぐらせることをしなかった。またかれらは、同じく先見の明ある神が、どのようにして、つぎの意味において普遍的にして永遠のものである法、すなわち、諸国民すべてのもとにあって、たとえそれらの諸国民が生まれ始まった時点が相互にどれほど異なっていようとも、同一の人間的な欲求の同一の機会がもたらされるところではいつでも一様であるという意味において普遍的にして永遠のものである法を命じたのかについても、思索をめぐらせることをしなかった。この結果、かれらは、自分たちのもちだす権威を一定の確実性をもって用いるためには自分たちには何を明確にすることが不可欠であるかが分かっていなかった。たとえば、ローマ法が他の諸国民と共有しているものとそれ独自のものとを確実に知るためには、十二表法がローマ人にあたえられた時代にどのような万民の自然法が通用していたのかを明確にすることが不可欠である。また、ロムルスがラティウムの他の諸氏

---

(17)「時代の気風」の原語は〝sètte de'tempi〟である。この場合の〝sètte〟〝secta〟が「気風」の意味であることについては、たとえば、フランスの法学者バルナベ・ブリッソン Barnabé Brisson（一五三一—一五九一）の『市民法にかかわる言葉の意味について』*De verborum quae ad ius civile pertinent significatione*（一五五九年）の〝secta〟の項を参照。

(18) グローティウス『戦争と平和の法』「序論」五三。

(19)「歴史時代」「物語〔神話伝説〕時代」「暗闇時代」の原語は、それぞれ、〝tempo istorico〟〝tempo favoloso〟〝tempo oscuro〟である。

族からどのような自然法をかれの創設した都市に受け入れ、何を新しく特別に制定したのかを確実に知るためには、どのような万民の自然法がロムルスの時代に通用していたのかを明確にすることが不可欠である。ところが、このことがかれらには分かっていなかったのである。もし分かっていたなら、そのときには、ロムルスから十人委員会の時代までのローマにおいて遵守されていた、十二表法に確定されているローマの習俗は、そのいっさいがラティウムにおいてその時代の気風をつうじておこなわれていた万民の法であったのであり、これにたいしてローマに独自の法のほうはもろもろの式文とこれらに付随するその法にかなった解釈とがそれであったこと、それゆえ、「市民法」、すなわち、ローマ市民に固有の法という言い方が残ったのは、これまで一般に信じられてきたようにローマ法が他よりも優越したものであったからでなく、すでに出版されているわたしたちの別の著作(20)で論証されたように他とは異なった独自のものだったからなのだということが、かれらにも識別がついたはずだったのだ。

二三　第三の、そして最後の共通の誤謬は、かれらは万民の自然法についてそれの半分にも満たない部分しか論じていないということである。なぜなら、かれらは都市国家民各自の保存に属する個別的な部分についてはなにひとつ論じることをしておらず、ただ共通に人類全体の保存にかんする部分のみを論じているからである。ところが、万民の自然法というものは、各都市に個別的に導入された自然法が、やがて諸国民が互いに見知りあうようになった機会に、自分たちが互いに相手のことはなにひとつ知らないでいたにもかかわらず、ある一つの共通の感覚をもっていることをかれらが見出すようになり、こうしてかれらの人間的な自然本性そのものに完全に合致する法律を相互に授受しあうようになって、成立したものであったにちがいないのだった。都市国家民たちは、そのような共通感覚にもとづいて、自分たちの法律が先見の明ある存在によって命じられた法律であることを承認するようになるのであり、ひいては、自分たちの法律を神によって命じられた法律であるとの正しい見解にもとづいて尊崇するようになるのだった。

第六章　これまでこの学が哲学者たちによっても文献学者たちによっても欠落してきた原因

二三　なぜ不幸にもこのようなことになったかといえば、それは文明の歴史であると同時に哲学でもある学がこれまでわたしたちには欠落していたからである。哲学者たちは、かれら哲学者たち自身がほかでもなくそこからやってきた宗教と法律とによってすでに開化されている人間の自然本性的なあり方について思索をめぐらせてきて、かれら哲学者たち自身がそれのなかで出現した当の宗教と法律とがそこからやってきた人間の自然本性的なあり方については思索をめぐらせることをしてこなかった。また、文献学者たちが伝えてきた民間伝承も、あまりにもわたしたちから遠く離れてしまうと見えなくなってしまうという古きものに通有の宿命のゆえに、すっかり変貌し、ずたずたに引き裂かれ、ばらばらに分離されてしまっていて、もと

---

(20)『普遍法』第一巻『普遍法の単一の原理と単一の目的』一一〇—一一八。

の相貌が復元され、断片がふたたび合成され、各自の本来の場所に置き戻されないかぎり、いくぶんなりとも真面目にそれらについて思索をめぐらせようとする者には、それらがそのようなものでありえたということがまったくありえなかったもののように思われるものばかりである。それも、それらに〔文献学者たちによって〕くっつけられてきた寓意がありえないもののように思われるだけではない。じつに長い期間をへて、粗野でまったく文字を知らない民衆の手を介して、それらがわたしたちのもとにまでやってきた過程で、それらを伝えてきた当の民衆の心意自体がありえなかったもののように思われるのである。

二四　このことを反省してみるならば、異教の歴史の全体がそこから始まっている神話は、プラトンからわたしたちの時代、すなわち、かの有名なヴェルラムのベーコン（『古人の知恵』[21]）の時代にいたるまで、深遠な知恵に満ち、詩作に堪能な特別の人物で、異教文明の創建者であったと信じられてきた神学詩人たち[22]が一気呵成に作りあげたものなどではありえなかった、と確信をもって主張することができるだろう。なぜなら、「通俗的な神学[23]」というのは神的なものについての通俗的な知恵の持ち主である民衆の見解以外の何ものでもなく、神学詩人たちというのは神々を空想的に作り出した通俗的な知恵の持ち主たちのことであったからである。したがって、もし異教の国民のいずれもがそれぞれに固有の神をもっており、諸国民はすべてなんらかの宗教から始まっているのだとすれば、諸国民はすべて神学詩人たち、すなわち、虚偽の宗教でもって自分たちの国民を創設した通俗的な知恵の持ち主である民衆によって創設されたのである。これが異教徒たちの神学の起源である。そして、これはそこからやってくる言葉によって呼び起こされる観念よりも本来的であるとともに、それについて推理してきたもろもろの神話学者たちのあとを継いでフォスのような人物（『異教徒たちの神学』[24]）が想像している壮大で光り輝く始まりよりも、いずれもが野蛮状態から発している諸国民の始まりにはるかによく合致する。なぜなら、〔神話学者たちによれば〕都市の支配者になろうという野心に燃えた者たちが群衆に加勢し、群衆に若干の自由の見せかけを約束することによって、支配者への道を切り開こうとしたとのことであるが、このためには、かれらはすでに開化され、法律への服従と権力者たちの悪政とに慣れた者たちを相手にするのでなくてはならないはずだろう。それとも、〔他の場所[25]で指摘した、これ以外にも多々ある問題点についてはいまは措くとして〕、神学詩人たちが姦夫ユピテル、だれとでも寝る多産なウェヌス、このうえなく貞節ではあるが妊娠することができず夫のユピテルに虐待される

（21）『古人の知恵』*De sapientia veterum* は一六〇九年の著作。同書の序言でベーコンは「古代の詩人たちの語る少なからぬ数の物語の根底には、そもそもの始まりからミステリーやアレゴリーが存在している」と述べている。

（22）「神学詩人たち」の原語は〝poeti teologi〟である。この言葉の使用例はアウグスティヌス『神の国』一八・一四にまでさかのぼる。

（23）「通俗的な神学」の原語は〝teologia volgare〟である。

（24）ゲルハルト・ヨーハン・フォス Gerhard Johann Voss（一五七七―一六四九）はオランダのレイデンとアムステルダムで教えたハイデルベルク生まれの人文主義的神学者・文献学者。『異教徒の神学とキリスト教徒の生理学、あるいは偶像崇拝の起源と進展』*De theologia gentili et physiologia christiana, sive de origine ac progressu idolatriae*（一六四一年）のなかで、異教徒の神話はすべて聖書の元型から派生したのではないか、と述べている。こうしてフォスは古代の神話のうちに崇高な神学的・形而上学的意味を見出すにいたる。

（25）『普遍法』第一巻『普遍法の単一の原理と単一の目的』七五・四。

妻ユノなど、神々の言語道断な汚らわしい非道のかずかずを竪琴を奏でながら歌って聞かせることによって、どこからどこまでもが野生で、抑えの利かない自由のもとに生まれて、それに慣れてしまっている人間たちがかれらの自然本性から脱却し、自由奔放な野獣的交合をやめ、そこから最初の人間的な交際が始まったと哲学者のだれもが一致して認めている慎み深い結婚の制度を受け入れるにいたると信じようとでもいうのだろうか。そのような手本、しかも神々の手本は、むしろかれらをかれらの生来の野獣状態に留めおくことになってしまうのではないだろうか。

第七章　この学の諸原理を聖史から取り出してくることの、信仰上の必然性以外にも人間的な必然性

二五　このように、ローマ史の場合がたしかにそうであるように、異教の歴史はすべて似たり寄ったりの神話的な始まり方をしている。ローマ史はあるウェスタ女神の巫女の凌辱事件[26]から始まっており、しかも、その同じローマ人のもとにあって、のちに同じくウェスタ女神の巫女の凌辱事件[27]が原因となって、軍事的大敗北がおとずれている。だから、わたしたちは、文明の最初の共通の原理をローマ人の〔世界の古さと対比して〕新しいことがらや、ギリシア人のうぬぼれに満ちたことがらや、エジプト人のピラミッド〔切頭角錐〕のような遺跡や、最後にはまたオリエントのまったく暗闇に包まれたことがらのうちに発見しうる希望はも

つことができない以上、それを聖史の起源のうちに見出しにいこうと思う。[28] そして、そうすべきであることは文献学者たち自身が確認しているのであって、聖史の古さについては、かれらは全員が一致してつぎのこと、すなわち、聖史は、人間的なものでもある信じるに足る証拠からして、ギリシア人の神話的歴史よりも古いということを認めている。このかれらの共通の判断は、わたしたちのつぎのような論証によって確証される。すなわち、聖史は、世界の起源にかんして、異教のあらゆる歴史がおこなっているよりもはるかに全面的に、自然状態、または家父長たちが家族をピロンによって正雅にもテオクラティア（θεοκρατία）と呼ばれている神の統治[29]のもとで支え導いていた時代について語っている、というのがそれである。そのような状

(26) リウィウス『ローマ史』一・四・二参照。そこには、プロカ王のもうけた二人の息子のうちの兄ヌミトルの娘で、ウェスタ女神の巫女になっていたレア・シルウィアが、兄をしりぞけて王になった弟のアムリウスに力ずくで犯され、やがてローマ市を建設することとなる双子の兄弟ロムルスとレムスを産んだとある。

(27) リウィウス『ローマ史』二二・五七・二参照。そこには、ウェスタ女神の二人の巫女オピミアとフロロニアが純潔を汚されたため、神々の怒りを買ったとある。そして、これが原因で、紀元前二一六年、第二次ポエニ戦争においてローマ軍がカルタゴ軍に大敗を喫したという。

(28) 「聖史」の原語は〝storia sacra〟である。旧約聖書に記述されているヘブライ人の歴史を指す。

(29) ピロン（前二〇ころ―後四五）はアレクサンドレイアの哲学者。ただし、F. H. Colson and G. H. Whitaker, eds., *The Works of Philo* (Loeb Classical Library, 1929–1953) の索引項目には〝θεοκρατία〟という語は出てこない。一方、フラウィウス・ヨセフス『アピオーン論駁』二・一六には、同語について「神の統治」を意味するとある。

態ならびに時代は——この点については政治または統治法の起源について推理している哲学者たちも全員が一致を見ているように、都市はいずれもが家族からなる状態を基礎として創設されたという事実から見ても——たしかに世界で最初の状態であり時代であったにちがいないのである。また聖史は、ヘブライ人がおちいった二つの隷属についても、ギリシア人の歴史が語っているよりもはるかに大きな重みをもって、エジプト人とアッシリア人の古事をわたしたちに語ってくれている。[30] また疑いもなく、オリエントから出て諸国民は地上の全域に広く散在して住まうようになったのだった。そしてかれらは、アダムの神を信仰する者たちが不敬神の道へと進んでいったのと同じ道をたどって、それぞれの地に運ばれていったにちがいないのである。このようなわけで、歴史上に出現した最初の君主国家はアッシリアの国家であったのであり、そのアッシリアにおいて世界で最初の賢者たるカルデア人が出現することとなったのだった。

第八章　この学に固有の進歩または永続性を見出すことの絶望

二六　孤独であって、孤独であるがゆえに弱く、いっさいを欠いている、グローティウスの人間の状態、いやむしろ、万人が万人にたいしてなんでもおこなうことが許されている、ホッブズの人間の状態、そしてまた、この世界に投げ出されはしたものの、しかしながらそこに神の加護と援助なしに見棄てられたままになってしまった、プーフェンドルフの人間の状態。このような状態に文明の発端を定めることは、キリスト教徒たる哲学者と文献学者にふさわしいことである。そして、キリスト教的なものであるから、これは仮説としてではなく事実としてあたえられる。が、それにしても、このような状態にまで、どのようにして不敬虔のゆえにかれらはおちいるにいたったのだろうか。また、そのかれらの野獣的放縦の状態から、つぎにはどのようにして虚偽の宗教によって国家生活へと受け入れられるにいたったのだろうか。まこと、ここにいたって、異教諸国民の世界の始まり方をなしていると思われる〔生成の〕様式を発見しようとするにあたっては、古代は万事においてみずからの起源を隠蔽しようとする本性をもっているということがわたしたちを怖れさせる。なぜなら、ことがらの本性からして、事態はつぎのように推移してきたからである。すなわち、人間たちは、まずもって、もろもろのことがらを、それと気づくことなしに、あるなんらかの人間的な感覚によって作りあげた。ついで、それもかなりあとになってから、それらのうえに反省を加えてきた。そして、結果にもとづいて推理を進めつつ、原因についての考察をおこなってきたのである。

第九章　哲学者たちからも

二七　したがって、異教諸国民の世界が始まったさいの様式としては、ことがらの本性からみて、二つし

---

(30)『出エジプト記』および『列王記』、さらには『エレミア書』参照。

か想像しえない。何人かの賢明な人間たちがいて、かれらが反省の力を働かせることによって世界を秩序づけたか、あるいは巨大な野獣同然の人間たちがあるなんらかの人間的な感覚を働かせることによってそのような〔秩序ある〕状態に適応させられていったかのどちらかである。しかしながら、始まりというものの本性自体が第一の見解に与《くみ》することを阻止する。始まりは万事において単純で粗野なものである。そして、ゾロアスター[31]、ヘルメス・トリスメギストス[32]、オルペウス[33]といった、いとも崇高なる深遠な知恵に満ちた人物が出現して、アッシリア人、エジプト人、ギリシア人の文明を創建したとこれまで信じられてきたが、その異教の文明の始まりもそのような〔単純で粗野な〕ものであったにちがいないのである。世界は永遠であると認めようというのでないかぎり、そしてそんなことは認めるべきでないのだが、文明、または諸国民の自然本性の学を、これ以上さらに最初のものを問い求めようとするのは愚かであるようないくつかの最初のものにもとづいて確立するためには――これが学というものの真の特徴である――、それらの〔単純で粗野な〕始まりにこそ思索をめぐらせるべきであったのだ。

二八　いわゆるゾロアスターの神託書も、オルペウスが作ったということで流布している詩篇『オルペウス讃歌』も、それらの作者がかれらの国民の文明の創建者と同じ人間であったと信じなければならないよう、わたしたちを強いるものではまったくない。この点については別の場所[34]で多くの重大な疑問を提起しておいた。そして、それらの〔疑問の〕うちには、わたしたちが出遭った大いなる困難と、すでに創建されていた諸国民のあいだで言語が形成されるまで長期にわたる時間が経過していたという問題がある。さらに、本書でのちに見るように、もしある言葉が練達の哲学者たちがすでに長期間にわたって活躍していた国民のものでないとしたならば、どのようにしてその言葉が抽象的なことがらを同じく抽象的な用語でもって説明することができるのか、理解不可能である。このことはラテン語が証明している。ラテン語は、ギリシア哲学の推理方法を耳にするのがずっと遅かったため、もろもろの知識についてこのうえなく貧弱で悲惨としか言いようのない仕方で説明をおこなっていたのだった。またここから、モーセはエジプトの祭司たちの深遠な知恵をなんら利用していなかったという重要な論拠がわたしたちに提供される。なぜなら、モーセはホメロスの言葉と多くの点で合致する言葉でもってかれの話を織りあげていたからである。そのホメロスは、わ

(31)ゾロアスター（ザラスシュトラ）は古代ペルシアを起源とする善悪二元論の宗教・ゾロアスター教の開祖とされる人物。その教えは『アヴェスター』にまとめられている。また、かれの名を冠した神託が十六世紀に新プラトン主義者のフランチェスコ・パトリーツィ・ダ・ケルソ Francesco Patrizi da Chersο（一五二九—一五九七）によってラテン語に翻訳され、西洋世界に広く知られるところとなった。

(32)ヘルメス・トリスメギストスはエジプト人によってかれらのあらゆる学識の源泉であると見なされていた神話的人物。かれが弟子たちに伝授したといわれる教えが、四世紀に新プラトン主義者たちによって書かれている。「ヘルメス文書」と総称される著作がそれである。なかでも『ポイマンドロス』が重要。

(33)オルペウスはホメロス以前の最も有名なギリシアの吟遊詩人。ただ、この人物については、十五世紀にヘルメス主義者と新プラトン主義者によって称揚されたのち、かれが実在したかどうかをめぐって十七・十八世紀の学者たちのあいだで根拠ある疑義が提出されるにいたった。

(34)『普遍法』第一巻『普遍法の単一の原理と単一の目的』一八三・一。

たしたちによってヌマの時代に生きていたことが明らかにされたので、〔モーセよりも〕八〇〇年ほどもあとにやってきたのだった。そしてモーセは表現の崇高さにおいてしばしばエジプトの祭司たちを凌駕していたが、同時に、理解の崇高さにおいて、神がみずからモーセに描いてみせたときの《わたしはあるという者だ（Sum qui sum）》という、批評家の第一人者ディオニュシオス・ロンギノスが詩的文体における最高度の表現として称賛している言葉のように、あらゆる形而上学にまさる意味を隠しもっていた。しかし、〔神の観念を理解するようになるには〕ギリシアはその教養の頂点にまで到達することを要した。そして、その教養の頂点に到達したギリシアとともに、プラトンのような人物を輩出することを要した。プラトンは、神に言及しようと思ったさい、それを《ト・オン（τὸ ὄν）》ないし《エンス（ens）》と呼んだほどの抽象的な観念をたずさえて、形而上学的崇高の頂点にまで登りつめたのだった。ところが、この観念がラティウムの人々によって説明されるようになるのはずっと後年のことであって、この観念のためにかれらが用いた語は純粋のラテン語ではなく低俗なラテン語であった。すなわち、ギリシアの形而上学がローマ人のあいだでもてはやされていた時代のラテン語なのだった。この比較は、聖史の古さと真実さを示す、打ち負かしがたい証拠を提供する。

二九　これらの理由から、他の似たような詩篇も晩期ギリシアの形而上学者たちによって捏造されたものであったと見なければならない。なぜなら、それらは神的なものにかんしてプラトンやピュタゴラスが考えていた以上のことをなにひとつとしてたずさえていないからである。このことは、人知の境界を限定する必要があるということと、古代人の知恵を発見したいという願望がどれほど空しいかということの警告として受けとられるべきである。これらの詩篇はピュタゴラスの『黄金歌』が書かれたのと同じ文体で書かれたとみずから断言しているが、その『黄金歌』たるや、一部の著作家たちが自分たちの学説に古さと敬神の裏書きをほどこそうとして捏造したものだったのである。もしそれらの詩篇をジローラモ・ベニヴィエーニのプラトン的カンツォーネ『天上的にして神的な愛神《クピド》へのカンツォーネ』――これはジョヴァンニ・ピコ・デッラ・ミランドーラによる註解に値する作品であった――(39)と比較してみるならば、後者のほうがはるかに詩的であることがわかる。それらの詩篇が多くの学識からなっていた程度たるや、その程度のものだったのだ！これらすべてのことからして、トリスメギストスの著作(40)やアニアーノのベロスス(41)がたしかに捏造品であった

(35) ヌマ・ポンピリウス（前七五〇―前六七三）は王政ローマにおける第二代の王。

(36) 『出エジプト記』三・一四。ただし、聖書への言及はたしかに偽ディオニュシオス・ロンギノスの『崇高論』九・九に出てくるが、そこで言及されているのは、『創世記』一・三の「神は言われた、光あれ、と。こうして、光があった」である。

(37) クインティリアヌス『弁論家の教育』八・三・三三の証言に依拠した推測と思われる。そこでは、〝ens〟という語はかれの同時代人ウィルギニウス・フラウィウスのつくりだした新語のひとつであると述べられている。

(38) 三世紀から五世紀の新プラトン主義者たちを指す。

(39) ジローラモ・ベニヴィエーニ Girolamo Benivieni（一四五三―一五四二）はフィレンツェのプラトン主義者。一四八六年ごろに書かれたと推測される『天上的にして神的な愛神《クピド》へのカンツォーネ』*Canzona all'Amore celeste e divino* は、プラトン主義哲学者のジョヴァンニ・ピコ・デッラ・ミランドーラ Giovanni Pico della Mirandola（一四六三―一四九四）によって註解された。

(40) 「ヘルメス文書」を指す。

ことが明らかにされたように、それらの詩篇は学者たちの捏造品であったと結論せざるをえないのである。

三〇　したがって、言語の本性が否定しており、〔文献学者たちによる〕史料批判が反対しているのだから、それらの詩篇を根拠にして異教諸国民の創建者たちは深遠な知恵をもつ賢者たちであったと主張するなんらの必要もないこととなる。その結果、諸国民の文明の起源について、プラトンをはじめ、これまで哲学者たちが主張してきた理由によって推理することは、認められなくなる。プラトンは、おそらく世界は永遠であると信じていたためだろう、同じ永遠性の基準に従って、他の文明化された諸国民の哲学者たちも、それ以外の部分では未開の状態にあった人類を馴致していたものと見ていたのだった。このことはおそらく、ゾロアスターがベロススを教え、ベロススがトリスメギストスを教え、トリスメギストスがアトラスを教え、アトラスがオルペウスを教えたという、学派の継承関係を、なぜ学者たちがいまだに思い描いているのか、その理由になりうる。あるいは、セルデンが従ってしかるべきだったキリスト教徒の史料批判家たち——そのなかには、学識の点ではだれにもひけをとらないが時代的には最後の人物に『福音書による証明』の著者であるピエール＝ダニエル・ユエ[42]がいる——は、異教諸国民の創建者たちはすべてノアの学校で教育を受けて出てきたものと考えているが、その理由にもなりうる。これらの意見がまったく道理に合わないことはつぎの章で証明されるだろう。

三一　ここでは、プラトンは巷間でのギリシアの名声に信を置きすぎたため、この文明がトラキアからやってきたこと[43]について省みることをしなかったとだけ、言っておこう。トラキアからはむしろ残忍な軍神マルスたちが出てきたのであり、哲学者たちを輩出するその国の能力たるや、ギリシアには、「トラキア人」

という語を「愚鈍な人物」を指すのに用いている、国民全体の公共的な判断と言ってよいことわざが残っているほどだったのである。[44] これらのことはすべて、プラトンと異教の哲学全体の主張に反して、ヘブライ人の宗教は真実の神によって時間の中で創造された世界とともに樹立されたという文献学的証明に資することとならざるをえないだろう。

（41）「アニアーノ」ことアンニオ・ダ・ヴィテルボ Annio da Viterbo（一四三二―一五〇二）はドメニコ会士。オリエントの言語と神学に通じていた。一方、ベロススは紀元前四世紀と三世紀のあいだに生存していたバビロニアの祭司であったが、ヴィーコの時代にはゾロアスターの弟子でヘルメス・トリスメギストスの師であるとされていた。なお、『新しい学の諸原理』一七二五年版のヴィーコによる書き込みのあるいくつかの見本では「トリスメギストスの著作やアニアーノのベロススが……」という一節は「フランチェスコ・フルッソ・カンデラの『ポイマンドロス』が……」に訂正されている。そしてニコリーニ版ではこの訂正が採用されている。「フランチェスコ・フルッソ・カンデラ」ことフランソワ・フォワ＝カンダル François Foix-Candale（一五一二―一五九四）は一五七四年にボルドーで『ポイマンドロス』のラテン語対訳ギリシア語版を出したヘルメス主義者である。

（42）ピエール＝ダニエル・ユエ Pierre-Daniel Huet（一六三〇―一七二一）はアヴランシュの司教もつとめたフランスの学者。一六七九年に出版された『福音書による証明』*Demonstratio evangelica* では、モーセは聖史だけでなく異教の歴史にとっても基盤をなすと論じている。

（43）ガイウス・ユリウス・ヒュギーヌス（前六四ごろ―後一七）の『神話集』一六四には、オルペウスはトラキア出身であったとある。

（44）ゲリウス『アッティカの夜』一九・一二・六参照。

第一〇章　文献学者たちからも

三二　賢者たちが取り除かれると、あとには野獣たち、すなわち、グローティウスとプーフェンドルフが提示している最初の人間たちが残る。かれらから異教の文明は始まったにちがいないのだった。これについては、わたしたちは哲学者たちが採用してきた推論の方法を受け入れることができないので、文献学者たちが提供してきた権威〔典拠〕に従うことを強いられることとなる。なお、「文献学者[45]」という名称のもとで、ここでは詩人、歴史家、弁論家、文法学者を一括してそう呼ぶこととする。最後に挙げた文法学者は世間一般には「博識家[46]」と呼ばれている。しかし、言語の起源および諸国民の伝播の原理ほど多くの疑問点や不分明な点に覆い包まれているものはない。それらがあまりにも不確実であるところから、文献学者はだれもかれもが率直に告白しているのである。異教徒たちの普遍史には確実な始まりもなければ、確実な永続性もなく、聖史との確立された繋がりも存在しない、と。

三三　なぜなら、世界はたしかにローマとともに誕生したわけではなく、ローマはラティウムにもっと古くから住んでいた数多くの小さな部族の真ん中で建設された新しい都市であったからである。このために、ティトゥス・リウィウスはかれの『ローマ史』の「序言」で古代ローマ史全体の真実の保証人になることから自分を免除させているのである[47]。そして、著作のもっとあとでは、自分はローマの事績についてポエニ戦争が始まったときからより多くの真実さをもって書き始めることになる、とおおっぴらに告白している[48]。しかしまた、その場合でも、アルプスのどの部分からハンニバルがかれの偉大な記念すべきイタリアへの進入をはたしたのか、すなわち、コッティエ・アルプス山脈を経由してだったのか、それともアペニン山脈を通ってであったのか、自分は知らない、と率直に認めている。(49)

三四　わたしたちは古代についての知識のすべてをギリシア人から得ているのであるが、そのギリシア人はなんともひどいことに自分自身の古代について知らないでいたのだった。この点にかんしては、三つの重大な証拠がある。そのうちの二つは、最初の確かなギリシアの著作家で、最初の確かなギリシア学問全体の父である、ホメロスにかんするものである。第一の証拠は、ギリシアを構成していた諸都市はだれもホメロスの生地を知らないとおおやけに告白していたことである。かれらはそれぞれホメロスを自分のところの市民であると主張していたからである。もっとも、長い論争の末、ホメロスの生地はスミルナであるということで決着がついたのだったが。(50)第二の証拠は、ホメロスが生存していた時期をめぐっての、このたびはすべての文献学者による、もう一つのおおやけの告白である。この点をめぐっての文献学者たちの意見たるやじつにまちまちであって、トロイア戦争の時代であるとする者から、これとは正反対に、ヌマの時代であると

(45)「文献学者」の原語は〝filologi〟である。
(46)「博識家」の原語は〝eruditi〟である。
(47)リウィウス『ローマ史』序言・一―三。
(48)リウィウス『ローマ史』二一・一・一。
(49)リウィウス『ローマ史』二一・三八・六。
(50)ゲリウス『アッティカの夜』三・一一・六参照。そこには、ホメロスの生地をめぐって、スミルナを含めて、五つの都市が競い合っていたとある。

する者まで、四六〇年ものへだたりがあるのだった。最も有名なホメロスについてすらこれほどまでに無知であったことからして、おおまかにどの国であったのかだけでなく、どの石や泉であったのか、何世紀の何年であったのかだけでなく、何月の何日であったのかまで、事細かに調べあげて、はるか遠くの不分明な古代のことがらがどこでいつ起きたのかを確定しようとしている文献学者たちの空しい精励ぶりには、ただただ同情するほかない。第三の証拠は、ギリシアの真実にして真摯な最初の歴史家であるトゥキュディデスが、かれの歴史を書き始めるにあたって、かれの時代のギリシア人は父たちの時代までの自分たちの古代についてはなにも知らなかったと証言していることである。[51] 父たちの時代というのは、ギリシアがスパルタとアテナイという二つの帝国を擁していて最も開化した時代、すなわち、ペロポネソス戦争の時代であった。そしてトゥキュディデスはこの戦争の同時代人歴史家なのだった。十二表法がローマ人にあたえられる二十年ほど前のことである。[52] この時代までギリシア人は外国のことについてほとんどなにも知らなかったということを理解するのに、これ以外になにか言うべきことが残っているだろうか。

三五　最初の諸国民はたしかに長期間にわたってかれらの野生的な起源を多く保持していたにちがいないのだった。そして、その結果、侮辱的な言動によって挑発されたり邪悪な連中によって強要されたりしないかぎり、自分たちの境界内にとどまっていることに慣れていたにちがいないのだった。タレントゥム戦争[53]の原因は、かれらの自然本性的なあり方がそのようなものであったことを立証している。なぜなら、タレントゥムの群衆は、おそらく海賊と思ったのだろう、接岸しようとしていたローマの船団と使節団を口汚くののしったのだが、フロルスの言葉を借りるなら、[54]《かれらがだれであるかもどこからやってきたかも知らなかった》と弁解したという。タレントゥムからローマまでは同じイタリアの内地にあってわずかの距離しかなく、しかもローマ人はすでに強大な帝国を陸上に築きあげており、ティレニア海全域を船隊を組んで駆けめぐり、すでにアドリア海にも探りを入れていたというのにである！　しかし、たんに一地域の住民にとどまらず、ヒスパニア人のような国民全体も、かれらの太古の習俗をそのまま保持していたことの確証をわたしたちに提供している。ハンニバルにかくも多くの汗を流させた残虐非道なサグントの火攻め(55)も、ローマ人

(51)　トゥキュディデス『歴史（ペロポネソス戦争の歴史）』一・一・二。

(52)　実際には、トゥキュディデスの生年は紀元前四六〇年ごろ、没年は紀元前三九五年であった。そして、ペロポネソス戦争は紀元前四三一年に始まり、紀元前四〇四年まで続いている。ヴィーコは、当時の伝統にしたがって、十二表法がギリシアからローマに伝えられたのは紀元前四五一年であったとしている。したがって、ヴィーコの計算によると、ペロポネソス戦争は紀元前四七一年に始まったことになる。

(53)　タレントゥム（現ターラント）は紀元前八世紀にスパルタによって南イタリアに建設されたギリシアの植民都市。ここでヴィーコが「タレントゥム戦争」と呼んでいるのは、紀元前二八〇年、この植民都市タレントゥムへ共和政ローマ軍が進攻したことに端を発する戦争を指す。このときにはタレントゥムはピュロス王率いるエペイロス軍の援軍を得てローマ軍に勝利するが、紀元前二七二年、ついに敗れてローマの支配下に入る。

(54)　フロルス『ティトゥス・リウィウス摘要』一・一三・五。

(55)　「サグントの火攻め」。紀元前二一九年、ローマの同盟都市であったイベリア半島のサグントをハンニバルが攻略し、落城させた事件。この事件をきっかけにローマがカルタゴに宣戦布告し、第二次ポエニ戦争が始まる。リウィウス『ローマ史』二一・六―一五参照。

を驚愕させたヌマンティアの長期間にわたる英雄的な防衛戦[56]も、かれらを覚醒させて同盟を結んでローマ軍に対抗させることはできなかったのである。このためにローマの歴史家たち[57]はのちにヒスパニア人の不運な徳にたいして《ヒスパニア人は打ち負かされてしまったあとになってからしか自分たちが不撓不屈の力をもっていることに気づかないでいた》と拍手喝采することとなったのだった。

三六　諸国の住民全体が提供しているこの公的な証言は、ピュタゴラスはヌマの教師であったという民間伝承にかんしてリウィウスがあたえている私的な判断に多くの力を貸しあたえる。リウィウスは、ピュタゴラスをタレントゥム戦争の一五〇年前にあたるセルウィウス・トゥリウスの時代に置きながらも、その時代には、ピュタゴラス本人は言うに及ばず、最も偉大な哲学者であるというかれの評判すら、言語と習俗の異なるかくも多くの国民を経由してクロトンからローマにまでやってくることができたなどというのはありえないことであった、と判断しているのである[58]。このリウィウスの私的判断は、聖アウグスティヌスが『神の国』でサルスティウスを引いておこなっているローマ史についてのもう一つのきわめて啓発的な公的証言によって、さらなる実質的な支持を獲得する。アウグスティヌスが『神の国』で述べているところによると、ローマ人は王のもとで二五〇年間戦役に従事し、二〇以上の民族を征服したが、ローマの支配権を二〇マイルを超えて拡大することはなかったという（当時のマイルは現代のマイルよりもはるかに短かった）[59]。この一節は、最初の小さな民族は互いにどれほど近いところにいようとも相手といかに不可侵な関係にあったか、をはっきりと証明している。ひいては、ローマの起源について、そしてローマにならって世界の他のすべての帝国の起源について、わたしたちがこれまで抱いてきた壮大な考えはすべてひっくり返される。

三七　いま見たリウィウスの一節は、諸国民は起源においては野生的で引っ込み思案であったという特性を異論の差しはさみようもなく確証しているローマ史のもろもろの事実と結びついて、ピュタゴラスがおこなったというかずかずの旅から信憑性の多くを奪い去る。ピュタゴラスは、トラキアに出かけてオルペウスの学校を訪れ、バビロニアに出かけてゾロアスターの学校でカルデア人から学び、インドに出かけて裸行者から学んだという。さらに近東からエジプトに出かけて祭司たちに教わり、アフリカを通って極西のモーリタニアにあったアトラスの学校に出かけ、それから海を渡って帰路につき、ガリアでドルイド教徒に教わっ

(56)「ヌマンティアの……防衛戦」。紀元前一三四年、ローマ軍の司令官スキピオ・アエミリアヌスに攻囲されたヒスパニア内陸のケルティベリア人の拠点ヌマンティアが長期間、消耗戦に耐え抜くも、翌一三三年についに破壊された事件を指す。

(57) フロルス『ティトゥス・リウィウス摘要』一・三三・四。

(58) リウィウス『ローマ史』一・一八・二―三。なお、ヴィーコは、ここでは、セルウィウス・トゥリウス王がローマを治めていた時代をタレントゥム戦争の一五〇年前としているが、『新しい学の諸原理』第二・三版では、セルウィウス・トゥリウスが王になった年を紀元前五二八年（ローマ暦二二五年）とし、タレントゥム戦争が起きた年を紀元前二六四年（ローマ暦四八九年）としている。二つの出来事のあいだには二六四年のへだたりがあったことになる。

(59) アウグスティヌス『神の国』三・一五。ただし、そこではサルスティウスは引かれていない。なお、『新しい学の諸原理』第二・三版では典拠にかんしてサルスティウスからウァッロへの訂正がなされているが、『神の国』ではウァッロも引かれていない。

たというのだが、これらの旅から信憑性の多くを奪い去るのである。これらの旅は、のちになってピュタゴラスの学説の一部がこれら陸と海とで互いに途方もなくかけ離れていた諸国民の通俗的な賢者たちの学説――たとえば、古代インドにおいてブラーフマナないし裸行者と称される哲学者であったバラモンたちの宗教において今日でも大きな位置を占めている輪廻の説――と合致することが見出されたことから生まれた、たんに想像上の旅であるにすぎない。ピュタゴラスが世界から最も優れた文明の精華を蒐集してギリシアに持ち帰るためにおこなったという旅にかんするこれらの重大な疑いは、ヘラクレスがそれよりも七〇〇年前に、栄光だけを求めて、怪物を退治し、暴君を鎮圧しながら、諸国民を探訪してまわり、ガリア人にはギリシアの雄弁を、ほかの諸国民にはギリシアの文明を広めていったという旅についても、まったく信用できないものにしてしまう。しかし、それ以上に疑問を抱かせるのは、ホメロスがエジプトを旅したという言い伝えである。かれがかれの詩篇の一節で描写しているところによると、パロス島は、のちにアレクサンドレイアが建設されることとなった陸地から、荷を降ろした船が北風が吹きつけるなか、すなわち、追い風を受けながら、丸一日かかってやっと届くほども離れていたという。[61] 現在も見ることができるように、のちにアレクサンドレイア港が築かれたときにその終点に位置していたほど、陸地から近いところにあった、あの小さな島がである！　もしホメロスが実際にエジプトを見たことがあったのなら、こんなにも途方もなく大きな嘘をつくことはなかっただろうし、かれの時代のギリシア人がエジプトと交易していたなら、かれが語っている残りの話もすべて、ギリシア人のもとでいっさいの信用を失っていただろう。

三八　だが、諸国民は当初、戦争の機会にしか知り合うことがなかったということに加えて、上述の思い込みを揺るがし当惑させるもう一つの事実がある。プサンメティコス[62]はエジプトをギリシア人に開放した最初の王だったが、すべてのギリシア人に開放したわけではなく、イオニアとカリアからやってきたギリシア人だけに開放したという点ですべての博識家たちが見解の一致を見ている、という事実がそれである。しかし、プサンメティコスが生存していたのはトゥッルス・ホスティリウスの時代であるが、その時代にかくも高度の文明を有する国民が海の向こう側の国民になおも自分たちの国境を閉ざすという慣習を保持していたとするならば、それ以外のまったく未開の諸国民についてはどう推理すればよいのだろうか。だから、ペルシア人の事績についてなにがしか確かなことを書いた最初の人物は、ギリシア人の事績を最初に確実さをもって書いたトゥキュディデスのすぐあとに登場したクセノポンであった、と正当にも言われてきたのだった[63]。なぜなら、クセノポンはギリシアの傭兵を率いてペルシアに入り、そこから記念すべき退却をやってのけた最初のギリシアの隊長だったからである[64]。同様に、アッシリアの事績は、アレクサンドロス大王に

(60) 旅行家ピエトロ・デッラ・ヴァッレ Pietro Della Valle(一五八六―一六五二)の『家族宛て書簡に記述されている旅』*Viaggi descritti in lettere familiari*(一六七二年)参照。

(61) ホメロス『オデュッセイア』四・三五五―三五七。

(62) プサンメティコスは紀元前七世紀のエジプトのファラオ。外国との交易の強化に努めたといわれる。

(63) ヒエロニュムス『預言者ダニエル註解』五参照。

(64) クセノポン(前四三〇―前三五四)はアテナイの歴史家。前四〇一年、ペルシア王アルタクセルクセス二世の弟キュロスが兄王を打倒すべく雇ったギリシア傭兵に参加。くわだてはキュロスの戦死によって失敗におわるが、ペルシア帝国のまんなかに放り出された傭兵部隊を率いてなんとか敵中から脱することに成功している。この退却の経緯をクセノポンは後日『アナバシス』に描いている。

よって征服されるまでギリシア人によって知られるところとはなっていなかった。そしてアレクサンドロス大王の東征に付き従っていたアリストテレスは、後日かれの『政治学』のなかで書いているように、それまでギリシア人がアッシリアについて書いてきたことは作り話にすぎない、と指摘したのだった(65)。

三九　これらの難点のすべてをそれらのうちでも最も重要な難点が締めくくる。古代の諸国民のいたるところで祭司身分が宗教にかんすることがらを同じ都市の平民身分に知られないように秘密にしていたというのがそれである。ここから、《神聖なることがら（cose sacre）》という言い方が残ることとなったのだった。すなわち、世俗の人間からは秘匿されたことがらという意味である。そして、ギリシアの哲学者たちも、自分たちと同じ国民のうちの俗衆から長いあいだ自分たちの知恵を隠していた。このようなわけで、ピュタゴラスは弟子たちに何年も経ってからはじめてかれの秘密の話を聴くことを許可したのである。だから、個々の外国人が安全かつ速やかに遠方の諸国民の立ち入りを禁じられた国境のなかを旅して、通訳もいなければ、長期間にわたる相互の言語的交流もないままに、エジプトの祭司たちやアッシリアのカルデア人たちがかれらの宗教やかれらの深遠な知恵を口外するようしむけたなどということを信じるべきであるとでもいうのだろうか。とりわけ、異教の諸国民にたいしてつねに非社交的であったヘブライ人についてはそうである。

第一一章　万民の一つの共通の知性を観想するところまで高めあげられた形而上学によって諸国民の自然本性の諸原理を探求する必要があること

四〇　このように、わたしたちはありとあらゆる不確実さに囲繞されているのである。たとえば、どのようにして、やがてそこから異教諸国民が生起することとなる最初の人間たちは、世界とアダムの創造者で、ただひとりかれだけがかれらを義務のうちに、ひいては社会のうちにとどめておくことができた神の宗教への隷従状態からみずからを解き放つことをつうじて、不敬虔な生活を送るなかで、散り散りになって、大洪水の水によって樹木が繁茂するにいたったみずみずしい大地の大森林を野獣さながら放浪するにいたったのだろうか。また、どのようにして、食糧と水を求め、さらには、あいにく大森林には満ちあふれていたにちがいない野生の動物たちから身を守ることを余儀なくされて、しばしば男たちは女たちを、母親たちは子どもたちを見棄て、ふたたびいっしょになる方途も見出せないまま、かれらの子孫たちはしだいにアダムの言語を忘れ、言語もなく、飢えと渇きと性的欲求を満すという考え以外のなんらの考えも持ち合わせないなかで、およそいっさいの人間的な意識を喪失するに立ちいたったのだろうか。このために、わたしたちはこの学の諸原理について考察するにあたっては、暴力的であることこのうえない努力を要するわけではないまで

（65）　アリストテレスの『政治学』にはアッシリアについての言及は見あたらない。

も、ある程度までそのようなあり方を身にまとわなければならない。ひいては、人間と神にかんするいっさいの学識についてまったく無知の状態にまでみずからを引き戻さなくてはならない。あたかも、この探求のためには、わたしたちを手伝ってくれる哲学者も文献学者もかつてひとりも存在しなかったかのように思いなしてである。そして、この学から利益を得たいと望んでいる者がそのような状態にまでみずからを引き戻さなくてはならないのは、この学の諸原理について考察するにあたって、一般に広く分かちもたれるようになってすでにひさしいもろもろの先入見によって動揺させられたり気を逸らされたりすることがないようにするためである。それというのも、これらの疑いがすべて寄ってたかっても、かくも長くて濃い闇の夜にあって、ただ一つ、つぎの光だけがほのかに輝いているので、この学の第一真理となるべき、つぎの唯一の真理だけはいかにしても疑いに付すことができないからである。すなわち、異教諸国民の世界はそれでもなおたしかに人間たちによって作られてきたのだ、というのがそれである。そして、この結果、そのような無限の疑わしさの大洋のなかに、ただ一つ足を踏まえることのできる、つぎのような小さな陸地が立ちあらわれる。すなわち、それ〔異教諸国民の世界〕の諸原理はわたしたち人間の知性の自然本性的なあり方のうちに、ひいてはわたしたちの理解の能力のうちに見出されるのでなければならない、というのがそれである。このことを見出すためには、——これまで人間の知性の形而上学は個別的な人間についてその知性を観想し、永遠の真理としての神に導いていこうと努めてきたのだったが——神的な哲学の最も普遍的な理論的部門である当の形而上学をして、諸国民の一種の人間の知性である人類の共通感覚を観想するところまで高めあげ、この諸国民の知性を永遠の摂理としての神に導いていく必要がある。このような形而上学は、神的な哲学の最も普遍的な実践的部門であることになるだろう。このようにして、形而上学は、なんらの仮説も立てることなく——およそいっさいの仮説は形而上学の排斥するところであるから——、それらの諸原理を大洪水以前のカインの後裔、そして大洪水以後のハムとヤフェトの後裔における、わたしたち人間の思考力の様態のうちに実際に発見しにおもむかなければならないのである。

第一二章　人類の法学という観念について

四一　そして、分割の方法に従って、諸部分の認識から出発し、合成を経由して、知ろうとしている全体の認識に到達するのでなければならない。ローマ法が（わたしたちが探し求めている全体を構成しているすべての部分のうちでも最も啓発的な部分を例にとるならば）ローマの民の苛酷な時代における政治的利益についての十人委員会の委員たちの知性の学であると同時に、リウィウスがローマ法全体の《源泉》と呼び[66]、タキトゥスが《終極》と名づけている[67]十二表法を十人委員会の委員たちが案出したさいに用いた言語の学でもあったのと同じような様式をとることによってである（この学は、もろもろの観念がもっと明確になった時代に、ひいてはもっと人間的な時代に、さまざまな公的および私的な政治的必要が生じてきた機会に、法

(66)　リウィウス『ローマ史』三・三四・六。

(67)　タキトゥス『年代記』三・二七・一。

における欠落を補って、それまで用いられていた言葉を法律にはもはや不適切なものにすることによって、また法の厳格さに修正をほどこして言葉にもっと温和な意味をあたえることによって、十人委員会の委員たちの知性をますます展開させていったのだった。そして、これはすべて、ローマ市の救済という、十人委員会の委員たちが提起した公共善の意志ないし選択をつねに同じままに保持しておくためなのだった）。こうして、諸国民の自然法の法学は、孤立した状態に置かれながら、自分の自然本性的なあり方を救済したいと欲している人間（グローティウスとプーフェンドルフの人間、ただし、さきに見たように、わたしたちによってカトリック教的な意味に解された人間）の知性についての学であると考えられるべきなのである。そのような学は、さまざまな習俗を経由していくなかで、ひいてはさまざまな時代とさまざまな状態を経由していくなかで、もろもろの人間的な必要ないし利益の新しい機会に出会って、どのようにして孤立した人間の知性がみずからの自然本性的なあり方を保存したいという第一義的な目的にもとづいて展開していったか、を教える。まずは家族の保存を、ついでは都市の保存を、さらには国民の保存を、そして最後には全人類の保存を図ることによってである。加えて、この目的のために、神の摂理によって、不敬虔な人間たちは孤立状態から確かな婚姻をつうじて家族状態へと入っていき、ここから最初の氏族、すなわち、一門ないし家系が誕生し、それらにもとづいてやがて都市が勃興したことが証明される。この最初のきわめて古い氏族からこの学は論じ始めなければならないのである。なぜなら、これらの氏族こそはこの学の論点ないし素材が始まった場所であったからである。そして、法学者[68]がつぎのような賢明このうえない述言、すなわち、《なんらかのことがらが法のなかに導入されるときにはいつでも、同一の利益を図ろうとしている別のことがらを解釈をつうじてか一定の司法的措置を講じることによって導入する良い機会である》という述言[69]でもって提起した、すべての解釈の普遍的基礎をなす有名な規則にもとづいて、万事を進めなければならない〔法学者は「原因」とは言っていないが、それは正義の原因となるのは可変的な利益ではなく、幾何学的および算術的な不変の命題によって人間的な必要のさまざまな機会における可変的な利益を測定する永遠の理性であるからである〕。こうして、不可欠の必然性によって、諸国民の自然法についての推論を観念の自然的秩序に従って進めていくべきなのである。そして、ほかの著作家たちはなしとげてみせたと思いこんでいるようであるが、膨大な巻からなる著作に壮大なタイトルを冠しておきながら、一般に知られている以上のことをなにひとつ著作のなかに持ちこんではいないというようなことにならないようにしなければならない。

第一三章　それ〔最初の人間たちの思考様式〕に到達するには険しい困難が待ちかまえていること

四二　しかし、〔最初の人間たちの思考の〕様式を理解することから始めるというのは、絶望的なくわだて

---

(68)　三世紀のローマの法学者ウルピアヌスを指す。

(69)　『学説彙纂』一・三・一三。

であるようにみえる。そして、それらを説明するためには、最初の異教諸国民全体に共通の言語の学が必要となるだろう。人類の生は年齢を重ねるにつれて年老いていく人間たちの生であると見なければならない。だから、わたしたちは老人で、諸国民の創建者たちは子どもだったのだ。しかし、すでに言葉をもっている国民のなかで生まれた子どもたちは、七歳にもなればすでに一大語彙集を習得している。このため、なんらかの通俗的な観念がかれらのなかで呼び起こされたときには、かれらは速やかに語彙集を通覧して、その観念を他人に伝えるのにふさわしい言葉をただちに見つけ出す。また、なんらかの言葉を耳にすると、その言葉に付着している観念を呼び起こす。だから、話をする場合には、一種の幾何学的綜合をおこなって、かれらの言語のすべての要素を通覧したうえで、必要な要素を蒐集し、一挙にそれらを結合する。このようなわけで、言語は人々の知性を巧妙で敏捷にするための大いなる学校なのだ。かれらは文明化がさほど進んでいない諸国民の子どもたちよりも数をかぞえる習性をはるかによく学びとる。数をかぞえるという行為はいたって抽象的な行為であり、精神的な行為であることから、正雅にも《ラティオー〔ratio〔計算＝理性〕〕》と名づけられているほどである。だから、ピュタゴラスは人間の知性の真髄は数にあるとしたのだった。別の種類のもう一つの練習は、これも幾何学に似たところがあるのだが、文章の練習、すなわち、読み書きの学校である。この学校は、《文字》と呼ばれるほっそりとして繊細な形に触れさせることによって、子どもたちの想像力を驚くほど洗練されたものにする。子どもたちは、それぞれの言葉を読んだり書いたりするなかで、アルファベットの文字を通覧し、必要な文字を集めて結合しながら、読んだり書いたりしようとするのである。それでも、文章は個々の語彙よりは量感があり安定している一方で、数は文字や音声よりもはるかに抽象的である。なぜなら、文字は学んで記憶するのに最も鋭い感官である目にそれらが焼きつけた印象の痕跡を残している。また、音声は空気でできていて、空気が耳を打ち、それから拡散していったのが音声なのだ。しかし、たとえば、数は偶数であれ奇数であれ、数を計算するさい、どの感官にも触れることがないからである。したがって、不敬虔な種族の最初の人間たちが、それまで人間の音声を一度も聞いたことがなかった状態のなかで、どのようにして思考していたにちがいないのか、また、かれらの思考をどんなに粗雑な仕方で形成し、どんなに見苦しい仕方で結合していたのか、わたしたちはかろうじて〔頭で〕理解することができるにすぎず、具体的に〔心に〕思い描くことはまったくできないのである。かれらの思考については、わたしたちの近くにいる知恵遅れの者たちや文字を知らない田舎者とだけでなく、南極近くの土地やアフリカとアメリカの砂漠の極度に野蛮な住民（かれらについては、旅行者たちがわたしたちの洗練されたあり方から見るとあまりにも度が過ぎていて恐怖を覚えさせる習俗を報告している）とも、なんら比較をすることができない。というのも、これらの者たちは、どれほど野蛮なものであろうとも、言語のただなかで生まれているからであり、なにがしか計算めいたものはやろうと思えばやれるだろうからである。

四三　異教の諸国民がどのような最初の人間たちから始まったのかもわからず、ひいては世界のどの場所から始まったのかもわからないので、このような計画にはありとあらゆる不確実さとほとんど絶望的な困難がつきまとっている。このために、わたしたちは「著作の観念」のなかで本巻を《人をも地をも知らぬまま、わたしたちはさまよっていた（Ignari hominumque locorumque erramus）》というモットーのうちに集約したのだった。

第二巻　観念にかんするこの学の諸原理

四四　したがって、異教諸国民の原初の世界――この世界については、わたしたちはこれまでなんらの情報も得ておらず、またわたしたちに知られている世界から出発してなんらの観念を形成することもできないでいる――を発見しにおもむくために、ここでは二種類の原理が提起される。一つは観念にかんする原理であり、いま一つは言語にかんする原理である。これらの原理は、単独であれ複数であれ、分割されたかたちにおいてであれ一緒になったかたちにおいてであれ、直接にであれ帰結をつうじてであれ、部分においてであれ全体においてであれ、精神が身体の全体と各部分をともに統轄するのと同じように、この学を、その全体的な体系ないし内包においても、それを構成している部分のうちでも最も小さな部分においても、形成し確立する。したがって、わたしたちがすでに提示したことがらも、機会があればあとで提示することになることがらもあわせて、すべてのことがらを一つまた一つと理解していくことが可能になるだろう。たとえそれらが辞書の曖昧模糊として見分けのつかない森の中に置かれていようとも。また、方法に難儀するか、そもそも方法をいっさい欠いたまま、仕事を続けていかなければならないことから生じる気苦労もなく。というのも、本書で考察されることがらは、正確に、それが書かれるさいにとられる順序に従って考察されるからである。ここではただ一点、それらの原理を結果をつうじて確証しようとするとき、わたしたちは例としてそれぞれの原理にふさわしい一つか二つ、あるいはせいぜい三つの結果を導き出しておけば、原理を理解するためには十分だろうとだけ、述べておく。だから、ほとんど無数といってよい帰結においてそれらが真実であることを確認する作業については、わたしたちがすでに公刊した著作[1]か、まもなく印刷に回されようとしている著作[2]から期待してもらいたい。ここでは、残余のことがらにかんして判断をくだすためには、それらの原理は原因にかんして合理的なものであり、挙げた例は結果を示すのにふさわしい、と述べておけば十分だろう。あらゆる学説の根底に横たわっている原理は推論するのが最もむずかしい部分であり、ひいては、ソクラテスが言ったように[3]、知識の半分を含んでいるからである。

第一章　摂理が諸国民の第一の原理である

四五　さて、どんな仕事であれ最初にあつかうべき観念からそれらの原理について始めるとして、神の摂理がこの諸国民の世界の建築士〔棟梁〕である。なぜなら、人間たちは人々の心の底を見通している神的なものが存在するという人間的な感覚を分かちもたないかぎり、相集って人間的な社会を形成することはできないからである。そして、人々が互いに他人の約束を信頼し、神秘的なできごとについて他人が確言することを聞いて心が安らぐような手立てを講じることなしには、人間たちからなる社会は始まることもなければ持ちこたえることもできないのである。人生のなかでは、約束したり約束されたりする必要があるということが頻繁に起こる。そして、この約束に続いて、それ自体としては犯罪ではないが、そのことを他人が請け合ってくれるのを必要としており、しかも、そのことについてなんらの人間による資料的裏づけも提供することができない行動がしばしばとられることがある。そのような保証が達成されるのは嘘を処罰する刑法が厳格に適用されることによってであると言う人がいるかもしれないが、そうだとすれば、そのことが獲得されるのはあくまで都市が成立した状態のもとにおいてであって、都市の成立の基盤をなす家族が並存している状態のもとにおいてではない。家族が並存していたときにはまだ、たとえば二人の家父長が平等に法律の力に服するような政治的ないし公的な支配は存在していなかったのである。一部の者たちは――ジョン・ロック[4]もそのうちの一人ではないかと思われる――、だれかが自分が約束したり語ったりすることは真実の

(1)『普遍法』(一七二〇―一七二二年)を指す。

(2) 本書『新しい学の諸原理』第一版は一七二五年八月に執筆され、十月に出版された。「まもなく出版される著作」というのは、たぶん、いわゆる『新しい学・否定的形態版』を指しているものと推察される。同著作は一七二五年七月に書きおえていたものの、出版費用を出してくれることになっていたコルシーニ枢機卿が融資を拒否したため、お蔵入りになってしまった。ただ、本書の執筆当時、ヴィーコはなおも出版の望みを捨てていなかった模様である。

(3) プラトン『国家』七・一三(五三二C)参照。

ことなのだと言うやいなや、人々はそのことを信じなければならないと思いこまされる、とも主張している。そうだとすれば、この場合には、人々はすでに真理とはなんであるかを理解していて、これを啓示さえすれば、他の者たちになんらの人間による資料的裏づけがなくてもそれを信じなければならないよう強いるのに十分だということになる。こういったことをなしうるのは、摂理の属性をそなえた神、すなわち、万物に浸透して万物を予見している永遠にして無限の知性という観念以外ではありえない。そして、本書の論題にかかわることなので述べておくと、個々の人間や民族がかれらの個別的な目的のために調達する事物には、これらが主として個別的な意図に発するものであるため、そのままではかれらを破滅させてしまいかねない事物があるが、摂理は、その尽きることのない善意によって、これらの事物を、各自の意図を超えて、またしばしば各自の意図に逆らって、一つの普遍的な目的に向かうよう取り計らう。そして、この普遍的目的を実現するために、それらの個別的目的そのものを手段に用いて、かれらを保存するのである。摂理がこの先見によって諸国民の自然法全体の統治者としての位置を占めていることは、本書全体をつうじて証明されるだろう。

第二章　通俗的な知恵が諸国民の世界の規範である

四六　この神的な建築士が諸国民の世界をこの世に送り出してきたのは、通俗的な知恵、すなわち、それぞれの民族ないし国民の共通感覚を規範としてであった。この通俗的な知恵こそは、わたしたちの社交的な生活を、わたしたちの人間的な行動すべてにおいて、それらがその民族ないし国民の全員が共通に感覚していることがらと一致するように規制しているのである。これらの民族ないし国民の共通感覚が一つに合体したものが人類の知恵である。

第三章　通俗的な知恵によって規制された人間の自由意志が諸国民の世界を製作した職人である

四七　つぎに、そのような神的な建築士の指図に従って諸国民の世界を製作した職人は、人間の自由意志

(4)　これは『新しい学の諸原理』の各版のなかでジョン・ロック John Locke（一六三二―一七〇四）の名前が登場する唯一の個所である。『新しい学の諸原理』第二版（一七三〇年）が出版された直後の一七三一年、さらなる改訂版のために準備された「第三の訂正・改善・付加」のなかには、「ルネ・デカルト、ベネディクトゥス・スピノザ、ジョン・ロックの形而上学の誤謬を指摘する」と題された草稿が入っていた。しかし、一七四四年の『新しい学の諸原理』第三版では、この草稿は採用されていない。この草稿がヴィーコの思想的展開のなかで占める位置と意義にかんしては、上村忠男『バロック人ヴィーコ』（みすず書房、一九九八年）の第四章「ゼウスからムーサは生まれた――ヴィーコと新時代の形而上学」を参照されたい。

である。それは、個々の人間においてはその自然本性からしてきわめて不確実であるが、人類の知恵によって、人間たちのありとあらゆる個別的なあり方に一様に共通する人間的な利益または必要の程度に照らして限定されている。そして、このように〔人類の知恵によって〕限定された、人間として生きていくにあたって必要または有益なこれらのことがらが、ローマの法学者たちが語っている万民の自然法の二つの源泉をなす。ここから、わたしたちは、グローティウスが設定した孤立した人間の状態、そして孤独であるために弱く、いっさいを必要としている人間の状態について、とくと省察するよう導かれていく。そのような状態に、カインの種族は大洪水前にただちに、セトの種族は徐々におちいったにちがいない。また大洪水後、ハムとヤフェトの種族はただちに、セムの種族は少しずつおちいっていったにちがいない。そして、その後、ひたすら宗教への隷属から――これ以外にかれらを抑制する手段はなかったにもかかわらず――自由になろうとして、かれらの父祖アダムとノアが信仰していた真実の神に――その神だけがかれらを社会的な関係のうちにとどめておくことができたのだった――背を向け、野獣的放縦の状態におちいって、言語を失い、あらゆる社交的習俗を無用の長物にしてしまいながら、この大地の大森林の中を散り散りになってさまよい歩くこととあいなったのだった。これは、神の加護も援助もないまま、ただ独りで放り出されて、この世界にやってきた、プーフェンドルフの人間であっただろう。ついで、わたしたちは、このような野生で野獣さながらの人間たちの自然本性的なあり方に共通の、人間として生きていくにあたって必要または有益な原初のことがらから、どのようにしてかれらが人間的な社会的関係のなかに受け入れられるにいたらざるをえなかったのかについて省察し続けていく。この間の経緯については、セルデンは一度として考えたことがなかった。なぜなら、かれは異教諸国民とヘブライ人に共通の原理を設定し、こうして神の加護を受けた唯一の民と道に迷ってしまったそれ以外の諸国民とを区別することをしなかったからである。またプーフェンドルフはこの区別にたしかにいくぶんか考慮を払いはしたが、そのやり方はまちがっていた。なぜなら、聖史の事実に反する仮説を立てたからである。そしてグローティウスは他の二人よりもはなはだしい過ちを犯した。なぜなら、単純な人間というソチーニ的仮説を立て、その後はヘブライ人とそれ以外の諸国民の区別について推論を進めることをまったく忘却してしまったからである。

第四章　永遠の正義についての人間的な観念の自然的な順序

四八　ここまでは、人間として生きていくにあたって必要または有益なことがらの命じるところに従って摂理によって配備された万民の自然法について証明してきた。さて、つぎには、ローマの法学者たちが万民の自然法にあたえていた定義の残りの部分——すなわち、万民の自然法はすべての国民のもとで平等に観察されるということ——を完成させるために、その二つの第一義的な特性、すなわち、不変性と普遍性について検討することにしよう。

四九　うち、第一の不変性にかんして言うなら、万民の自然法は時間の中を経過する永遠の法である。しかし、わたしたちのうちには、真理のいくつかの永遠の種子が埋めこまれている。そして、幼少時代から一歩また一歩と培われていって、年齢を重ねるにつれ、さまざまな学問をつうじて、ついにはもろもろの知識のこのうえなく明晰な認識に到達する。これと同じように、人類の場合にも、原罪の結果、正義の永遠の種子が埋めこまれていたのだった。そして、それらの種子は、世界の幼少時代から一歩また一歩と人間の知性がその真の自然本性にもとづいてしだいに展開していくにつれて、〔もはや神的なものへの不分明な怖れをつうじてではなく〕悟性によって証明された正義の格率へと発展していったのである。しかしながら、つぎの相違はつねに保持されていなければならない。神の民のあいだでは格別の仕方で、異教諸国民のあいだでは通常の仕方で、事態が進んでいったというのがそれである。

五〇　この点にかんしていくつかの事例を挙げておこう。ギリシアの太古の時代には、〔ギリシアの暗闇時代についての歴史が語っているところによると〕アテナイの人々はアテナイの土地全体をゼウスに奉献して、ゼウスの支配のもとで生活していたという。そのため、土地の所有者になろうとするときには、ゼウスの鳥卜によって許可してもらう必要があった。もう少しあとの時代では、十二表法の時代の古代ローマ人のように、《束縛〔nexum〕》と呼ばれる厳粛な引き渡しを必要とした(5)。これにたいして、諸国民のあいだでわたしたちの時代まで続いている、もっとあとの時代では、土地そのものが実際に譲渡されるだけで十分なのである。これら三つの領地取得様式はすべて、つぎの永遠の正義の原理、すなわち、人が他人の事物の所有者になるためには、まえもってその事物の所有主の意志を確認しておく必要があるという原理にもとづいている。最後に、哲学者たちが登場した。そして、所有権は原理上絶対的に意志に依存していることが理解されるようになる。こうして、いまや、所有者が何ものかの所有権を他人に譲渡する決断をしたことを示すに足るだけの——言葉ではっきりと口外されたものであれ、沈黙の所作によって示されたものであれ——印しがあるだけで十分なのだった。

五一　この学が取り組むことになる持続的な作業の一つは以下のとおりである。すなわち、人間的な観念がしだいに展開していくにつれて、どのようにして、法と権利がまずは小心翼々とした迷信から始まって、ついでは法にのっとった行為の厳粛さとそれらを書き記した言葉の厳格さへと移行していき、最後には当初案件の実体がそこに横たわっていると信じられていた物体的なものを経由して、それらの本来の実体であり人間的な実体である純粋にして真実の原理、すなわち、《良心》と呼ばれる真なるものの力でわたしたちの知性によって限定されたわたしたちの意志にまで導かれていったのか、を証明することである。こういったことが起きるのはすべて、万民の自然法は諸国民が自分たちの自然本性についていだいている観念にもとづいて諸国民の習俗とともに出現した法であるからなのだ。

五二　したがって（そしてこれが、いま挙げた私的な権利に付け加えられる、もう一つの公的な権利なのであるが）、身体的な面では不釣り合いなまでに力強い反面、理解力の点ではそれに劣らず愚鈍な人間たちが存在した太古の時代があったとするなら、かれらのあらゆる人間的な力に優越するそのような力を神的なものとして畏怖すべきであると命じていた、かれらの自然本性的なあり方についての観念にもとづいて、こ

（5）十二表法の第六表「契約・束縛（nexum）」を参照。

そこには、「契約・束縛と財産の厳粛な譲渡をおこなう者（qui nexum faciet mancipiumque）が、それを口頭で宣言したときには、それらは法となる」と規定されていた。

のような力の法こそはかれらの神的な法であると思いこまれたことだろう。その結果、かれらはかれらの権利のすべてを力のうちに置いたにちがいないのだった。これはまさしくアキレウスが口にしていることである。アキレウスはギリシアの英雄たちのうちでも最強の英雄であり、ホメロスによって、いつも《非の打ちどころのない》という形容詞を付けて、[6] 英雄的な徳の模範としてギリシアの民の前に提示されていたのだが、そのアキレウスは神的な法によって、アポロンにたいして、自分は御身を自分より優れた力をもっているために神とみなすと述べながらも、もし自分が神に等しい力をもっていたなら、ためらうことなく御身に闘いを挑むだろう、と言ってのけているのだ。[7] また、ポリュペモスは、もし自分にそれだけの能力があったなら、ゼウスとも戦うだろう、と言ったが、[8] アキレウスの言っていることはポリュペモスが言っていることよりも神々への崇敬の念をもって言われているようには見えない。それでも、ギガンテス〔巨人族〕のあいだでは鳥卜がおこなわれていた（これは無神論者たちからすればおよそありえないことだった）。そして、そのうちの一つは、ポリュペモスにやがてかれがオデュッセウスの手によってこうむることとなる運命を予言していたのである。[9] それどころか、その同じ神的な法によって、ゼウスですら、アキレウスとポリュペモスがおこなったのと同じような仕方で自分の力量を計るよう導かれているのである。というのも、ゼウスは大きな鎖を用意して、片方の端にしがみついているすべての人間とすべての神々をもう片方の端から自分一人で引っ張り上げてみせよう、そしてこれほどまでに自分の力が強いことを示すことによって、自分が人間たちと神々の王であることを立証してみせよう、と豪語しているからである。[10]

五三　そのような神的な法の結果、言わせていただくが、ヘクトールがのちに死ぬことになる戦闘でアキレウスに殺害されたさいの埋葬にかんしてアキレウスと取り決めをしておこうとしたところ、アキレウスは弱者と強者のあいだには権利の平等は存在しない、獅子が人間と取り決めをするなどといったことはありえず、狼と仔羊が一つ心になることもけっしてないからだ、と言い返しているのである。[11]これが、強者の血統は弱者の血統とは種類を異にしており、弱者よりも高貴であるという信念にもとづいた、英雄的な氏族の法なのだ。ここから、勝者は武力によって敗者から自然的自由の権利をことごとく奪い去るという戦争の法がやってくる。だから、ローマ人は奴隷を物としてあつかっていたのだった。この習俗は摂理の取り計らいによって成立したものだった。摂理はこれらの獰猛な人間たちを道理の支配によって馴致することはできなかったので、少なくとも力によって神的なものを怖れるようにさせ、こうしてかれらのあいだで力によって正義を測定することができるよう取り計らったのである。人間たちが獰猛きわまりなかった時代に殺戮から殺戮の種子がばらまかれ、人類を絶滅させてしまうようなことにならないようにするためである。まさし

（6）ホメロス『イーリアス』二・六七四、七七〇、九・一八一、六九八、一〇・三二三、一六・一四〇、八五四、一七・一八六、二八〇。
（7）ホメロス『イーリアス』二二・一九―二〇。
（8）ホメロス『オデュッセイア』九・二七五―二七八。ポリュペモスは食人種の一眼巨人族キュクロプスの首長。
（9）ホメロス『オデュッセイア』九・五〇七―五一二。「オデュッセウスの手によってこうむることとなる運命」とは、ポリュペモスがオデュッセウスの手によって眼を潰されて視力を失うにいたったことを指す。
（10）ホメロス『イーリアス』八・一八―二七。
（11）ホメロス『イーリアス』二二・二五六―二六四。

く、これこそはグローティウスが《戦争の外的な正義》と名づけているものの哲学であると同時に歴史でもあったのだろう。[12]

五四　最後に、人間的な観念がすべて展開されつくした時代には、人々はもはや自分たちの自然本性が力の面で他の人々と異なっていて他の人々よりも優れているとは考えなくなり、だれもがすべて理性的なあり方をしていて――これが人間の本来的にして永遠の自然本性である――、この点で平等であることを承認しあっている。その場合には、かれらのあいだに人間的な万民の法が流布していることになるだろう。そして、その法は、人々が互いに平等に利益を分配しあうべきであり、価値に応じた正当な違い――これ自体がかれらのあいだで平等を保持するための措置なのだ――だけを残すべきであると命じるだろう。これがローマの法学者たちが論じていた万民の自然法なのであり、ウルピアヌスがかれの時代の万民法を定義するとき、重々しくも《人間的な種族の》と称している法にほかならないことが見出される。[13]ウルピアヌスは、ローマ帝国の外にいる蛮族の法からではなく――これらの蛮族の法はローマ市民の私的権利にかかわる法であるローマ法とはなんの関係もなかった――、国境を通過してやってきてローマ帝国に吸収された蛮族の法から区別して、こう称したのだった。

第五章　普遍的な正義についての人間的な観念の自然的な順序

五五　上述の原理によって、万民の自然法に最も重要な二つの特性のうちの一つ、すなわち、不変性が確立されたので、つぎには、同じ原理によって、もう一つの特性、すなわち、普遍性が確立される。そのさい、孤立無援の状態のもとにあって――すなわち、グローティウスのいう孤独で弱くていっさいを欠いている人間、プーフェンドルフのいう他人の加護も援助もないままこの世に放り出された人間の状態のもとにあって――最も生来的な必要から始まるのでないかぎり、どのようにして自然的正義についての人間的な観念の進歩が生じたのか、まったく理解できないということが省察される。そして、その最も生来的な必要というのは、そのような状態のもとにあっては、ひとえに、伴侶となって世話と手助けをしてくれる女と交合することによって種の保存を達成するということなのであった。これは、修道院的ないし孤独な、ひいては主権的な自然法[14]であった。プラトンもホメロスのポリュペモスのうちに働いていることにそれとなく気づいていた[15]、このキュクロプス的な法によって、男たちは放浪していた女たちを正当にも力ずくで捕獲し、力ずくで洞窟の中に閉じこめていたのだった。この時代から正しい戦争の最初の原理と最初の正しい略奪行為は始まったのである。異教の人類を創建するためになされた戦争は、その後異教の人類を保存するためになさ

(12)　グローティウス『戦争と平和の法』三・七・七。
(13)　『学説彙纂』二・一四・七・一。ただし、引用はウルピアヌスのテクストから直接になされたものではなく、あくまでもヴィーコの記憶にもとづいたものである。
(14)　「修道院的ないし孤独な、ひいては主権的な自然法」の原語は〝un diritto naturale monastico o solitario, e, in conseguenza, sovrano〟である。
(15)　プラトン『法律』三・二―三（六七八C―六八一E）。

れた戦争に劣らず、正しかったからである。だから、ここからグローティウスが《戦争の内的な正義》と名づけているもの[16]が芽吹きはじめるのである。これは真実にして本来の意味における武器の正義である。

五六　これらの最初の正しい略奪行為によって、最初の人間たちは妻たちにたいする、ついでは息子たちにたいするキュクロプス的な権力を獲得したのだった。これはまさしくホメロスがポリュペモスの口をとおしてオデュッセウスに語らせているとおりである。[17]こうして最初の人間たちは野獣的交合の原初の習俗を保持し続けていたのであり、生まれた子どもたちは母の身分を受け継いでいた。なぜなら、この習俗が、厳粛な儀式を執り行って成立した婚姻から生まれた息子〔嫡出子〕は父の身分を受け継ぐという、今日まで続いている正反対の諸国民の習俗に一挙に変化するというようなことはありえなかったからである。ついで、家族の並存する状態のもとでは、そのような修道院的な法は、家族にとって必要または有益なことがおとずれた機会に、家政一般にかんする自然法へと展開していった。さらにその後、これらの根株がもっと多くの家族に枝分かれして、係累全体の、あるいは古代の家ないし氏族――これらは都市よりも前に存在しており、都市はこれらにもとづいて誕生した（そしてこれらの家は、最初、正しくも、ラティウムの人々によって《ゲンテース（gentes〔氏族〕）》と呼ばれていた）――の共通の必要が生じた機会に、家政一般にかんする法は、最初の本来の意味における氏族、ラティウムの人々が《ゲンテース・マヨレース（gentes maiores〔大氏族〕）》と呼んでいた氏族の自然法へと散種されていった。そしてその後、家ないし氏族が団結して都市が成立すると、大氏族の自然法は《ゲンテース・ミノレース（gentes minores〔小氏族〕）》の自然法、すなわち、それぞれの都市の政治的な必要または利益にかんする人民各個の自然法へと高められていった。これが、原因の一様性からして各時代に世界の各地域で共通に生まれた自然的な市民法であるにちがいない。たとえば、ラティウムの場合がそうであって、それはその地方に数多く存在していた都市、そしてそのなかでのちにロムルスがローマを創建することになった都市それぞれに固有の法が合体してできたのだった。最後に、さまざまな都市が戦争、同盟、交易といった共通の事業をつうじて互いに知りあうようになると、各都市の自然的な市民法は、それ以前の他のどの都市よりも広い範囲のもとで、第二の氏族の自然法、あるいはさながら世界の一つの大いなる都市に住んでいるかのようにして団結した諸国民の自然法となって承認されることとなるのだった。これが人類の法である。

第六章　神的なものについての異教の人間的な観念の自然的な順序――その人間的な観念にもとづいて区別されたままでいるか交流しあうかに応じて、諸国民は互いに分離されたままでいるか交流関係に入るかするのである

五七　ローマの法学者たちは万民の自然法の最初の主要な部分として神への崇拝を置いた。なぜなら、法

---

(16) グローティウス『戦争と平和の法』三・七・七。
(17) ホメロス『オデュッセイア』九・一一二―一一五。ただし、語っているのは、ポリュペモスではなく、オデュッセウスである。

律の支配もなければ武力による強制もないような状態のもとでは人間はこのうえなく自由であるので、人間の力よりも優れた力を畏怖することをつうじて以外には、ひいては、別の人間にも共通する神的なものにたいする怖れをつうじて以外には、別の人間との社会的な関係に入ることもその関係を持続することもできないからである。この神的なものにたいする怖れが《宗教》と呼ばれているのである。

五八 さて、わたしたちはこの学を、この点ではグローティウスおよびプーフェンドルフと一致して、孤立無援の状態にある人間から(ただし、あくまで異教徒の起源にかんして)始めるので、どのようにして神的なものの観念が異教諸国民の頭のなかでまずは呼び起こされ、ついで展開していったかは、〔人間的な観念の〕つぎのような自然的な順序による以外には、すなわち、まずは他のすべてに先立って、ばらばらに分かれていて孤独なこれらの人間たちが、人間の力に優位する一つの力という観念を神として想像し、各自がこの力を自分独自の神であると信じるにいたったということがなければ、まったく理解できない。このことからして、宗教によって誘発されてもたらされた最初の人間的な社会関係は婚姻という社会関係なのだった。そして、それは一部の人間たちが神的なものにたいする怖れによって野獣的放浪をさしひかえて洞窟の中に隠れたところから取り結ばれるようになったにちがいない。かれらは力ずくで引きずりこんだ女たちとともに洞窟の中に定住するようになったにちがいなく、その洞窟の中で、のちにしかるべき場所で証明することとなるいくつかのことがらが機会原因となってかれらが神的なものであると想像した天の異変が引き起こした驚愕から自由になって、女たちと肉体関係を結ぶことができるようになったにちがいないのだった。なぜなら、驚愕は女たちと肉体関係を結ぶのに必要な精気をウェヌスから奪い去ってしまうからである。このようにして、摂理は堕落した人間たちを野獣的性欲の感覚から脱け出させ、かれらの顔を恥じらいで赤くさせはじめた。このように恥じらいで赤面しなかった国民は、たしかに世界にひとつとして存在しなかったのである。というのも、どの国民もすべて人間的な肉体関係[18]を結んでいるからである。ただし、アダムとエヴァの場合には、このことは格別の仕方で生じた。かれらはかれらの犯した罪への罰としてすでに神を観想していた状態から墜落してしまっていたので、墜落の瞬間に自分たちが肉体的な存在であることに気づいた。そして自分たちが裸なのを知って、見るのはおろか口にするのもおぞましいその部分を覆ったのだった[19]。また、眠っている父ノアのその部分を見たと笑いながら言い張ったハムは、神に呪われ、不敬虔であるということで、野獣的な孤立無援の状態に追いやられたのである[20]。これは、もっと前の起源を探索しようとするのは愚かとしか言いようのない起源の一つである。というのも、ハムとヤフェトを越えてさかのぼっていって大洪水後のノアのところで立ちどまらないとしたなら、また、カインを越えてさかのぼっていってアダムと世界の創造主である神のところで立ちどまらないとしたなら、この地上の人間たちはそもそもいつ野獣的放縦の状態のもとで自分たちのことを恥ずかしく思い始めたのだろうか、という問いが生じるからである。野獣的放縦の状態のもとにあっては、かれらは本性からして息子たちより力に優っていたので、息子たちの前

(18)「人間的な肉体関係」の原語は〝concubiti umani〟である。「野獣的交合」と対比して、神によって認められた婚姻のきずなによって安定したものになった肉体関係を指す。

(19)『創世記』三・七。

(20)『創世記』九・二一―二二、二五―二七。

で自分のことを恥ずかしく思うなどということはありえなかった。また、かれら同士の前でも同様であった。かれらは互いに対等であり、等しく性欲に燃えていた。このことからして、神的な存在――ただし、それは裸のウェヌスでも、裸のヘルメスあるいはメルクリウスでもなければ、いつも男根を突き立てている厚顔無恥な豊穣の神プリアポスでもない――を前にしての恥じらいのところで立ちどまらないかぎり、ホッブズ、グローティウス、プーフェンドルフの人間たちのあいだで文明が始まったというようなことはけっしてありえなかったのである。

五九　人間にかんすることがらのこのような始まりのなかで、最初の人間たちは青天のもとで交合することをさまたげる神的な存在にたいする畏怖に発する宗教のうちに最初の女たちを留めおいたにちがいなかった。ここから、どの国民のもとでも、女たちは夫の信奉する公的宗教に入るべきであるという習俗が残ることとなったのである。これはローマ人のあいだで女たちが家族のために犠牲になっている例が示しているとおりである。そして、この文明全体の最初にして最古の原理から、人間たちは互いのあいだで観念を伝達しはじめたのだった。それはまず、夫がかれらの女に両者を結びつける女神、つまりは婚姻の女神の観念を伝達することから始まった。ついで、家族の並存状態のもとで、いまでは係累全体に及んでいた、これらそれぞれの父の個別的な神々は、父たちの神々となった。これは十二表法の「父親殺し」の章にもまさしく《ディーウィ・パレントゥム（divi parentum〔父たちの神々〕）》という表現が見られることから確認される。[21]その後、家族が団結して都市が成立すると、これらの個別的な神々はそれぞれの祖国の神々、《ディイー・パトリイ（dii patrii）》となった。ひいては、家父長たちないし貴族身分に固有の神々であると信じられるようになった。さらに、単一の言語のうちにあって観念が一様であることから、さまざまな都市がいっしょになって国民を形成するようになると、それらは――オリエントの神々、エジプトの神々、ギリシアの神々といったように――それぞれの国民の神々となった。最後に、諸国民が戦争、同盟、交易をつうじて互いに知りあうようになると、それらは人類に共通の神々となった。ただし、そのような存在として、それらはギリシア人のヘラでもなければトロイア人のウェヌスでもなく、相互に交換可能な誓いのなかで、ギリシア人がかれらのヘラをつうじて理解し、トロイア人がかれらのウェヌスをつうじて理解していた存在、すなわち、

万人にとってユピテルであるところの神(22)

なのであった。

六〇　ここから、二つの証明が導き出される。第一は、文明はそっくりそのまま神の単一性という観念の

---

(21)　オランダの法学者ヤーコプ・ラーヴァールト Jacob Raewaerd（一五三四―一五六八）の『十二表法について』*Ad leges XII Tabularum*（一五六三年）を参照。そこには「父親殺しについて」という章は出てこないが、古代ローマには父親を殺した者を「父たちの神々」に献げる慣わしがあったと語っているローマの文法家セクストゥス・ポンペイウス・フェストゥス（二世紀）の『言葉の意味について』の一節が引かれている。ラーヴァールトについては、ヴィーコ自身、本書〔三七八〕で言及している。

(22)　タッソ『解放されたエルサレム』四・四二・五――"un dio che a tutti è Giove"。これはウェルギリウス『アエネーイス』一〇・一一二――「王ユピテルは万民にとって同一である（rex Juppiter omnibus idem）」――のパラフレーズである。

内部に納まっているということである。なぜなら、それはそれぞれの国民のなかで個々別々に生まれた単一の神から始まって、すべての国民に普遍的な単一の神となって終わっているからである。第二は、キリスト教こそは真実の宗教であり、古くから存在していて、いつまでも持続している宗教であるということである。なぜなら、それは単一の神によって創造された世界とともに始まっており、歳月が経過し、さまざまな国民や習俗を経由しながらも、けっして神の数を増殖させることがなかったからである。

第七章　それぞれの宗教、法律、言語、婚姻、名前、武器、政体を通過していく諸国民の法についての観念の自然的な順序

六一　しかし、もし氏族が、まずもって、また本来、多くの家族へと散種されていった根株であったのなら、この観念の自然的な順序にもとづいて以外のどのような仕方で氏族の法が発展していくことができたのか、まったく理解できなくなる。それは、なによりもまず、都市へと構成されるのに先立って多くの家族へと枝分かれしていき、その係累が《ゲンテース・マヨレース》と呼ばれていた世界の最初の家父長たちから、いくつかの根株の習俗とともに出てきた法であった。たとえば、ユピテルはゲンテース・マヨレースの神と呼ばれたが、それはかれが最初の家父長たちによって神であると想像され、それらの家父長たちが共通の根株であり主権的な第一人者であるところの家族全体によって神であると思いこまれたからであった。そ

の結果、必然的に、各係累が法律を互いに伝達しあうために見出した、それぞれの係累に固有の言語があるということになった。そして、その法律とは、そのような状態のもとにあっては、前章で述べたところに従って、神的なものであると信じられていた鳥卜の法律以外のものではありえなかった。このため、異教諸国民のもとでは、摂理は当初、《ディーウィーナーリー（divinari〔占う〕）》ということから《ディーウィーニタース（divinitas〔神性〕）》という名を受けとっていたのだった。したがって、鳥卜はかれら自身の作り出した神的な法律であったにちがいなく、この法律によって、かれらは各自が自分自身の神であると想像していたユピテルから人間にかんすることがらのすべてを命じられていると思いこんでいたのだった。そして、それらのことがらのうちでも最初にして第一位を占めることがらがたしかに婚姻なのである。かれらは、このような各自に固有の宗教、法律、言語の力によって、ごく自然に、互いのあいだで婚姻をかれらの神々の鳥卜でもって執り行っていたのだった。

六二　さて、ここでは、ほどなく〔一一六〕事実であることが見出されることをさしあたって仮説として立てておくことにしよう。ずっと時代が下ってから、ほかの人間たちも野獣的交合をやめ、同じ時間だけ先に野獣的放浪を停止していた人間たちが先に占拠し耕作していた土地のなかで社会的な生活へと受け入れられていった、というのがそれである。これらの異国の放浪者たちは宗教も言語ももたないまま受け入れられたので、ことがらの本性からして、すでに自分たち自身の言語、法律、神々をもっていた係累たちとの婚姻を取り結ぶことを禁じられていたにちがいなかった。そして、かれらから生まれた子どもたちも、かれらに避難所を提供していた者たちの宗教、法律、言語を知らないでいたあいだは同様であったにちがいなかった。

これが異教徒とヘブライ人に共通のものであったにちがいない家族の並存状態における最初にして最古の万民の自然法であったにちがいない。そして異教徒よりもヘブライ人のほうがはるかに多く遵守していたにちがいない。神の民は、真実の宗教をかれらに頼ってきた不敬虔な放浪者たちにまで拡大することによって汚すようなことはけっしてしないという、真正な徳性を有していたからである。

六三　その間、のちに〔八一、一八六―一八八〕証明されることになるいくつかの機会にこれらの係累たちが団結して最初の都市が形成されたとき、これらの氏族の自然法は《ゲンテース・ミノレース》と呼ばれた係累たちからなる身分の習俗によって守護された法であったにちがいなかった。たとえば、ロムルスは《ゲンテース・ミノレース》の神と言われたが、それはこの身分によって神であると想像されたからであった。このことは、元老院身分の一員であるプロクルス・ユリウスがロムルスのことをローマの平民に神であると告げていることから確かである。[23] その結果、都市が建設される以前と同様、建設後も長らく、そのような氏族の自然法はこれら高貴な家族からなる身分に固有の法であったにちがいなかった。このことはローマ史が（ここではさしあたり、だれよりもリウィウスの語るローマ史を例に挙げたい）あまりにも明々白々にわたしたちに語っているところであるが、文明の起源について誤りを犯していたために、これまで知識もなんらの利益ももたらすことがないままになっていたのである。

六四　しかし、ローマ史をここでわたしたちが省察してきたことがらにもとづいて進行させるために、未知の婚姻を執り行い、未知の言語を話し、未知の神々を崇拝していた人々がアルカディアとプリュギアから海を越えて大挙してやってきて、ロムルスの避難所に受け入れられた、という俗信に少しばかり付き合ってみるのが有益だろう。ここでのちに詳述することとなる〔二二五〕生きていくうえでのいくつかの最低限の必要から、（野獣どもがときどき、寒さがひどかったり、狩人たちに追いつめられたりして、いのちを守るために、人の住む場所に逃れてくるのと同じように）野獣的孤立状態を脱して、ラティウムでローマよりも先に建設されていた小さな諸都市に、神々も言語もなんらか文明らしきものもまったく持ち合わせないまま受け入れられていた、無数の者たちのことは脇に置いておくとしてである。確実なローマ史[24]がわたしたちに語っているところによると、《コンヌビウム（connubium）》、すなわち、神々の鳥卜によって婚姻を取り結ぶ権利（これが良き法学において《コンヌビウム》という語の意味するところなのだ）を求める平民たちにたいして、そうした婚姻の儀式を執り行っていた家父長たち、あるいは貴族たちは、その権利を平民たちにあたえるのを拒否し、そのような時代に似つかわしい言葉の正しさでもって、つぎのようなリウィウスが忠実に報告している理由、すなわち、《氏族の権利が混ぜ合わされる（confundi iura gentium）[25]》、《自分たちだけが氏族の権利をもつ（se gentem habere）[26]》、《鳥卜は自分たちのものである（auspicia esse sua）[27]》をあげて、平民たちに敵対したという。かれらは、これらの言い回しによって、第一に、親族関係の権利が混ぜ合わされると

（23）リウィウス『ローマ史』一・一六・五―八。

（24）「確実なローマ史」の原語は〝storia romana certa〟である。「確実な」は「実証的な」という意味。

（25）リウィウス『ローマ史』四・一・二。紀元前四四五年、護民官カイウス・カヌレイウスが十二表法に規定されていた貴族と平民のあいだの通婚の禁止を撤廃する法案を提出したことに反対して、貴族たちが吐いた言葉。

いうことを言おうとしていた。第二に、かれらだけが父親の確かな子を有しており、婚姻の儀式を執り行うことによって、息子が母親と寝たり、父親が娘と寝たり、複数の兄弟が一人の姉妹と寝たりするといった、忌まわしい交合を犯すことから守られているということ（なぜなら、青年たちがローマ法を学び始めるとすぐに知ることになるように、厳粛な儀式を執り行ってなされる婚姻のみが父親がだれであるか確実であり、ひいては息子も兄弟も身元が確実であることを証明するからである）、その結果、かれらは忌まわしい近親相姦からは免れているということを言おうとしていた。近親相姦によって、人類は種を殖やすどころか、終焉へと向かっていくのである。近親相姦は息子たちを起源の状態にまで立ち戻らせ、血の近い者たちが枝分かれして拡がっていくというよりは混ぜ合わさることによって種の増殖を制限してしまう。これはそのような近親相姦による男女の結合のもたらす自然的な災厄である。このため、まさにこの抗争のなかで、貴族たちは平民たちを《かれらは野獣のような仕方で結び合っている（agitarent connubia more ferarum）》と言って非難したのだった。[28] そして第三に、鳥卜をつうじて神的なものであると信じられた警告や命令を発することによって、人間にかんすることがらのすべて――これらのうちでも最初にして最も重要なのが婚姻であった――をかれらに指図していたかれらの神々の言葉のことを言おうとしていたのである。

六五　この観念の自然的な順序にもとづいて、英雄的氏族の自然法は、貴族たちが自分たちは最初の都市の平民たちとは生まれの相違によって区別されると考えていたところから成立したものであることが見出される。その相違は人間と野獣のあいだの相違にも匹敵するものだった。そして、それはアキレウスがまさしくライオンと人間のあいだに存在すると信じていた弱者にたいする強者の優越に対応している。[29] ここにわたしたちは宗教と法律が貴族や賢者や神祇官からなる身分の内部に秘匿されていたこと、そしてどの国民のもとでも聖なる言語あるいは秘密の言語が存在したことの自然的な起源を見出す。この言語は、これまで、ローマ人のもとでは、パトリキないしノビレス〔新旧の貴族身分〕による欺瞞行為であると信じられていたのだった。

六六　ずっと時代が下って、最初の諸都市に受け入れられた外国人たち、あるいはより正しくはかれらの後裔たちは、徐々にそれらの都市の領主たちの神々を崇拝し畏怖することに慣れていき、長く服従生活を送るなかで、宗教と法律で使われている言語を習得していった。そして貴族たちを手本にして、自然的に、あるいは事実上、素性の確かな女たちと自然的な婚姻関係を取り結ぶようになった。こうして、自然の真理をつうじてすでに文明のとば口に到り着いていたように、かれらの自然本性からして、氏族の自然法をつうじて、法のこの部分にかんして貴族たちと対等なあつかいを受けること、すなわち、婚姻と神々を貴族たちと分かちあう権利を欲するようになっていった。その結果、ローマ史がはっきりと語っているように、十二表法がローマ人にあたえられて九年後、貴族たちはついに神々と婚姻の儀式を法律によってかれらに伝えるこ

(26)　リウィウス『ローマ史』一〇・八・九。神祇官職を平民に開放するよう求めたクラウディウス氏族出身のアッピウス・クラウディウス・カエクス〔前三四〇—前二七三〕に反対して、平民出身のプブリウス・デキウス・ムス〔？—前二九五〕が発した言葉。

(27)　同右。

(28)　リウィウス『ローマ史』四・二・六参照。

(29)　ホメロス『イーリアス』二二・二六二。

となったのだった。[30] このようにして、ラティウムの確実な歴史の光によってこれまでギリシア人の物語的な歴史を覆ってきた夜の闇が消し去られ、オルペウスたちが野獣どもを飼い馴らして都市に引き入れていったのは神々にたいする怖れをつうじてであったことが発見される。このような状態の時以来、氏族の自然法は同一の都市で自由人として生まれた者たちすべてに共通の法となった。そして《ナトゥーラ（natura）》、すなわち、生まれ方ということから、それ以後、《ナツィオーニ（nazioni〔諸国民〕）の自然法》と名づけられるようになったのだった。こうして、厳粛な儀式を執り行ってなされる婚姻はローマ市民のものであってかれらに征服された民のものではなかったことがわかる。それは、かつてはローマの貴族だけのものであって、平民のものではなかったのと同様である。そしてこれこそがローマ人の市民法であったにちがいない。なぜなら、他の諸国民の場合には、市民たちは、自分たち自身の支配権を有していて市民的自由を享受していながらも、互いのあいだで厳粛な結婚式を執り行うことをしていなかったからである。

六七　さらにわたしたちに近い時代になると、支配する諸国民に長期間にわたって服従するなかで、敗北した諸国民は徐々に自分たちの敗北した神々を忘れ、勝利した神々を怖れるようになっていった。そして長い歳月が経過するなかで宗教にかんする自分たちの言語は使わなくなり、支配する宗教の言語を使用するようになっていった。こうして、ごく自然に、支配する民の神々と婚姻の儀式についてかれらに伝達されることが可能になるような状態に到達したのだった。そして、このようなかたちで弘まっていくなかで、氏族の自然法は諸国民全体が人間として生きていくうえで必要ないし有益なことがらにかんする観念に従って評価されるところとなり、それぞれの国民はある一つの同じ宗教および同一の聖なる言語のきずなによって結ばれることとなったのだった。

六八　このような宗教の聖なる言語、すなわち、ラテンとギリシアの教会の言語は、ユダヤ教徒、マホメット教徒〔イスラム教徒〕、異教徒に対抗して、すべてのキリスト教徒を単一の国民に統合する。これが、それらのさまざまな国民からやってきた男女間の結合にはことがらの自然本性に由来する災厄がともなう、とされた理由である。しかし、これよりも程度こそはるかに低いが、正式な結婚式をあげることなく同じキリスト教徒の女と肉体関係を結ぶことも、ことがらの自然本性に由来する災厄である。なぜなら、そこから生まれてくる子どもには、文明を律するすべての法律のうちでも第一の法律で、そこから文明が始まった法律、すなわち、男と女が結合するなかで生じたにちがいない神的な存在にたいする怖れを、親たちは手本を示して教えることができないにちがいないからである。こうして、かれらはだれが父親なのか不確かな交合をおこなったことでことがらの自然本性に由来する罪を犯し、報いとして、自分たちの産んだ子を野獣の状態に追いやることとなるのである。

六九　こういったことはすべて、わたしたちが本書でさきに提示した〔一〇〕文明全体の三つの原理のうちの第二の原理にもとづいている。すなわち、男は女とある一つの国家宗教の原理を共通にしていることに

(30)　リウィウス『ローマ史』四・一・四。ちなみに、ヴィーコが出版後に作成した異文のなかでは、「九年後」が「六年後」に訂正されている。実際にも、護民官カイウス・カヌレイウスが貴族と平民の通婚を認める法律を制定したのは、第二巻注(25)でも述べたように、紀元前四四五年、すなわち、十二表法が制定されて六年後であった。

もとづいてしか結合することはなく、その国家宗教をつうじて、子どもたちは同一の言語とともに、宗教と法律にかかわることがらを習得し、こうして自分たち自身の国民を保存し永続させていく、というのがそれである。だから、当代の何人かの著名な哲学者たちには、自分たちの哲学に無制約な愛着を示すあまり、わたしたちの聖なる宗教と法律が依拠している学識ゆたかな言語——オリエントの言語、ギリシア語、ラテン語——の研究を非難することによって、それと気づかずに、世界中の諸国民のうちでも最も教養に富む国民を破滅させてしまうようなことのないようにしていただきたい。なぜなら、わたしたちがこの教養の頂点に到達しえたのは、ひとえに、宗教と法律の用途に役立てるために、キリスト教徒の民のあいだで、古代全体の最も輝かしい言語が習得される必要があったからにほかならないからである。

七〇　最後に、戦争、同盟、交易が原因となって、言語を異にする多くの国民が一様な考えをもつようになった結果、すべての国民のなかで生まれた各自が人間として生きていくうえで必要または有益なことがらについての一様な観念から、人類の自然法が誕生することとなった。

七一　こういったことすべてからして、自然法の原理は単一の正義、すなわち、人間の自然本性的なあり方全体にとって共通の有益または必要なことがらについての人類の観念の単一性である。だから、ピュロン主義はそのような単一の正義を提供することをしていないため、文明を破壊してしまう。エピクロス主義は有益なことがらについての判断を個々人の感覚に任せてしまおうとしているため、文明を消散させてしまう。ストア主義は身体的な性質の有益なことがらや必要なことがらを認めず、精神のそれらだけを認めるため（それらについてはかれらの賢者以外に判断できる者はいないのである）、文明を無に帰してしまう。そうしたなかで、ただ一人プラトンだけが単一の正義を促進しているが、それはかれがだれにとっても単一または同一と見えるものを真なるものの規範とすべきであると考えているからである。

七二　かくて、氏族の法にかんする観念の自然的な順序はかれらを創建してきた宗教、法律、言語、婚姻をつうじて進んできたにちがいないのだった。さて、この章の残りの部分では、氏族を区別してきた名前と、氏族を保存させてきた武器と政体について見てみることにしよう。

七三　名前はもともと氏族を指すのに使われていた。そしてローマ人のもとでは、すべて、最後に「イウス」という接尾語が付いていた（たとえば《コルネリウス氏族》がそうで、これは多くの最も高貴な家門に枝分かれしていった。そのうちでも最も光り輝く名前はコルネリウス・スキピオだった）。太古のギリシア人のあいだでは、名前は父祖の名とともに発展していった（それらの名前が古くから存在していたことはそれらが詩人たちによって保持されてきたという事実[31]からいとも容易に立証される）。もしそうであったとするなら、最初の氏族は高貴な家門の血を引く者たちだけで構成されていたことにならざるをえない。なぜなら、貴族だけが正しいあるいは厳粛な婚姻から生まれたからである。したがって、たとえば「ローマ人」と

（31）　バッティスティーニによると、ここでヴィーコはアリギエーリ（ダンテ）、ペトラルカ、ボッカッチョのような詩人のことを念頭に置いていたのではないかという（cf. Battistini, p. 1789）。かれらはいずれも中世にまでさかのぼる父称を名乗っていたが、ヴィーコは中世を「再帰した野蛮」の時代ととらえており、そこでは最初の野蛮時代の習俗が繰り返されているとみていた。

か「ヌマンティア人」とか「カルタゴ人」という名前は、これらの国民のうちの貴族身分のみを指していたにちがいない。貴族身分だけが、鳥卜の聖なる言語を理解していたので、平時および戦時の公的なことがらすべての運営を統轄していたにちがいないからである。このことは、ローマ史が婚姻、執政官職、神祇官職の伝達をめぐる平民と父たちとのあいだの抗争について長々と述べているとおりである。

七四　ローマ人のもとでの氏族名や太古のギリシア人のもとでの父称や他の諸国民のもとでのこれらに似たような名前の付けられ方からもわかるように、以上のことからして、最初の諸氏族の自然法は全文明の起源をなしているのをわたしたちがさきに示した〔一〇〕三つの原理から生まれ守護されていたのだった。これらのうちの第一の原理は、摂理が存在するという、人々がどこでも普遍的に感じとっていた正しい意見だった。第二の原理は、男たちは宗教、法律、言語を共有する素性の確かな女と正しい婚姻関係を取り結んで、父親がだれであるかが確かな息子をもうけ、こうして息子たちが父親の信仰する宗教のなかで育ち、自分の生まれた国の法律を教えこまれて、自分の父親がだれであるかを氏族名や父称によって証明することができるようにし、かくては国民全体の永続を図れるようにしなければならないということであった。だから、これらの息子たちは、ラティウム人のもとでは《パトリキ（patricii）》と呼ばれ、太古のギリシア人のもとでは《エウパトリダイ（εὐπατρίδαι）》と呼ばれたのである。どちらも「貴族」の意味である。そして、ローマの貴族たちは、十二表法の第十一番目の表で《鳥卜は平民に伝えてはならない（Auspicia incommunicata plebi sunto）》と記されているところに従って[32]、鳥卜をもっぱら自分たちのあいだでしか知られないようにしていたのだった。第三の原理は、この目的に献げるべく、死者は自分の生まれた土地に埋葬されるべきであるということであった。こうして、かれらの墳墓が、家系図、すなわち先祖の系譜によって、かれらの最初の根株がそれらの土地を占拠したさいに根拠となったかれらの神々の鳥卜によって認められた土地の主権的領有の証拠となるようにしようとしたのである。この結果、かつては使用権として全人類に共同のものであった土地の領有が所有権として区別されることとなった。そして、これこそはすべての主権的土地領有およびすべての主権的支配の源泉をなす本源的な領有なのであって、主権的土地領有も主権的支配もすべてこれらの最初の太古の鳥卜をつうじて神からやってきたのである。

七五　これらのことすべてが、グローティウスとプーフェンドルフの人間のうち、一部の者たちが他の者たちよりも早く文明に受け入れられた、と考える理由をわたしたちにあたえる。そして、摂理が鳥卜と墳墓の宗教によって定めた最初の農地分割の大いなる原理と、ついではまた、すべての都市は貴族と平民という二つの身分を基礎として生じたという原理が見出される。しかし、これらよりももっと崇高な発見は、諸国民の世界は神によって秩序づけられたのであって、このことは主として摂理の属性をつうじて観察される、ということである。摂理をつうじて、神性（divinitas）の観念、すなわち、将来を見通している知性が存在するという観念（これが《ディーウィーナーリー（divinari）》の意味なのだ）が人々のなかで生じ、この結果、神はいたるところで崇拝されているのである。こうして、死者を埋葬するという重要な習俗（「埋葬する」

（32）実際には、このような式文は十二表法中には出てこない。第十一表には「プレブスとパトリキのあいだの結婚は禁止する」とあるだけである。

のラテン語は《フマーレ（humare）》である）がフーマーニタース（humanitas）とはなんなのかを教えたのだった。これら最後の二つの大いなる原理から神と人間にかんすることがらの知識は始まるのでなければならない。

七六　たとえば「ローマ人」という名前は、最初の時代には父たち、すなわち貴族だけのものであったという事実から、この習俗はローマではラティウムの氏族の共通の法によって受け入れられたにちがいなかったということが帰結する。そこでは、貴族だけが太古の集会のなかで《クイリーテース（quirites〔ローマ市民〕）》と称することを認められていたのである。この語は「槍」を意味する《クイリース（quiris）》から派生した語で、《集会に参加している武装した人々》を意味している（これはわたしたちの野蛮時代〔中世〕において貴族だけが「騎士」と称されているのと同じである）。なぜなら、集会の外ではけっして《クイリーテース》と呼ばれなかっただけでなく、この語が単数形で使用されることもなかったからである。この事実は、貴族だけが武器を携帯する権利、ひいては、都市で《市民的支配権》と呼ばれている力を行使する権利を有していたので——なぜなら、かれらだけが氏族をもっていたからである——、貴族だけが氏族の法を自分たちに本来属する法としてあつかっていたということをわたしたちに確信させる。このようなローマ氏族の法は独裁官フィロの法が発布されるまで続いたことをわたしたちは他の場所で証明した[33]。長期にわたる抗争の結果、家父長たちはすでに婚姻の儀式のやり方、主権的な武装権、神職の権利を平民に伝えていたので、この法によってついにローマ主権の称号が大集会に集まった人々全体に伝えられることとなった。そしてそれ以後、それらの集会のなかでは全員が《ローマ市民》と呼ばれるようになった。その時から、「ローマ人」という語は《ローマで自由民として生まれ、集会で講和と戦争について決定する権利をもっている国民》を指すようになったのである。一方、属州は、厳密には、この権利のための名前をもっていなかった。ローマ人が勝利した結果、属州からはみずから武装する主権的な権利が剝奪されてしまったからである。こうしてまた、属州の住民たちはローマ市民とは異なって固有の氏族名をもっていなかったからである。これはローマの平民がかつては家父長たちと異なって氏族名をもっていなかったのと同じである。ここにわたしたちはローマ氏族の法の起源を見出すのであって、その法はのちに〔一二八—一三二〕論じることとなるいくつかの相違をともないつつ、かれらがラティウム、イタリア、属州で征服した土地に拡大していくのだった。

七七　最後に、自然の順序に従って、最も重要な政体の部分にかんする氏族の法についてのわたしたちの観念を説明する仕事が残っている。これはさきに〔七二〕提示した七つの部分のうちの最後の部分だった。そして、この部分はこれらの省察のうちでも最大の労力を要した部分だった。なんといっても、わたしたちの理解力を頼りに、いっさい言葉を発することのなかった最初の人間たちの自然本性のなかに入りこんでい

(33)『普遍法』第一巻『普遍法の単一の原理と単一の目的』一六一・五および一六二。紀元前三三九年、独裁官（ディクタトル）になった平民出身のクイントゥス・プブリリウス・フィロは、「人民集会の決定はローマ市民全体を拘束する」と規定するとともに、財産調査官（ケンソル）の一人は平民に開放する法を制定し、貴族と平民の社会的平等の実現に向けての一歩を進めた。

く必要があったからである。こうして、ついにわたしたちは、あとで〔三一七―三二八〕もっと詳しく説明するように、すべての最初の諸国民のもとで、貴族だけが知っていて平民大衆には知られずにいた神聖文字あるいは沈黙の記号からなる聖なる言語を作りあげていた――最初の最も古い法律は神の言語であると信じられたこの言語から派生したものだった――のと同じ自然的な原因によって、諸国民の最初の世界における最初の政体は、ことがらの自然本性からして、すべてアリストクラシー、すなわち貴族身分からなる政体だったということになることを発見したのである。また、それらの貴族たちが、ローマでも、ギリシア、エジプト、アジアでも、かれらが野蛮状態にあった時代の英雄たちであったことが見出された。しかし、諸国民のあいだで、徐々に音声語が形成され、語彙が増大していくのにともなって〔語彙は人間の頭の働きを敏速にする大いなる学校であることはさきに〔四二〕論じたとおりである〕、平民たちは、みずからを省みて、自分たちが貴族と等しい自然本性をもっていることを認識するようになった。そして、このように自分たちの真の人間本性がなんであるかが認識されるようになった結果、空しくも英雄主義を信じていたみずからの態度を改めて、利益への権利において貴族と平等な待遇を受けることを欲するようになった。こうして、貴族が自分たちは人間たちとは種類を異にする英雄的な性質をもっているという根拠のない思いこみにもとづいて平民におこなっていた悪政にしだいに耐えられなくなり、ついには、正義が力の大きさに従って評価されていた英雄的氏族の自然法が崩壊したあと、これに代わって、正義を権利の平等に従って評価する、ウルピアヌスが人間的な種族の自然法と定義する自然法[34]が勃興した。その結果、人民がすでに自然に、あるいは事実上、貴族と平民で構成されており、しかも数のうえでは貴族よりも平民のほうが多くて、平民が多数の観念によって言語の主人となっていたのと同じ時代に、その同じ人民は自然に人民共和政体における法律の主人となるか、あるいは同じく自然に、人民共通の言語によって法律が命じられていた君主政体へと移行していったのだった。

七八 かくて、君主の人格のうちに《神の取り計らいの運勢》と呼ばれる太古の鳥卜は統合され、《偉業の栄光》にほかならない諸国民の名前も統合された。また、鳥卜と名前が統合されたことで、君主たちが自分たちの宗教と法律を防御し、諸国民の区別と維持を図るうえでの手立てとなる軍の統帥権も君主の人格のうちに統合された。神聖文字によって語っていた最初の氏族の言語の支配は、集会に参加した自由な人民のもとでも、その後君主たちのあいだでも、そのまま維持されたが、それは武器の言語に限られていて、諸国民は戦争、同盟、交易においてこの言語を使って互いの意思疎通を図っていたのだった。そしてそれは紋章の学の原理を構成することがのちに〔三二九〕見出される。また、同じく勲章の学の原理を構成することともなる〔三四九〕。これは、すでに約定言語を有していた諸国民の場合には、政体は君主政体から人民政体に変化したり、その逆であったりすることがありうるが、あらゆる国民のあらゆる時代の確実な歴史のなかで、人間的で文明開化した時代にこれら二つの政体のいずれかが貴族政体に変化したという記述に出会うことはけっしてないことの深い理由である。だから、政体の原理にかんしてこれまで哲学者たちがどれほどの学識をもって省察してきたか、またポリュビオスが政体の変化にかんしてどれほどの真理をもって論じてき

(34) 第二巻注(14)参照。

たか(35)、わかろうというものである!

系――わたしたちが論じてきた諸原理を十二表法がアテナイからやってきたという民間伝承と比較対照してみた実地の試験を含む

七九　上述のことだけでも、民間伝承にもとづいて万民の自然法およびローマ市民法の起源について論じてきた著述家たちを今後は信頼しないようわたしたちに注意させるに十分だろう。しかし、他の著者たちの体系全体を批判する者には、それに代わって、あらゆる結果をそれらの体系よりも成功裡に支えるような原理を含んだ自分自身の体系を提示する義務がある。そこで、そのようなわたしたちの義務を果たせるよう、さらに省察を進めることにしよう。そのさい、始めた歩みを再開するのに先立って、ここでこの新しい学の真理と有用性について試験をおこなって、この学に今後も従っていくべきか、それとも、最初で放棄すべきか、決めるのも無益ではないと思う。

八〇　試験はまず、つぎのような質問の形式、すなわち、わたしたちの理解力だけによって提起した諸原理にもとづくこれまでの推論のなかで、わたしたちはほんとうに異教の諸国民を創建した最初の人間たちの自然本性的なあり方の内部に入りこんだのだろうか、という質問の形式をとる。なぜなら、その最初の人間たちの自然本性的なあり方から、わたしたちが詳述してきた観念の順序に従って、かれらはわたしたちがわたしたちの先祖の手をつうじてかれらから受けとってきた状態へと導かれていき、完成の域に到達したにちがいないからである。それから、つぎのような比較をおこなう。すなわち、わたしたちは、このようにして、いまでは古くなってしまった共通の習俗に逆らい、このうえない暴力をふるって、諸国民の文明についてこれまで哲学者たちが推理してきたり文献学者たちが物語ってきたりしたことをいっさいかなぐり捨て、原因において合理的で結果において適合的な原理を見出したのだろうか、それとも、逆に、これらのわずかな新奇の知識にたいして前者の暴力に較べればきわめて軽微なはずの力を用いながら、これらの原理を忘れ去り、今後もこれまでと同様、平静な心をもって、古人が書きのこした民間伝承に信頼することがゆるされるのだろうか、そのどちらであるのかを比較してみる。もしそのような比較をおこなうことがわたしたちに禁じられるとしたなら、このことはここでわたしたちが考察してきたことがらがわたしたちの魂の最も奥深くにある実質と一体となっているということ、すなわち、わたしたちはわたしたちの理性に展開させる以外の何ごともおこなわなかったということ――わたしたちが考察してきたことがらを否定するためには人間でなくなる必要があるほどまでにである――の真の実験であることになるだろう。このためにキケロは、この魂の深奥にある哲学から法の知識を生み出そうとしたのだった[36]。さらに、それはわたしたちがここまで考察してきた諸原理が真理であることを証明する真の実験であることになるだろう。それらの真理は、これまで

(35) ポリュビオス『歴史』四・二一・四―五参照。そこでは、スパルタでは政体が君主政体から貴族政体に変化したことがあった、と述べられている。

(36) キケロ『法律について』一・五・一七。

わたしたち自身の内部に封印されていたか、理解にはなにひとつ利することのないあまりにも数多くのばらばらな記憶の重みによって抑えこまれていたか、本来の太古の観念ではなくてわたしたちの現在の観念にもとづいて想像されてきたためにわたしたちのたんなる空想に変容してしまっていたのだった。

八一　したがって、虚偽の宗教とそこから生まれた神々、法律とそれらの最初の聖なる言語、英雄たちの習俗とかれらの政体の起源についてここまで推理してきたことは脇に置いておくとしよう。それらについてはまったく知らないでいるかのように思いなしてである。実際にも、何千年ものあいだ、ほんとうに知られないままになっていたのだから。そして確実なローマ史が提示している以下のことがらにかんして見解を同じくしているとしよう。これらのうちでも最も確実なのは、共通の鳥卜によって婚姻関係を取り結ぶことをめぐっての家父長たちとの平民の闘争である。鳥卜によって婚姻関係を取り結ぶというのは神聖な法であって、法学者のモデスティヌスがローマ市民によって取り結ばれる正しい厳粛な婚姻を《神と人間にかんするあらゆる権利の伝達である》[37]と定義するとき、かれはそうした伝達行為を婚姻の最初にして最重要の部分と見なしていたのだった。この闘争がローマで起きたのは、ローマが創建されてから三〇六年後[38]であった。そして権利は十二表法が制定されてから三年後[39]に平民にあたえられた。この事実からは、当時平民は家父長たちと共通の神々をもっていなかったことが判明する。これは、平民は貴族たちの身分とはまったく異なる国民であった、と言うに等しい。疑いもなく、国民を一つにまとめるのは、宗教が一つであることであるからである。

八二　願わくは、どれほど遠くかけ離れていようとも、わたしたち自身の自然本性的なあり方、習俗、政体とのあいだに存在するかもしれないなんらかの類似性に頼ることができないまま、古代ローマが有していたにちがいない自然本性的なあり方、習俗、政体を探求しにおもむこうとしているわたしたちの知性を濃い闇の夜が妨害し、混乱の深い淵のなかで消耗させてしまうことがないように！　わたしたちの才知にそれらの鋭利さというよりもむしろ敏活さをあらんかぎり発揮させ、すでに年老いてしまったわたしたちの記憶力につぎの点にかんして名声を維持できるようにさせようではないか。すなわち、王の支配下にあったローマの政体が人民的自由の混ざり合った君主政体であったとか、ブルートゥスは王たちをローマから追放することによって全面的に人民的自由からなる政体を創建したとか、十二表法はたしかに当時は自由な都市であったアテナイからやってきたとか、十二表法によってローマに完全な平等が確立されたといったことがほんとうにそうであったのかという点にかんしてである。なぜなら、これらの点すべてに対立する、異議の差しはさみようのない歴史の公的な証言が存在するからである。十二表法が制定されてから六年後まで、平民は貴族のおこなっていた神事を分かちもっていなかったため、ローマ市民でなかっただけでなく、ローマ国民の一部ですらなかった。なぜなら、家父長たちは貴族である自分たちだけがたしかにローマのものである氏族

(37)　『学説彙纂』二三・二・一。ヘレンニウス・モデスティヌスは三世紀のローマの法学者で、ウルピアヌスの弟子。『学説彙纂』の編集に多くの貢献をしている。

(38)　すなわち、紀元前四四五年。この年、平民出身の護民官カイウス・カヌレイウスが平民も厳粛な式をあげて貴族と結婚する権利を獲得している。

(39)　正しくは「六年後」である。十二表法は紀元前四五一年に制定されている。

名をもっているということを理由にして平民と対立していたからである。それだけではなく、驚くべきことにみえるかもしれないが、家父長たちは平民を《野獣のような仕方で交わっている[40]》という理由で人間とは異なる種であるとみなしていた。そのような状態が続いていたのは、女たちとの自然的な共棲が続いていたあいだだけであったにもかかわらずである。このようなわけで、婚姻について虚偽の定義をあたえたと言ってモデスティヌスを非難することはできないとしよう。神々によって部分に分割されている都市はひとつもない——宗教が原因で部分に分割されている都市はすでに没落しているか没落間近であるかのどちらかであるからである——という、諸国民に共通の習俗を否定することなどできないとしよう。優に六年間にわたって公共の集会や民衆の運動をつうじて論争の的となってきた法にかんして確実なローマ史に報告されている、あまりにも甲高くて耳障りな証言を無視することはできないとしよう。そうである以上、いま列挙した諸点は批評家たちが十二表法の各表に自分たちの表題を付け加えたさいの正確さに信を置きすぎない必要性にわたしたちを投げこむ。というより、信を置きすぎない自由をわたしたちにあたえる。たとえば、家族の長には市民しかなりえないのに、平民も家族の長であるとか、家族の長以外には許可されていないのに、平民も厳粛な遺言書を作成して子どもたちの後見人になっているとか、平民の遺産は遺言書なしで男子の相続人に、いない場合には父方の親族に、最後には同じ氏族名の者たちに受け継がれるといった表題がそれである。なんと、十二表法が制定されて六年後までは氏族名をもってもいなければ家系もわからなかった平民の遺産がである！

八三　しかし、十二表法がアテナイからローマにやってきたということについての疑問にはなんとしても耳を貸さないでいるわけにはいかないはずであるというのに、これはまたなんというさかしまな注意ぶりであることか！　耳を貸さないでいるわけにはいかないというのは、最初の諸国民は野蛮で内に引きこもったあり方をしていて、かれらのあいだでは、戦争、同盟、交易の機会がおとずれたあとでしか、互いに言語を交わしあうことはありえなかったことに注意すべきである、という声がわたしたちの知性の内部から起こってきて、わたしたちを追撃するからである。こうして、つぎのような問いがいつも雷鳴のように頭の中で響きわたる。――〔十二表法が制定された年から〕八十六年しかさかのぼることのない時代に、それもイタリアというちっぽけな地域の内部にあって、言語と習俗のあれほどさまざまな民をへて、ピュタゴラスというきわめて有名な名前がクロトンからローマに伝わりえたことをリウィウスが断固として否定しているというのに、[41]どのようにして、ソロンの知恵の名声がギリシアのなかでもわたしたちから最も離れた場所であるアッティカからはるばる海を越えてローマ人のもとまで渡ってきたというのだろうか。どのようにしてローマ人は、アテナイの法律の実質について、平民と貴族との抗争を鎮めるのに適していると評価しえたほど詳細に知ることができたのだろうか。〔十二表法が制定される〕ほんの二十年ほど前には、ギリシア人自身、自分たちの父の記憶している範囲を超えて自分たちの制度のことはなにも知らなかった、とトゥキュディデスが書いているというのにである。[42]どのようにしてローマ人はギリシア人の知るところとなったのだろうか。また、外交使節団のあいだでどのような言語を使っていたのだろうか。〔トゥキュディデスがペロポネソス戦争

(40)　リウィウス『ローマ史』四・二・六。
(41)　リウィウス『ローマ史』一・一八・二―三。
(42)　トゥキュディデス『歴史』一・一・二。

ついての歴史を書いてから〕一七二年後、ローマの使節団はイタリア自体の内部でも互いの言語交流がなかったために知られておらず、ローマ人とギリシア人が互いに知りあうようになった戦争の最中にタレントゥム人によってあしざまにあつかわれたというのにである[43]。ことによると、――言語の交流は存在していなかったため――ローマの使節団はギリシアの法律を何が書かれているのかわからないまま故国に持ち帰ったのだろうか（だとしたなら、かれらは紛いようもなくグローティウスの単純な者たちか、まったくのところ、〔十二表法の制定にたずさわった〕十人委員会のメンバーのかくも名高い知恵の信用を失墜させてしまった、アックルシウスの滑稽千万な使節団[44]であったということになる）。こうして、その物語を作り出した者たちがその間、ギリシア人ヘルモドロスをローマにやって来させて亡命生活を送らせることをしなかったとしたなら[45]、使節団は持ち帰ったこれらの法律をどうあつかってよいのかわからなかったことになるのではないだろうか。また、どのようにしてヘルモドロスは、ギリシアの法律をシケリアのディオドロスが《ギリシア語の香りがまったくしない》と評したほど[46]正雅なラテン語に翻訳することができたのだろうか。この点にかんしては、わたしたちも、その後に登場したラテン語の著作家のうちでどれほどギリシア語に堪能な著作家でも、ギリシアの著作家の何人かをかれほどの正雅さをもってラテン語に翻訳した者はいなかったと断言できるのである。さらにはまた、どのようにしてヘルモドロスは、ギリシアの観念に、ギリシア人自身が――そのなかにはディオン・カッシオスもいる――ギリシア全域のどこを探してもそれらの観念を説明するための似たギリシア語は見あたらないと述べているほど正調のラテン語を纏わせることができたのだろうか。たとえば、《アウクトリタース（auctoritas）》という語がそうである[47]。この語は、あとで〔一六七―一七三〕示すように、〔十二表法のうちにあって〕その法律の全体ないしは唯一の内容とまではいわないにしても、最も重要な部分を含んでいるのである。

八四　わたしたちは他の場所で、まるまる二章を割いて、この民間伝承は作り話であることを証明し、使節団によってローマの利益のためであるとして出された勧告は実際には平民を三年間監視しておくことを意図したものであったことを明らかにした(48)。さて、ここでは、忘れてしまうよりも理解しないでいることのほうを好む者たちの攻撃を前にして、わたしたちは、そのような作り話をけっして信じようとせず、また信じ

(43)　フロルス『ティトゥス・リウィウス摘要』一・一三・五。

(44)　アックルシウス Franciscus Accursius（一一八二―一二六〇）は『ローマ法大全』についての歴代の註釈学者の註釈を克明に編纂集成し、そこに自身の註釈を加えて『標準註釈書』*Glossordinaria* を著わしたボローニャの註釈学者。ここでは、『学説彙纂』一・二・二・四のポンポニウスの一節へのアックルシウスの註釈のなかで報告されている、ギリシアの賢者とローマの狂人との架空の対話のことが言われている。

(45)　ヘルモドロスは紀元前六世紀末から五世紀初めまで活動していたエペソスの賢者で、言い伝えによると、比類なく有徳の士であったために同郷の市民たちから追放されて、ローマに亡命し、そこで十人委員会のメンバーにギリシアの法律を説明し、十二表法の作成に助力したという。

(46)　シケリアのディオドロス『歴史叢書』一二・二六・一。ただ、そこには十二表法は「簡潔にして単純な文体で」編纂されているとあるだけで、ヘルモドロスへの言及はない。

(47)　ディオン・カッシオス『ローマ史』五五・三・四。そこには、元老院の権力を指す「アウクトリタース」を表わすのに適切なギリシア語は見つけられないとある。

ないと公言した、キケロの陰のもとに身を置きたいと思う[49]。それというのも、ヘラクレイトスがヘルモドロスに宛てたという手紙のなかで、世界中の法律が自分の法律を称賛する日がやってくるのを夢に見ているという貴兄の言を嬉しく思っている、と書いているの[50]を信用するのでないかぎり、キケロ以前には、ラテンの著述家もギリシアの著述家もあわせて、ローマ史におけるそのような事件に言及した著述家は一人もいなかったからである。しかし手紙は、じつをいうと、ある人物がエペソスか、ヘラクレイトスがその後エペソス人の不正な憎悪から逃れるために引きこもった砂漠から、さきに述べたように〔三七〕、ピュタゴラスが世界中を延々と旅して回ったといわれるさまざまな場所を経由して、ローマにいる別の人物に書き送った夢にほかならないのだった。そのうえ、手紙はヘラクレイトスのような偉大な哲学者にも、ヘルモドロス——この人物はヘラクレイトスがエペソス人は自分たちの都市からかれを追放した罪で全員が一人残らず首を絞め殺されるに値すると考えていたほど価値のある、その道の第一人者であった[51]——にもまったく似つかわしくない代物である。なぜなら、一方が手紙のなかで言っていることを、もう一方は、まるで良き法律の栄光は翻訳者のものであるべきだとでもいうかのように、臆面もなく褒めちぎって悦に入っているからである。これは、大いなる平和の栄光は通訳者たちの努力の結果もたらされたと見るべきである、と言っているようなものである。さらに、もしこの讃辞が——ポンポニウスがそうと信じているように[52]——ヘルモドロスが自由の法律を獲得するためにアテナイに派遣された人物であったということでかれにあたえられているのだとしたなら、ヘルモドロスはそうした讃辞にまったく値しないように思われる。なぜなら、ディオゲネス・ラエルティオスが語っているように[53]、ヘルモドロスはエペソスで最も重要な市民であったけれども、自由の法律のことはまったく知らないでいた。このために、そのような法律がなかったなかで、エペソス人によって国を追われたのだった。これは公正の士アリステイデス[54]がアテナイ人によって追放されたのと、また同じくそれらの法律がないなかで、これよりも二、三年早く、勇将コリオラヌス[55]がローマから国外追放にあったのと同様である。こうしたことからして、この空しい自慢話はゾロアスターの神託やオルピカあるいはオルペ

---

(48)『普遍法』第二巻『法律家の一貫性』第二部『文献学の一貫性』第三六章「アッティカの法から十二表法のなかになにが取りいれられたのか」および第三七章「十二表法によってなにがなされたのか」。

(49) キケロ『弁論家について』一・四四参照。そこには、十二表法はリュクルゴスやドラコーンやソロンの法律よりも優れている、とある。この述言をヴィーコは、十二表法がギリシアの法律からやってきたという説をキケロが信じていなかったことを意味するものと受けとめたのだろう。

(50) この話は、ヘラクレイトスがヘルモドロスに書き送ったとされる一連の手紙の第八番目に出てくる。一部の学者はこの話を十二表法はギリシアの法律からやってきたことを裏づける証拠として利用してきた。Cf. Vincenzo Placella, "Vico, Eraclito ed Ermodoro (con un excursus su Eraclito in G. Valletta e un'appendice «d'intorno alla legge delle XII Tavole venuta da fuori in Roma»)," in: *La «fortuna» di Eraclito nel pensiero moderno, Atti del Symposium Heracliteum del 1981* (Roma, 1984), vol. II, pp. 39-76.

(51) 自分の同国人であるエペソス人にたいするヘラクレイトスの軽蔑しきったようなこの発言は、キケロ『トゥスクルム荘対談集』五・三六・一〇五、ストラボン『地誌』一四・一・二五、ディオゲネス・ラエルティオス『ギリシア哲学者列伝』「ヘラクレイトス」九・一・二などで語り継がれている。

(52)『学説彙纂』一・二・二・四。

(53) ディオゲネス・ラエルティオス『ギリシア哲学者列伝』「ヘラクレイトス」九・一・二。

ウスのつくった詩の断片集に似た食わせものと判断されなければならない。

八五　残りの著述家のうち、そうした事実について語っている最も古い人物は、ティトゥス・リウィウス[56]とハリカルナッソスのディオニュシオス[57]である。だから、もっとあとにやってきた著述家で、これら二人の著述家よりも信用に値する者はだれもいない。しかし、キケロは両人よりもたしかに優れた哲学者にして文献学者であり、いとも賢明な執政官として統治にあたっていた共和国の法律の歴史にパタウィウム〔パドヴァ〕出身の私人〔リウィウス〕と高慢な自国民の栄光に関心のあったギリシア人〔ディオニュシオス〕よりもはるかによく通暁していた。しかも、疑いもなく、両人よりも前にこの世に生を享けていたのだが、そのキケロは『弁論家について』全三巻の主題を構成する学識ゆたかな議論のなかで、かれの時代の法学者の第一人者であったクイントゥス・ムキウス・スカエウォラと、（法学者のポンポニウスがローマ法にかんする短い歴史のなかで語っているように[58]）そのスカエウォラによって貴族でありながら自分の国の法律についてなにも知らないのではないかと批判されたセルウィウス・スルピキウスの同席するなかで、ローマの法律について議論するためにマルクス・クラッススを導き入れている[59]。他のだれよりも対話篇の礼儀作法を遵守していたキケロは、スカエウォラとスルピキウスを同席させるなかで（そうしなかったとしたなら、信じがたい無礼を働いたことになっただろうからである）、クラッススにこう言わせているのだ。ローマ人に十二表法をあたえた十人委員会の知恵はスパルタ人に法律をあたえたリュクルゴスやアテナイ人に法律をあたえたドラコーンやソロンの知恵をはるかに凌駕している、と。

八六　はなはだしくも首尾一貫性を欠くことにも、十二表法があるときにはアエクイ族のようなラティウムの別の都市から、あるときにはイタリアのギリシア人植民都市から、あるときにはスパルタからやってきたと言われ、最後にアテナイまできたところで、その都市の哲学者たちの名声のゆえに、この彷徨がついに停止するにいたった、真の理由については、のちに〔二〇四―二〇七〕明らかにするだろう。そこでは〔二〇四〕、十二表法にもピュタゴラスの旅と同じ運命が待ち受けていたことを見ることになるだろう。ピュタゴラスが旅したことが信じられるようになったのは、その後ギリシア人がピュタゴラスの考えに似た考えが諸国民のあいだで広範囲にわたって散在しているのを見出したからだった。しかし、――十二表法が他の国民

(54) アリステイデス（前五三〇―前四六八）はマラトンの戦いで勇名を馳せたアテナイの軍人・政治家。海軍増強政策を提唱するテミストクレスと対立して、陶片追放にあうが、その後、ペルシアの侵入からアテナイを防衛するために発布された亡命者の帰還を呼びかける法令によって祖国に復帰し、サラミスの戦いで軍功を挙げた。

(55) コリオラヌスは前五世紀のローマの伝説上の英雄。ウォルスキ人との戦いでその都市コリオリ攻囲に活躍するが、のちローマが飢饉に見舞われたさい、反プレブスの立場から貧民への穀物供給に反対して追放され、ウォルスキ軍に投降してローマを攻撃したといわれる。

(56) リウィウス『ローマ史』三・三一・八、三・三二・一、三・三三・五。

(57) ハリカルナッソスのディオニュシオス『古代ローマ史』一〇・五一・五、一〇・五四・三。

(58) 『学説彙纂』一・二・二・四。

(59) キケロ『弁論家について』一・四四・一九七。ここに登場する「セルウィウス・スルピキウス」は、正しくは、前八八年に護民官であったプブリウス・スルピキウス・ルフスである。また、「マルクス・クラッスス」も、正しくは、前九五年に執政官をつとめたルキウス・リキニウス・クラッススである。

の別の法体系から派生したと見るアッティカの法史家たちはいくつかの些細な点で十二表法とアテナイ人の習俗とのあいだに類似するものがあるのを見てとっている。また別の法史家たちは同じくちっぽけな点でスパルタ人の習俗とのあいだに類似するものがあるのを見てとっている。そしてキリスト教の法史家は同じくごく小さな権利の点でモーセの律法とのあいだに類似するものがあるのを見てとっているけれども(60)――、本書で証明するように、ローマ法の全体は異教古代全体の最も十全で最も確実な証人なのであって、これまで前述の巷説が信じられてきたために認められないできたが、イタリアとギリシア、そしてまた他の古代諸国民の氏族の法の存在を確かなものにすることができたはずなのだった。この件にかんしては、ギリシア人のうぬぼれに張り合おうとしたローマ人の傲慢さが大いなる損害の源泉をなしていた。ギリシア人は、深遠な知恵をゆたかにもつオルペウスが自分たちの国民の創建者であると自慢していた。そして、その知恵をさらにゆたかなものにしようとして、オルペウスの知恵がゆたかなのはヘルメス・トリスメギストスとゾロアスターのおかげであり、かれらからアトラスを経由して哲学者オルペウスはやってきたのだと語っていた。そのギリシア人とローマ人は傲慢にも張り合おうとしたのである。しかし、ローマ人はイタリアにそのような創建者をもっていなかった。なぜなら、当初ローマ人は、ヌマがピュタゴラスから学んだと言って自慢していたにもかかわらず、リウィウスはそのような事実はないと否定しているからである(61)。そのため、あとで〔一九三、三五六〕証明するように、摂理がかれらに命じた法律の作者をギリシアの賢者の第一人者であるソロンにしたのだった。

八七 この虚偽の思いこみのために、十二表法にはゾロアスター、トリスメギストス、オルペウスの知恵に起きたのと同じことが起きた。かれらには深遠な知恵の所産である業績がくっつけられたが、その深遠な知恵はゾロアスター、トリスメギストス、オルペウスの通俗的な知恵のずっとあとになってから、かれらの通俗的な知恵を経由してやってきたのである。十二表法は当時最も完全な自由の都市であったアテナイから一度に一挙にやってきたものと想像されていた。このため、十二表法には、長期にわたる激しい抗争をへて〔十二表法が制定されて〕六年後に貴族から平民に開放された多くの権利と法がくっつけられることとなったのだった。婚姻の権利もそうであった。家父長たちは婚姻の権利を鳥卜によって執り行われるものとして第十一表で自分たちのもとに留めおいていた。そして、家父長の権力、遺言、後見、みずからが十全な法的人格たりうること、男系親族への遺産継承、氏族に所属することの承認は、すべてこの婚姻の権利に依存していたのだった。

八八　したがって、わたしたちは選択しなければならない。この濃い闇に包まれた夜の荒海のなかで油断できない暗礁に囲まれながら、およそいっさいの人間的な推論を根底から覆してしまう厳しい嵐のなかを航海し続けて、暗闇時代のもろもろの影や最初から一挙に誕生したというよりはあとになって作り出された英

(60)　オリゲネスなどギリシア語の神学関係のテクストをラテン語に翻訳したことで知られるアクイレイア出身の僧侶ティランニウス・ルフィヌス Tyrannius Rufinus（三四〇／四五―四一〇）を指す。『モーセの律法とローマ法の比較対照』*Collatio legum mosaicarum et romanorum* の著者ではないかと推測されている。本書〔一九四〕に名前が出てくる。

(61)　リウィウス『ローマ史』一・一八・二―三。

雄時代の物語を守るべきなのか。それとも、わたしたちの理性によってそれらの物語に理性が要求する意味をあたえ（それらの物語はこれまでありとあらゆる恣意的な解釈を受けとってきたのだった）、これまでだれのものでもなかったため正当にも占有者に所有権が認められてきた暗闇時代のことがらをわたしたちのものにし、こうしてさきに提起した〔四四─四八〕英雄的自然本性の原理によって、夜を照らし出し、嵐を沈静化し、暗礁を避けるべきなのか。〔ここでいう〕英雄的自然本性とは、哲学者たちの観念によって推論されたものでもなければ、ロマンス作家たちによって想像されたものでもなく、あらゆる世俗的な学識の最初の著者であるホメロスが、これらの原理に属する部分にかんして、アキレウスやポリュペモスのような人物のうちに一様に存在するのを見てとって、忠実にわたしたちに語っているような種類の自然本性である。このような英雄的自然本性にもとづいてリュクルゴスの法律は組み立てられていた。あるいはスパルタの習俗は存立していた。そして、その法律によって、スパルタ人には文字を知ることが禁じられていた。[62] その結果、スパルタ人のあいだでは獰猛な状態が続き、政治理論家の大半が総じて認めているように、スパルタの政体はアリストクラティックな共和政体のままであった。しかしながら、それは最後の野蛮時代〔中世〕から継続してきた現代の共和政体とはまったく似て非なる共和政体であった。現代の共和政体のほうは、きわめて高い教養をもった文明の存在するなかにあって、このうえなく洗練された知恵でもって維持されなければならないのである。これにたいして、スパルタの共和政体は、その獰猛な自然本性からして、ギリシアの太古の英雄的習俗を数多く保持していた。スパルタでは、ヘラクレイダイ、すなわちヘラクレスの血を引く者たちからなる統治階級がいて、その階級から選出された終身の二人の王によって統治されていたことはすべての文献学者が一致して認めているところだからである。ローマでも、まったく文字がなく、あるいは貴族だけが文字を知っていた間、獰猛な状態が続いていたとき、そのローマの政体はまさしくこのような形態のものであったことが見出されるだろう。

八九　諸国民の神にかんすることがらと人間にかんすることがらの中間に位置するこの英雄的な自然本性がこれまで知られないままになっていたのは、たんに記憶だけに頼ってきたか、実際とは違ったふうに想像してきたからであるが、それは諸国民が起源において信奉していた神にかんすることがらをわたしたちから隠してきた。と同時に、人間にかんすることがら――それらはすべて神にかんすることがらから生まれているのである――をそれについての知識がないままにわたしたちのもとに置き去りにしてきた。このようにして、万民の自然法の体系の主題だけでなく、神と人間にかんする異教の学識についての学全体の主題までが、改変され毀損されてわたしたちのもとに到達しているのである。しかし、さきに省察の対象となったことがらについてのわたしたちの考えをこの例に即して厳しく検証してきたので、いまは始めた歩みに戻ることにしよう。

(62)　プルタルコス『対比列伝』「リュクルゴス」一三。ただし、そこには、リュクルゴスはスパルタ人に法を成文法のかたちで保持することを禁じたとあるだけで、文字を知ることを禁じたとは言われていない。

第八章　それの上をあらゆる国民の歴史が確実な起源と確実な永続性をもって時間の中で経過していく、ある一つの永遠の理念的な歴史の構図

九〇　わたしたちは上述の特性〔四八、四九、五五〕をつうじて万民の自然法に永遠性と普遍性を確立した。この法は人々の共通の習俗から生じた。その習俗は諸国民が不断に作りあげてきたものであったが、人間の習俗というのは人間の自然本性が経験を積むなかで習性となったものであって、一挙にすっかり変化してしまうということはなく、つねにそれまでの癖ないし習性の痕跡をとどめている。したがって、この学は人間の習俗の哲学と歴史を一気に提供するものでなければならない。これは、ここであつかわれるような種類の法学、すなわち、人類の法学を完成するために要求される二つの部門であって、第一の部門ではその人類の法学を根拠づける一連の理由を解明し、第二の部門ではそれらの理由と合致したかたちで文明の諸事実の永続的ないし中断されることのない進展を物語るというかたちのものでなければならない。原因はそれに似た結果を生み出すからである。そして、このようにして、諸国民の世界全体の確実な起源と途絶えることのない進歩の発見へと導いていくのでなくてはならない。だから、摂理が設定した事物の現在の順序に従って、この学は、それの上をあらゆる国民の歴史が時間の中で経過していく、ある一つの永遠の理念的な歴史(63)であることとなる。この永遠の理念的な歴史からのみ、わたしたちは確実な起源と確実な永続性、すなわち、今日にいたるまで人々がかくも願望してやまなかった二つの最大のことがらをそなえた普遍史を真に知

識と呼ぶにふさわしいかたちで獲得することができるのである。

第九章　新しい批判術の観念

九一　この同じ学は、普遍史に当の諸国民の創建者たちにかんする一つの批判術を提供する。その批判術はすべての異教の歴史において真実であるものを識別するための規則をあたえる。異教の歴史は野蛮な始まり方をしているため、多かれ少なかれ、神話伝説と混ざりあってしまっているのである。

九二　学識のある歴史家たちも、かれらがその歴史を書いている人々のあいだで流布している民間伝承について語らないわけにはいかない。それらの民間伝承が民衆によって真実であると受けとられるとともに、その永続性のためにかれらが歴史を書いている国家にとって利益になることを期してである。そして、それらが真実であるかどうかの判断は学者たちに任せておく。しかし、事実が疑わしいときには法律に従って取捨されなければならず、法律が疑わしいときには人々の自然本性に従って解釈されなければならない。このことからして、疑わしい事実と法律を受け入れるにあたっては、不合理や不整合、ましてや不可能なことを生じさせることがないようにしなければならない。繰り返すが、疑わしい人々はかれらの統治の形態に従っ

（63）「永遠の理念的な歴史」の原語は〝storia ideale eterna〟である。

て行動していたにちがいなく、疑わしい統治の形態は統治される人々の自然本性に適ったものであったにちがいなく、疑わしい人々の自然本性はかれらの住まう場所の自然本性に従って統治されていたにちがいないのである。島に住んでいるか、本土に住んでいるかでは、異なっている。なぜなら、島出身の人々はどちらかといえば引っ込み思案であり、本土出身の人々はどちらかといえば社交的だからである。また、内陸部に住んでいるか、海沿いの地域に住んでいるかでも、異なっている。なぜなら、内陸部では農業で成功する者が多いが、海沿いの地域では貿易で成功する者が多いからである。最後に、熱くて人々の動きが活発な風土のもとで住んでいるか、冷たくて人々の動きが不活発な風土のもとで住んでいるかでは、異なっている。なぜなら、前者では鋭敏な才気の持ち主が生まれるが、後者では愚鈍な才気の持ち主しか生まれないからである。

九三　新しい法律や最近の事実にも適用されるこれらの解釈規則によって、暗闇時代および物語〔神話伝説〕時代の文明についてわたしたちのもとに届いていて、これまでそれらがそこに横たわっていた形態のもとでは不合理でさらには不可能なことのようにみえる民間伝承が合理的に説明しうるものとなる。そして、古いということによってそれらの民間伝承が受けてしかるべき尊敬は、つぎのような格率、すなわち、人間たちからなるあらゆる共同体はおのずとかれらをあれこれの社会の内部に留めおいている習俗、身分、法律の記憶を保存することへと導かれていくという格率のもとで保持される。ひいては、もし異教の歴史が、なかでもギリシア史が（わたしたちは異教徒たちの古代について有しているすべてのことをギリシア史から得ているのである）、すべてその物語〔神話伝説〕的な起源を保存しているとするなら、物語〔神話伝説〕は最、初の異教諸国民の太古の習俗、身分、法律についての歴史的な語りを独特なかたちで含んでいるにちがいないのである。このことはこの著作全体の主要な指針となるだろう。

第一〇章　第一――異教諸国民が生まれた時代と時を同じくするいくつかの種類の証言による批判

九四　第一に、異教の歴史の起源がすべてそこに散りばめられている物語〔神話伝説〕時代の伝承は、互いに陸や海の無限の距離によって隔てられていた古代の異教諸国民の多くにおいて一様であることが見出される。したがって、それらの伝承は、これらの諸国民のあいだで共通の観念から自然に生まれたにちがいない。そして万民の自然法の起源と時を同じくする証言であるにちがいない。たとえば、英雄たちは神々と人間の女たちとから生まれたという物語がそうである。この物語は、エジプト人のあいだでも、ギリシア人のあいだでも、ラティウム人のあいだでも、一様であることが見出される（ラティウム人は、ロムルスはマルス神がレア・シルウィア〔ウェスタ女神の女祭司〕とのあいだでもうけた息子である、と語っている[64]）。このため、これら三つの国民のあいだにはある一つの共通の観念が自然に存在していて、かれらに英雄時代の起源

(64) リウィウス『ローマ史』一・四・二。

をあたえたのではないか、とわたしたちは考えざるをえなくなる。

九五　そして、ここで、聖史の起源と俗史の起源のあいだに存在する第一の特別の相違が姿を見せることとなる。なぜなら、ギガンテスについて語るさい、聖史は《神の子ら》という表現を含んでおり、[65]ボシャール[66]はセトの子孫だと説明しているけれども、聖史は神々と人間の女たちとのみだらな交合について語っている俗史の不浄からはすっかり身を清められたままでいるからである。そのため、ギガンテスが夢魔から生まれたという解釈は断固として排斥されなければならない。ギリシア人のもとで夢魔が《パン（Πάν）》と呼ばれたのは、おそらく、かれらの異教趣味のせいであるが、聖史はそのような異教趣味をおもわせるなんらかの痕跡にはいっさい汚染されていないからである。なお、パン神をギリシア人は人間と山羊の性質をあわせもつ詩的な怪物であるとしていたが、じつは人間の男と女の忌まわしい交合から生まれた畸形児であったことがあとで〔二七一、二七九〕見出されるだろう。

第一一章　第二──最初の民のいくつかの種類のメダルによる批判。これによって、世界大洪水の存在が証明される

九六　確実な歴史の最も確実な証拠となる資料は公的なメダルであるから、暗闇時代と物語〔神話伝説〕時代の歴史については、大理石に刻まれて残っているいくつかの痕跡が最初の民のメダルの役割をはたしてお

り、かれらの共通の習俗がなんであったかを立証してくれるにちがいない。それらのうち、最も重要なものは以下の痕跡である。

九七　最初の諸国民はすべて、意味の決まった言語をわずかしかもっていなかったため、物体によって自分の言いたいことを表現していた。それらは最初はなんの手も加えていない物体であったにちがいなく、つぎには彫刻したり彩色した物体であったにちがいない。このことは、オラウス・マグヌスがスキュタイ人について語っており[67]、シケリアのディオドロスがエティオピア人について書きのこしているとおりである[68]。またわたしたちはたしかにピラミッドのなかに描かれているエジプト人の象形記号をもっている。それ以外にも、カルデア人の呪術的記号がそうであったにちがいないような種類の物体に彫刻された記号に見られるように、古代の断片はいたるところに見出される。シナ〔中国〕人は空しくも起源の途方もない古さを自慢しているけれども、そのシナ人も象形記号で書いていた。ここから、シナ人の起源は四千年以上前までさかの

(65)『創世記』六・四。

(66) サミュエル・ボシャール Samuel Bochart（一五九九—一六六七）はプロテスタントの神学者で、あらゆる文明はヘブライ文明に発すると主張した。『聖なる地誌あるいはファレグとカナン』*Geographia sacra seu Phaleg et Chanaan*（一六四六年）の著者。

(67) オラウス・マグヌス Olaus Magnus（一四九〇—一五五七）はスウェーデン出身の宗教家、歴史学者・地理学者。一五五五年にローマで出版されたかれの『北方民族文化史』*Historia de gentibus septentrionalibus* 四・五を参照。

(68) シケリアのディオドロス『歴史叢書』三・四。

ぼらないことが立証される。このことはつぎの事実によって確認される。すなわち、シナ人はほんの二、三世紀前まですべての外国人に門戸を閉ざしたままだったので、三千語の言葉しかもっておらず、これらをさまざまに分節することによって言いたいことを表現していたのだった（この事実は、諸国民が分節語を身につけるまでには長い時間がかかり、多くの困難がともなっていたことを証明している。これについてはあとで〔第三巻〕もっと詳しく論じる）。現在でもアメリカ人〔南米先住民〕は象形記号で書いている、と旅行者たちは報告している[69]。

九八　このような最初の諸国民の分節語の貧しさが世界中で共通に見られることは、かれらが誕生する以前に世界大洪水が起きていたことを新たに立証する。そして、この証明はトーマス・バーネットの地球の溶解という気まぐれな空想[70]——この空想のきっかけをバーネットはまずはファン・ヘルモント[71]から、ついではデカルトの『自然学[72]』から得ている。そして、大洪水によって地球は北半分よりは南半分のほうが溶解してしまい、北半分には内部に南半分よりも多くの空気が残っていた結果、浮揚性が高く、すべてが大洋に没してしまった南半分よりも高い平面にとどまっていて、地球の回転軸を太陽のそれと平行した位置から若干偏位させることになったというのだが、この空想をほんとうに溶解させてしまう。なぜなら、〔もし大洪水後に誕生した異教諸国民のあいだで分節語の貧しさが存在しなかったとしたなら〕ダレイオス大王がスキュティアの王イダンテュルソスに使者を遣わして戦いをしかけるぞと脅しをかけたとき、イダンテュルソスがダレイオス大王に象形記号で返答する[73]ことはなかっただろうからである。加えて、あとで〔一九八〕立証するように、そのような記号の知識は古代の〔異教〕諸国民すべてのもとでは祭司身分のあいだでだけ秘密裡に保持されていたのにたいして、モーセは神によって書かれた律法を民全体に読んで聞かせたという事実から[74]、キリスト教が真理であることの証明が得られる。なぜなら、ノアとかれの家族は大洪水から命を救われ、洪水前に使用していた文字が神の民にはエジプトでの隷従期間中ですら保存されていたからである。

九九　人間の自然本性そのものから導き出されるこの種の証拠によって、この学の諸原理が確立され、同時に、キリスト教の真理が確立される。世俗のことがらについての伝承が極度に改変されてやってきている

(69)　バッティスティーニによると、ここでヴィーコが典拠にしているのは、オランダの地理学者ヨハンネス・デ・ラート Johannes de Laet（一五八一―一六四九）の『新世界、あるいは西インド諸島の描写』*Novus Orbis seu descriptio Indiae Occidentalis*（一六三三年）であるという。

(70)　トーマス・バーネット Thomas Burnet（一六三五―一七一五）はイングランドの神学者、地質学者。『地球の聖なる理論』*Telluris theoria sacra*（一六八一年）において、デカルト説にもとづいて、『創世記』に記述されている世界大洪水は地表面がその下の水の層に落ちこんで水が噴出したせいで起こった、と述べた。

(71)　オランダの錬金術師フランキスクス・メルクリウス・ファン・ヘルモント Franciscus Mercurius van Helmont（一六一四―一六九九）の『創世記の最初の四章にかんする前もって計画され熟慮された若干の思考』*Quaedam praemeditatae et consideratae cogitationes super quatuor priora capita libri primi Moysis, Generis nominate*（一六九七年）を参照。

(72)　デカルトの『世界あるいは光論』*Le monde ou traité de la lumière*（一六三〇―三三年ごろ執筆。一六六四年没後出版）を指す。

(73)　ヘロドトス『歴史』四・一三一。

(74)　『出エジプト記』二四・七。

著述家たちの権威だけに依拠するのではなくてである。

第一二章　第三——自然学的証明による批判。これによって、ギガンテスが俗史の第一の起源であり、俗史が聖史とつながっていることが証明される

一〇〇　さらには、自然学的証明によってもろもろの証拠が提供され、それらに続いて、最初の諸国民の自然本性についての証拠がやってくる。

一〇一　こうして、ギガンテス、すなわち、巨大な肉体と不釣り合いなほど強い力をもった人間〔巨人〕が存在したことを排除するものは自然のうちにはなにもない。事実、古代のゲルマニア人はそのような存在であった。かれらは自分たちの太古の起源を習俗においても言語においてもふんだんに保持していたが、それは文明化された外国の国民が自分たちの国境内に侵入してきて支配することをけっして許さなかったからだった。また今日でもアメリカ大陸の足元ではギガンテスが生まれている。ここから、古代ゲルマニア人について、まずはユリウス・カエサル(75)が、ついではコルネリウス・タキトゥス(76)が持ち出した、子どもたちを、たとえ王侯の子であっても、自分たちの汚物のなかで裸のまま転げ回らせておくとか、たとえ貧乏人の子であっても、教師を怖れることなどまったくなく、思うままに体力の訓練に励ませるといった、要するに子どもたちの野獣的教育に帰せられることとなる身体的および道徳的原因をめぐるもろもろの省察が生じてきた

のだった。しかしながら、これらの同じ原因が大洪水前のカインの種族と大洪水後のハムとヤフェトの種族のなかではもっと強く作用していたことが見出される。それらの種族はかれらを作り出した者たちによって不敬虔な状態に送りこまれ、ついでは、何年後かにはみずから野獣的放縦状態におちいっていったのだった。一方、古代ゲルマニア人の子どもたちもかれらの神々、すなわち父親たちを怖れていた。

一〇二　こうして巨人たちはほんとうに存在したことが明らかとなる。聖史が報告しているところによると、かれらは神の子らの人間の種子と人間の娘とが混ざり合って生まれたという（この神の子らをサミュエル・ボシャールは大洪水前に生存していたセトの子孫だと説明しているが、これにわたしたちは大洪水後も生存していたセムの子孫を付け加えたい。また人間の娘たちをボシャールは大洪水前に生存していたカインの子孫だと説明しているが、これにもわたしたちは大洪水後に生存していたハムとヤフェトの子孫を付け加えたい）。そしてかれらは《その時代の名高い強者たち》だったという。[77] また聖史は大洪水前にカインが都市を建設し、[78] 大洪水後は巨人のニムロドが大きな塔〔バベルの塔〕を建立したと[79] 語ることによって、世界は大洪水前、そして大洪水後も長きにわたって二つの国民に分かたれていたことを余すところなく説明してみせている。一つは、神と父たちを怖れながら清潔な環境のなかで育ったため、巨人にはならなかった者たち

（75）カエサル『ガリア戦記』四・一。
（76）タキトゥス『ゲルマニア』二〇。
（77）『創世記』六・四。
（78）『創世記』四・一七。
（79）『創世記』一一・四―九。

からなる国民である。かれらは真実の神、アダムとノアの神を信じていて、アッシリアの広大な平原に散在していた（もっと時代が下ると古代のスキュタイ人もそうであって、このうえなく敬虔な民であった）。もう一つは、偶像を崇拝する巨人たちからなる国民であって、古代のゲルマニア人もそうであったように、都市ごとに分かれて生活していた。それがしだいに、神への畏怖にみちた宗教と恐ろしい家父長支配をつうじて（これについてはあとで〔一八二、二二一〕記述する）、そして最後には清潔な環境のもとで育てられることによって（このことがギリシア語の《ポリス（πόλις）＝都市》とラテン語の《ポリオー（polio〔磨く〕）》および《ポリートゥス（politus〔磨かれた〕）》が語源を同じくしていることの理由を説明してくれるかもしれない）[80]、とてつもない巨体からわたしたちの正常な体軀へと引き戻されていったのだった。

一〇三　これらの省察によって、世俗的な世界史の確実な起源と、どの世俗的な歴史よりも古い聖史との連続性に到達するための、これまで閉ざされてきた唯一の道が開かれる。わたしたちは世俗の古代についてもっているすべての知識をギリシア史から得ているのだが、二つの歴史はそのギリシア史が始まる時点で互いに結びついている。ギリシア史はなによりもまずカオスについて語っているが[81]、それはまずは人間の種子の混乱状態を指していて、あとになってからようやく全自然の種子の混乱状態を指すようになったにちがいないことがあとで〔二九九〕見出される。ギリシア史はまた、大洪水に近い時期のところで巨人たちについて語っている。そして巨人プロメテウスをへて、イアペトスの孫で、ギリシア人種の創建者にして《ヘレネス》の名祖ヘレンの父であった、デウカリオンについて語っている[82]。このことから、ギリシア人種はヤフェトの子孫で、ヨーロッパに住みついたにちがいないことがわかる。ハムの子孫がフェニキアとエジプト、そしてこれらの土地を経由してアフリカに住みついたようにである。しかし、伝承がホメロスのところまで届いたときには大きく毀損されてしまっていたため、カオスは自然の種子の混乱であると受けとられ、オギュギアの洪水[83]とデウカリオンの洪水[84]の二つの洪水があったと信じられ（これらは、実際には、世界大洪水が毀損されて言い伝えられたものでしかなかったにちがいない）、並外れた肉体と力をもつ巨人は自然界には存在しえないと考えられたため、俗史の起源およびそれが聖史と連続していることは今日まで知られずにきたのだった。

(80) フォス『ラテン語の語源』*Etymologicon linguae latinae*（一六六二年）、四六一頁。
(81) ヘシオドス『神統記』二一一—二三二参照。
(82) デウカリオンの系譜についてはパウサニアス『ギリシア案内記』一〇・三八・一を参照。
(83) テーバイの最初の支配者オギュゴスの治世中に発生したことにちなんで名づけられた、ボイオティア渓谷で起きた洪水。
(84) 言い伝えによると、ゼウスの示唆を受けたプロメテウスから方舟をつくるよう伝えられた息子のデウカリオンが方舟を完成させた直後に山が崩壊して洪水が発生し、デウカリオンと妻のピュラを除いて、ヘラスの住民が全員溺れ死んでしまったという。そしてデウカリオンと妻のピュラだけが九日間方舟で漂流したのち、パルナソス山にたどり着いて助かったという。アポロドロス『ギリシア神話』一・七・二—三参照。

第一三章　第四――物語〔神話伝説〕に自然学的意味をあたえることによる批判。これによって、ラティウム人、ギリシア人、エジプト人に共通の偶像崇拝と神占の原理が、オリエントで別の原理によって生まれたあとで、世界大洪水後の特定の時点で生まれたことが見出される

一〇四　さらに、これらの起源は物語〔神話伝説〕そのものに自然学的歴史が明らかにする意味をあたえることによって確証される。たとえば、もろもろの自然学的な理由によって大洪水後長いあいだ大地は雷を発生させるのに必要な揮発ガスあるいは発火性の物質を空中に送りこまなかったと考えるのは[85]、そして天が雷鳴を轟かせるのが早いか遅いかは、地域がエジプトのように赤道の灼熱に近いところにあるか、ギリシアやイタリアのように遠く離れたところにあるかによっていると考えるのは、理にかなったことである。

一〇五　ひいては、多数存在した異教諸国民は同じ数だけ多くのゼウスを崇拝することでもって始まった。そのうち最も早くに誕生したのはエジプトのゼウス、アモンだった。このようにゼウスが多数存在するということは文献学者たちにとって驚異の的だったが、わたしたちの原理によって解決される。なぜなら、すべての異教諸国民のもとでは、天で雷鳴を轟かせる神性が存在すると等しく想像されていたからである。同時に、これらの多数存在するゼウスは世界大洪水が起きたことを自然学的に確認し、異教文明全体の共通の起源を確証する。ゼウスは不敬虔な巨人たちを文字どおり《アッテッラーレ（atterrare）する》、すなわち、《地

下に追いやる》のである。また、あとで〔一四五、四八二〕広範囲にわたって全般的な証明をおこなうように、巨人たちがゼウスを天から追放しようとして山に山を積み重ねていった戦いは、たしかにホメロス以後にやってきた詩人たちの作り出した空想話でしかなかったことが見出される。というのも、ホメロスの時代には、巨人たちにはオリュンポス山を揺り動かすだけで十分だったからである。ホメロスは一貫して、ゼウスは他の神々といっしょにオリュンポス山の頂上と背面に住んでいた、とわたしたちに語っているのである。(86)

一〇六　たぶん——そして、あとで〔一一二一一一六〕土地の分割様式について論じる結果から、実際に起こったことがわかるのだが——、ゼウスが最初に雷鳴を轟かせたとき、巨人たちのすべてが地下に追いやられたわけではなく、驚愕させられて、最も憤激した者たち、ひいては最も高貴な者たちだけが、雷を怖れて、洞窟の中に隠れ、そこで人間らしい、あるいは慎み深い性交の味を感じ始めたのだった。かれらは恐怖のあまり天の見ている下で交わることができなくなり、女たちをむりやり捕まえてむりやり洞窟の中に引き

---

(85)　この理論はアリストテレス『気象論』二・九（三六九b）に起源をもつ。ただし、ヴィーコはとりわけ、フォスの『異教徒の神学とキリスト教徒の生理学、あるいは偶像崇拝の起源と進歩』三・五、およびフランスのプロテスタント神学者ジャン・ルクレール Jean Le Clerc（一六五七—一七三六）の『自然学、あるいは物体論の前篇三巻』*Physica, sive de rebus corporeis libri III priores*（一六九六年）を念頭に置いていたと思われる。

(86)　ホメロス『イーリアス』一・一八・四二五—四二六、四九六、五六六、二・四八四、四・三六〇、三六七、等々。

こみ、そこに閉じこめておいた。ここから、男たちのうちに最初の徳が際立ち始め、それによって男たちは女たちの生来の移り気を矯正するようになる。ひいては、女性にたいする権力という男性の最初の権力の原因である、男性の生来の高貴さが際立つようになる。そして、この最初の人間的習俗によって父親の確かな息子たちが誕生したのであり、その息子たちから素性の確かな家族がやってきて、これらの家族にもとづいて最初の都市と最初の王国は建設されたのだった。

一〇七　ここにおいて、エジプト人、ギリシア人、ラティウム人のもとで、ゼウスの所有する武器と鳥である雷鳴と鷲の観察にもとづいた同じ種類の神占が生じる。これら二つはたしかにローマ人が占いのなかで最も尊重してきたものであり、ローマ法において神にかんすることがらのうちでも最初にして第一位的な重要性を有することがらをなしている。こうして、エジプト人のもとでは――その後、そのエジプト人からエトルリア人が受け継ぎ、そのエトルリア人から最後にローマ人が受け継いだと信じられているのだが――権杖のてっぺんに鷲がとまった図像が残っているのであり、ギリシア人のもとではヘルメスの翼のついた権杖が残っているのである。またラティウム人のもとでもギリシア人のもとでも武器の紋章に鷲が彫りこまれたり描かれたりしているのである。しかし、オリエントの諸国民のあいだでは、流星の観察にもとづく、もっと繊細な種類の占いが生まれていた。この違いの理由は、もっぱら、アッシリア人はセムの否認された子孫からやってきて、ごく最近まである一つの宗教によって団結した信徒たちであったので、天が雷鳴を轟かせるよりも前に社会のもつ力がわかっていたという事実のうちに見出される。こうしてカルデア人はエジプト人よりも迅速に賢者になったのであり、文献学者たちが一致して認めているように、象限儀ならびに極の高度の計算の使用はカルデア人からフェニキア人をへてエジプト人へと伝達されていったのだった。このようなわけであるから、もしカルデア人が異教世界の最初の賢者であり、そこから深遠な知恵がフェニキアとエジプト、さらにはギリシアとイタリアへ伝えられていったのだとするなら——全人類はオリエントから地球のいたるところに拡散していったのであるから——、深遠な知恵の起源ではないとしても、少なくとも機会原因は、真実の神、すなわち、アダムの創造主である神の信仰のうちに横たわっているにちがいないのである。

第一四章　第五——形而上学的証拠による批判。これによって、異教徒の神学のすべては詩にその起源を負っていることが見出される

一〇八　最も多くの部分では、形而上学的証拠が用いられる。他の種類のあらゆる証拠から見放されてしまったところでは、つねにそうである。たとえば、つぎのような場合がそうである。

一〇九　虚偽の宗教は、なんらかの人間的な力を凌駕する力が存在するという観念からしか生まれえなかった。そして、その力は、原因がわからないでいた人間たちの自然本性的なあり方からして、叡智的な存在であると想像された。これがすべての偶像崇拝の起源である。

一一〇　このような人間的習俗と合致して、原因がわからないでいた人間たちは、自分たちの驚異を呼び

覚ます自然界における異常な出来事が生じたときには、かれらが生まれつきもっている好奇心から、おのずと、この出来事が意味していることを知りたいと願望するようになる。これが異教諸国民によって無数の相異なる種類をつうじておこなわれている神占の普遍的な起源であることが見出される。

一二　見られるように、これらの起源は二つとも、つぎのような形而上学的真理に基礎を置いている。無知な人間は自分が知らないものを自分自身の自然本性的なあり方から判断するというのがそれである。こうして、偶像崇拝と神占は、まったくの空想であったし、そうであらざるをえなかった詩的創作の所産であり、いずれも、人間の社会的知性によって考案された最初の隠喩であるとともに、その後に形成されたどの隠喩よりも崇高な、つぎのような隠喩とともに生まれたものであった。すなわち、世界および全自然は、実《じつ》物語《ぶつご》(87)によって語り、こんなにも異常な声を発して、人間たちにさらなる崇拝をつうじて理解してほしいと願うことを警告する、一個の巨大な叡智的物体であるというのがそれである。これがすべての異教徒のもとにおける犠牲の普遍的な起源であることが見出される。異教徒たちは犠牲の儀式を挙げることによって迷信的な仕方で鳥卜を獲得していたか窺っていたかしたのだった。

第一五章　人類の形而上学によって土地の分割の大いなる起源と王国の最初の祖型が見出される

一一二　しかし、ある民、たとえばローマの民の個別的な法学は、国家制度上のことがらにかかわる形而上学の力によって、立法者たちの知性のなかに入りこみ、その民の習俗と統治形態についての情報を得て、その民がこれまで統治されてきて今日も統治されている国家制度的な法の歴史をよりよく理解できるようにならなければならないのと同じように、人類の法学も人類自体の形而上学、ひいては道徳と政治の学に導かれて、諸国民の自然法の歴史を知解できるようにならなければならない。

一一三　そして、他の何ごとにも先駆けてまず、人類の形而上学によって、土地の分割の大いなる起源が見出される。これはグローティウスが《本源的領有》と名づけているもの(88)の源泉であって、世界のすべての領有と支配はここから派生する。このようなわけであるから、土地の分割がおこなわれたのと同じ様態で王国が出現したことが見出されるだろう。したがって、ヘルモゲニアヌスが土地の分割から万民の自然法の歴史全体を語りはじめているの(89)は正当である。しかし、かれや他のローマの法学者たちがこの歴史をもっと前の法学者たちから受けとってわたしたちに伝達してきた仕方は、土地が分割されたさいの様態を探求しようとするにあたって、無限の困難を作り出す。最初の人間たちが互いのあいだで土地を分割したのは、自生している自然の果実がふんだんにあるなかにおいてであったのだろうか、それとも、わずかしかないなかにお

(87)「実物語」の原語は〝parole reali〟である。〝res〟すなわち指示したいと思う対象・物体をじかに指し示すことからなる言葉をいう。

(88) グローティウス『戦争と平和の法』二・三・一――そこには〝aequisitio rerum originaria〟とある。

(89)『学説彙纂』一・一・五。

いてであったのだろうか。もしふんだんにあるなかにおいてであったとするなら、どのようにしてかれらは、厳しい必要性がないなかで、自分たちにとって自然であった平等と自由を投げ捨て、わたしたちがそのもとで生まれ育っているのと同じ法律への服従状態のもとで、自然そのものがあたえるのと同様の心地よさを感じるにいたるのだろうか。もしわずかしかないなかにおいてであるとしたなら、どのようにして土地の分割は共有そのものが生み出したと言われているものよりも大きな諍いや殺戮をともなうことなしに起こりえたのだろうか。それというのも、生存に必要なものがふんだんにある場合には、人間たちはおのずと分別をわきまえるようになり、——生存に必要なもの以外には関心がないので——互いに寛容になるからである。逆に、わずかしかない場合には、とくに生存に必要なものが極端に欠乏している場合には、人間たちは、ホッブズの凶暴な者たちがそうであったにちがいないような野生状態にある者だけでなく、文明生活を送っている者でも、生存を賭けて競争しなければならないので、野獣になってしまうからである。

一二四　これらの重大な困難があったために、おそらくこれまで、土地の分割はつぎの三つの様態でしか起こりえないと想像されてきたのだった。すなわち、グローティウスの単純な者たちがみずから進んでプラトンが唱道していたような賢者[90]の何人かによって統治されるのを受け入れたか。それとも、プーフェンドルフの絶望した者たちがホッブズの凶暴な者たちの一人を怖れて分割に同意するよう強いられていったか。あるいはまた、正義が地上に逗留していた黄金時代の徳を身にまとった人間たちが土地の共有から混乱が生じうるのを予見して、みずから恵み深い裁定者となり、肥沃な土地がすべて一部の者たちのものになり、他の者たちには不毛の土地が割り振られたり、一部の者たちにはまったく水の出ない土地が割り振られ、いつまでも途切れることなく水の吹き出る泉のある土地は別の者たちに割り振られるといったことのないような仕方で、土地の境界が定められ、このようにして境界が確立されたのちには、その後国家的支配が生起するまで、至上の正義と信義をもって維持してきたか。そのいずれかでしかないと思われてきたのである。これら三つのうち、最後の様態はまったく詩的な作り話であり、最初の様態はまったく哲学的な推断である。また真ん中の様態は邪悪な政治家たちの捏ねあげた代物でしかない。かれらは専制の樹立をねらって、自由を奨励することによって支持者を獲得し、関心のない者たちを共通善の観念のなかに入りこませようとするのだった。しかし、ポリュペモスがオデュッセウスに語っているように[91]、すでに互いに分かれて生活していたキュクロプスたちの習俗は、各自が単独で洞窟に隠れ住んでいて、そこで妻と子どもたちからなる家族の面倒を見、他人のことにはいっさい無関心でいるといったものだった。ここから、ローマ人のもとには、利益にかかわることがらにおいては、だれも部外者によって権利を獲得することはないという慣行が残ることとなったのであり、このために代理人をつうじての契約の意義が理解されるようになったのはずっと遅かったのだった。またスペイン人は、サグントとヌマンティアの陥落が差し迫っていたときですら、ローマ人に団結して対抗しえたかもしれない同盟の力を理解することができないでいたのだった[92]。この習俗は最初の人間たちがもともと野獣的孤立状態にあったことと完全に合致しているのであって、そうした状態のもとで人間

(90) プラトン『国家』五（四七三C—D）。
(91) 第二巻注（17）を見られたい。
(92) リウィウス『ローマ史』二一・六—一五。

たちは社会の力を理解することができず、その力に無感覚であったため、各自に個別に属するものだけにしか気づくことがないということがありえたのである。

一一五　これらの困難が存在することからして、土地の分割の理由はもっぱら宗教のうちに探し求められなければならないこととなる。なぜなら、人々がきわめて凶暴かつ野獣的であって、かれらの唯一の平等がかれらのそのような凶暴で野獣的なあり方の平等でしかないとき、武器の力か法律の支配なしにかれらが互いに団結することがあるとするなら、人間の自然本性的なあり方に優越すると信じられた自然本性を有する力と徳のもとで、そうした優越する力が自分たちを団結するよう強いているという考えにもとづいてしか、団結することはありえなかったからである。

一一六　ここにおいてわたしたちは摂理の長期にわたる欺瞞的な仕事について省察するよう導かれていく。その仕事のなかでは、グローティウスの単純な者たちのうち、他の者たちより驚愕によって目を覚まさせられやすい者たちは、大洪水後の最初の雷鳴によって震撼させられて、それを自分たち自身が架空的に作り出した神的な存在の警告であると思いこんだ。そして最初の無主の土地を占拠して、そこに特定の女と定住し、氏素性の確かな子どもたちをもうけた。またそこに自分たちの死者を埋葬した。さらに、これも宗教がかれらに提供した一定の機会に森に火をつけて開墾し、そこに穀物の種を撒いた。こうして土地に境界石を置き、そこにもろもろの荒々しい迷信をばらまいたのだった。そのような迷信をつうじて、かれらは自分たちの係累を守るために、荒々しくも、社会のもつ力がわからずにばらばらに分かれたまま独りだけで穀物を盗みにやってきて、盗みを働いている最中に殺害された不敬虔な流浪者たちの血を、土地の境界石にふりかけたのである。それらの不敬虔な者たちは、最初は（土地を領有している者たちの先祖が目を覚まさせられたようには）神的な存在に気づくほど目覚めていなかった者たちの子孫だった。このため、神的な存在の警告を理解する習慣が身についていなかったので、ホッブズの放縦な者たちの暴力による野獣的な交合が生み出した、長期にわたる数多くの悪を経由したのちにしか、文明に到達することはなかったのであって、これらの悪からの救済を求めて、プーフェンドルフの見棄てられた者たちは、おのずと、敬虔な者たちによって土地に置かれた境界石の内部に避難してきたのである。そして、敬虔な者たちのほうは、摂理のおかげで、すでにその間に土地の領有者にして想像された神的存在の意思を占うことのできる賢者であるという強みを獲得していたのだった。これがまさしく、ローマ法の歴史のなかでポンポニウスが土地領有の起源について語ったさい、正雅にも《王国は事物そのものの命じるところに従って建設される（rebus ipsis dictantibus regna condita）》と述べていることにほかならない[93]。

第一六章　貴族の起源が見出される

二一七　ここから、人間の自然本性の二つのあり方のあいだの自然的な相違が生じたにちがいない。一つ

---

(93)『学説彙纂』一・二・二・一一。

は、聡明な者たちで構成されているために高貴なあり方であり、もう一つは愚鈍な者たちで構成されているために卑賤なあり方である。そして前者の貴族は、正しくも、深遠な理解力、すなわち人間の真の本質がそこに存するところの神的な存在についての理解力の持ち主であると見なされていた。しかし、わたしたちが形而上学を使うことによって暗闇に包まれた部分とさまざまな物語〔神話伝説〕のうちに万民の自然法およびローマ市民法の起源があるのを確かめようとしているのを知って驚く人がいるかもしれない。そこで、その人たちの心を掻き乱すことがないように、記憶力だけを助けにして想像力を働かせることによって、わたしたちにこれまで語られてきたような想像上の分割のために土地に設置された境界石の内部に封じこめられている解きがたくこんがらがった困難の迷宮から、はたして抜け出せるものかどうか、見てみることにしよう。

一一八　つぎのように問う人にたいして、いま述べたことはどのような答えをわたしたちに提供するのだろうか。すなわち、都市はすべて家族を土台として生まれたのであるとするなら、そして都市が成立する以前の家族は——ポリュペモスがオデュッセウスに語ったのをいましがた聞いたように——ごく小規模の自由で主権的な国家であったのだとするなら、どのようにしてそれらの都市はすべて貴族と平民という二つの身分を土台として生じたのだろうか。そのうち、一方は都市において主人となる幸運に恵まれ、もう一方は平民という不幸な境遇に落ちこまざるをえないというようなことがどのようにして起こりえたのだろうか。こういった問いである。この問いにたいして、それは一部の土地が他の土地よりも肥沃だったからだ、と答える者がいたとするなら、かつて土地の分割が公正になされたのであった以上、肥沃な土地は大多数が耕作された土地であったにちがいないことになる。なぜなら、国家の富は荒れ放題なままになっている土地からではなく、つねに耕作された土地からもたらされるからである。だとすれば、等しい面積の土地を配分されていても、員数が増えていった家族は既耕地を所有しており、員数の少ない家族は未耕地しか所有していなかったことになるはずだろう。しかし、都市では少数の者たちだけが富裕で大多数は貧しい。そして、前者が主人で、後者は数とともに平民を構成しているのである。

一一九　つぎに、人間にかんすることがらの自然本性からして、つぎのような理由、すなわち、自分の財産を浪費してしまうか、自分の財産に無頓着なままでいた結果、他人がそれを占有し、長期間にわたって占有し続けることでその財産の所有権者になってしまうか、欺されたり脅されたりして自分の財産を他人に占拠されてしまうか以外の、どのような理由によって人が貧困な状態におちいることがありうるのか、まったく理解できない。しかし、そのような事物の最初の状態においては、人々は生存に必要なものだけで満足していた。このようなわけで、土地の取り引きといったようなことはいまだ存在しえなかった。土地の取り引きが導入されたのは安楽な生活を送りたいとか贅沢したいというのが原因だったが、人々はなおも安楽とか贅沢とかの意味がわかっておらず、安楽の欲求を、いわんや贅沢の欲求をなんら抱懐していなかった。だから、浪費などといったことはありえなかったのである。また、もし貧しい者たちが土地を放置したままにしておいたのであれば、かれらはどのようにしてその間、かれらに日々生計を立てていく手段を提供していた土地なしに生活し、家族の員数を増やしていくことができたのだろうか。もし欺かれて土地を奪われたのだとしたなら、自分の土地から購入した果実以外には何ものにも満足していなかった簡素でつましい生活のなかにあって、ほかのどんな利益のためにかれらは欺かれて土地をあきらめるようになってしまったのだろうか。だから、王国は詐欺から始まったのであって、その娘が法律である、と主張するカルネアデスと懐疑派の連中(94)には、どのようにしてそのようなことがありえたのか、とくと見てほしい。最後に、もし富者が力によって貧者の土地を占拠したのだとするなら、土地を豊かにもっている者たちが少数で、わずかの土地しかもっていない者たちが多数を占めているというようなことがどうして起こりえたのだろうか。だから、ホッブズよ、どのようにして王国は暴力から始まって武器を法律に変えるといったことがありえたのか、とくと見てほしい。

一二〇　政治生活の自然本性からすると、土地の分割についてのわたしたちの空想を土台として貴族と平民が都市を構成していたのとは別の仕方があったとは考えられない。したがって、想像力と記憶力のなかにしか根を張っていない、古びて慣わしとなってしまったわたしたちの意見は、この推論の力によって揺り動かされ吹き散らされなければならない。

一二一　もし王国が自堕落や怠惰から生じたのでも欺瞞や暴力から生じたのでもないとするなら、それらは別の知性によって秩序づけられたのだった。それは自堕落な者たちと怠惰な者たちのあいだをうろつき回っているエピクロスの偶然でもなければ、暴力という大っぴらな力か欺瞞という隠れた力――どちらも自由意志を奪い去ってしまう点では変わりがない――によって統治するストア派の運命でもない。そうではなくて、その別の知性というのは宗教を手段とした摂理のことである。どれほど予断にもとづいたものであろうとも、摂理を理解していたことだけが唯一、最良の文明を飾り立てている、つぎのような麗しい政治術を兼ね備えた、貴族を生み出したのだった。すなわち、羞恥心（これは高貴さの母である）、婚姻の貞潔とこれと一体となった死者にたいする敬虔（これらは諸国民の二つの永遠に枯渇することのない源泉であった）、土地を耕作するにあたっての勤勉さ（これは諸国民の富の尽きせぬ鉱脈である）、これらの富を泥棒から守るさいの堅牢さ（これは帝国の難攻不落の要塞である）、そして最後に、無知な者たちや不幸な者たちを受け入れ、かれらに教育をほどこして抑圧から身を守らせるにあたっての寛容さと公正さ（これは王国の堅固な土台である）。

二三三　これら最初の貴族たちは、神的な存在の意思を理解していたために、鳥卜を実践するなかで神々を崇拝する手本を示すことによって、政治的な知恵を働かせながら野獣どもを文明の道へと引き戻していったオルペウスにも似た存在であったことがあとで〔四二一、四八八〕証明されるだろう。この政治的な知恵の挙げた功績たるやじつに尊敬に値するものであったために、後世まで語り継がれていった。そしてやがて学者たちがそれを深遠な知恵と取り違える原因ともなった。

（94）グローティウス『戦争と平和の法』序論五参照。そこでは、アカデメイアの学頭で懐疑派の代表者と目された古代ギリシアの哲学者カルネアデス（前二一四―前一二九）が厳しく批判されている。

第一七章　英雄主義の起源が見出される

一二三　この貴族の起源はまさしく古代諸国民の英雄主義の起源でもあることが見出される。この英雄主義については、ギリシア人によってかれらの物語〔神話伝説〕のなかで豊富にわたしたちのもとまで伝えられており、エジプト人によって古代の大いなる断片でもってわたしたちに示唆されており、ラティウム人によってロムルスの起源のなかで言及されている。しかし、ここでのちに〔一七四〕見るように、古代ローマ史のなかで明るみに出されることによって、それはギリシア人の物語〔神話伝説〕的な歴史を説明し、エジプト人の断片的な歴史を補填し、それ以外の古代諸国民すべての歴史のなかでまったく隠されていたことがらを露わにすることとなる。

第一八章　この新しい学は人類の道徳学にもとづいて事を進める。この人類の道徳学をつうじて、諸国民の習俗の経過を画する境界が見出される

一二四　そのような形而上学の長女は人類の道徳学である。そして、その人類の道徳学をつうじて、土地が分割され互いに区別されはじめたときから始まって、わたしたちは諸国民の習俗の経過を画する境界へと

分け入っていくこととなる。その境界とは以下のとおりである。

一

一二五　人間は一般にまずは必要なものに目を向け、ついでは便利なもの、それから快楽をあたえてくれるものに目を向ける。さらには贅沢なもの、あるいは余分なものへと向かっていき、最後には正気を失って財産を浪費し投げ捨ててしまう。

二

一二六　生きていくのに必要なものしかわからない人間は、ある特定の感覚、すなわち自然本性の力によって、哲学者である。ここから、古代の民の節制ぶりはやってくる。

三

一二七　粗野で強健な人間は、自分の体力を行使することによってしか、快楽を見出さない。ここから、ギリシア人のあいだでのオリュンピア競技、ローマ人のあいだでの軍事教練、最近の野蛮時代〔中世〕の馬上槍試合やその他の騎士たちによる試合、要するに、戦争するさいの技能と結びついた競技の起源がやってくる。反対に、反省力と才知を行使する人間は、くつろいで感官を喜ばせながら体力の回復を図ることを好む。

四

一二八　民は最初は野獣同然で、それから獰猛になるか抑えつけられたり統御されたりして引っ込みがちになり、さらには辛抱強くなって、最後には重荷や苛酷な労役にも耐えられるようになっていく。

五

一二九　習俗の面では、最初は野蛮で、ついでは厳格、それから温和になり、さらには繊細になって、最後には放埒で堕落したものになってしまう。

六

一三〇　最初は愚鈍で、ついでは粗野、それから従順ないし御しやすくなり、さらには洞察力が身について、鋭敏かつ創意工夫に富むようになり、最後は才気煥発で狡猾で詐欺師めいた存在になってしまう。

七

一三一　最初は野生的かつ孤独、ついでは少数の者たちとだけ信頼関係で結ばれる。それから社会的目的を達成するために多数の者たちと連携するようになる。そして最後には、利益や快楽にかかわる個別的な目的を追求するなかで、全員が放埒な状態におちいってしまって、身体が一大群衆をなしているなかにあって、精神は原初の孤独へと立ち戻っていく。

第一九章　この新しい学は人類の政治学にもとづいて事を進める。この人類の政治学をつうじて、家族の並存状態における最初の政体は神的な政体であったことが見出される

一三二　たったいま〔一二四〕述べたように、人類の道徳学にもとづいて事を進めるのと同じような計画のもと、この新しい学はまた人類の政治学にもとづいて事を進める。なぜなら、家族の並存状態においては、家父長たちは、最も経験を積んでいたので、賢者であったにちがいなく、最も尊敬に値する存在であったので、祭司であったにちがいなく、最高の権力を有する立場にあって、これよりも高い存在はことがらの自然本性上ありえなかったので、それぞれの家族の王であったにちがいない。したがって、これらの家父長の人格のうちにあって、知恵と祭司権と王権とは一体をなしていたにちがいないのだった。この伝統をその後プラトンはギリシアの最初の創建者たちの深遠な知恵の所産と受けとめ、哲学者たちが統治するか、王たちが哲学するような状態を空しくも願望した(95)。しかし、これら家父長たちの王権は、祭司権とともに、実際には

(95)　プラトン『国家』五・一八（四七三C―D）。

かれらの通俗的な知恵の所産であった。なぜなら、鳥卜による神占の賢者として、かれらは鳥卜を獲得するために犠牲を献げなければならなかったからであり、鳥卜の意味することがわかったときには、それを神々が欲していることだと信じて命令しなければならなかったからである。とりわけ、あとで〔一九七、二〇四—二〇五〕見るように、罪を犯した者を神々に献げることによって処罰されることが要請された（この太古来の習俗は十二表法の「父親殺しについて」の章のなかにまるごと組み入れられた[96]）。たとえあどけない子どもであっても、罪を犯したとみなされたり、アガメムノンが不運な娘イピゲネイアを神に生け贄として奉納した場合[97]がそうであったように、神に献げるに値すると判断されたときはそうであった。しかし、真実の神は、アブラハムが息子のイサクを献げようとしたさい、あどけない子どもを犠牲にすることをまったく喜んではいないと言明したのだった[98]。教父たちは、エフタの献げものについて[99]、その秘密は神の摂理の深淵のうちに隠されている、と告白している。しかし、この著作で立証されるヘブライ人と異教徒の相違のためには、エフタではなくてアブラハムが神の民の創建者であったということだけで十分である。

第二〇章　家族の並存状態における最初の家父長たちは一頭支配的な王であったことが見出される

一三三　ローマ人のあいだでは、家父長たちはこれら三つの特性のうちの最後の特性を長期間にわたって保持していた。ローマ人のもとでは、十二表法によって、家父長たちは自分の息子たちの人格にたいする生殺与奪の権利をもっていた。(100) また、息子たちの人格にたいするこの無限の権力の結果、かれらの取得物にたいしても、同じく無限の権力をもっていた。すなわち、息子たちが取得したものはすべてかれらの父親の所有物となるというのだった。そして、専制的な支配によって、家父長たちは息子たちの人格の後見権をまるで物を処理するかのように自由自在に処理していた（この権利についても十二表法は「遺言」の章でまるごと家父長たちに保存している――《家父長がみずからの財産と後見にかんして遺言したことはなんでも法となる》〔第五表〕）。これらはすべて、家父長たちが家族の並存状態のもとで自由かつ絶対的な一頭支配をおこなっていたことのあまりにも明白な痕跡である。

---

(96) 十二表法中に「父親殺し」についての言及はない。ただ、二世紀後半のローマの文法家セクストゥス・ポンペイウス・フェストゥスの『言葉の意味について』には、父親を殺した者を「父たちの神々に」献げるというローマの古くからの習俗について述べた箇所がある。第二巻注（21）参照。このフェストゥスへの不正確な言及と思われる。

(97) 事の顛末はエウリピデス『アウリスのイピゲネイア』に描かれている。ただし、バッティスティーニによると、ここでヴィーコが念頭に置いているのは、ルクレティウス『事物の本性について』一・八四―一〇一のコメントではないかという。

(98) 『創世記』二二・一二および『エレミヤ書』七・三一。

(99) 『士師記』一一・三〇―三一。

(100) フランスの法学者ジャック・ゴドフロア Jacques Godefroy（一五八七―一六五二）の『四つの市民法の源泉』*Fontes quatuor iuris civilis in unum collecti*（一六五三年）、「第四表について」を参照。

一三四　家族の並存状態における最初の家父長たちの自然本性から生じたこのキュクロプス的王国の形態について無知であったため、プラトンは文明の創建者たちが深遠な知恵をもっていたと考え、この政治学全体の一大原理を家族の並存状態について記述したさいにかれ自身がホメロスのポリュペモスのうちに感知していた原理(101)と結合することに失敗してしまった。またグローティウスも、最初の一頭支配〔君主政〕の様態を正義の観念に立脚したものとして説明しようとして腐心することとなった。そして邪悪な実践的政治家たちは、それらをホッブズの凶暴な人間とともに暴力のうえに基礎づけるか、ソチーニ派の単純な人間とともに欺瞞のうえに基礎づけるかしてきたのだった。しかし、土地の分割にかんしてさきに述べた〔一一四〕乗りこえがたい困難からして、最初の一頭支配〔君主政〕は暴力によっても欺瞞によってもけっしてこの世に誕生することはありえなかったのである。これらの見解については、家族の並存状態におけるそのような家父長たちの人格のなかでおのずと生まれた一頭支配〔君主政〕にかんして有無を言わせぬかたちでなされる以下のような事実の発見によって、さらなる批判が加えられることになるだろう。

第二一章　ついで、最初の都市の並存状態における最初の王国は英雄的な王国であったことが見出される

一三五　人間たちは、なんらの拘束も受けていない自由から、神性への恐怖によってのみ規制された、ひ

いては他の人間たちにたいしては無限のままであり続けていた自由へと――まさしく家族の並存状態において神々の統治のもとに置かれていた家父長たちの自由がそうであった――、新たに移行していったために、生きるも死ぬも自由なこの獰猛な習俗を長いあいだ保持していたにちがいない。そして、もしそのような無限の自由がかれらの祖国によってかれらに保存されているのだとしたなら――このかれらの祖国がかれらにかれらの神々を保存するのであり、その神々をつうじてかれらは他の人間たちにたいする無限の権力を有しているのである――、かれらはおのずとかれらの祖国とかれらの宗教のために死ぬ覚悟をするにいたるだろう。これが古代の英雄たちの自然本性的なあり方であって、ここから最初の英雄王国は出てきたのだった。

一三六　ここにおいて、宗教こそがローマの偉大さ全体を作りあげている当のものであったという、結果についてはローマ史が語っているが、原因についてはポリュビオスもプルタルコスもマキャヴェッリも露顕させることのできないでいたもの[102]の原理が発見される。なぜなら、十二表法の第十一表で家父長たちが自分たちのあいだだけに閉ざしていた卜占の宗教こそが、平民もまた、国内において英雄たちの権利――厳粛な儀式を挙げて執り行われる婚姻、武器と祭司の指令権など、卜占に依存するすべてのことがら――にかんして家父長たちと対等でありたいと欲するようになり、ついでは、戦争においても家父長たちと対等に軍功争

(101)　プラトン『法律』三（六七八C―六八一E）。
(102)　ポリュビオス『歴史』一・三・七とマキャヴェッリ『ローマ史論』二・一はローマの偉大さを民衆の知恵のおかげだとしており、プルタルコスは「ローマ人の幸運について」『倫理論集』四四で幸運のせいにしている。

いに参加したいと欲するようになったとき、ローマの偉大さを完成にもたらしていたからである。そして、平時においてはクルティウス家のメンバーが運命の溝にみずから身を投じ、[103] 戦時においてはデキウス家のメンバーが軍を救うために二度にわたって命を捧げた。[104] こうして、平民にたいして、自分たちこそが卜占によって支配していることをみずからの生命を犠牲にすることによって立証しようとしたのだった。なぜなら、あらゆる戦争における古代諸国民の共通の習俗は《祭壇と竈を守るために戦う（pro aris focisque pugnare）[105]》ということだったからである。すなわち、自分の神々とともに戦うか死ぬか、というわけなのだった。

第二二章　英雄的な徳の原理

一三七　またここにおいて、英雄的な徳の原理が発見される。思考力が不足していて普遍的で永遠のことがらを理解する能力に欠けるというのが野蛮で獰猛な人間たちに分かちがたく付着している人間本性上の特性である。そのような野蛮で獰猛な人間たちがどのようにして国民全体に多大の恩恵をもたらすことによってしか獲得されない不滅の名声を求めてかれらの国民のためにみずからの生命を捧げたのか、これまではまったく理解できないでいた。古代の英雄たちの行動はそのような自己犠牲的行動であると、哲学者たちのあとに登場した、十分に展開された知性の持ち主たちは見てきたのである。しかし、本当のことを言うと、古代の英雄たちは、これらの行動をかれらの祖国によってかれらのために保存されていた自分の家族にたいする主権をしっかりと掌握したいという極度に個人的な感情に突き動かされてしか遂行していなかったのだった。このため、祖国は《レース（res〔～にかんすることがら〕）》という語を省略して《パトリア（patria）》と称されたのである。つまり、祖国とはもともと《父たちにかんすることがら》という意味だったのだ。同じように、その後人民が主権者となった国家においては、それは《レースプーブリカ（respublica）》と呼ばれた。まるで《レースポプリカ（respopulica）》、《人民全体にかかわることがら》であるとでもいうかのようにである。

第一二三章　国家の三つの形態すべての原理

一三八　そのような人類の政治学に統治することと統治されることをめぐっての以下のような格率、あるいはむしろ人間的な感覚は属している。人間たちはまず身体の自由を欲し、それから精神の自由、すなわち、理性の自由、それとともに他の者たちと平等であることを欲するようになる。ついでは、平等な者たちに優越する立場に立とうとし、最後には、自分たちより優越する者たちのもとに置かれることを欲するよう

---

(103) リウィウス『ローマ史』七・六。
(104) リウィウス『ローマ史』八・九—一〇、一〇・二八—二九。
(105) リウィウス『ローマ史』五・三〇・一、九・一二・六、一〇・四四・八。

になるというのが、それである。これらのわずかの人間的感覚のなかですべての統治形態は最初の輪郭を生み出していったのだった。最後の感覚からは僭主が登場し、最後から二番目の感覚からは君主政が登場する。さらに最後から三番目の感覚からは自由国家[106]が登場し、すべての感覚のうち最初の感覚からは形態においてアリストクラティック〔貴族政的〕な英雄国家が登場する。そして、この英雄国家は、あとで〔二六一―一六七、一八八〕語る英雄的抗争によって、これらの人間的感覚の一連の推移にもとづいて、その後自由国家に移行していき、最後に君主政に到達したところで停止して、一頭支配的な家父長たちの最初の起源にまで立ち戻っていくのだった。これらの原理にもとづいて、古代ローマ史全体はまったく新しい相貌のもとで提示されることとなる。

第二四章　最初のアリストクラティック〔貴族政的〕な国家の原理

一三九　しかし、人間たちがみずから進んで文明の道を採用するようになるのは、そこから得られる恩恵が自分たち自身の個人的な利益を増大させるのを見てとったときでしかない。そして見てとったあとでも、強者たちは自分たちの獲得物を力ずくで強要されないかぎり放棄しようとはしない。また力ずくで強要されても、できるかぎりわずかしか放棄しようとはせず、それも小出しにであって、全部を放棄することはいっさいない。かてて加えて、多衆は法律と平等を望んでおり、かたや、強者たちのほうでは、自分たちより優越する者はいうまでもなく、対等な者の存在を認めることにも多大の困難をともなう。したがって、アリストクラティックな国家、あるいは貴族からなる国家は、貴族たちを互いに対等な存在にし、法律のもとに服属させるよう強要するなんらかの極端な共通の必要に迫られないかぎり、生じえない。最後に、貴族でない者たちがそこに参加してなんらかの役割を演じていないような統治形態は、かれらが少なくとも生存を維持していくために必要な自然的物資の面で安全を享受しているのでなければ、支配することも持続することもできない。これらの原理にもとづいて、英雄的王国は——すこしのちに〔一六一、一六四〕見出されるように——二つの最古の農地改革をつうじてクリエンテーラ（clientela〔庇護関係〕）から生まれたアリストクラティックな政体をとっていたことが発見される。

第二五章　最初の家族は子どもたちだけではなくてそれ以外の者たちからもなっていたこととの発見

一四〇　いましがた〔一三八〕枚挙した人類の五つの政治的感覚からは、最初の最も古い家族（famiglia）は、

---

(106)「自由国家」の原語は〝republica libera〟である。貴族と平民が平等な権利を有する人民主権の民主国家を指す。

子どもたちだけでなく、まさしく《ファムリ（famuli）》、従僕と呼ばれる、それ以外の者たちからもなっていたことが見出される。そして、この英雄たちの従僕については、ギリシア人のあいだでは《ケールケース（κήρυχες）》という言い方が残ることとなった。これらの家族を土地の分割についてのこれまで受け入れられてきたような説明にもとづいて理解することは、あとで提起する〔一四二―一四三、四三六〕多くの重大な困難からして、不可能とされてきた。しかし、そのような《ファムリ》は、野獣的交合の引き起こす諍いのさなかにあって（そして実際にも野獣的交合こそはそれらの諍いの原因であった）、窮乏寸前のところまで追いつめられて、強者たちの土地に避難してきた者たちだったことが見出されるのである。

第二六章　最初の占有、時効取得、握取行為の規定

一四一　強者たちのこれらの土地は、すでにずっと前、かれらがゼウスであると信じた雷鳴がエジプト、ギリシア、イタリアで轟いて以来、神性を怖れて野獣的な放浪をやめた最初の人間たちによって占有され、かれらの子孫によって耕作されてきた。こうして、宗教をつうじて、これらの定着民はすでに清純で強い人間になっていたのだった。ここにおいて、諸民族の最初の占有（occupatio）、最初の時効取得（usucaptio）、最初の握取行為（mancipatio）〔手で摑み取る行為〕が発見される。なぜなら、最初の人間たちによって力ずくで洞窟の中に引きずりこまれていた最初の女たち、すなわち、《手で摑み取られた》最初の妻たちに加えて、

これらの土地は《手で摑み取られた》、つまりは力ずくで取得された最初の土地でもあったからである。そして、空いている土地の占有、時効取得、握取行為ないし力ずくでの取得は、たしかに、いずれもがすべての国民のもとで主権的支配が正当化される三つの様態なのである。

第二七章　最初の決闘、あるいは最初の私的な戦争の発見

一四二　さらに強者は収穫物を盗もうとする不敬虔な放浪者たちからそれらを守らなければならなかった。もっとも、不敬虔な放浪者たちは社会のもつ力がわからなかったので、だれもが単独で盗みにやってきた。そのため、あとで〔一七九、一九七〕説明するように、勇敢な定着民は自分の一族といっしょになって連中を盗みの最中に容易に殺害することができた。このきわめて古い習俗のうちに、ヘブライ人のもとでもギリシア人のもとでもラティウム人のもとでも、決闘の起源が発見される。もっとも、それはラティウム人とギリシア人よりもヘブライ人によっておこなわれる場合が多かったにちがいない。ヘブライ人は他の異教徒たちよりも古くから真実の宗教をもっていたので、不敬虔な放浪者たちによる盗みから自分たちの田畑を防衛しなければならなかった期間もずっと長かったにちがいないからである。夜やってくる盗人はどんな手段で殺害してもよいが、日中はその者が護身のために武器を携帯している場合にのみ、殺害することが許されるというのが、法であった[107]。しかし、このことは、ローマ法はギリシアからアテナイの法律が海を渡ってローマ

に運ばれてきたのだと主張したり、パレスティナからモーセの律法が同じく海を渡ってローマに運ばれてきたのだと主張したりする、法の単一起源論者に、なんら利するところがない。なぜなら、それは自然がすべての国民に命じた法だからである。したがって、すべての国民のもとにおいて、決闘が戦争の最初の祖型であったのであって、戦争はもともと私的なものだったのである。こうして、プラウトゥスの時代まで、公的な戦争はラティウム人のもとでは《ドゥエッラ（duella〔決闘〕）》と呼ばれていたのだった[108]。また野蛮の時代が戻ってくると、この戦争の最初の形態は新たにスカンディナヴィア[109]からヨーロッパ全体に広まっていったのだった。

一四三　このような仕方で力によって守る必要のあった土地に最初の境界石が置かれることとなったのである。ローマ市民法の解釈者たちによって一斉になされている土地の分割たるや、なんと容易であったことよ！

第二八章　家系譜および最初の氏族の高貴さの起源

一四四　定着民は地面に腐るままに放置していた一族の屍体が不潔なのについに感づくようになって、それらをこうして自分のものとなった土地に埋葬するにいたったにちがいないのだった。パピニアヌスが正雅にも言い表わしているとおり、《死すべき定めにあるものの位階[110]》に従って、他の著作[111]で示しておいたように、屍体の上に木の切り株を置くことによってである。ここから、ギリシア語の《ピュラクス（φύλαξ）》とラテン語の《キップス（cippus）》はいずれも《墳墓》を意味することとなったのである。そして同じ敬虔の行為をつうじて、ラティウム人のもとでは、まずもっては《フマーレ（humare〔埋葬する〕）》から《フーマーニタース（humanitas〔人間性・人間をして人間たらしめるもの〕）》という言い方は出てきたのだった。[112] また、このために、死者を埋葬する習俗を最初に始めたとキケロが述べているアテナイ人[113]はおそらく《ギリシア全体のなかで最も人間的な民》だったのであり、アテナイは哲学および才知から生まれたあらゆる芸術の母にし

---

(107)『学説彙纂』四七・一二・五。

(108) プラウトゥス『アンフィトリオン』一八九、『アシナリア』五五九、『捕虜』六八、『エピディクス』三五五、『トルクレンティス』四八三。

(109) フランスの文献学者デュ・カンジュ Charles du Fresne, sieur du Cange（一六一〇—一六八八）の『中世および最近のラテン語の用語解説』*Glossarium mediae et infimae latinitatis*（一六七八年）の〝duellum〟の項参照。そこには、デンマークの歴史家サクソ・グラマティクス Saxo Grammaticus（一一五〇—一二二〇）の『フロトーネ治世下のデンマークの歴史』*Historiae Danicae de rege Frothone* 第五巻における、「あらゆる紛争は決闘によって解決されるべし」という法律をフロトーネ王が制定したという証言が引かれている。

(110)『学説彙纂』五・一一・一五。アエミリウス・パピニアヌスは三世紀のローマの法学者。

(111)『普遍法』第一巻『普遍法の単一の原理と単一の目的』一八五・七、第二巻『法律家の一貫性』第二部『文献学の一貫性』二〇・五・六一。

(112) これは語源学的には根拠のない謬説であるが、ヴィーコの著作中には繰り返し登場する。

(113) キケロ『法律について』二・二五・六三。

て乳母だったのである。

一四五　その後、歳月が経過するにつれて長く横に配置されていったこれらの切り株の列から、後続の世代は先祖の家系譜に目を向けるようになり、それらとともに、自分たちの血統の高貴さに気づくようになったのにちがいなかった。この血統と《切り株》＝《ピュラクス（φύλαξ）》のつながりから、ギリシア人は部族のことを《ピュレー（φυλή）》と呼ぶようになったのだった。また、言語の幼年期に特有の言い回しでもって、貴族はそれらの切り株が置かれているのが見出された土地の子どもたちであると言われたにちがいなかった。ここから、詩人たちは、巨人たちは《大地の息子たち》だった、とわたしたちに語っているのであり、[114]またギリシア人のもとでは貴族は《大地から生まれた》と言われていたのだった[115]（なぜなら、これが《ギガンテス〔巨人族〕》というギリシア語の意味だからである）。同様に、古代ラティウム人のもとでは貴族は《インディゲナエ indigenae》と呼ばれていたが、これはほとんど《インデ・ゲニティ（inde geniti〔その場所で生まれた者たち〕）》と言うに等しい呼称であって、ここから《貴族》を指すのに省略形の《インゲヌイ（ingenui）》という言い方が残ることとなったのである。

第二九章　最初の避難所およびすべての政体の永遠の起源の発見

一四六　ここにおいて、最初の避難所の起源が発見される。ティトゥス・リウィウスはこの避難所の太古の大いなる断片をロムルスの聖なる森の中に投げ入れた（それはこれまでそこに埋められたままになっていたのだった）。そして避難所を《都市の創建者たちの最初の方策（primum urbes condentium consilium）》であったと定義している。[116] ロムルスと仲間の父たちは、かれが新しく建設した都市に逃れてきた者たちにたいして、自分たちは聖なる森から生まれた者であり、そこに自分は避難所を開いたのだ、と話したというのだった。リウィウスは、すべての王国は欺瞞によって創建されたという誤った見解にもとづいて、避難所は方策あるいは術策であったと思いこんでいた。ここから、リウィウスはロムルスに――場違いにも――自分と仲間たちは男性しか産むことのできなかった母親の息子だったと言い募っていた、このため、女を得るために、サビーニ人の乙女たちを掠奪する必要があったという、もう一つの欺瞞を付け加えることとなってしまった。これがあまりにもばかげた欺瞞であることに気づいていたにちがいないにもかかわらずである。しかし、ラティウムの都市でも諸国民の世界の他の都市でも創建者たちのうちに存在したのは、欺瞞ではなくて自然本性であった。嘘をつくというのは臆病で卑劣な術策であるため、そんなことはできないでいた英雄たちの、度量の大きな自然本性だったのである。それというのも、かれらは心底、自分たちは地下に埋められた者た

---

(114) ヘシオドス『神統記』一三九―一五三。オウィディウス『変身物語』一・一五七。

(115) 四世紀後半に活躍した文法学者マウルス・セルウィウス・ホノラトゥスの『ウェルギリウス「アエネーイス」註解』八・三一四。

(116) リウィウス『ローマ史』一・八・五。〝primum〟は、リウィウスのテクストでは〝vetus〟（古い）となっている。

ちの子どもであり、その者たちから自分たちの女も手にしている、と信じていたのだった。こうして、盗賊を打ちのめすという英雄的行為の第一の面に、危難に遭って助けを求めている者たちを救済するという第二の面がここに付け加わることとなる。ここからローマ人は

征服された者を大切にし、高慢な輩を圧伏する（Parcere subiectis et debellare superbos）[117]

という二つの方策を用いることをつうじて世界の英雄となったのだった。

一四七 またここにおいて、王国は欺瞞か暴力に依拠しているという二つの通俗的な非難から王国の永遠の起源の名誉が回復される。なぜなら、高潔な人間性のみが王国に最初の起源をあたえたからであって、その後に登場した者たちは、欺瞞によって獲得したものであれ、暴力によって獲得したものであれ、統治し維持していくためには、この最初の起源のことを想い起こさなければならないのだった。ところが、政治学者たちは、《政体はそれらが獲得されたさいの方策によって維持される》という、かくも有名な格率[118]を確立したとき、この起源のことを見ていなかった。政体は、つねにどこでも、正義と寛容によって維持されている。そして、これらには疑いもなく、欺瞞も暴力も関与してはいないのである。

第三〇章　最初のクリエンテーラの発見および戦争における降伏の祖型

一四八　さきにおこなった発見はすべて、クリエンテーラ〔庇護関係〕の最初にして真の起源を見出すために必要なものであった。クリエンテーラはすべてつぎのことに基礎を置いていたのだった。すなわち、弱い放浪者たちは強者の土地に逃れてきたとき、かれらは露命をつなぐためにやってきたのだから、農作業に携わることによって（作業のやり方は主人が教えるだろう）生き延びていくべきである、という正しい法律のもとでそこに受け入れられたのだった。ここから、クリエンテーラは古代諸国民全体の普遍的な習俗であったことが観察される。そしてとくにローマ史は、当時はなおも若い国民であったガリア、ゲルマニア、ブリタニアでは何人かの君主もしくは首領に奉仕する従属部族の群れというかたちでいたるところで目撃されたことを、カエサル(119)とタキトゥス(120)をつうじて詳細に語っている。またわたしたちはこれが神の民の習俗であったことをはっきりと読みとる。神の民は異教徒たちよりも正しくて度量の大きな民であったので、その族長たちはカルデア人に虐待されていたクリエンス〔庇護民〕たちをアッシリアに避難させ、そこでもっと温和

(117)　ウェルギリウス『アエネーイス』六・八五三。
(118)　政体の獲得とその後の維持の関係について、マキャヴェッリは『君主論』六・二で「新しい君主が出現した場合のように、全面的に新しい君主政体においては、これを獲得した者の力量の多寡におうじて、これを維持するときの困難の多寡が生じてくる」と述べている。しかし、ヴィーコがここで指摘している「格率」は国家理由（ragion di stato）の理論家たちのあいだでは決まり文句のようにして普及していた。
(119)　カエサル『ガリア戦記』六・四・五ほか。
(120)　タキトゥス『アグリコラ』一二、『年代記』一二・三〇・二。

な隷従生活を受けさせようとしたにちがいないのだった。なぜなら、アブラハムは、かれの先祖からかれに遺贈された者たちでなっていたにちがいない一族とともに、隣国の王たちに戦争をしかけているからである。[121]

第三一章　英雄時代における封土の発見

一四九　ひいては、一種の封土が英雄的諸氏族の普遍的な法であったことが見出される。そのことを示す他のどれよりも明白な二つの場所がホメロスのうちに存在する。一つは、『イーリアス』の、アガメムノンが伝令使をつうじてアキレウスに、自分の娘たちのうち一番気に入った娘を妻として選ぶがよい、その娘を農夫と羊飼いの住む七つの村を引き出物として付けて差しあげよう、と申し出ている箇所である。[122]いま一つは、『オデュッセイア』の、メネラオスが父のオデュッセウスを探しにやってきたテレマコスに、もしオデュッセウスが自分の王国に来てくれたならば、一つの都市をつくってかれに差しあげ、ほかの土地からかれを尊敬し奉仕する自分の家来たちをその都市に移住させていただろう、と語っている箇所である。[123]だから、一種の封土——まさしく北方の諸民族がふたたびヨーロッパ中に拡散させたのと似たような——が、今日でもポーランド、リトアニア、スウェーデン、ノルウェーで保持しているのと同じ特性を携えて、最初から存在したにちがいない。そしてそれらの特性は、ローマ人のもとでは、《グレーバエ・アッディクティ

〈glebae addicti〔土地に割り当てられた者たち〕〉》とか《アドスクリプティーキイ〈adscripticii〔土地に登録された者たち〕〉》とか《ケーンシーティ〈censiti〔財産登録簿に記載された者たち〕〉》という呼称で法律のなかに残っていた。[124]他の場所[125]で示しておいたように、これらの封土からすべての国民の市民法が始まったのだった。そこで、ジャック・キュジャス[126]は最も正雅なローマ法学の表現がわたしたちの封土の本性と属性を指示するのにこのうえなく適切であることを見出しているのである。ところが、グローティウスすら、なぜそうなのか、その理由を見出すことができないでいるのだ。なぜなら、グローティウスは、封建法はヨーロッパの諸民族にとって新規な法である、と見ているからである。[127]しかし、実際には、それは太古から存在した法であって、それが最近の野蛮時代〔中世〕にヨーロッパ中で甦ったのだった。

---

(121)『創世記』一四・一三―一七。

(122) ホメロス『イーリアス』九・二八六―二九八。

(123) ホメロス『オデュッセイア』四・一七一―一七七。

(124) これらの呼称はいずれも「土地と一体となった従者・家臣」のことで、土地が他人に譲渡されるさいには土地と一緒に他の主人に譲渡された。うち、〝glebae addicti〟は中世ラテン語であるが、〝adscripticii〟と〝censiti〟という表現は『勅法彙纂』一・一二・六・九、一一・四八・二三、一一・六九・一・一に出てくる。

(125)『普遍法』第一巻『普遍法の単一の原理と単一の目的』三二九、四三二。

(126) ジャック・キュジャス Jacques Cujas（一五二二―一五九〇）は封建法の権威として知られるフランスの法学者。一七二二―二七年、ナポリで全一〇巻の全集が出版されている。

(127) グローティウス『戦争と平和の法』二・八・一・二。

第三二章　クリエンテーラから英雄国家が誕生した時点

一五〇　またここにおいて、最初の国家が誕生した時点が見出される。それは、これまで知られてきた三種類の国家のいずれによってもまったく想像することができなかったものであった。最初の国家は、クリエンスたちからなる家族の叛乱をつうじて生じたのである。クリエンスたちは、自分たちを心の底まで虐待する主人のためにいつまでも田畑を耕し続けることに嫌気がさして、主人たちに反逆するにいたった。そして、このようにして団結したクリエンスたちから、世界で最初の平民が形成されたのだった。その結果、かれらに対抗すべく、貴族たちはおのずと団結して、一人の首領のもとで身分――世界で最初の身分――を形成するにいたった。首領には、統率する必要があったことから最も頑強な者が、また勇気づける必要があったことから最も勇敢な者がなった。これらが王たちであったのであって、かれらは自然によって選ばれたという言い伝えがわたしたちのもとにも届いている。

一五一　ここに、正義と温情をもって統治されたいという多衆の願望のうちに、政治的統治の大いなる共通の起源が開かれる。また同時に、すべての都市の最初の土台が見出される。都市はすべて、貴族の身分と平民の身分という二つの身分にもとづいて生じたのだった。これは息子たちだけからなると理解された家族にもとづいては推理することがあたわなかったことであった。哲学者たちがこれまで政治学について論じるさいに依拠してきた起源があんなにも混乱し不分明であったのはこのためである。

第三三章　二つの最も古い農地法における最初の講和と最初の貢納の発見。うち、一方は自然法の、もう一方は市民法の源泉である。また両者は主権的所有権の源泉である

一五二　この最古の種類の国家は、貴族が平民を満足させるために譲歩せざるをえなかった最も古い農地法にもとづいて機能しはじめる。それは、平民は生活を維持していくために田畑を割り当てられ、その見返りに収穫物の一部を税として主人に貢納したり労役を提供したりするというものだった。ギリシア人のあいだではヘラクレスの十分の一税と呼ばれていたものがそれであったことが見出される。またラティウム人にも《カピテ・ケーンシ（capite censi）》[128]と呼ばれていた、主人のために一日中労働しなければならなかった者たちが存在したことが発見される。

一五三　しかし、歳月が経過するとともに、貴族から平民にあたえられたこの法律は遵守されなくなり、

(128)「財産がなく、戸口調査のさい、市民であること（caput）、すなわち名のみが記入された者」のこと。市民を財産の多寡によって五つの身分に区分する改革をおこなったと伝えられる王政ローマ第六代の王セルウィウス・トゥリウスはこの者たちを最下層の第五身分に位置づけるとともに、〝proletarii（子どもを与える者）〟と呼んだという。キケロ『国家について』二・二二・四〇参照。

ついにこれらの国家は機能を停止して、第二の農地法にもとづく別の国家に取って代えられた。それは、平民はかれらに割り当てられた田畑の確実にして堅固な所有権を有するものとし、主人には平民のその権利を遵守する義務が課せられる一方で、平民には主人の必要に、とりわけ戦いに出かけるさい、みずから費用を賄って奉仕する負担が課せられるというものだった。このような次第で、執政官のもとでのローマ史には残念なことにも平民たちの嘆きの声が絶えることがなかったのである。

一五四　これら二つの法律の根底には、三種類の所有権すべての起源が見出される。第一は、自然的ないし委付的所有権[129]、すなわち生活必需品や収穫物の所有権である。第二は、市民的所有権[130]、すなわち、農場（podere）の所有権もしくは武力によって占拠した土地の所有権である（この《ポデーレ（podere）》というイタリア語はおそらく力〔を意味する《ポテーレ（potere）》〕からやってきたのだった。それはラテン語の《プラエディア（praedia〔地所、農場〕）》が《プラエダ（praeda〔戦利品〕）》からやってきたのと同様である）。第三は、今日《卓越的》と称されている真に市民的ないし公共的な土地の所有権[131]、すなわち、都市自体の主権的な所有権であって、これは都市を統治する権力者の心のなかに存在している。そしてすべての貢納、兵士の俸給、税の原理をなしている。また、二つの法律とも講和の祖型であったことが発見される。

第三四章　英雄国家はラティウム人、ギリシア人、アジア人のあいだで一様であったこと、およびローマの民会の別の起源の発見

一五五　ついで、ギリシア人の暗闇時代の古代史の二つの大いなる断片のおかげで、これらの最古の英雄王国は《クーレーテスの王国》の名のもとで古代諸国民すべてに遍在していたこと、また《ヘラクレイダイ〔ヘラクレスの子孫たち〕の王国》の名のもとで太古のギリシア中に広く存在していたことが見出される。

一五六　第一番目の断片は、クーレーテス（curetes）、あるいは槍で武装した祭司たちが（ここからかれらはラティウム人のあいだで《クイリーテース（quirites）》と呼ばれるようになった）――かれらは武器を打ち鳴らして大音響を立て、赤ん坊のユピテルの泣き声がかれを喰らおうとしていたサトゥルヌスに聞こえないようにしたという[132]（この隠す行為〔ラテン語では〝latere〟〕からラテン語の文献学者たちは、たんなる推測では

---

(129)「自然的ないし委付的所有権」の原語は〝dominio naturale o bonitario〟である。ある客体を市民法上の所有者でない者が「財産中に有する（in bonis habere）」ことによって発生する所有権をいう。

(130)「市民的所有権」の原語は〝dominio civile o quiritario〟である。ローマ市民法においてローマ市民（quirites）としての資格を認められた者の有する所有権を指す。

(131)「卓越的所有権」の原語は〝dominio eminente〟である。個々の市民の上位にある国家権力自体の有する所有権をいう。

あったが、ラティウム(Latium)という呼称は出てきたと言っていた)[133]――ギリシアからサトゥルニア〔イタリア中部トスカーナ地方とラツィオ地方の境にある土地〕あるいはイタリアにやってきて、それからクレタ島に渡ってそこで孤立して長く逗留し、さらにアジア(そのアジアとはギリシア領のアジア、すなわち小アジアであったにちがいない)にも渡った、というものである。それというのも、ギリシア人がギリシアから外に出かけたとき、これら世界中の古代諸国民のあいだに、ホメロスによって描写されているのと同じ形態の、二種類の英雄的集会を具備した王国が存在するのを見出したからである。一つは《ブーレー(βουλή)》という名で呼ばれた集会[134]で、英雄たちだけが集まっていた。もう一つは《アゴラ(ἀγορά)》という名で呼ばれた集会[135]で、英雄たちが決定したことを知るために平民たちが集まっていた。すでに立派な若者に成長していた〔オデュッセウスの子〕テレマコスが〔母親のペーネロペーの〕求婚者たちを一人残らず討ち果たす決心をしたことを臣下たちに知ってもらうために召集したのは、この第二の集会である[136]。ラテン語の歴史はホメロスの英雄的統治形態とじつにみごとに符合している。神事を取り決めるための祭司たちの集会は《コミティア・クリアータ(comitia curiata)》と呼ばれたが、それは――あとで〔一九八―一九九〕述べるように――まずもって、法律だけでなく、人間にかんするあらゆることがらは、神にかんすることがらの相貌のもとで見られていたからであった。また、法律を命じるための集会は《コミティア・ケントゥリアータ(comitia centuriata)》と呼ばれたが(ここからたしかに武装した百人の隊長たちを《ケントゥリオーネス(centuriones)》と呼ぶ言い方が残ることとなったのだった)、それは法律を命じる集会には武装する権利をもつ者たちだけが集まったからであった。すなわち、その集会は、ホメロスが《ブーレー》と呼んだ、英雄たちだけが集まる種類の集会だったのだ。最後に、武器を使用する権利をもっておらず、貢ぎ物を納める義務だけを負っていた平民たちの集会は《トリブータ・コミティア（tributa comitia）》と呼ばれたが、それは貢ぎ物を納めていたが、武器の使用という主権はもっておらず、自分たちに命じられる法律を知るためにだけ集まった者たちの集会であったからである。このため、ホメロスのいう《アゴラ》にあたるかれら平民たちの集会については、最初から《プレービスキータ（plebiscita）》と呼ばれてしかるべきであった。キケロが『法律について』のなかで《プレービー・ノータ（plebi nota）〔平民に知らされるべきことがら〕》と言い表したような意味においてである。[137]だから、ラティウム人は《クーリア（curia）》という名前を《クーランダ・レプブリカ（curanda republica）〔国家のことをおもんぱかる〕》からではなく――このようなことは人々が反省するよりは実践していた時代においてはおよそありそうもないことである――、《クイリース（quiris）》＝《槍》からとってきたのであって、それは槍で武装する権利をもっていた貴族たちの集会だったのである。[138]それは《ケイル》＝《手》から

(132) ほかにも数多くあるテクストのうちでも、ヴィーコが知悉していたルクレティウス『事物の本性について』二・六三三―六三九を参照。

(133) この説については、ウェルギリウス『アエネーイス』八・三一九―三二二を受け継いでフォス『ラテン語の語源』三二六頁に記述がある。

(134) ホメロス『イーリアス』二・五三。

(135) ホメロス『イーリアス』二・二〇七。

(136) ホメロス『オデュッセイア』二・四〇―七九。

(137) キケロ『法律について』三・三・一〇。

(138) ウァッロ『ラテン語について』六・七・五二または五・一五五。フォス『ラテン語の語源』一九九頁参照。

《クーリア》が太古のギリシア人にとって同じ意味をもつようになったにちがいなかったと別の場所(139)で示しておいたのとまさしく同様である。ラティウムのことがらをホメロスの伝えるギリシアのことがらとこのように合成することによって、――あとで〔一八七〕示すように――《ローマのコミティア》という込みいった主題に別の新しい起源を提供することが可能となる。これらすべてのことから、ローマの統治形態の起源をなしているローマ市民《クイリーテース》たちの法はラティウムだけでなくギリシアやアジアの人々の法でもあることが見出される。そしてその法は、見られるように、最初の時代には最後のローマ法学者たちのところに残されているものとはあり方を大きく異にした法であったのである。

一五七　第二番目の大いなる断片は、ヘラクレイダイ、すなわち、ヘラクレスの子孫たちは、やがてアテナイの自由国家が勃興することになるアッティカも含めて、最初はギリシア中に散在していたが、最後はペロポネソス半島だけにしか姿を見せなくなり、そこでスパルタの国家が存在し続けていたということである。そしてすべての政治哲学者たちがスパルタの国家はアリストクラティックな国家であったと認めており、スパルタの住民はギリシアの他の地域の住民以上に英雄的習俗を多く保持していたという点ですべての文献学者たちが見解の一致を見ている。加えて、それは終身の二人の王を選出して民選執政官の管轄のもとで法律を運営する、ヘラクレイダイ、すなわち、ヘラクレスという父の名を受け継いだヘラクレスの子孫たちの王国であった。

第三五章　ローマ王国が英雄的ないしアリストクラティックな王国であったことの発見

一五八　ホラティウスが告発され、トゥッルス・ホスティリウス王が二人委員の管轄のもとで近親者殺害にかんする法律を実施し、二人委員が自分では正しいと信じていた刑罰に反して有罪を宣告したときの最初のローマ王国は、まさしくそのような英雄王国であったことが見出される。なぜなら、トゥッルスが有罪を宣告されたホラティウスに《人民の集会に提訴するがよい》と述べて上訴を認めたのは、主権を多衆に従属させるというのが一頭支配的な王にはおよそ考えられない取り計らいであるのと同じくらい、統治階級を多衆に従属させたいと欲するアリストクラティックな王にとって本来的なことであるからである。実際にも、歴史が語っているように、二人委員は自分たちがあたえた宣告の正しさをめぐって人民の前で法の侵害者と争わなければならなかったのだった。[140]しかし、トゥッルスは好戦的な素質の持ち主で、この点では――リウィウスが描写しているように[141]――ロムルスとさほど違いがなかった。そして武器で統治したいと心のなかでは念じていた。このようなわけで、かれはヘスペリア〔夕べの土地〕全体（そこでは、貴族たちからなる政体が、王たちが軍閥を確立して、政体の防衛のために受けとっていた武器を政体を倒すために使うのでは

(139)　『普遍法』第二巻『法律家の一貫性』第二部『文献学の一貫性』二一・九。

ないか、と疑っていた）を解放すると公言しながら、――軍功と才知によって、まれにしか見られないことにも、ただ一人でローマの自由を救い、アルバの王国をローマの王国に服従させた、かくも光栄ある法侵犯者〔ホラティウス〕に似つかわしくない有罪宣告を下すことによって――似たような怖れから家父長たちがロムルスにおこなったのと同じことをかれにもすることがないように、自分自身の将来に備えるためのもっともらしい機会をつかんだのだった。ただ、かれのどちらかといえば残酷で非情な性格からして、家父長たちがそのような策略をめぐらせるのは容易なことではなかった。(142)

一五九　これが、これまで文献学者たちの思いこみによって一頭支配的な性格をもっていたと言われてきたローマ王国の実態である。つぎには、セルウィウス・トゥリウスの実施した財産登録を土台にして、同じ文献学者たちがローマ王国に人民的自由の要素を混入してきたことについて見てみよう。

一六〇　ここでほとんど疑う余地がないのは、主人たちの田畑に課税されたのはヘラクレスの十分の一税であって、自由国家にふさわしい財産登録制度の場合のような世襲財産の査定ではなかったということである。それというのも、もろもろの政体における人民的自由の最初にして主要な基礎である財産登録制度、すなわち、特定の世襲財産が市民たちをかれらの都市において第一級の栄誉に与《あずか》れるような地位にまで向上させるという制度を確立しようというのは、ほかの王はいざ知らず、一頭支配者のもくろみでは断じてありえなかったからである。そして、王が追放されてから四十年後にその存在がローマで感知されはじめた財産登録制度にしても、のちに人民的自由の設計図として構想されたものとはまったく異なった観念にもとづいて始まったのだった。なぜなら、同じく歴史が語っているように、後年、財産調査官の職が最も威信ある職であると言われるようになったのとは大違いで、貴族たちは当初、財産調査の任にあたることを自分たちの威信に似つかわしくないとして軽蔑していたからである。また、平民たちも、それが自分たちにあらゆる最高位の職への道を開く扉であることに気づいていなかった。かたや、貴族たちは、その扉を平民たちに閉ざしたままにしておこうとして、執政官職を平民に開こうとする抗争のなかで、平民たちにあんなにも頑強に反対したのであり、それを開いたあとでも、あらゆる手を使って平民たちが裕福になるのを阻止し、かれらが

---

(140) 王政ローマの第三代の王トゥッルス・ホスティリウス(前七一〇—前六四一)は、隣国アルバとのあいだでかねてより問題になっていた境界をめぐる案件を戦争によって解決する決心をし、その旨をアルバに伝える。ただアルバはロムルスの出身地であったこともあって、全面的な戦争になるのを回避し、双方から代表者を出して決闘によって勝敗を決めることとする。こうしてローマ側からホラティウス三兄弟、アルバ側からクリアティウス三兄弟が選ばれ、激闘の末、ホラティウス兄弟のうちのプブリウスが最後に勝ち残り、凱旋するのだが、クリアティウス兄弟の一人と婚約していたホラティウス兄弟の妹のホラティアは婚約者のために手作りした戦衣がプブリウスの肩にかかっているのを見て髪を振り乱し、涙ながらに亡き婚約者の名を呼ぶ。すると、これに激怒したプブリウスは「敵を悼むとはなにごとか」と実の妹を刺し殺してしまう。プブリウスは即刻捕らえられ、王の前に連行される。王は「不服なら人民集会に提訴するがよい」と言い添えたうえで、二人委員を任命して裁判にあたらせる。二人委員は有罪を言い渡すが、プブリウスは王の進言にしたがって人民委員会に提訴し、放免される。リウィウス『ローマ史』一・二六・九—一二参照。

(141) リウィウス『ローマ史』一・二二・二。

(142) リウィウス『ローマ史』一・一六・四。

最高位の職に到達できないようにしようとしたと、これまたローマ史はわたしたちに語っている[143]。事実、歴史が語っているように[144]きわめて賢明であったルキウス・ユニウス・ブルートゥスは、王たちを追放したあと政体を確立しようとしたとき、それをもともとの〔アリストクラティックな〕形態に復帰させることが必要だとわかって、その措置をとっている。タルクイニウス・スペルブス王のもとで実行された元老院議員たちの殺戮によって大きく減少していた員数を増やすことで元老院身分の強化を図るとともに、王たちにたいする憎悪のあまり、かずかずの王法も廃止してしまったのである。それらの王法のうちには、護民官たちによる仲裁がなされるようになって以来、ローマの自由のもう一つの砦であった、人民への提訴権を認めた法も含まれていた。このため、ブルートゥスの死後、プブリウス・ウァレリウス・プブリコラはこの法を復活させている[145]。そして、貴族たちによって廃止された人民提訴権を人民的自由の時代に入ってからもさらに二度にわたって平民たちに取り戻してやるというのが、人民の友ウァレリウス家の運命であった。二度目は十人委員たちが追放された直後[146]、三度目はローマが創建されてから六五六年後のことであった[147]。しかし、不平不満の若者たちをしてタルクイニウス・スペルブス王を復位させようとする陰謀をめぐらせるにいたらせた法律[148]の厳格さたるや、貴族たちの統治形態に本来的なものであって、そのことを哀れな若者たちは、文献学者たちが想像する自由の時代のさなかにあって、リーダーたちが首をはねられることによっていやというほど味わわされることとなるのだった。実際にも、最も強大な執政官であると同時に最も不幸な父であったブルートゥスは、陰謀計画に加担した二人の息子の首をはねさせ[149]、輝かしくも息子を殺害したことによってかれの家系を閉じるとともに不死へと開いているのである。なぜなら、温和な処罰は、温情的であると拍手喝采されて悦に入っている一頭支配的な王か、自由な国家によってだけ、本来くだされるものだからである。このため、キケロは、ローマの私的な騎士ラビリウスが叛逆罪で裁かれたさい、《行け、先導警吏《リクトル》。両手を縛れ》という処罰のやり方を残酷であるとして批判したのだった。(150) しかし、これは人々が勝利の歓喜に沸き立って

---

(143) リウィウス『ローマ史』八・一二・七。

(144) リウィウス『ローマ史』一・五六・七。ルキウス・ユニウス・ブルートゥスは紀元前五〇九年、第七代ローマ王タルクイニウス・スペルブスを追放して共和政をしき、初代執政官（コンスル）に就任している。「ブルートゥス」は「愚鈍」を意味する。

(145) リウィウス『ローマ史』二・八・一。プブリウス・ウァレリウス・プブリコラはルキウス・ユニウス・ブルートゥスとともに王を追放して初代補充執政官に就任。ブルートゥス死後には後を継いで単独の執政官になっている。人民提訴権にかかわる法を復活させたほか、「王になろうとくわだてる者はいかなる時にも殺害されるべきである」とする法律を制定している。「プブリコラ」は「人民の友」を意味する。

(146) 紀元前四世紀の半ば、貴族と平民からなる新しい十人委員会の選出を要求する声が平民たちからあがったとき、執政官であったルキウス・ウァレリウス・ポプリコラ・ポティトゥスは平民にも人民委員会に提訴する権利を承認する法律を制定させている。リウィウス『ローマ史』三・五三参照。

(147) このたびの主役は執政官マルクス・ウァレリウス・コルウスであった。リウィウス『ローマ史』一〇・九。ただし、それは紀元前三〇〇年、すなわちローマ暦四五三年のことで、ヴィーコが言及している「六五六年」ではなかった。

(148) リウィウス『ローマ史』二・三。

(149) リウィウス『ローマ史』二・五。

(150) キケロ『叛逆罪の犯人ラビリウス弁護』四・一一―一三。

いる最中に、妹が婚約者のクリアティウスの遺骸に涙するのに我慢がならなくて、英雄的な怒りを爆発させたということで裁判にかけられたホラティウスにたいして命じられたのと同じ処罰の方法であった。そしてホラティウスの提訴を受けとった人民も、リウィウスの高貴な言葉遣いによるなら、《裁判の正義によるよりも武勇を愛でて》かれを放免したのだった。[151] それでも、最後にはリウィウス自身、一年任期の執政官制度によってはローマの統治形態はなにひとつ変わらなかったとはっきり書いており、《自由の起源は王の権限がなにほどか縮減されたことよりも執政官の命令権が一年限りとされたことに求められる》と主張している。[152] だから、ブルートゥスが制定した執政官制度は、スパルタの二人王[153]に似た制度、ただし終身ではなく一年任期の制度であった。またキケロは、『法律について』で、ローマ国家をモデルとしたかれの国家で指揮をとる執政官を《一年任期の王》と呼んでいる。[154]

第三六章　ローマの法、統治、歴史の大部分の土台をなす十二表法にかんする真実が発見される

一六一　ついではまた、ロムルスが都市を創建したときに利用したクリエンテーラは、かれがそこで発明したのではなくて、ラティウムのもっと古い氏族から受けとったこと、セルウィウス・トゥリウスが制定した財産登録制度は自由国家に導入されてそこで存続することとなったものとはまったくの別ものであったこ

と、十二表法は万事をこれまで信じられてきたのとはまったく異なった仕方で取り扱っていたことが発見される。ロムルスはクリエンテーラをそこに保護された者たちに開かれた避難所の内部において、その者たちに耕作の束縛を課す法にもとづいて制定したのであり、この法によって被保護民たちは農作業に従事することで生活を維持していたのだった。また、セルウィウス・トゥリウスは最初の農地法を《委付的所有権(155)》と呼ばれた〔債務を負って奴隷状態にある者にかかわる〕縛り(nodo, nexum)の法にもとづいて制定したのであり、クリエンスたちはギリシア人のあいだでヘラクレスの十分の一税と呼ばれていた税負担のもとで、自分たちに割り当てられた田畑の収穫物の一部を主人たちに貢ぐこととなったのだった。最後に、十二表法は《最高の所有権(156)》と人々が呼んでいる所有権、すなわち、国家権力自体の有する厳粛で確定的な所有権の縛りのもとで、平民たちに自費で従軍するという負担を負わせることによって足場を固めていたのだった。そしてこれがのちに平民たちのあいだでの、かくも不幸な不満の種となるのである。

一六二　したがって、十二表法にかかわる諸事万端はすべて、ローマ人の野蛮な太古の闇のなかにあって

(151)　リウィウス『ローマ史』一・二六・一二。
(152)　リウィウス『ローマ史』二・一・七。
(153)　スパルタでは、紀元前二二二年のセッラシアの戦いで共和政ローマに敗北して以来、長らく空位時代が続いたが、紀元前二一九年、アギス朝の最後の王アゲシポリス三世と非王族のリュクルゴスの二人が王位に就くことで、混乱はひとまず収まった。
(154)　キケロ『法律について』三・三・七―八。
(155)　第二巻注(129)を参照。
(156)　「最高の所有権」の原語は〝diritto ottimo〟である。

の不分明な言葉でもって表現されていたため、有名でありながら、これまで理解されてこなかった《束縛を解かれた外国人は絶対的に同一の法を分かちあう（Forti sanati nexso solute idem sirempse ius est）》という項目[157]のうちに含まれていることとなる。この項目は推測にもとづいて「法の平等について」という条項に要約されてきたが、それは文献学者たちの蒐集した何百という不確かな典拠に眩惑されて、それ以外の点ではきわめて博学の解釈者たちが、この項目をローマ市民と、叛逆したあとふたたび服従させられたラティウムの同盟者たち（socii）との平等を意味するものと解釈してきたからであった。しかし、当時はこのうえなくアリストクラティックな厳格さが支配していて、さきに〔七六〕見たように、ローマの平民は市民としての資格を欠如した群衆でしかなかった。それが外国人に市民権を認めるのにふさわしい時代であったとは！[158] 自由がたんに十分な確立を見ていただけでなく、すでに堕落のきざしを見せはじめていた時代、自分の野心的な計画のためにラティウムの同盟者たちに市民権を約束したリウィウス・ドルスス[159]があまりの業務の重さに押し潰されて死に、ローマ人がそれ以前もそれ以後も経験したなかで最も危険な戦争であった同盟市戦争[160]を遺産として残したときのようなである。

一六三　セルウィウス・トゥリウスは、ロムルスのころからいつも主人のために田畑を耕作してきて、ついにそのことに飽き飽きしてしまった平民たちに、財産登録させるという負荷を課したうえで土地を割り当てるよう命じていた。しかし、貴族たちの不満を抑止していたタルクイニウス・スペルブスの死の報せが広まりはじめて間もない〔ローマ暦〕二五六年から、貴族たちは平民に割り当てられていた田畑を少しずつ奪い取っていき、ついには田畑の自然的ないし委付的所有権を有していた者たちは自分の身体で占拠しうる面積分しか恩恵にあずかれないまでになってしまった。こうしてここに農地の配分にともなう縛りをめぐる論争に火が点くこととなった。なぜなら、貴族たちはすでにその縛りを平民たちにたいして貪欲かつ無慈悲に行使していて、平民たちからこれまでかれらに割り当てられていた田畑を奪い取っただけでなく、負債を返済させるために、惨めにも地下での労役に服させていたからである（このため、アッティカの註釈者たちはその農地法をアテナイからやってきた商品だと鵜呑みにしていたことを恥じているのである）。激高した恩知らずの平民が称賛に値する功績をあげたコリオラヌス[161]を亡命に追いこんだことで、火はすこしばかり鎮静

(157) この式文は、フェストゥスが『言葉の意味について』の〝sanates〟の項において伝えている。Cf. *Sexti Pompei Festi De Verborum Significatu quae Supersunt cum Pauli Epitome*, ed. Wallace M. Lindsey (Leipzig, 1913), p. 426, 27–28.

(158) このくだりからは、ヴィーコがフェストゥスの伝える式文にある〝fortis sanates〟をローマに敗北したのちに同盟を結ぶようになった外国人ではなくて、当時はまだ市民としての資格を与えられず、ローマ市民権の対象からは疎遠な存在であった平民たちのことであると受けとっていたことがうかがえる。この点にかんしては、すでにジャック・ゴドフロアも『四つの市民法の源泉』、「第十一表について」においてヴィーコと同様の見解をとっていた。

(159) マルクス・リウィウス・ドルスス（前一三〇ごろ—前九一）は前九一年に護民官に就任し、ラティウムの同盟者たちにもローマ市民権を拡大するなど、一連の改革をおこなおうとしたことで知られる。

(160) 「同盟市戦争（bellum sociale）」というのは、都市国家ローマとそれまで何世紀にもわたって同盟を結んでいたイタリア各地の都市や部族が、ローマ市民権を求め、ローマにたいして蜂起した戦争のことである。ドルススが死去した直後の前九一年に勃発し、前八八年まで続いた。

化した。コリオラヌスは、セルウィウス・トゥリウスの財産登録による自然的所有権授与には満足せずに田畑の市民的所有権を要求していた平民たちを、その要求とは正反対の、ロムルスによって制定された、農作業によってなんとか露命をつなぐだけの状態に戻そうとしていたのだった。これが《平民たちは鍬入れに出かけるがよい》というモットーの意味であって、このために平民たちはコリオラヌスを亡命に追いやったのである。さもないと、ローマの最も高貴な人々がだれもかれも農作業に専念することを誇りにしていた時代に、そのモットーに憤慨するとは、あれほどの忘恩ぶりに加えて——その結果、だれもが知っているように、その後ローマが直面することとなったどの危険にも劣らない大きな危険がコリオラヌスの復讐をつうじて、母親と妹[162]の涙の嘆願によってなだめられることがなかったなら、ローマに襲いかかっていたにちがいないのだった——、これまたなんと愚かにも平民たちはのぼせ上がってしまったことか！

一六四　論争は二六六年〔西暦紀元前四八六年〕に再燃した。その年、スプリウス・カッシウスは、厳粛にして確固とした市民法にのっとって、田畑を平民に割り当てる第二の農地法を発布した。そして、このために、家父長たちの権利を平民たちに拡散させたという理由で、まただれかが言ったように、家父長たちに不敬虔にも負担を要求したという理由で、元老院によって死刑を宣告されたのだった[163]。これはまさしく、タルクイニウス・スペルブスを復位させる陰謀をめぐらせていた若者たちがあんなにも憎悪していた法律の厳格さの一例にほかならない。これらの叛乱はファビウス・マクシムス[164]の送り出した平民の植民によって鎮静化したと世上では信じられている。しかし、スプリウス・カッシウスの農地法と同様、ファビウスの植民も、あとで〔二一六以下〕見るように、グラックス兄弟[165]が貧窮化した平民を豊かにするために実行したことを誇っている、確実で万人周知のローマ時代の植民とは性質を異にしていた。このため、入植者たちは送り出されたが、騒擾は止むことがなかった。

(161) 第二巻注（55）参照。コリオラヌスの人と生涯については、リウィウス『ローマ史』二・三四―四一およびプルタルコス『対比列伝』「コリオラヌス伝」一六―二一によって伝えられている。

(162) 正確には「妻」である。リウィウス『ローマ史』二・四〇参照。

(163) スプリウス・カッシウスは紀元前四八六年執政官に再選されると、平民との宥和を考え、ヘルニキ人と戦って獲得した土地の半分を平民に配分し、残り半分を同盟者のラティウム人に配分することを提案したが、この法案には貴族の意向をうけた同僚執政官のプロクルス・ウェルギニウスが反対し、また平民も土地の半分を同盟者に譲ってしまうことに不満をいだく。そして元老院において死刑を宣告されたという。リウィウス『ローマ史』二・四一参照。

(164) 「クイントゥス・ファビウス・ヴィブラヌス」の誤り。この人物は紀元前四六七年執政官に選出されると、前年獲得したアンティウム（現アンツィオ）の広大な土地にローマの平民たちを入植させる計画を提案し、承認されている。リウィウス『ローマ史』三・一・四―五参照。

(165) ティベリウス・センプロニウス・グラックス（前一六三―前一三三）とガイウス・センプロニウス・グラックス（前一五四―前一二一）の兄弟。兄のティベリウスは紀元前一三三年に護民官に選出されると、土地の所有が大土地所有者に集中して、中小の自営農民の窮乏化を引き起こしている現状を改革しようとして、「戦争初期に徴集された公有地で五〇〇ユゲラ（およそ三一〇エーカー）以上のものを没収する」というセンプロニウス農地法案を提出するが、元老院を中心とする貴族の反対に遭い、再選挙立候補中に暴徒によって殺害されてしまう。そして兄の遺志を継いで十年後の紀元前一二三年護民官に当選し、センプロニウス農地法の復活をくわだてた弟のガイウスも元老院最終勧告によって自殺に追いこまれている。

一六五　一方、よく顧みてみなければならないのは、このような農地法によってかくも多くの騒擾と叛乱が起き、コリオラヌスがローマにかくも深刻な危険をもたらしたのは、ローマがカンピドリオの丘から生まれたばかりの帝国の、数年経っても二十マイルにも達していなかった、きわめて短い国境を一望でき、住民の数を目で見て確認することができ、習俗が単純で質素だった時代であったということである。その後、ローマはイタリアと海外の属州にまで征服地を拡大し、住民の数が途方もなく増大し、その結果、貧者の数も大きくなっていった。そのときになってようやく、住民はなおも贅沢を経験してはいなかったにしても、豪奢を賛嘆するようになった。また、なおも堕落した習俗におちいるにいたってはいなかったにしても、少なくとも華美な習俗に喜びを見出すようになった。このようなわけで、貴族にとって恥と怖れと重荷の源泉であった貧者から都市の負担を軽減し、貧者を属州に入植させて自分の土地をあたえ、もって属州の力の源泉に変えることが必要とされるようになったのだった。しかも、こういったことがグラックス兄弟にいたるまでのほぼ二百年のあいだ起こったというのである！　兄弟がその名を上げたのは、〔セルウィウス・トゥリウスの〕農地法がローマ人の記憶のなかにもはやまったく痕跡すらとどめていなかった時代であるというのにである！　なぜなら、ファビウスの植民計画はセルウィウス・トゥリウスの農地法を踏襲したものであった。そして、グラックス兄弟の農地法の跡を継いでくわだてられたことが知られているさまざまな植民事業からは遠く隔たっており、むしろ、それに先立って、コリオラヌスが復活させようとしていたロムルスが制定したクリエンテーラの跡を継いでくわだてられた植民事業に近かった。この種類の植民事業の性質については のちに〔二二六―二三二〕明らかにされるだろう。こうしてファビウスがそのような時代にあのような植民計画を立てたのは偶然によるものだった。ところが、後の時代の植民の根底に横たわっている観念のもとで、この植民計画によって農地をめぐる抗争が鎮静化されたと信じられるようになったのである。なぜなら、その抗争は十二表法をめぐるものであったこと、そしてそれはファビウスの植民計画によっても終わらなかったことが知られていなかったからである。

一六六　なぜなら、最後に例の有名な外交使節団が法律を背嚢に詰めこんで〔アテナイから〕戻ってきたあとも、元老院と執政官たちは平民に止めをさす意図をもって、護民官たちを虐待し続けた。そこで平民たちは絶望して、ディオニュシオスの言葉を借りるなら、アッピウス・クラウディウスに権限を提供するにいたったからである。[166] これはかれに専制支配の権限を提供すると言うに等しい行為で、実際にもかれは九人のほかの仲間といっしょに専制支配の道へと突き進んでいったのだった。というのも、クラウディウスはとても誇り高い氏族の出身で、つねに最高指揮権を掌握しようという野心に燃えており、つねに平民にとっては有害な存在で、つねに平民の願望に敵対的な態度をとっていたからである〔リウィウスがかれにあたえてい

(166)　ハリカルナッソスのディオニュシオス『古代ローマ史』八・八一・三―四参照。アッピウス・クラウディウス（前三四〇―前二七三）はパトリキであるクラウディウス氏族の出身。紀元前三〇七年と紀元前二九六年に執政官、紀元前二九二年と紀元前二八五年に独裁官になっている。下層階級の支持を得るために、解放奴隷の息子をローマ市民とし、元老院に入れるようにするとか、土地を所有していない者に各種の役職を選出するための投票権を与えるなど、いくつかの政策を打ち出している。

る讃辞とはこのようなものなのだ！）。[167] このようなわけであるから、外交使節団がアテナイから法律を持ち帰ったという話が本当だったのか、それとも平民を逃がさないように監視しておくという決定のほうが本当だったのか、わかろうというものである！

一六七　以上のことから、〔十二表法のうちの〕一つの条項だけが、それも最も理解されていない条項だけが、この抗争における論議の的であった、と結論しなければならない。束縛から自由であった者たち、すなわち貴族と、《束縛を解かれた外国人（fortis sanates）》、すなわち平民とは、契約・束縛の法において対等であるべきである、という条項がそれである。あとで〔一八三、一二七〕見るように、平民は《ローマ人》という名の最初の同盟者であったのであって、同じ束縛をめぐる抗争のなかで、メネリウス・アグリッパ[168]の知恵によって、母市であるローマ市のなかに連れ戻されたのと同じようにして、いったんは叛逆したのち、ふたたび服従するにいたったのだった。したがって、この法律とそれに付属する事項の唯一あるいは少なくとも主要な関心事は、《束縛して所有権の厳粛な移転をおこなう者（Qui nexum faciet mancipiumque）》という有名な条項[169]のなかに含まれている、《アウクトリタース（auctoritas）》と呼ばれる法なのであって、さきに〔八三〕ギリシア人ディオン・カッシオスの判断を聞いたように、これに該当する語はギリシア全体のどこにも存在していないのだった。そして、この法で頻繁に言及されている《アウクトリタース》は、ラティウムの人々が《オプティムム（optimum〔最高の〕）》と呼んでいた、古代ラテン語で《最強のもの》を意味する、厳粛で確定的で市民的な所有権のことにほかならない。だから、もしこの種の所有権をギリシア語に翻訳しなければならないとしたなら、《ディカイオン・アリストン（δίκαιον ἄριστον）》あるいは《ディカイオン・ヘーロイコン

(δίχαιον ἡρωϊκόν)》、すなわち、とりわけスパルタのようなアリストクラティックないし英雄的な国家を名指して言われていた語を採用することになるだろう。

一六八　それゆえ、このようにして作られ名づけられたアウクトリタースによって、ローマ人はかれらのすべてのことがらを――公的なことがらも私的なことがらも、内政も外交も、平時における業務も戦時における業務も――規制していたのだった。

一六九　最初、アリストクラティックな統治形態のもとではその形態にふさわしく、それは所有権(dominium)のアウクトリタースであって、これによって家父長たちはローマの土地全体の主権的な主人となっていた。それから、ロムルスが死去したあとの空位期間中には、王を作るために、家父長たちは平民に《あとで父たちが裁可するなら(deinde patres fierent auctores)》という条件のもとで王を選ばせることに同意した。[170] したがって、平民による選挙は、どちらかといえばいくつかの主題にかんする願望の表明、もしくは指名のようなものであって、成功するためには、平民が裁可がなされることを願って指名した家父長たち自身によって〔元老院で〕提案される必要があった。こうして、いささかローマ人の徳を羨んでいたプルタルコスが女神であ

(167) リウィウス『ローマ史』九・三四・五。
(168) メネリウス・アグリッパ(前四九三没)は、貴族の横暴に憤って聖山に立てこもった平民たちを説得するために派遣され、持ち前の能弁を駆使して、「腹と手足」のたとえ話で平民たちを宥めたことで知られるローマの貴族。リウィウス『ローマ史』二・三二参照。
(169) 十二表法の第六表参照。
(170) リウィウス『ローマ史』一・一七・九参照。

ると想像していたローマのフォルトゥーナ〔幸運〕[171]は、ローマの偉大さの起源にとって必要とされた王たちの選挙のさいに家父長たちが発揮したローマ特有の知恵によるものだったのである。

一七〇　ついで、人民的自由の統治形態が登場したさいにはその形態にふさわしく、それはクイントゥス・プブリリウス・フィロの法律[172]によって導入されて（このためにおそらくかれは《人民的独裁官》と呼ばれたのだろう[173]）、後見（tutela）のアウクトリタースとなった。これをつうじて、元老院は法律を構想して人民にあたえたのである。これが、元老院が法律を命じることのできた唯一の形態だったからである。こうして、家父長たちは《民会の未定の結果の後見人[174]》であった。ローマ帝国の主人たる、まるで生徒のような人民の、後見人だったのだ。

一七一　最後に、君主政体の形態をとるようになったさいにはこれに適合して、それは皇帝たちのもとで諮問（consilium）のアウクトリタースとなった。

一七二　これと同じやり方で、またまさしく同じ順序で、貴族たちはクリエンテーラにかかわる私的なことがらも統制してきた。最初、貴族たちは田畑を主人として保有するなかで平民たちを保護していた。ついでは、《アウクトル・ラウダートゥス（auctor laudatus〔公認の保証人・公証人〕[175]）》として振る舞った。この用語は今日でも商品を売買するさいに用いられている。そして最後には、平民たちの《アウクトル・プルーデンス（auctor prudens〔法賢慮の権威〕）》であった。今日でも法学者たちはそう呼ばれている。

一七三　ローマ人が属州を征服してそこでの業務を管轄するさいにもどのようにしてこの同じアウクトリタースを用いたかは、あとで〔二二六—二三一、三五四—三五八〕述べる。ここでは、私的な分野における法の確実性こそは、平民が願望し、十二表法をつうじて受けとったものであったということを言っておきたい。平民が十二表法の制定を望んだのは王の手[176]の自由を現に進行中の行政上の必要事に制限するためであったというポンポニウスの誤った考え[177]を生じさせたのは、これであった。しかし、実際に必要とされたのは、それまではホラティウスに有罪を宣告する法律を実行するために二人委員を指名するかどうかの決定はトゥッルス王の意志しだいだったため、法律がもはや秘匿された不確かなものではなくて、表のかたちで固定された確実なものになるということであった。それというのも、公的なことがらにおいては、自由国家の期間中もずっと、執政官たちが王の手を保持していた。そして、国家の緊急事態に直面した場合の対策を元老院に付託して、元老院に案件にかかわる法令を議決させたり、人民によって命じられる法律を作成させたりするかどうかは、執政官の意志にかかっていた。実際にも、たしかにカエサルの書簡を元老院で朗読はしたが、カエサルの書簡に含まれている要求に従って討議することを元老院に付託しようとはしなかった執政官たちの王の手から、大きな戦争〔内乱〕は起きたのだった[178]。同じように、私的なことがらにおいても、王の手は法

(171) プルタルコス『倫理論集』四四。第二巻注(102)参照。
(172) 第二巻注(33)参照。
(173) リウィウス『ローマ史』八・一二・一四。
(174) リウィウス『ローマ史』一・一七・九。
(175) 裁決がなされる前の段階で保証人として指名された者をいう。『勅法彙纂』八・四五・七参照。
(176) 「王の手」の原語は〝mano regia, manus regia〟である。国事の最終的決定権を指す。
(177) 『学説彙纂』一・二・二・三参照。

廷において法務官たちが保持していた。このため、法務官たちは《市民法の管理者にして生きた声[179]》であると言われたのだった。法務官が式文によって命じないかぎり、ローマの市民たちは何ごともそれが正義であると身をもって知ることができなかったからである。

第三七章　自由国家と君主政体における人間による統治の永遠の原理

一七四　しかし、ローマの政体についてのこれらの歴史上の発見にかんしては、ローマは世界のほんのちっぽけな一部分でしかなかっただけに、それだけいっそう、その永遠の原理を発見することは重要である。なぜなら、この永遠の原理にもとづいてすべての国家は誕生したのであり、統治し、自己保存を図ってきているからである。多衆が人間の自然本性が平等であることに合致したかたちで平等に正義をもって統治されることを望んでいるというのがそれである。このため、貴族たちが英雄主義によって多衆を満足させていたあいだは、貴族たちからなる身分のもとで英雄主義が持続していた。しかし、英雄たちが純潔な存在から堕落した存在になり、剛毅な存在からのろまな存在になり、公正な存在から貪欲な存在になり、寛大な存在から無慈悲は存在になって、群小の専制君主と化してしまってからは、かれらは自由国家のなかに雲散霧消していった。そして、自由国家のもとでは、英雄主義は人民の集会のなかで結合しなおされて一体となっている――人民集会のなかでは、自由な人民は、アリストテレスがみごとに良き法律の定義として挙げているように、[180] 情熱が空っぽになった知性を用いており（情熱から解き放たれた知性こそは、その言葉本来の完全な意味において、英雄的知性なのである）、[181] そのような知性によって法律が命じるかぎりで自由を維持している——。あるいはまた、かれらは拘束から解き放たれて君主に転じていって、多衆を保護している。そして、英雄主義は君主の人格のうちに（まるで君主だけが臣民よりも優れた本性を有しており、ひいては神以外の存在には服従することがないとでもいうかのように）統合されており、こうして、臣民たちに平等に法律を享受させることによって英雄主義を保持している。

---

(178) カエサル『内乱記』一・一・一。カエサルがガリアで輝かしい武勲をあげた紀元前五〇年ごろ、ローマではそれを妬む政敵たちがカエサルの失脚を画策していた。そしてカエサルのかつての盟友ポンペイウスもカエサルの政敵たちの側に立つにいたっていた。そこでカエサルは元老院へ書簡を送って、自分とポンペイウスの双方がともに軍隊指揮権を放棄することを提案した。ところが、執政官たちは、護民官の強い要請もあって書簡を元老院で朗読はさせたものの審議は認めず、元老院は四九年一月七日、カエサルに軍隊の解体を命じる。これにたいして、カエサルのほうでは元老院最終議決を無視し、軍隊を率いて、一月一〇日、ルビコン川を渡り、ポンペイウスらに宣戦を布告する。こうしてローマは内乱状態に突入していく。

(179) ヴィーコは法務官（praetor）にかんするこの定義を、『われらの時代の学問方法について』から『普遍法』にいたるまで、折あるごとに持ち出しているが、出典は不明。

(180) アリストテレス『政治学』三・一六（一二八七a三二）——「法律とは情熱なき理性である」。

(181) 一七三二年の開講講演「英雄的知性について」〔ジャンバッティスタ・ヴィーコ著、上村忠男訳『自伝』（平凡社、二〇一二年）所収〕参照。

第三八章　諸国民のあいだで不断の一様性をもってつねに進行していく万民の自然法

一七五　その一方で、たとえばローマ法だけでなく、あらゆる法学はそれぞれの国家の法律によって命じられた正義の歴史を知らなければならない。その歴史は政体の多様性に応じて多様であったにちがいない。このため、この人類の法学は諸国民すべてに自然によって一様に命じられた法の歴史を知る必要がある。諸国民は相異なる時代に存在していながらも、それぞれが誕生し増殖していったさいの政体が多様であるなかにあって、恒常不変な自然本性を有しているのである。

第三九章　最初の万民の自然法が神的なものであることの発見

一七六　しかし、神的なものの存在を理性によってではなく力によって判断する迷蒙で獰猛な人間たちは、同じくこの神的な法に従って、思慮分別に欠けるアガメムノンのような人間が罪のない娘イピゲネイアをギリシアの勝利した神々に犠牲として献げたことを正しいと判断するだろう。[182] また、軽信のテセウスがかれの純潔な息子ヒュッポリュトスにあらぬ疑いをかけて呪詛したことを正しく、[183] 神々に聞きいれられると判断するだろう。そして、凶暴で不正な者たちの暴力から自分たちの正義を守るために、自分たちに損害をあたえたと称して殺害したうえで、その者たちを神々に犠牲として献げるのは、なおさら正しいことだと判断するだろう。その者たちは、敵であったことから《ホスティアエ（hostiae）》と呼ばれた。また敗北した者たちであったことから《ウィクティマエ（victimae）》と呼ばれた。こうして、古代ラティウム人のあいだでは、《スップリキウム（supplicium）》という語は《犠牲》と《処罰》の両方を意味していたのだった。

第四〇章　戦争の外的正義の原理

一七七　そして、ここにおいて、――正義の部分が未解明のままであるにもかかわらず――その特性をめぐっての論争が途絶えてしまって久しい決闘の起源が見出される。公的な支配権が確立された今日では禁止されているけれども、法律が制定される以前には決闘は必要とされたのである。だから、侮辱された側が不

(182) 第二巻注（97）参照。
(183) テセウスの子の英雄ヒュッポリュトスは、継母のパイドラから父の寝床で同衾するよう言い寄られるが、それを断る。すると、パイドラはヒュッポリュトスに言い寄られて犯されそうになったとテセウスに告げ口し、この妻の讒言を軽信したテセウスは息子に国外追放を命じたという。オウィディウス『変身物語』一五・四九七―五〇五参照。

正な暴力の証言者としてなんらかの神的存在を呼び出しておこなわれる神明裁判のもとでしか決闘がなされなかった時代に、決闘は誕生したのにちがいなかった。ここではじめてラティウムの民のあいだで《聴きたもれ、ユピテル神よ（Audi, Jupiter）》という式文が考え出されたのであり、それがのちには《聴きたもれ、神聖なる掟よ（Audi, fas）》となったのだった。[184] かれらは《掟・法》を《ユピテル》だと理解していたのである。ここから、この学の主題全体にモットーを提供している《万民の神聖なる掟（Fas gentium）》[185]の祖型が形づくられることとなる。

一七八　公的な戦争が出現し、力の状態が戻ってくると、神による統治も復活する。それとともに、万民の神聖なる掟も復活し、王たちは宣戦布告するさい、自分たちが正義を防衛するために武器をとる必要があったことの証人として神を呼び出す。そして、侵害された万民の法の裁定者および復讐者である神に提訴する。この人間の習俗が持続していたため、ローマ人は長らく戦争を《ドゥエッラ（duella〔決闘〕）》と呼び続けていたのだった。[186] また、最近の野蛮時代〔中世〕には、神の裁きのもとでの社会的浄化という適切なやり方をとっていることを名目にして、北方の諸国民はこれらの私的な戦争をヨーロッパ中にふたたび拡散させていたのである。[187] しかし、もっと重要なことは、戦争の外的正義の原理がその二つの面にわたって発見されたことである。一つは、戦争は神以外に自分より優越する者を認めない国家権力によっておこなわれるべきであるということ、いま一つは、戦争をおこなう場合にはそれに先立って宣戦布告をするべきであるということ、これがそうである。

第四一章　復讐の原理としての最適者の法および宣戦使法の起源

一七九　これらの太古の決闘のうちに、モーセの律法およびアテナイの法とローマの法の註釈者たちがヘブライ人、ギリシア人、ラティウム人のあいだで共通におこなわれていたことを観察している、さきに〔一四二〕述べたように、盗人は殺害してよい、という万民の自然法の共通の原理が見出される。ただし、それにはここでいま考察する適切さの条件が付いていた。すなわち、もしだれかがその日、武器をとって盗人に立ち向かう場合には、その前に《盗人！　盗人！》と叫び声を上げる必要があったのである（これは、ことがらの自然本性からして、いま述べた諸国民およびそれ以外の諸国民すべてに共通の習俗であったにちがいない）。それらの叫び声は収穫物を不敬虔な盗人どもから守るための最初の《神々の呼び出し（obtestationes deorum）[188]》として必要とされたものであって、それがのちに公的な戦争が出現すると、いましがた〔一七八〕明らかにしたように、王や君主たちの宣戦布告へと移行していくのだった。だから、ここに宣戦使によって

(184)　この呼びかけの言葉はヌマ・ポンピリウスによって発せられている。リウィウス『ローマ史』一・三二・六参照。

(185)　本書〔五〕参照。

(186)　第二巻注(108)参照。

(187)　第二巻注(109)参照。

(188)　フェストゥス『言葉の意味について』の〝obtestatio〟の項目（ed. Lindsey, p. 201, 26）を参照。

戦争を布告するという慣行の起源は見出されるのである。宣戦布告を宣戦使たちは自然言語(189)でおこなって、相異なる分節語を話す諸国民のあいだでの意思疎通を図ろうとした。これは万民法に固有の一種の武器の言語であって、英雄たちが盾に彫りこんでいたインプレーサ〔モットー付きの象徴的図案〕、紋章、メダルからなっていたことがつぎの巻で見出される。

一八〇　またここにおいて、復讐の原理が見出される。その原理は、ラティウムの諸氏族の田畑の最高の法に基礎を置いていたのであって、古代の言語では《最強の法》を意味していた。それが《最高の法》と呼ばれたのは、強者が盗人を殺害する力を自分にあたえてくれるよう神々に祈って《神々の援助〔opem deorum〕(190)》を懇願したことに由来する。この語をギリシア語に翻訳するとしたなら、《ディカイオン・ヘーロイコン〔δίκαιον ἡρωϊκόν〕》もしくは《ディカイオン・アリストン〔δίκαιον ἄριστον〕》ほど適切なギリシア語はないだろう。この法にもとづいて、その後、ギリシア人のもとで《アリストクラティックな》と呼ばれ、ラティウム人のもとで《オプティマーテスの》と呼ばれる、最初の英雄国家〔貴族の統治する国家〕は誕生したのだった。

第四二章　義務の起源としての束縛の法および報復と奴隷の祖型

一八一　そのような神聖なる掟のもう一つの主要な側面は、《束縛の》と呼ばれる法であった。これについては、アッティカの註解者たちですらあえてギリシアからローマへ船で運ばれてきたと言おうとはしていない。これはラティウムの人々のあいだで《ネクスス（nexus）》と呼ばれており、あとで〔四六五―四六六〕見るように、ギリシア人の物語〔神話伝説〕的歴史のなかでもそう呼ばれていた。そして、ローマ人のあいだでは、《捕虜》および《奴隷》という意味で十二表法の有名な条項のなかに残ることとなった。《束縛して所有権の厳粛な移転をおこなう者（Qui nexum faciet mancipiumque）》というのがそれであって、債務者を束縛して所有権の移転をおこなうにあたって、債権者はまずもって神々の加護を懇願していたのであり、これこそは最初にして本来の《神々の加護を求めること（implorare deorum fidem）》なのであった。そして《加護》とは《力》の意味であった。そのようなこのうえなく粗野な時代においては、束縛のためには籐でできたロープが必要とされた。なぜなら、そのような束縛のための道具は最初、農作業のための技術以外に技術と呼べるようなものが存在しなかった時代に誕生したからであり、ラティウム人のあいだでは、《ウィース（vis

(189)「自然言語」の原語は〝lingua naturale〟である。アルファベット文字ではなく、象徴的な事物によって形づくられた言語記号を指す。
(190) ウェルギリウス『アエネーイス』一二・七八〇。
(191) 本書〔一六七〕参照。
(192) キケロ『神々の本性について』一・六・一三。そこでは、ローマの喜劇詩人カエキリウス・スタティウス（?―一六八）の『元服仲間』に出てくる「神々よ、全人類よ、すべての若者たちよ。／わたしは汝らに呼びかけ、求め、懇願し、祈り、哀願し、加護を求める」という台詞が引用されている。

〔力〕〕》から《ウィーメン（vimen〔籐〕）》という語が派生して、いまに残ることとなったのである[193]。このロープによって債務者たちは力ずくで引きずられていって、文字どおり田畑に縛りつけられ、そこで働くことで負債を弁済させられていたのだった。この報復の祖型のうちに、国内における私的な収牢から始まって、その後戦争のさいに外国に連れて行かれて奴隷として働かされることへと発展していった義務〔契約による拘束〕の起源が見出されるのである。

第四三章　宗教の面から見た諸国民の最初の法

一八二　最後に、人間のことがらにかんするすべての権利や法は恐るべき残酷な宗教で満ち満ちていたことが見出される。それらは神々にたいする恐怖と武器の力によって防衛を図っていたのだった。こうして、たとえば、避難所の権利は《歓待する神々》と呼ばれ、婚姻にかんする法は《ペナテース〔家〕の神々》、父たち〔祖国〕の有する権力は《サクラ・パトリア（sacra patria）》あるいは《サクラ・パテルナ（sacra paterna）》、土地の所有権は《ディイ・テルミニ（dii termini〔境界石の神々〕）》、家屋の所有権は《ディイ・ラレス（dii lares）》と呼ばれた。そして、埋葬の権利は十二表法で《イウス・デオールム・マニウム（ius deorum manium〔冥界の神々の権利〕）》と規定されることとなった[194]。また、回帰した野蛮時代〔中世〕には、聖人の名を付けた多くの村や城が誕生しており、領主たちの土地には無数の司教管区が設けられている。その時代には、法律が武器の野蛮によって根絶やしにされてしまってなんの手助けにもならず、人々は人間のことがらにかんする自分たちの権利を宗教によって守護していたのだった。宗教だけが唯一かれらに残されていたのである。

第四四章　第二の万民の自然法が英雄的なものであることの発見

一八三　しかしながら、人々が自分たちは神々の血を引いていると信じ、他の者たちを野獣の血を引いているとして軽蔑するときには、かれらは他の者たちを野獣の地位に留めおくだろう。同様に、法学の専門家でこれまで気づいた者はだれひとりとしていなかったが、万民の自然法によって、ローマの主人たちは奴隷をまったく生命をもたない事物の地位に留めおいていたのだった。そして、ローマの法律のなかでは、《ロコー・レールム（loco rerum〔ものの地位に〕）》という表現が用いられるようになったのである。だから、オデュッセウスがかれの友人のうちでも最愛の友人であったアンティノオスにたいして、たったひと言、かれの命令に盲従することをしなかったようにみえる言を吐いたというだけの理由で、その言がかれ自身のための

(193)　セビーリャのイシドルス『ラテン語の起源』一七・七・四八。

(194)　キケロ『法律について』二・九・二二。そこには、十二表法の条項を列挙したなかの一条項として、「冥界（Manes）の神々の権利は神聖でなければならない」とある。

を思ってのことであったにもかかわらず、英雄的な怒りに駆られ、アンティノオスの首をはねてしまおうと思ったとしても、(195)驚かないようにすべきである。また、アイネイアースが神に犠牲として献げるために友人のミーセーヌスを殺したとしても、(196)驚くべきではない。なぜなら、これら英雄の友人たちは、古代諸国民のクリエンスであったことが見出されるからである。この野蛮な民の自然法はいまもノルウェー、スウェーデン、リトアニア、ポーランドに生き残っている。それらの国民のあいだでは、貴族はかれらが殺害する平民の生命にたいしてごくわずかのお金しか支払わないのだ。(197)

第四五章　古代ローマ法はすべて英雄的な法であったことが見出される、およびローマの徳と偉大さの源泉

一八四　この英雄的な法の原理にもとづくなら、古代ローマ史の大部分は道理に適ったものとなる。ローマの貴族《パトリキ》たちは厳粛な婚姻の儀式を挙げることを要求する平民にたいして、平民たちは《野獣のような仕方で交わっている》(198)と言って公然と反対したとのことであるが、この反対の仕方一つをとってみても、当時は英雄的な法の原理が支配していたことがわかるのである。たとえば、聖アウグスティヌスの『神の国』のなかで、サルスティウスはたしかにローマの有徳の時代は第二次と最後のポエニ戦争のときまで続いたと語っているが、しかしまた同書の同じ章で、この時代にも、平民は貴族たちからまるで専制君主のようなやり方

で裸の背中を笞で打たれていたと語っている。[199] こうしてついにはローマ人の背中から笞を遠ざけるポルキウス法が必要となったのだった。[200] また平民たちは高利の海の中で溺れ死んでいた。そこで、高利の負担は、まずは十二表法のある項目のなかで少しばかり緩和され、その後十二分の一法によってさらに軽減された。[201] さらに平民たちは戦時には費用を自分で負担して主人たちに奉仕しなければならなかった。このことについて平民たちは、リウィウスのなかで、《農奴》と呼ばれる〔中世封建時代の〕家臣たちに劣らず、さかんに不平

(195) ホメロス『オデュッセイア』一〇・四三八―四四一。ただし、オデュッセウスを怒りに駆らさせたのはアンティノオスではなくて、エウリュロコスである。

(196) ウェルギリウス『アエネーイス』六・一六〇―一七四。ただし、ミーセーヌスを殺したのはトリトンである。

(197) バッティスティーニによると、ヴィーコはこの情報をジャン・ボダン『国家論』のイタリア語訳（Giovanni Bodino, *I sei libri della Republica*, tradotti…per Lorenzo Conti, Genova, 1588）から得ているという。

(198) リウィウス『ローマ史』四・一・二。第二巻注（25）参照。

(199) アウグスティヌス『神の国』二・一八。サルスティウスの断片はかれの『歴史』一、断片一〇から採られている。

(200) リウィウス『ローマ史』一〇・九・六参照。ポルキウス法は紀元前二〇〇年の少しあと、執政官マルクス・ポルキウス・カト・ケンソリウス（大カト）によって発布された。

(201) リウィウス『ローマ史』七・二七・三およびタキトゥス『年代記』六・一六・二参照。そこには、利子が金持ちの言うままであった時代のあと、紀元前四五一年の十二表法のなかで「利子は十二分の一を越えてはならない」とされ、さらにその後、紀元前三四七年に護民官の提案で二十四分の一にまで軽減されたとある。

を口にしている。[202] そして最後に、負債のために平民たちは、ずっとあとになって人民の蜂起が起こり、ポエテリウス法によって主人が平民たちを解放することを余儀なくされるまでは、主人の私牢の中に埋めこまれていたのである。[203]

一八五　これらすべてのことからして、――サルスティウスが語っているローマの徳は、わたしたちがアキレウスをつうじて証明したように〔五二一―五三〕、強者は弱者と種類を異にすると信じられた、自然本性上の相違にもとづく、英雄的な徳であると理解しないとしたなら――人々がこんなにも自尊心が高いところにどんな徳が存在するというのだろうか。人々がこんなにも残忍なところにどんな慈悲の心が存在するというのだろうか。人々がこんなにも貪欲なところにどんな質実さが存在するというのだろうか。こんなにも不平等が蔓延しているところにどんなローマ的正義が存在するというのだろうか。またその一方で、どのような愚かな太っ腹ぶりを見せて、ローマの平民が貴族と同じようなやり方で婚姻の儀式を挙げることを要求し、最低層の奴隷としてあつかわれていた悲惨このうえない人間たちが執政官職や支配権、祭司職や神官位を狙うことができたというのだろうか。最後に、もろもろの願望のなんと邪道なことよ！　今日のわたしたちの目からすれば、人々はまず富を求め、それから栄誉と官職を求め、最後に高貴さを求めるというのが、自然なあり方だろう。ところが、ローマの平民ときたら、まず貴族がおこなっているような厳粛な儀式を挙げての婚姻によって高貴さを求め、ついで執政官職や祭司職に就くことによる栄誉を求め、ずっとあとになってから、グラックス兄弟になって、人民的自由を保証する農地法によって平民が豊かになることを願っているのである！　確実なローマ史にすら見出されるこれらのことがらは、ギリシアの神話伝説自体にもまして信じられない物語であるようにみえる。というのも、前者についてはなにを言おうとしていたのか、これまでわからないできたが、後者については語っていることがらがまったくの虚偽であることをわたしたちの人間本性に照らしてわかっているからである。ポリュビオスの省察も、プルタルコスの『倫理学論集』も、マキャヴェッリのローマ史論も、それらローマのことがらを真実らしくみえるものにしようとはまったく考えてこなかったのだった。[204]

一八六　だから、以下の原理によってのみ、解決の望みを絶たれてしまったこれらの難点を解決することができるのである。すなわち、平民たちは英雄的な束縛ないし私牢の法から自分たちの身体を解放するために、貴族たちが十二表法で自分たちだけのものに閉ざしていた英雄的な鳥卜の法を自分たちにも分かちあたえてくれるよう望んでいた、というのがそれである。しかし、そのすべてに貴族たちのおこなう鳥卜がついてまわっていた厳粛な儀式を挙げておこなわれる婚姻、執政官職、祭司職もかれらに分かちあたえられないかぎり、かれらの望みに到達することは不可能なのであった。束縛を解いたポエテリウス法とともに《自由は興った(aliud initium libertatis extitit)》という、これまであまりにも多くの混乱を招いてきたリウィウスの言[205]

(202) リウィウス『ローマ史』三・六六・三ほか。

(203) キケロ『国家について』二・三四およびリウィウス『ローマ史』八・二八・九参照。ポエテリウス法は紀元前三二六年、執政官ガイウス・ポエテリウス・リボ・ウィソルスとルキウス・パピリウス・クルソールによって発布された。これによって、支払い不能の債務者はもはや債権者の奴隷になることはないとされた。

(204) 第二巻注(102)参照。

は、この点から理解されるべきである。

一八七　なぜなら、ローマの建国からポエテリウス法の通過まで、ローマ人のあいだでは、四一九年間[206]にわたって英雄法が支配していたからである。ロムルスがクリエンテーラにもとづいてローマを建設して以来、まずは平民の幾度かの蜂起があった結果、セルウィウス・トゥリウスによって財産登録と貢納という負荷のもとでかれらに田畑の自然的所有権が認められた。ついで、平民たちのさらに大規模な動乱があって――これについてはハリカルナッソスのディオニュシオスのうちにいくつかの重要な断片が保存されている[207]――、十人委員会によって田畑の私的な最高の所有権がもろもろの付属物とともに平民たちに認められた。その後、婚姻、執政官職、祭司職を平民にも共有させるよう求める英雄的な抗争があった結果、公的な英雄法にかかわることがら――それらはすべて公的な鳥卜のうちに存していた――が平民たちに認められた。そして、祭司職が開放された結果、法律――当時は法律の大部分が宗教にかかわる項目でなっていた――についての知識も平民に共有されることとなった。こうして、法律を公に教授した最初の人物は平民出身のティベリウス・コルンカニウス[208]であり、かれはまた平民で最初の最高神祇官でもあった。〔ローマ暦〕四一六年〔西暦紀元前三三九年〕、独裁官フィロの法律[209]によって、財産調査官も平民に共有されることとなった。また、――この法律の第二の部分で、さきに〔一七〇〕明らかにしたように、元老院のアウクトリタースは今後後見にかかわることがらに限定されるとされて、統治形態が貴族主導の形態から人民的な形態に変化したのに合わせて――第三の部分では、平民会議の決定の性質も変化し、平民が多数を占める部族別集会において、ローマ人民は元老院のアウクトリタースを必要とすることなしに政治の絶対的主人として命令をくだすことができるようになった。《平民会議の決定はすべてのクイリーテース〔ローマ市民〕を拘束する（plebiscita omnes quirites tenerent）》と定められたからである[210]（ところが、《クイリーテース》という語がここではその語のもつ本来の意味すべてにおいて使われていることに気づかなかったため、ローマの批評家たちはこの法律によってローマの統治形態全体が変化したことを見落としてしまった）。だから、家父長たちが、外国で同じ年にかずかずの目覚ましい勝利をもたらした戦争によって獲得した以上のものをこの法律によって国内で平時に失ってしまった、と不平を言っていたのはもっともなことであった。この法律によって、平民会議の決定を百人会（そこでは所有財産をつうじて貴族が数の上で平民よりも勝っていた）で貴族たちが命じる法律によって廃止することはできない、と定められたからである（《クイリーテース》という語を〔くだんの批評家たちのように〕集会の外のローマ人を指すと受けとるのは、ローマの立法者はいうにおよばず、ラテン語

(205) リウィウス『ローマ史』八・二八・一。ただし、正確には、リウィウスのテクストでは〝aliud initium libertatis factum est〟となっている。

(206) ヴィーコによると、ポエテリウス法が発布されたのはローマ暦四一九年、すなわち、西暦紀元前三三四年であるという。しかし、実際には紀元前三二六年であったというのが通説になっている。

(207) ハリカルナッソスのディオニュシオス『古代ローマ史』八・七六、八・八一。

(208) ティベリウス・コルンカニウスは紀元前二八〇年に執政官に選出された平民出身の政治家。紀元前二五四年には平民で最初の最高神祇官に選出されている。

(209) 第二巻注（33）および第二巻注（172）参照。

(210) 実際にも、プブリリウス法は、平民集会での決定は百人会（comitia centuriata）での決定と同じ効力を有すると定めていた。

を学び始めたばかりの今日の子どもですら、けっして犯してはならない誤りである。ラテン語では、《クイリーテース》が〔《クイリース》という〕単数形で使われることはけっしてなかったのである）。それから三年後、ポエテリウス法によって、ついに英雄的な束縛の法は完全に解かれてしまった。こうして人民的な自由が興ること（これが〔リウィウスの言にある〕《エクシステレ（existere〔存在する〕）》という語[211]の真の意味である）が可能となった。ロムルスがかれの都市をクリエンテーラによって確立したさいの基礎となった束縛が完全に解かれるためには、これだけのことが必要だったのだ！

一八八　このようなわけで、ローマの平民はまず、ロムルスの束縛のもとで、かれの避難所で救われた生命のために戦ったのだった。それから、セルウィウス・トゥリウスの束縛のもとで、財産登録によって田畑の自然的所有権とともに所有していた自然的自由のために戦った。この自由は奴隷制をつうじて奪い去られようとしていた。そこで、生命と自然的自由のためにじつに粘り強い戦いを展開したのである。しかし、平民はついに、十二表法の束縛のもとで——十二表法では、家父長たちは平民に田畑の最高の所有権を認める一方で、公的な鳥卜をおこなう権利は自分たちの身分のうちに閉ざしていた——、政治的な自由とじつに高邁な目的のために戦うにいたった。というのも、国内でのこれらの英雄的な抗争によって熱く燃えあがった平民は、国外でも戦争に狩り出されたさいにかずかずの英雄的な軍功をあげることに努めて、リウィウスによると護民官ルキウス・セクスティウスがそのことで家父長たちを面罵したしたことがあったという[212]、かれらの独占している婚姻、執政官、祭司の権利に平民も与《あずか》るにふさわしいことを家父長たちに承認させようとしたからである。英雄的な抗争はすべて法的な権利〔正義〕をめぐってのものであって、平民は貴族たち自身が公的に宣言することによって、また貴族たちの法律そのものによって、その権利を獲得したいと願っていたのだった。このため、そうした英雄的抗争をつうじて、国内におけるローマの徳と国外におけるローマの偉大さは増大していった。そして、この点では、グラックス兄弟のもとで起きた抗争とは正反対であった。後者の場合には、それは権力をめぐっての抗争であって、自由はまず党派争いとなって火が点き、ついでは騒擾となって燃えあがり、最後には内乱となって灰燼に帰してしまった。

一八九　だから、ローマの幸福が真の頂点に達したのは、国内で政治的な自由が達成されるとともに、ポエニ戦争での勝利をつうじてすべての海の支配権が獲得され、国外で世界支配のための基礎が据えられた時代であった。それ以前の全期間、元老院は、平民を貧しいまま国内に保持しておくために、戦争での敗者にたいしては寛大で慈悲深く、さらには公正で、かれらから武器の主権を奪い去ることによって危害を加える自由を奪った以外にはなにも奪わなかった。こうして、十二表法は、平民に私的な最高の権利を開放するとともに公的な権利は貴族のあいだだけに閉ざしておくことによって、ローマの徳全体、およびこれによるローマの偉大さの源泉なのであった。ここから、キケロが十二表法というたった一冊の小冊子をギリシアの哲学者たちの万巻の書物を優に凌いでいると述べたのがたんに自己満足のためだったのか、それとも、その

(211)　本書〔一八六〕参照。

(212)　リウィウス『ローマ史』六・三六・一一―三七。護民官ルキウス・セクスティウスは紀元前三六七年、平民にも執政官になることを認める法案をガイウス・リキニウスと共同で提出し、翌年には、みずから平民として最初の執政官に選出されている。

価値を真に評価してのことだったのか[213]、明らかなはずだろう。
一九〇　ここまで論じてきたことから、ブルートゥスからポエテリウス法までのローマの自由がどんなものであったのか、オランダに見られるような貴族からの平民の人民的な自由であったのか、それとも、ヴェネツィア、ジェノヴァ、ルッカに見られるような主人たちの自由、すなわち、王の領有権からの貴族たちの自由であったのかが明確に認識される。

第四六章　最後の万民の自然法が人間的なものであることの発見

一九一　数学的証明においては、6が4に余り2を足した数であり、10から4を引いた余りの数であるというのが数による比例であって、これによって交換的正義が利益を調整する。また、1が3に該当するように、4が12に該当するというのが大きさによる比例であって、これによって配分的正義が尊厳・価値を分配する（これら二つの真理においては、ポリュペモスとピュタゴラス、途方もなく巨大で粗暴な穴居人と最高の人文的教養を身につけたアテナイ人は、意見を同じくするのではないだろうか）。だから、ここまで述べてきたことの結果として、反対に、人間たちは理性的な自然本性を有していることにおいて平等であり、これが人間の本来的にして真実の自然本性であって、すべての時代およびすべての国民のものであってしかるべきであると理解している者たちは、人間たちは同じ種に属しているのだから、互いのあいだで利益の権利を平等に分かちあうべきだとする、人間たちの永遠にして本来的な法を、弱者は法律〔のもとでの平等〕を求めており、強者は平等になることを欲していないという省察にもとづいて評価しなければならない。これがウルピアヌスの時代に流通していた人類の法なのであって、かれはそれを定義しようとしたとき、重々しくも《ユース・ゲンティーウム・フーマーナールム（ius gentium humanarum）》と呼んでいるのである。(214)

第四七章　キリスト教の真理の証明。これはそのままにまたグローティウス、セルデン、プーフェンドルフの三つの体系の批判でもある

一九二　異教諸国民の自然法がこのように多様であることは、キリスト教が真理であることの不撓不屈の証明をみずからのうちに分かちがたく携えている。なぜなら、あとで〔一九三〕示すように、たしかにギリシア人のあいだでどこからどこまでも迷信と残酷さだけからなる自然法が支配していた時代（すなわちギリシアの暗闇時代）、そして神の民がホメロスの言語よりもはるかに崇高な詩的言語を語っていた時代に、神はモーセに、ギリシアのこのうえなく文明の開化した時代においてもプラトンのような哲学者でも理解しておらず、アリステイデス(215)のような政治家でも実践していなかったほど、神性の教義について尊厳性を具備

(213)　本書〔八五〕参照。

(214)　第二巻注（13）参照。

し、公正さの実践について人間性の充満した律法をあたえたからである。この律法によって、神はエジプトでの隷従生活のなかで少しばかり堕落していたかれの民をアダムの原初の自然的な習俗にもとづいて制定しなおしたのだった。この律法の定める十の最高の戒律には啓蒙された人間の自然本性についての最善の観念にもとづく永遠にして普遍的な正義がふくまれていて、最良の哲学者たちの格率ですら理屈によっては形成することが容易ではない賢者を習俗によって形成するのである。このために、テオプラストスはヘブライ人を《生まれながらの哲学者》と呼んだのだった。[216]

一九三　こうして摂理は異教徒たちの諸事万般が彼女の永遠の取り計らいに規制されて奉仕するようになることを許可したのだった。ポリュペモスたちのキュクロプス的な法からパピニアヌスのこのうえなく人道的なローマ法が出現するためには、長い歳月の経過とともに、このように習俗が変化していくことが必要とされたというのが、それである。パピニアヌスの『事物の分割について』[217]には、実体の最高の類にかんするプラトン主義者たちの形而上学の永遠の諸原理が確認される。その永遠の諸原理とは、事物は物体的であるか非物体的であるかのいずれかであり、物体的なものは感覚に服従し、感覚によって触れられるのにたいして、非物体的なものは理解の行為にかかわるものであって、法学者たちが言うように、《法の理解のうちに存する（in intellectu iuris consistunt）》というものである。また、プラトン主義者たちは、理性に不可分割という永遠の特性をあてがっているが、この特性は物体の特性ではまったくありえない。なぜなら、延長を生み出す物体の第一の特性は部分に分割することができるということだからである。こうして、さきに〔七一〕述べたように、プラトン哲学だけが最晩年のローマ法学と合致するのである。アルノルト・フィンネン[218]が永遠の夜のなかに葬り去ってしまって、からかい、あざ笑っている、権利と法はプラトン的なイデアであるということを見通していた点で、神の摂理はかくも称賛されてしかるべきなのである。

一九四　しかし、ローマ法のいとも著名な解釈者であるフィンネンを後にして、普遍法の第一級の法学者であるグローティウス、セルデン、プーフェンドルフに立ち戻ろう。かれらは三人とも、哲学者たちの自然法についてのかれらの体系にもとづいて、世界が始まって以来、万民の自然法はたえず習俗の一様性をともないながら経過してきたと主張している。しかし、さきに〔八六〕証明したように、かれらがこのように論じる必要があったのは、皇帝のもとでのローマ法をモーセの律法と比較対照したルフィヌスを受け入れるためだった。このことをつうじて、かれらはキリスト教政府がローマ法によってどのようにして首尾よく統治

(215)　第二巻注(54)参照。公正で知られる。

(216)　テオプラストス（前三七一―前二八七）はギリシアのレスボス島生まれの哲学者。アリストテレスの友人で、逍遙学派の主要人物の一人。アリストテレスの次にリュケイオンの学頭をつとめた。ここでヴィーコが引いているテオプラストスの言については、カエサリアのエウセビオス『福音の備え』九・一二参照。そこには、ヘブライ人についてのテオプラストスのこの定義に言及したポルピュリオス『節制論』の一節が引用されている。

(217)　実際にはパピニアヌスが『学説彙纂』五・三・五〇で遺産訴訟について書いていることからの自由引用である。

(218)　アルノルト・フィンネン Arnold Vinnen（一五八八―一六五七）はオランダの法学者。一六四六年に出た『法学提要註解』*In quatuor libros «Institutionum» imperialium commentarius academicus et forensis* のなかで、遺産のような触知しうるものがプラトン的な抽象的イデアといったいどんな関係があるのか、と皮肉たっぷりに問うている。

をおこなってきたか、またキリスト教神学が十一世紀まではプラトン哲学によって、それ以後はプラトン哲学と一致するかぎりでのアリストテレスの哲学によってどのようにしてうまく事を運んできたかを説明することができたのだった。

[第四八章] 時代の気風をつうじて変化する人類の法学という観念

一九五 このような異教人類の法の道徳、政治、歴史の上に同様の人類の法学が――それを三つの時代の気風㉑⑨をつうじて配分する諸原理とともに――建立される。これら三つの時代の気風はこれまで学者たちがかくも力をこめてあつかってきたローマ法学に固有の気風であって、哲学者たちの流派よりもはるかにわたしたちの主題にふさわしい。

第四八[四九]章 迷信的な時代の気風の法学

一九六 迷信的な時代の法学を確立する原理は以下のとおりである。すなわち、無知で粗野な人間たちはひとたび恐るべき迷信によって地面に打ち倒されると、その恐怖を引き起こしたことどもに――魔術をおこなう者たちについて語られているように——凝りに凝った儀式を挙げることによって対処する。もしかれらが〔恐怖を引き起こした原因がなんであるのか〕いっさい説明できない状態に置かれている場合には、とくにそうである。さきに〔四二〕証明したように、世界大洪水後さほど時が経過していない時代に異教諸国民すべてが置かれていた状態がそうであった。

一九七　したがって、そのような時代の気風と合致して、太古の法学者たちは全員が祭司であり、神聖な祭典を挙げることによって訴件を処理していたにちがいないのだった。このことの二つのじつにみごとな痕跡が十二表法のうちに残っている。一つは「盗みについて」の項目で、そこでは《アゲーレ（agere）》すなわち《訴訟を起こす》を指して《オーラーレ・フルティ（orare furti）》という表現が用いられている。もう一つは「法廷への召喚について」の項目で、そこでは——ユストゥス・リプシウス[220]のテクストによると——《エクスキペレ（excipere）》すなわち《自己弁護する》を指して《オーラーレ・パクティ（orare pacti）》という表現が用いられている。これらの祭司たちは、罪人に刑を申し渡す裁判官であったにちがいない。そして、このことについては、タキトゥスのもとに黄金の場所が存在する。[221]その場所でかれが観察しているところに

(219)「時代の気風（sètte de'tempi）」については第一巻注(17)を参照。「哲学者たちの流派（sètte de'filosofi）」と対比して使われていることに注意されたい。

(220) ユストゥス・リプシウス Justus Lipsius（一五四七—一六〇六）はフラマン人の人文主義的文献学者。ヴィーコが参照しているのは、『王法および十人委員会法研究集成』*Leges regiae et leges decemvirales studiose collectae*, in: *Opera omnia*（Antuerpiae, 1637), IV, p. 281である。

よると、古代ゲルマニア人のあいだには、祭司たちにだけ、罪を犯した者を縛って、笞で打ったりそれ以外の罰を加えたりすることが許される、という慣わしがあったという。しかも、それらの処罰をかれらは自分たちの神々の面前で、武器に囲まれたなかで加えていたという。こうして、処罰に先立って罪人自身の浄化・神々への奉献がおこなわれていたのである。そして、これらの浄化・神々への奉献の多くはその後十二表法のうちにも取りこまれている。不敬虔な息子は《父たちの神々に奉献される》[222]とか、夜に穀物を盗む者は《ケレス〔豊作の女神〕に奉献される》[223]とか、護民官に危害を加えた者は《ユピテルに奉献される》[224]といった例がそれである。ラティウム人のこれらの《浄化・神々への奉献》はギリシア人の《呪いの言葉》に該当するものであったことが見出されるのであって、ギリシア人もかれらの神殿の上に——神々に奉献するかのようにして——それらの呪いの言葉を書き記していたのだった。これは古代諸国民すべてによって実践されていた一種の破門であった。なかでもガリア人の場合についてはユリウス・カエサルが詳細な報告をおこなっている。[225]ラティウムの諸氏族のあいだでおこなわれていて、最後にはローマ人のあいだで生き残ることとなった水火の禁[226]も、同じ種類の慣行であった。

第四九〔五〇〕章　古代諸国民すべてに一様に存在した法律の秘密が発見される

一九八　ここで、古代諸国民すべての宗教に弘まっていた秘密の法律の起源が見出される。それらは神聖なものであったので、アッシリアのカルデア人やペルシアのゾロアスター教の僧侶やエジプトとゲルマニアの神官やガリアのドルイド教の司祭など、祭司たちからなる身分のもとで守護されていた。しかも、どの宗教のもとでも、神聖な（sacra）、つまりは秘匿された（secrata）文献でもって守護されていたのである。このために、ポンポニウスの言によると、ローマ法の知識は十二表法が制定されてから百年後までは貴族《パトリキ》だけで構成されていた神官団の内部に封印されていたとのことであるが、[227] これは当初は自然によるものであって、欺瞞によるものではなかった。祭司職が平民に開放されるまでにはこれだけの時間の経過を要したのだった。

第五〇［五一］章　法律は欺瞞から生まれたものではなかったことの証明

一九九　この法学のなかでは、諸国民の最初の世界の人間にかんする法律はすべて、神にかんすることが

（221）タキトゥス『ゲルマニア』七。
（222）フェストゥス『言葉の意味について』の〝plorare〟の項（ed. Lindsey, p. 260, 7―11）を参照。
（223）プリニウス『博物誌』一八・三・一二。
（224）リウィウス『ローマ史』三・五五・七。
（225）カエサル『ガリア戦記』六・一三。
（226）キケロ『自分の家について』三〇・七八。
（227）『学説彙纂』一・二・二・六。

らの相のもとで眺められており、こうしてまた真実であると見なされていた。これが諸国民の幼児期の単純さに似つかわしいことなのであった。また、物は実際の使用によって、すなわち、定住した土地で長期間にわたって本当にそれらの物体とともにいたことによって獲得されたので、使用取得ないし時効取得がすべての国民のもとで主権を正当化する最初の様式であったとともにその後も主要な様式であり続けた。それがローマ市民に特有のものであったとは、なんと真実からかけ離れていることか！　この誤った意見がこれまでこの学説について書いてきたすべての著作家を攪乱してきたのだった。さらに物は実際の使用以外に、本物の《手》によって、本当の力によって、獲得された。これが所有権の移転および《手で獲得された》といわれる物つまりは戦利品の原理なのであって、これによってそれらの最高ないし最強の所有権が獲得されていたのである。また、実際の使用と本物の手による所有以外に、債務者を実際に束縛することによって債務の契約がなされていた。このために、《ウィンクティ（vincti）》すなわち国内における債務を負った者たちを指す語から、国外における《ウィクティ（victi）》すなわち戦争のなかで奴隷として捕縛された者たちを指す語がやってきたのである。

二〇〇　こうして、この時代の万民の自然法はけっして擬制を許容しなかったというのが真実であることが見出される。そして、このことは、法律は欺瞞から生まれた考案物ではなくて、寛大な真理の娘であったことの重大な証拠を提供する。

第五一［五二］章　英雄的な時代の気風の法学。そこにローマ人の合法的行為の起源が見出される

二〇一　人間による統治形態――その最初の統治形態は英雄的な統治形態であったが――は、政治的な支配権である都市の公的な権力は家族の並存状態における主権者であった家父長たちの私的な権力でもって構成されるという原理にもとづいて生起した（こうしてこれらの私的な権力は政治的な支配権によって終焉を迎え、嘘偽りなく政治的な支配権の一部になっていった）。しかし、ことがらの自然本性からして習俗は一挙にすっかり変化することはないというようにできている。とくに粗野で野生的な人間たちの習俗はそうである。そこで、〔迷信的な時代の法学に続いてやってきた〕英雄的な法学はおのずともろもろの擬制の創出に全力を傾注するようになった。古代のローマ法学は、手と束縛を擬制することから始まって、これらの擬制に満ち満ちている。なかでも、手と束縛の擬制はその後、十二表法の有名な《契約・束縛と財産の厳粛な譲渡をおこなう者（qui nexum faciet mancipiumque）》にかんする条項[228]へと移行していった。また、この二つの擬制から都市への政治的な所有権移転が生じたのであって、この都市への政治的な所有権移転は古代ローマ人がローマ法を適用するさいにとっていた合法的行為全体の源泉であることが見出されるのである。このような

(228) 十二表法第六表。第二巻注（5）参照。

わけで、ローマ法は他の古代諸国民すべてにも一様に存在した習俗からなっていたというのに、それがアテナイからローマにやってくる必要があったとは！

第五二［五三］章　古代人の厳格な法学の起源

二〇二　上述の原理にわたしたちはもう一つの原理を付け加える。迷信的で創意工夫の才能が不足している人間たちは契約、法律、とりわけ誓約で用いられている言葉を最大限遵守するというのがそれである。諸国民がかれらの使える言葉に乏しいか、いまだ大量の転義語〔隠喩〕を欠いているために言葉を本来の意味において発しているような時代においてはとくにそうである。このために、かれらは言葉を〔文字で書き記されているとおりに〕遵守しなければならないのである。よしんば、そのことによって、意図する利益が得られなくなるだけでなく、重大な損害や不幸がおとずれる羽目になろうともである〔アガメムノンにも似た軽率な者たちに哀れな犠牲の誓いを立てたために起きているようにである〕。そして、かれらはそのことをかれらの正義であると評価することとなるのである〔実際にも、この最も不幸な王にして父親であったアガメムノンは、みずから進んでその正義を満足させたのだった〕。このような意見をもっているかれらは、確実で限定された言葉の式文でもって、できうるかぎり自分を守ろうとするだろう。こうして、擬制された手と擬制された束縛は、言葉の厳粛な式文と結合して、おのずとラティウムの諸氏族、そしてより広範囲にわたって英雄的諸氏族すべての習俗のなかに入りこんでいった。そして最後に、ローマ人のもとで、十二表法の《契約・束縛と財産の厳粛な譲渡をおこなう者が、それを口頭で宣言したときには、それらは法となる〔Qui nexum faciet mancipiumque, uti lingua nuncupassit, ita ius est〕》という有名な条項において法文化されるにいたったのである。そして、アンクス・マルキウス〔正しくはタルクイニウス・プリスクス〕はコッラーティア人の降伏のさい、英雄時代に執り行われていたすべての降伏の式文形式を、リウィウスのうちに読むことのできるような約定と債務の免除にかかわる厳粛な式文のかたちで案出したのだった。[229] この時代には約定を明文化することはローマ市民にとってかくも似つかわしいことであったため、万民の自然法の大半の業務は約定の明文化に集中していたほどであったのだ！　このため、最初の野蛮時代の歴史においても、最近の野蛮時代〔中世〕の歴史においても、降伏のさいに取り結ばれた契約がこのうえなく厳密に言葉どおりに遵守されたことによって、しばしば、勝者が幸いにも失望させられるか、敗者が哀れにも嘲笑されているのである。

一〇三　古代の野蛮時代の英雄的法学の手本としてホメロスはオイディプスをギリシアの民に提示している。オイディプスは、いつも、かれの言葉の有している本来的な正しさを保持しながらも、かれがかれのために提起した利益を追求しうるようなやり方によって、語り、約束し、誓っているというのである。この慣行は早くもギリシアの神的統治の時代から始まったことが見出される。なぜなら、このオイディプス的な見識によって、そしてそれ以外の何ものによってでもなく、ヘラはゼウスに自分はポセイドンにトロイア軍に

(229) リウィウス『ローマ史』一・三八・一―二。

たいして嵐を起こすようそのかしたことなどないと誓い〔実際には眠りの神《ヒュプノス》を介してそそのかしておきながらである〕、こうして誓いの証人にして弁護者であるゼウスを欺いたのであった。[230] だから、古代ローマの法学者たちの評判はすべてかれらの有名な《カウェーレ（cavere）》〔訴訟でだれかを法的に援助するために予防的文書を作成すること〕の能力があるかいなかにかかっていたのと同じように、回帰してきた野蛮時代〔中世〕においても、学者たちの声価はすべて《予防的保全策》を考案しうるかいなかにかかっていたのだった。その大部分はいまでは笑い種でしかないが。

第五三［五四］章　十二表法がスパルタからやってきたと信じられた動機の発見

二〇四　そのような法学は人間を処罰するにあたってきわめて残酷であったことが見出される。たとえば、破産した債務者は生きたまま粉々に切り刻まれて肉片の一部が債権者にあたえられるといった、その後十二表法に取りいれられることとなった処罰法[231]がそれである。これは神的統治の時代におこなわれていたまさにキュクロプス的な処罰法である。さらに悪いことには、それはかれら自身の孫の身体にたいして実行されたのだった。ヒュッポリュトスの場合がそれであって、ヒュッポリュトスはポセイドンが驚かせた自分の馬に引きずられ、みじめにも粉々にされてしまったのである。[232] この処罰は、最初は国内で、言葉を破った者たちにたいして実施されていた。それから国外で、同盟協定を守らなかった王たちにたいして実施されるようになった。ロムルスがアルバの王ティトゥス・タティウスを二台の四頭立て馬車に縛りつけ、正反対の方向に走らせて、体をばらばらに引き裂いて殺させたのが、その一例である。(233)

二〇五　このような英雄的法学は、解釈の厳格さと処罰の残酷さから見て、野生そのままであるような諸国民に似つかわしいものであった。このため、スパルタの法律はすでにきわめて人道的になっていたアテナイ人に恐怖を呼び起こし、プラトン(234)とアリストテレス(235)によって批判されることとなったのだったが、それはわたしたちが別の著作(236)でわたしたちに知られている諸国家のうちで最も光り輝く英雄的国家の名前をとって《スパルタ的法学》と呼んだものであった。しかし、太古のローマ人がギリシア人を知るようになったとき、スパルタの法律が十二表法の法律と類似しているのに気づいて、十二表法はスパルタからローマにやってきたと信じる動機をあたえることとなった。実際には、十二表法に記されている法律はラティウムの英雄

(230)　ホメロス『イーリアス』一五・三六―四四および一四・三五四―三六〇。

(231)　ゲリウス『アッティカの夜』二〇・一・九。

(232)　オウィディウス『変身物語』一五・五〇六―五二九。

(233)　ここでヴィーコは、リウィウスが『ローマ史』一・一四・二で語っているタティウス殺害事件（この事件にかんしてはロムルスは無実であった）と、同じくリウィウスが『ローマ史』一・二八・一〇で語っているトゥルス・ホステリウスがメッティウス・フフェトゥスをこのように残酷で二度と繰り返されることのなかった仕方で殺害した事件を合成している。

(234)　プラトン『法律』一・六（六三〇D）および一・七（六三三A―C）。

(235)　アリストテレス『政治学』二・九（一二七一b）。

(236)　『普遍法』第一巻『普遍法の単一の原理と単一の目的』一八一。

的氏族のあいだでおこなわれていたまったく土着の習俗でしかなかったにもかかわらずである。

第五四［五五］章　人間的な時代の気風の法学および最後のローマ人の温和な法学の原理

二〇六　しかし、識別力のある、そして識別力があるために生まれながらに人間的な人々は、言葉からではなく事物そのものから、約束を守り、法律に従い、真実にして正しい推論によって規制された利益に従って誓いを履行する。ここに法律の［自然的な］衡平の原理、すなわち、最後のローマ人の温和な法学の原理が見出される。そして新しいローマ法学者たちがしばしば自分たちの時代の気風と呼んでいるものが確定される。かれらはその時代の気風のなかで自然的衡平に疑念がある訴件を人間的な万民の自然法に従って決定していたのである。これは法務官《プラエトル》の発布する布告の解釈に全力を傾注していた新しい法学の原理であって、法務官たちは十二表法の欠陥を補い、厳格さを自然的衡平に従って修正することに専念していたのだった。この自然法をウルピアヌスは自然的衡平の観点から定義しようとする。そして実際にも定義して、重々しくも《人間的な種族の自然法》と呼んでいる。(231) このようなわけで、英雄的な法学がポエテリウス法にいたるまでのローマの英雄的な統治の時代に十二表法にもとづいて執行されていたように、ポエニ戦争後全面的に展開された自由がおとずれて始まったローマの人間的な統治の時代には、別の著作でわたしたちに知られている古代で最も人間的な国家の名前をとって《アテナイ的法学》と呼んだ法学[238]が執行されることとなったのだった。

第五五［五六］章　十二表法がアテナイからやってきたと信じられた動機の発見

二〇七　自由がローマで支配するようになった時代、すなわち、グラックス兄弟以後の時代に遵守されたこの種の法学は、アテナイ人の文明にあまりにもみごとに対応したものであったため、真実は正反対であったにもかかわらず、ローマ人に、十二表法はアテナイからローマにやってきたと信じさせることとなった。そして、この見解はその後も残り続けたが、それはこの最後の種類の法学がその後も長らく、それも多くは人間的な統治のいま一つの種類であるローマの君主たちの君主政〔帝政〕のもとで存続したからであった。だから、十二表法がギリシアからローマにやってきたというこの伝説は、クーレーテスがギリシアからアジア、クレタ島を経由してサトゥルニアあるいはイタリアにやってきたという伝説に類似している。またこの伝説が露呈している一貫性の欠如は、ホメロスの祖国をめぐって諸説があり、一貫性が見られないのに似て

（237）第二巻注（13）参照。一八七。
（238）『普遍法』第一巻『普遍法の単一の原理と単一の目的』

いる。ギリシアの民はそれぞれがホメロスの詩篇のなかで自分たちの地方の土着の言葉が話されているのを確認しているのである。そしてホメロスの詩篇は《諸国民にかんしてのあらゆる場所でのあらゆること(quicquid usquam gentium)》の集成であるというタキトゥスの判断[239]は、世界中の賢者たちの教義をクロトンに持ち帰ったというピュタゴラスの旅に似ている。

第五六［五七］章　歴史の真の構成要素の発見

二〇八　しかし、十二表法以上に重みのある証拠によって、もし諸民族の古代の法律の歴史をもつことができたなら、諸国民の古代の事績の歴史をもつことになるだろうということを証明しているものはない。なぜなら、人々の自然本性的なあり方からかれらの習俗は出てくるのであり、習俗から諸国民の統治形態が、統治形態から法律が、法律から政治的な流儀が、政治的な流儀から恒常的な公的事績が出てくるのである。そして、法学者たちが根拠の不確かか疑わしい事実を法律の確実さに還元するさいに利用しているような確かな批判術によって事に当たらなければならない。だから、歴史の真の構成要素は、文明のこの新しい学をつうじて発見される、人類の道徳、政治、法そして法学の諸原理であるように思われる。これらの諸原理に導かれて諸国民の普遍史はかれらの生誕、前進、停止、衰退、終焉を語るのである。しかし、諸国民が始まった確かな時代と確かな場所を確定するためには、年代学と地理学という、歴史のこれまで使われてきたような二つの目ではまったく助けにならない。

第五七［五八］章　天文学の新しい歴史的原理

二〇九　なぜなら、すべての文献学者たちが認めているように、ギリシア人はたしかにかれらの神々を惑星に、英雄たちを恒星にまで高めあげた。これをギリシア人はカルデア人が星辰に固定したオリエントの神々がギリシアに移されたあとでおこなったのだった。しかし、このことが起きたのはホメロスの時代のあとのことであって、ホメロスの時代には、ギリシアの神々はオリュンポス山よりも高いところには住んでいなかった。したがって、神々を惑星に、英雄たちを恒星に据えつけるといった、はなはだしくも不適切な事態がアッシリア人にもギリシア人にも共通に起こりえたというのは、視覚の誤りによるとしか考えられない。目には惑星は恒星よりも大きくて高いところにあるように見える。ところが、天文学的に証明された尺

(239)　ホメロスについては、タキトゥスは『同時代史』五・二・三と『雄弁家についての対話』一二・五の二回しか名を挙げておらず、そのいずれにもヴィーコが言っているような述言は出てこない。またタキトゥスの『現存著作集』*Opera quae extant*（アムステルダム、一六七二年）に収録されているタキトゥスの多くの註釈者たちも、ヴィーコが言っているような定式には触れていない。

度によれば、惑星は恒星よりも途轍もなく小さくて低いところにあるのである。

二一〇　ひいては、深遠な知恵すべてのうちでも最初の知恵の起源について省察してみるとよい。その知恵は、実はカルデア人の通俗的な天文学であったことが見出される。カルデア人はたしかにわたしたちの世界の最初の賢者であった。そして、そのかれらの通俗的な天文学は粗雑にも、夜に落ちていく流星を観察することによる神占の行為とともに始まった。かれらは流星の軌道と天界での発生場所から神のものと信じた警告を受けとって、人間にかんすることどもを予言していたのである。ついでは、かれらの広大無辺の平原によって機会をあたえられて、しばしば長時間におよぶ夜の観察によって、惑星の運動を、そして最後には恒星の運動を観察し、ついには深遠な天文学を見出すにいたった。この天文学の第一人者がゾロアスターであった。かれは《星》を意味するペルシア語の《アステル（aster）》と、サミュエル・ボシャールがヘブライ語の《ソブル（sobur）》に由来するとしている、[240]《観察する》を意味する《ゾル（zor）》から、そう呼ばれた。したがって、《ゾロアスター》というのは《星辰の観察者》のことであった。しかし、アジアには多くのゾロアスターがいた。第一番目はカルデア人ないしアッシリア人のゾロアスター、第二番目はニノスの同時代人であるバクトリア人のゾロアスター、第三番目はメディア人とも言われたペルシア人のゾロアスター、第四番目はエル・アルメニア人と言われたパンピリア人のゾロアスター、第五番目はキュロスとクロエススの時代のプロコネシア人のゾロアスター。[241]ゾロアスターがゼウスやヘラクレスと同じほど多数存在したことは文献学者たちを驚かせている。しかし、この事実は、ゾロアスターはアジア人にとってかれらの国民の創建者すべてを指す［共通の］名前であったのであり（このことによって、カルデア人というのは個々の哲学者のことであったのか、それとも家族全体のことであったのか、あるいは賢者たちからなる身分または宗派のことであったのか、国民のことであったのか、という文献学者たちを悩ませている重大な疑問は解消される)、またオリエント人にとって《カルデア人》という語は《博学な人》を指す語として残ることとなった、と信じる理由をわたしたちにあたえてくれる。それらの言い伝えはすべてが真実であったことが見出されるのだ。なぜなら、カルデア人というのは、当初は——腸卜占師の一族がカエサルの時代までエトルリア〔トスカーナ地方〕に存在したのと同じように——通俗的な魔術によって占い師の一族を創建した個々の人間であった。その一族がその後、団結して、都市の統治身分を構成するようになった。そして、そのうちの一つがアッシリアで他の諸民族を支配する国民にまで増殖して、カルデア人の血統からなる最初のアッシリア王国が建設され、《博学な人》を指すのに《カルデア人》と呼ぶ言い方が残ることとなったのだった。これはわたしたちに近い野蛮時代〔中世〕に《学問を修めた人》を指すのに《パドヴァ人》という言い方がされたのと同じである。[242]

(240) ボシャール『聖なる地誌』、三〇六欄。

(241) ヴィーコが参照しているのはトマス・スタンレー Thomas Stanley（一六二五—一六七八）の『哲学大系の歴史』*History of Philosophical Systems*（一六五五—一六六二年）のラテン語訳である。Cf. *Historia philosophiae*, trad. Jean Le Clerc (Lipsiae, 1711), pp. 1111–1114.

(242) 典拠不明。

第五八〔五九〕章　暗闇時代および物語〔神話伝説〕時代についての悟性的推理にもとづく年代学という観念

二二一　しかし、このことは諸国民が通俗的な天文学から深遠な天文学にいたるまでに経過したきわめて長い期間を確定するための確実な時間を見出す望みを絶たせてしまう。このことからのみ、年代学に確実性はあたえられるのである。このため、時代の気風と諸国民の習俗の確かな始まりにもとづいて導かれていく、人間が生きていくうえで必要ないし有益なことがらの系を手立てとして、暗闇に包まれていたり物語〔神話伝説〕的であったりすることどもの時代をわたしたちの人間の知性の内部に見つけ出しにおもむかなければならない。一般には諸国の自然状態、そして特殊にはそれらの諸国すべてがそこから派生したメソポタミアとの関連で諸国民が占めている位置から、そしてまた同じ諸国民の習俗に応じた統治形態から出発して、いつそれらが始まったにちがいないかを確定し、最近発見されたばかりの現存する諸国民にまでわたしたちを連れていく必要がある。たとえば、シナ〔中国〕は建国以来四千年が経つ（それ以前までさかのぼることはないとしても）が、現在でも分節語が乏しくて三百語を超えることはなく、いまだに象形文字で書いている。それは峻険な山々と長大な壁[243]に囲まれていて、外国にみずからを閉ざしたままできたからにちがいない。――その一方で、三千年ほど前に建国された日本国の人々はいまも獰猛な種族であるが、語り方はラテン語の語り方にとてもよく似ている[244]――。また、アメリカ人は建国以来千五百年になるが、かれらが発見された時点でも、なおも家族の並存状態にあって、恐ろしい宗教によって統治されていた。アメリカの南端には巨人たちからなる国民が千年前から存在しているが、このことはヨーロッパの北方から、そしてたぶんグリーンランドから、男たちが女たちといっしょに嵐で運ばれてきたことを立証していると言われている。(245)

(243) 「長大な壁」とは「万里の長城」のことをいう。万里の長城についてはマルコ・ポーロ（一二五四―一三二四）の『東方見聞録』には出てこないが、イタリアのイエズス会宣教師マルティーノ・マルティーニ Martino Martini（一六一四―一六六一）の『シナ新地図』*Novus Atlas sinensis*（アムステルダム、一六五五年）に紹介がある。そしてその後、同じくイエズス会士のダニエッロ・バルトリ Daniello Bartoli（一六〇八―一六八五）が『シナ』*Cina*（ローマ、一六六三年）のなかで詳しく描写している。Cf. Bruno Basile, "Bartoli, Martino Martini e il mito della «grande muraglia» cinese," *Lettere italiane*, XXXV（1983）, n. 4, pp. 517-525.

(244) Cf. Fausto Nicolini, "Un parallelo vichiano tra il Giappone e Roma antica," *Bollettino dell'Archivio Storico del Banco di Napoli*, III（1957）, pp. 777—782.

(245) パタゴニアの住人が極北地域からやってきたという説はフランスのイエズス会士ジョゼフ＝フランソワ・ラフィトー Joseph-François Lafiteau（一六八一―一七四六）によって『原始時代の習俗と比較したアメリカの未開人の習俗』*Moeurs des sauvages amìriquains comparìes aux mouers des premiers temps*（パリ、一七二四年）のなかで立てられている。この情報をヴィーコは又聞きで得たと思われる。

第五九［六〇］章　新しい種類のアナクロニズムおよびそれらを修正する新しい原理の発見

二一二　つぎに、ギリシア人のあいだで暗闇時代と物語〔神話伝説〕時代から確実な歴史時代へ事態がどのように進展していったのかを発見するにあたっては、年代記作家たちがかくも仔細に描写している暗闇時代と物語〔神話伝説〕時代のギリシアの王たちの継承関係はまったく助けにならない。なぜなら、トゥキュディデスもかれの『歴史』の冒頭で注意をうながしているように、(246)ギリシアの最初の時代には王国はどれもこれも不安定そのもので、王たちは毎日のようにつぎからつぎへと王座から追放されていたからである。これはヨーロッパ諸国民の最近の野蛮時代〔中世〕についての報告のなかでも容易に出会うことになる王と王国の慣例である。このように疑わしい点が多々あるために、物語〔神話伝説〕のしでかしているアナクロニズムを修正するための確実な自然的原理を敷設しておくことにする。そのアナクロニズムには五つの種類がある。

二一三　第一は、事件が異なった時点で起きていながら同じ時点で起きたかのように語られてきたことによるアナクロニズムである。たとえば、オルペウスはギリシア国民の創建者でありながら、同時にイアソンといっしょにポントス遠征に出かけ、(247)そこでヘレネの兄弟のカストルとポリュケウデス(248)と合流している。そしてそのヘレネがパリスに掠奪されたのが原因でトロイア戦争が起きているのだった。このように、同一人物の生涯のあいだに、ギリシア人は、オルペウスが見出した野生的で未開の存在から、かくも多くの有名な海戦をおこなう、トロイア人のような国民の栄誉と輝きを獲得するにいたっているのである。しかし、このような事件の組み合わせは、人間の知性にはまったく理解不可能なことである。

二二四　アナクロニズムの第二の種類は、事件が同じ時点で起きていながら互いに遠く離れた時点で起きたものとして報告されていることによるものである。たとえば、エーゲ海の最初の海賊ミノスがアテナイ人に毎年若者と乙女たちをかれのミノタウロスに喰らわせるために差し出すという残酷な罰を科す五百年前に、ゼウスはエウロペを掠奪している。(249) もっとも、なかには、ミノタウロスはミノスの海賊船であって、これに乗ってクレタ人は多島海を荒らし回っていたのだと主張してきた者もいた。その多島海は、別の著作(250)で発見しておいたように、そこに浮かぶ島々には多くの洞窟があったことからして、最初の迷宮だったのである。これらの相異なる神話のいずれもがギリシアの海賊の歴史なのだが、しかし、海賊行為というのは、トゥキュディデスがかれのギリシア人について公然と確言しているように、(251) 諸国民は海にたいする長期間におよぶ恐怖からまずは内陸部で建設されたあとでしか、起きなかったのである。また、造船と航海術は諸国

(246)　トゥキュディデス『歴史』一・五・一。

(247)　シケリアのディオドロス『歴史叢書』四・二五、ヒュギーヌス『神話集』一六四。

(248)　ヒュギーヌス『神話集』七七。

(249)　オウィディウス『変身物語』七・四五六—四七四、四九〇—五〇〇、八・六—一〇、七・八三六—八七五。

(250)　『普遍法』第二巻『法律家の一貫性』第二部「文献学の一貫性」二九・九。

(251)　トゥキュディデス『歴史』一・七、一・八・三。

民の考案物のなかでも最後の考案物であったのだ。

二一五　第三の種類は、その時点では事件で満ち満ちていたのに事件がないかのように語られることによるものである。たとえば、ギリシアの暗闇時代のなかでは、あとで〔四〇九—四四一〕見るように、ギリシア人がかれらの神々についての物語全体および英雄たちについての物語の多くの部分のなかで保存している政治的ないし社会的なギリシア史はすべて鋳なおされなければならないのである。なぜなら、文献学者流の想起の力によってではなく、哲学者流の理解の力によって、その時代の歴史について省察してみるなら、ギリシアでかずかずの王国が建設され、王朝の系譜が記述され、戦争をつうじて王国があるものから別のものへ移り変わっていくさまが描写されたあとで、オルペウスが登場して、かれの竪琴でギリシアの未開の人々を馴致し、ギリシア国民を創建するのを見て、たしかにだれもが驚かされるにちがいないからである。

二一六　第四は、その時点では事件はなにもなかったにちがいないのに事件に満ち満ちていたかのように語られることによるものである。たとえば、年代学者たちによるとギリシア人のもとで二百年続いたとされる英雄時代は、ギリシア国民の創建者であるオルペウスがトロイア戦争の同時代人であったという、いま指摘した難点を回避するためには、五百年続いたことにしなければならないか、そのうちの三百年は暗闇時代に返還しなければならない。

二一七　第五の、そして最後の種類は、俗に《時代錯誤》という意味で《アナクロニズム》と言われているものである。

二一八　ここでわたしたちは大氏族の十二柱の神々を歴史の十二の画期ないし固定点として設定する。これらの神々は、のちに〔四一一―四四一〕こころみられるある一つの自然神統記(252)によって確定されるだろう。そして、これらの画期によって、ギリシアの太古の社会的なことどもにそれぞれの時間が割り当てられるだろう。それらの社会的なことどもは、たしかに、戦争にかかわることどもよりも前に生まれたにちがいないのだった。

第六〇［六一］章　地理学の新しい歴史的原理

二一九　ドニ・ペトー(253)やスカリージェロ(254)のような学者たちが比肩しうる者のない博学ぶりを発揮して作りあげてきた通常の年代学がわたしたちの普遍史の計画にとってなんら資するところがないのと同様に、現在広く流通している地理学もわたしたちには使いものにならない。なぜなら、人々は一般に新しくて未知のこ

(252)「ある一つの自然神統記」の原語は〝una teogonia naturale〟である。

(253) ドニ・ペトー Denis Petau（一五八三―一六五二）はオルレアンのイエズス会士。『時間論』*Opus de doctrina temporum*（一六二七年）の著者。

(254) スカリージェロ Giuseppe Giusto Scaligero, Joseph Justus Scaliger（一五四〇―一六〇九）はイタリア出身のフランスの古典文献学者。『時間の修正について』*Opus de emendatione temporum*（一五八三年）で年代学に革命を起こしたと評価されている。

とがらについては自分たちが知っていて使い慣れている観念と言葉でもって判断し説明するように、諸国民も総じて人間の知性のこの特性によって同様のことをしていたにちがいないからである。

二三〇　ラティウムの人々の話からは、当初ラッィオとイタリアは現在よりもはるかに短い境界の内部に収まっていたのが、その後、ラティウムとイタリアの法がしだいに展開していったのにつれて、現在のような広がりの境界にまで拡大していったことが確実にわかる。同じことはティレニア海についても起きている（この件については別の著作で書いたこと[255]を修正させていただく）。ティレニア海は当初、トスカーナの湿地帯だけを指していたにちがいないのが、その後ローマ人は、リウィウスが描写しているように[256]、アルプス山脈の付け根、今日のプロヴァンス地方のニースから、今日メッシーナ海峡と呼ばれているシチリアの海峡までをこの名で呼ぶようになり、そのまま地理学で用いられるところとなったのだった。これと同じように、古代の異教諸国民についてわたしたちが知っていることのすべてをそこから得ているギリシア人も、かれらとそれ以外の諸国民のあいだに通訳もいなければなんらの言語的交流もなかった最初の時代には、自分たちがもともと有していた土着の観念と言葉を用いて外国のことどもについて論じていたにちがいないのである。こうして、世界の多くの場所のあいだに類似点が見つかると、それらをかれらのギリシアにおいてそれらに類似するギリシアの地名でもって名指ししていたにちがいないのだった。

二三一　ここで、わたしたちは地理学の新しい歴史的諸原理を発見しに赴いて、これらの諸原理によってホメロスをその学のなかでこれまでかれが犯しているとして不当にも非難されてきた多くの誤りから守るとともに、詩人たち［の自然本性］に見合った宇宙誌にもとづく詩的地理学がよりいっそう合理的なものになるようにしなければならない。最初のオリュンポスはその頂上や背面に神々の住まいがあるとホメロスがつねに記している山であった。最初の大洋は見たかぎりでは無際限の海のことであった。このため、夜は海の上にはいつも北極星が見えるのである。この星のことをギリシア人はホメロスの時代にはすでにギリシアの海岸を船で渡り歩いていたフェニキア人から学んだにちがいないのだった。そしてホメロスがアイオリスの島を大洋に取り囲まれていると描写しているように、[257]《大洋》という語が地球全体を包みこむ海を指すのにふさわしい語となったのは、何千年もあとになってわたしたちヨーロッパの航海者たちがそうした海を発見したときだったのである。同様に、最初のトラキア、最初のモーリタニア、最初のインド、最初のイスパニアは、ギリシアの北部、南部、東部、西部なのだった。このため、トラキアのオルペウスも有名なギリシアの英雄なのであり、反対に、同じく有名なギリシアの英雄であるペルセウスは輝かしい戦功のすべてをモーリタニア、すなわちペロポネソス半島で挙げているのであって、ペロポネソス半島についてはこれをモレアと呼ぶ言い方がいまも残っている。ところが、ヘロドトスはこれらの英雄たちがギリシア人であったことを知らなかったばかりか、アフリカのムーア人もかつては色が白くて美しかったと語っているのだ。[258]

二三三　このギリシアのモーリタニアにアトラス山はあったにちがいなかった。のちに縮めてアトスと言われるようになったその山[259]はマケドニアとトラキアのあいだに位置していて、ペルシアの王クセルクセスが

---

(255)『普遍法』第二巻『法律家の一貫性』第二部『文献学の一貫性』一六・八。

(256)リウィウス『ローマ史』五・三三・七。

(257)ホメロス『オデュッセイア』一〇・三―四。

のちに〔ギリシア遠征のさい〕そこに運河を掘っている。[260] またトラキアにはギリシア人が現在もアトラス川と呼んでいる川が存在した。[261] アトラス山はその高さから天空を支えているように見えたため、まるで幼児のようなギリシアの人々から《天空の柱》と呼ばれた。そして、天空は柱によって支えられているという、このような世界のとらえ方はホメロスにまで伝わっていたのだった。[262] それはちょうど、ムハンマドが、かれの時代のアラビア人の考え方が粗野そのものであったことから、トルコ人にそうと信じこませようとしたのと同じであった。[263] このため、ホメロスの時代には、天界の最も高い部分はオリュンポス山の頂上であって、その頂上にかれの神々は住んでおり、そのような柱に支えられた尾根の上を歩き回っていたとかれは語っているのである。こうしてまた、同じくホメロスは、あるとき、テティスはアキレウスに、ゼウスは他の神々といっしょにオリュンポス山からアトラス山に宴会に出かけた、と語らせているのである。[264] ついでは、ギリシア人は、後年アビラとカルペという二つの高い山のあいだにジブラルタル海峡があるのを見たとき、ギリシアの世界のなかでアッティカがペロポネソス半島から似たような――クセルクセスが運河を掘ることができたアトス山がそびえ立っている地面の隆起部ほどではなかったとしても――小さな海峡によって切り離されていたのと同じように、ヨーロッパが小さな海峡によってアフリカから切り離されているのを観察した。そして、これらの地形の類似性にもとづいて、次巻で〔三〇三―三八九〕一般的なかたちで証明するように、おのずとかれらの観念とかれらの言葉を拡張していって、イスパニアをアッティカのヘスペリアから《ヘスペリア》と名づけ、アフリカの一部を今日ではモレアとも呼ばれているギリシアのモーリタニアから《モーリタニア》と名づけたのだった。またアビラ山とカルペ山はアトラスの《二つの柱》と呼ばれていたにちがいない。これはのちに《ヘラクレスの柱》と呼ばれるようになったが、それはヘラクレスがアトラスの後を継いで、天空を支える、すなわち、いま〔二二三〕説明するように、〔これまでそうと信じられていたのとは〕別の種類の神占によって宗教を支える、という重荷を背負うこととなったからだった。

二二三　それというのも、このギリシアのモーリタニアには、ギリシア民族の最初の建設者でギリシア人の通俗的天文学の第一人者であった人物が住んでいたにちがいないからである。事実、たしかにペロポネソス半島の首都スパルタの民選執政官たちは、夜流星の軌道を観察して、それにもとづいて占いを立てていたのだった（ゾロアスター教徒たちがオリエント諸民族におこなっていたのと同じようにである）。また、アトラスにはギリシアに娘たち、すなわちヘスペリスたちしかいなかったので、かれが肩に背負っていたオ

(258)　ヘロドトス『歴史』七・六九・一。ただし、そこには、エティオピア人は、戦いに臨むときには体の半分に石膏を塗るとあるだけで、皮膚の色が白かったとの記述はない。三・一〇一・二では、エティオピア人の皮膚の色は黒かったとある。

(259)　アトス山はギリシア北東部・エーゲ海に突き出したアトス半島の先端にそびえる標高二〇三三メートルの山で、「ギリシアのモーリタニア」、すなわちペロポネソス半島にはない。

(260)　ヘロドトス『歴史』七・二二―二三。

(261)　ヘロドトス『歴史』四・四九・一。

(262)　ホメロス『オデュッセイア』一・五二―五四。

(263)　イタリアのオリエント学者ルドヴィーコ・マッラッチ Ludovico Marracci（一六一二―一七〇〇）の『ラテン語訳コーラン』*Alcorani textus universus in Latinum translatus; appositis unicuique capiti notis, et refutatione* (Patavii, 1698), p. 621を参照。

(264)　ホメロス『イーリアス』一・四二三―四二四。

リュンポス山の重荷をヘラクレスに後継者として背負わせることにしたのだった。[265]ところが、ヘラクレスはギリシアの比肩しうる者のいない最大の英雄であり、かれの種族は疑いもなくスパルタに君臨していたにもかかわらず、かれよりも古い者たちからなるなんらかの深遠な知恵の学派を永続させてきた神話学者たちから、わたしたちはかれについての満足のいく説明をいまだ受けとってはいないのである。しかし、スパルタの民選執政官たちのおこなっていたような種類の占いは、オリエントのなんらかの植民がペロポネソス半島にやってきたと信じさせるに十分なだけの重大な動機をわたしたちに提供する。ペロポネソスという名前そのものがたしかにプリュギアのペロプス[266]に由来しているのであり、そのプリュギアからの入植民はオリエント諸国民に特有の占い術をたずさえてやってきたのだった。というのも、他のギリシア人はすべて、雷光と雷鳴によって神の意思を占っていたからである。そしてこの点ではラティウム人と、右側と左側とが反対になっているという一点以外は異なるところがなかったのだった。このようなわけで、ヘラクレスの血をひくスパルタの貴族たちは《ヘラクレイデス》という父称を名乗っているのであるが、そのヘラクレスはアトラスの後を継いで、かれらの国民の神々を支えるという重荷を背負うこととなったのだった。しかし、そのスパルタからは深遠な天文学者が一人も出ていない。それは、だれもが知っているように、スパルタ人はリュクルゴスによって文字を習得することを禁じられていたからなのである。[267]こうして、ゾロアスター――それはペロプスの生地プリュギアと隣接するパンフィリアのゾロアスターだったにちがいないのだが――は、アトラスをかれのトラキアの自宅で教えにやってきたのである。だから、オルペウスはアトラスから天文学を学ぶためにわざわざモロッコまで出かける必要はなかったのだ。

二三四　これらの同じ諸原理によって、バッコスがギリシア自体の内部にあるインドをおとなしくさせた(268)というようなことがありうるのである。いやむしろ、そうであらねばならないのである。さきに〔三五―三六〕述べたように、ピュタゴラスがセルウィウス・トゥリウスの時代に、それもローマ人がイタリアにいることなどタレントゥム人が知らなかったなかで、クロトンからローマにやってくるというようなことがありえたのを見て、わたしたちは理解に窮している。こうして、ヘラクレスは、ギリシアのヘスペリアから黄金の林檎を持ち帰るのであって、ヘスペリアはギリシア人にとって最初はアッティカの西部であったにちがいないのだった。そしてその空から宵の明星《ヘスペルス》〔金星〕は昇ってきたのである。それがその後、ギリシア人がイタリアの存在を知るようになると、かれらはイタリアを《エスペリア・パルウァ（Esperia parva〔小ヘスペリア〕）》と対比して《エスペリア・マグナ（Esperia magna〔大ヘスペリア〕）》と呼ぶようになったのであり（なぜなら、アッティカの西部はギリシアのちっぽけな一部だったからである）、《イタリア》を指して《エスペリ

(265) アポロドロス『ギリシア神話』二・五・一一。ヴィーコは、ヘラクレスがヘスペリスたちからアトラスの背負っている山の上にあった黄金の林檎をとってきたということにまつわる神話を、ヘラクレスがオリュンポス山を肩に背負うことによって英雄に典型的な敬神の気持ちを表明した、という意味に解釈している。

(266) 「ペロプス」はギリシア神話に登場する英雄。リュディアおよびプリュギアの王タンタロスの息子。

(267) 第二巻注（62）参照。

(268) エウリピデス『バッコスの信女たち』一三。この神話は詩人でもあったイタリアの医師フランチェスコ・レーディ Francesco Redi（一六二六―一六九七）の『トスカーナのバッコス』*Bacco in Toscana*（一六八五年）によって十七世紀まで存続していた。

ア・マグナ》と呼ぶ言い方は詩人たちのもとで残ることとなったのだった[269]。さらにその後、スペインの存在を知るようになってからは、スペインを《エスペリア・ウルティマ（Esperia ultima〔最も遠いヘスペリア〕）》と呼び、この言い方は今日も残ることとなった。同じようにして、最初のヨーロッパはアジアと対比したギリシアであったにちがいないのである。こうしてまた、最初のイオニアは西ギリシアの今日でもイオニア海という言い方が残っている部分だったにちがいなく、いまは《小アジア》と呼ばれているアジアは、形容詞なしに《アジア》という言い方が残ることとなった大アジアと対比して、ギリシアの西部に位置する第二のイオニアであったにちがいないのである。ここから、たぶんギリシア人はアジアよりも前にイタリアを知っていたのであり、ピュタゴラスはこの西イオニアから海を渡ってイタリアにやってきたのだろうという推測が出てくる。

第六一［六二］章　諸国民の増殖の一大原理が発見される

二三五　年代学と地理学のこれらの諸原理によって、諸国民の増殖とかれらの諸言語の起源についての不分明このうえない一大原理についての省察がなされる。この主題についてはヴォルフガング・ラツィウス[270]が二巻からなる大著のなかで詳説しているが、歴史の確実な起源とその後の連続性について新しい確実なことをなにひとつわたしたちに提供してくれていない。しかしながら、言葉は事物のあとに続いて進行していくのであるから、わたしたちは言語の起源については次巻で論じることにする。そして、この巻では、諸国民の増殖について、人間の自然本性にもとづいて省察されたつぎの四つの真理をつうじて論じる。人々が自分の土地を捨てるにいたるのは、人間にとって必要ないし有益なことがらの以下のような順序に従って継起する四つの原因のうちの一つからなのである。第一には、自分たちの生命を救済することの絶対的な必要性、第二には、自分たちの生命を維持していくうえでの乗りこえがたい困難、第三には、外国との貿易で巨万の富を築いてやろうという大いなる貪欲さ、第四には、獲得したものを蓄えておこうという大いなる野心がそれである。

(269) ウェルギリウス『アエネーイス』一・五六九および七・四。

(270) ヴォルフガング・ラツィウス Wolfgang Lazius（一五一四―一五六五）はドイツの人文主義者。ここでヴィーコが言及しているのは『民族移動について』*De aliquot gentium migrationibus, sedibus fixis, reliquiis, linguarumque initiis et immutationibus ac dialectis*（一五五七年）である。

第六二［六三］章　植民の原理とローマ法、ラティウム法、イタリア法の原理、そして属州の原理が発見される

二三六　都市の創建者たちは、そこに収容された者たちにたいして、おまえたちが避難所にしている土地は自分たちの所有物なのだと主張するさいに権威を拠りどころとしていた。そして、その権威をつうじて、ロムルスは英雄的な束縛の法にもとづいてクリエンテーラとともにかれの都市を建設したのであり、さきに〔一六一―一六二〕証明しておいたように、ローマ人は国内で公的ならびに私的な万事を統制していたのであって、ついでは、外国でも征服したさいに同じく公的ならびに私的な万事を統制していたにちがいないのだった。しかし、その権威の自然本性はこれまで十二表法のなかに知られないままに横たわっていた。そのため、ローマ人がどのように諸国に増殖・伝播していったのか、またローマ法がどのようにラティウム、イタリア、属州に広まっていったのかは（この万民の法をつうじてローマ人は諸国民の主人になったとプルタルコスは主張しているのであるが(27)）、長いあいだ、わたしたちには隠されたままであった。こうしてまた、人類がオリエントから世界の残余の部分へ増殖していったことの真実を発見するための確実な歴史のことどもの松明も隠されたままになっていた。その真実はじつに嘆かわしいことにもこれまで古代の闇と物語〔神話伝説〕の内部に横たわったままになってきたのだった。

二三七　このため、ローマ人は最初、最初の時代の凶暴さに似つかわしく、自分たちが征服した近隣の諸

都市を破壊しつくし、支配下に置いた人々をローマに引き連れて帰って、平民の階級に組み入れた。この間の事情はリウィウスが《ローマはアルバ市の取り壊しによって増大した》と述べたさいによく感知していたとおりである。(272) このようなわけで、たとえばアルバ市は《プロペ・ウィークタ(prope victa〔近くの被征服都市〕)》(273)だったのであり、アルバ人はローマの最初の同盟者の列に加えられることとなったのであって、かれらはさきに〔一八三〕見たオデュッセウスのアンティノオスやアイネイアースのミーセーヌスの場合(274)のような英雄たちの同盟者に似た存在であった。

二二八　その後、ローマが土地も平民も数が増え、またその間、それらの有益性が当初の野蛮さを緩和するようになると、ラティウムのなかでも、アンクス・マルキウス〔正しくはタルクイニウス・プリスクス〕が伝令使節に言い渡した式文(275)に従って降伏した、最も遠方の被征服都市は手つかずのままにしておいた。それはまさしくギリシアの英雄時代に、プラウトゥスの悲喜劇『アンフィトルオン』のなかで(276)、戦いに敗れたテレ

(271)　確定的な典拠は不明。ただし、プルタルコスの『ローマ人の幸運《フォルトゥーナ》について』五・三一八fと三一〇bには、ローマ人は力こそが万事を征服する権能を有していることを示そうとして、《フォルトゥーナ(Fortuna)》を《フォルティス(Fortis)》と称していたという述言が見える。

(272)　リウィウス『ローマ史』一・三〇・一。

(273)　この《プロペ・ウィークタ(prope victa)》という語から《プロウィンキア(proivincia〔属州〕)》という語は出てきた、とヴィーコは見ている。『新しい学の諸原理』一七四四年版〔五九五〕参照。

(274)　第二巻注(195)(196)参照。

(275)　リウィウス『ローマ史』一・三八・二。

(276)　プラウトゥス『アンフィトルオン』二五八―二五九。

ボアの王プテレラが都市をアンフィトルオンに明け渡しているのと同じやり方であった。なぜなら、降伏した者たちは真実にして本来の植民としてそこに居住し続けることになったからである。そしてこれらの植民地がローマの最初の属州なのだった。フロルスも記しているように、[277]ラティウム自体の内部における最初の《プロクル・ウィークタエ（procul victae〔遠くの被征服都市〕）》だったのである。たとえば、コリオリ〔ウォルスキ人の都市〕がそうであった。その名にちなんで、グナエウス・マルキウスはその都市を属州に引き下げたあと、コリオラヌスと呼ばれるようになったのである。[278]これは、同じくたとえば二人のスキピオが、兄はアジアを屈服させ、弟はアフリカを破壊したことから、のちにそれぞれ《スキピオ・アシアティクス》、《スキピオ・アフリカヌス》と呼ばれるようになったのと同様である。

二二九　ついで、ラティウムが平定されると、イタリアが最初の属州となった。そしてラティウムは市民法の私法部門でイタリアよりも上位の身分を占めることとなった。

二三〇　さらに、ローマが海の向こうにまで征服地を拡大するようになると、イタリアの外に位置する諸国民が属州となり、その後も属州であり続けた。そしてイタリアは市民法の私法部門でそれらの属州よりも上位の身分を占めるようになった。こうして、ラティウムの住民はそれぞれが自治体を形成して騎士階級を構成するようになり、さらには功績を認められて元老院身分のなかに移行し、そこで公務を担当するまでになった。イタリアの住民は十二表法が制定されてからローマの平民となり、イタリアの土地のなかで田畑にかんする市民法を享受するようになった。また、従順な属州の住民はセルウィウス・トゥリウスの時代のローマの平民のような存在となり、田畑の自然的所有権を獲得して、最初の財産登録の代わりに租税なり兵士の俸給なり貢ぎ物なりをローマ人に支払っていた。一方、獰猛な属州の住民はロムルスの時代のローマの平民のような存在となった。というのも、最後のローマの植民はこれらの獰猛な属州に送り出されたため、それらの属州の住民は、アンクス・マルキウス〔正しくはタルクイニウス・プリスクス〕が伝令使節に言い渡した式文に従って降伏した古代のラティウムの植民たちか、ロムルスの避難所に受け入れられた者たちのようにみずから進んで植民になった者たちのように、もはや自分のものではなくなった田畑で働いて露命をつないでいたのだった。

二三一　このような仕方で、ロムルスのクリエンテーラと二つの農地法――セルウィウス・トゥリウスの農地法と十二表法の農地法――をつうじて、ローマ人の法は征服された諸国民に伝播していった。そして、有名な《契約と土地の譲渡にかんする権利（ius nexi mancipique）》も征服された諸国民に拡大適用され、その結果、属州の住民が所有していた土地にかんしては《土地の譲渡がなされない（nec mancipi）》という言い方が残ることとなったのだった。なぜなら、ローマ人は勝利したさい、その土地に住む者たちを奴隷にしてしまっていたからである。しかし、束縛の法がまずはラティウムで、それからイタリアで、そして最後にはアントニヌス・ピウス[279]によって属州全体で緩和され、そこに住む人々に順次市民権があたえられるようになるにつれて、ローマ世界全体が《ローマ》と称されるようになった。そして、ポエテリウス法が国内のローマ

(277) フロルス『ティトゥス・リウィウス摘要』一・五・六。　(278) リウィウス『ローマ史』二・三三・五。

人のあいだで束縛の法を解いた最後の法律であったように、ユスティニアヌスが《マンキピー（mancipi〔絶対的所有権のあるもの〕）》と《ネク・マンキピー（nec mancipi〔そうした所有権のないもの〕）》の区別を除去したとき、かれはついに外国でも束縛の法を解いたのだった。

二三二　それまでは広く分散していたことどもがいまや三つの政治的真理にもとづいて単一の体系に結合されたのであるから、ローマ市民と植民地と基礎自治体の法、ラティウムとイタリアと属州の法について、ローマ学の最初の松明である偉大なカルロ・シゴニオ[280]が集成し、かれに続いて他の者たちが書いてきたことはすべて、今後はこれらの諸原理にもとづいて構成されるべきであるように思われる。

第六三［六四］章　海外の英雄的植民の様態が発見される

二三三　ローマ人の増殖・伝播について上述したことがらから、人類は二種類の海を渡っての英雄的植民によって増殖・伝播していったことがわかる。その二種類とも、束縛の法が原因となって起きた英雄的騒動のなかで対立する党派に敗北したか迫害された、何人かの頭首に率いられた群衆からなっていた。第一の原因は、群衆が自分の生まれた土地で農作業に従事することによっては生計を立てていくのができなくなったことだった。第二の原因は、平民が貴族から魂の底まで虐げられてしまったことだった。この点は、さきに〔一五〇〕見たように、古代ローマ史がローマの平民について明らかにしてきたところである。

二三四　これらの英雄的抗争は、第一の種類のものも第二の種類のものも、ペトルス・クナエウスが『ヘブライ人の国家』で報告しているところによると、(281)エジプトの祭司階級と農民のあいだで頻繁に生じていたようである。そしてつねに農民のほうが最悪の事態におちいって、勝利者の怒りを逃れるために、内陸部で生活していた場合にはアフリカの奥地に向かっていくか、沿岸部に生活していた場合にはナイル川の筏に身を投じ、いっさいの望みを絶たれたなかで、新しい土地が見つかるかどうかを運にまかせるにいたるのだった。そしてここにおいて聖史が真実であることが、ヘブライの民はエジプト生まれの民ではなく、エジプト人によって奴隷にされた神の民である、というきわめて重要な点にかんして明らかとなる。なぜなら、のちに〔四〇八〕証明するように、エジプトはその時代にはすでに君主たちの支配下に移行しており、祭司階級

(279)　ローマ帝国を構成する全自由民にローマ市民権を拡大する勅令が発布されたのは二一二年のことであるが、その勅令を出したのはアントニヌス・ピウス帝（在位一三八―一六一）ではなく、カラカラ帝（在位二〇九―二一七）であった。ただ、カラカラ帝の本名はマルクス・アウレリウス・アントニヌスであった。そしてかれの勅令は「アントニヌス勅令」と呼ばれた。ヴィーコの思い違いはこれに起因すると思われる。

(280)　カルロ・シゴニオ Carlo Sigonio（一五二〇ごろ―一五八四）はイタリアの歴史家。『ローマ人民の古代法』*De antiquo iure populi Romani*（一五六〇年、第二版一五七四年）などの著作がある。

(281)　「ペトルス・クナエウス Petrus Cunaeus」はオランダのプロテスタント系キリスト教学者ペーテル・ファン・デル・クーン Peter van der Kuhn（一五八六―一六三八）のペンネーム。『ヘブライ人の国家』*De Republica Hebraeorum* は一六一七年に出版され、その後一七〇〇年までのあいだに少なくとも七版が出ている。

の英雄法はすでに消滅していたからである。またエジプトの農民と祭司階級のあいだの英雄的騒動について言われたのと同じことは、フェニキア人やアジアの他の諸国民についても言われなければならない。そして、これらの原因をつうじて、第二の種類の植民にかんする発見もなされる。それらの植民はまずエジプト人、フェニキア人、プリュギア人によってギリシアに連れてこられた。ギリシアにおける英雄たちの世紀には、ギリシアの植民は東方のギリシア人、すなわち、アッティカとアイオリスのギリシア人によって、ギリシアに最も近く、最もその脅威にさらされていたイオニア、すなわち、小アジアに連れてこられた。そしてこれらの時代のあとは、ギリシアの植民は西方のギリシア人によって、最も近く、最も脅威にさらされていた地域、すなわち、シチリアとイタリアの東部地域に連れてこられたのだった。

二三五　そのような種類の植民がどのようであったかは、かれらが連れてこられた国の自然が立証している。たとえば、アッティカの自然の苛酷さと不毛さはストラボンに、アテナイ人はギリシア生まれの土着民であり、アッティカ語は最初のギリシア方言の一つであって、このためにその地域は外国人を招き入れて住まわせることに成功しなかったのだと考えさせる動機をあたえている。[282]ストラボンのこの判断は、エジプト人がギリシアにやってきたのは〔貴族の虐待から〕自分たちの命を守る必要があったからだという見解と合致する。しかし、マグナ・グラエキアはイタリアで最も肥沃な地域でもなければ最も快適な地域でもないし、シチリアの東部も同様である。反対に、アテナイ、シラクーサ、ブリンディシの有名な港はこれらの植民が幸運にも風に運ばれてそこに到着したことを証明している。このことは、シチリアとイタリアにギリシアの植民地が建設された時期を三百五十年もあとに、すなわちヌマの時代に置いている年代学者たちに共通の誤りを白日の下に照らし出す。

二三六　通商上の理由から地中海沿岸地域、さらにはカディス〔スペイン南西部の港湾都市〕にまで拡散しているフェニキア人の植民は、現在わたしたちヨーロッパ人の植民が大西洋沿岸地域と西インド諸島に拡がっているのと同じように、第一の種類の植民であったことが見出される。かれらはかれらの首都テュロスと交流し続けていた。テュロスはギリシアの英雄たちの時代までは（年代学者たちはもっと前だとしているが）内陸部の都市であったのが、その後フェニキア海の沿岸部に移転させられた。そして航海と植民で著名な都市となったのである。古代諸国民のあいだでは、沿海地域に住んではならないという迷信が広く行きわたっていた。――この最初の民の風習については、『オデュッセイア』のなかにとても美しいくだりがある。[283] たとえば、オデュッセウスは上陸するか嵐に遭って浜辺に漂着したときにはどこでも、小高い丘によじ登って、内陸部に煙が見えるかどうか確かめている。煙が見えれば人が住んでいることがわかるのだ。トゥキュディデスもかれの『歴史』の冒頭で同じ古代ギリシア人のあいだにそのような風習が存在したことを認めている。そしてその理由を海賊にたいする怖れに求めている。[284] ――だから、フェニキア人は、交易にとって有益な海に面した地域を見つけたときには、かれらの植民をそこに連れていったにちがいないのだった。そして内海〔地中海〕全体のそれらの入植地のうちにはトスカーナ湿地帯からシチリア海峡にいたるまでのイタ

---

(282) ストラボン『地誌』九・一・八。一一〇二。

(283) ホメロス『オデュッセイア』九・一六七、一〇・九七

(284) トゥキュディデス『歴史』一・七―八。

リアの沿海地帯が含まれていたにちがいないのだった。こうして、ジャンブッラーリ[285]は、原因にかんしては広く流通している誤りにおちいっていながらも、結果においてはトスカーナ語が実体と風采、そして度はずれた語彙数においてアラム語を起源としていること、すなわちシリアからやってきたことを立証してみせることに成功しているのである。

二三七　かくて、おそらくはエジプトとアジアの諸国民が、何人か頭目に率いられて小さな集団に分かれ、わずかの小型の帆船に乗り、ローマ人の最後の遠征のときのように武器を携帯することもなければ、スカンディナヴィアからやってきた野蛮人の場合のように国民全体を引き連れてというのでもなしに、これまで試みたことのなかった地中海（それはかれらにとって、今日のヨーロッパ人にとっての大洋のような存在であったにちがいなかった）を渡って、内海〔地中海〕の沿岸に連れてこられたのだった。このため、ギリシア語、ラテン語、イタリア語はその起源のきわめて多くの部分をオリエントの言語に負っているのである。

二三八　たしかに、フェニキア人がのちにカルタゴとなる場所にかれらの集団の一つを連れていったのは、その岸がかれらの世界の側から見て交易に好都合だったからにほかならなかった。そしてカルタゴ語はオリエント起源の語をじつに数多く保持しており、このためにフェニキアは《ポエニ》と呼ばれたのだった[286]。またカルタゴ人は海上交易をつうじて覇権を掌握するまでになったのだった。ひいては、一部の者たちが思い描いているらしいよりもはるかに深く英雄的古代に通じていたことが見出されるウェルギリウスが、フェニキア人のディドーが義兄の一派に攻め立てられて、一族郎党とともに海上に逃れ、たどり着いた場所で、トロイア戦争前にカルタゴを建設したと語っていることについても[287]、かれを弁護するに足るだけの十分な理由がわたしたちにはあるのである。

二三九　また、疑いの余地なくエジプト人の神であるミトラ神がナポリで崇拝されていたというのも、同じく確かなことである。またナポリを創建したのはセイレーンだと言われていたが、セイレーンは反論の余地なく《頌詩》もしくは《歌》を意味する《シル〔sir〕》という語からその名をとっているのである(288)〔同じ《シル》という語はシリアにも名をあたえている〕。それがのちになってギリシア人によって《パルテノペ》と呼ばれるようになったのだった(289)。したがって、ウェルギリウスがクーマエ〔現在のナポリ北西に築かれた古代ギリシアの植民都市〕を《エウボイアの》と呼んでいるからといって(290)、けっしてクーマエが〔ギリシアのエウボイア島を拠点としていた〕ハルキス人によって建設されたと信じていたわけではないことが証明される。な

---

(285)　ジャンブッラーリ Pierfrancesco Giambullari（一四九五—一五五五）はフィレンツェ・アカデミーで主導的役割を演じたイタリアの著述家。アカデミーの同僚ジャンバッティスタ・ジェッリ Giambattista Gelli（一四九八—一五六三）に宛てた対話篇『イル・ジェッロ』*Il Gello*（一五四六年—一五四九年に『フィレンツェ語の起源』*Origine della lingua fiorentina* と改題のうえ再版）のなかで、フィレンツェ俗語はエトルリア語から派生したものであり、エトルリア語はアラム語からやってきた、と主張した。

ヴィーコが言及している「原因にかんする誤り」というのは、その中東語がノアの到来とともにトスカーナに導入されたという説を指す。

(286)　フォス『ラテン語の語源』四五一頁参照。

(287)　ウェルギリウス『アエネーイス』一・三四一。

(288)　フォス『ラテン語の語源』五五〇頁。

(289)　パルテノペはギリシア神話に登場する魔女で、セイレーンの一人である。

(290)　ウェルギリウス『アエネーイス』六・二。

ぜなら、ホメロスはハルキス人をつねにアバンテス人と呼んでいて一度もエウボイア人とは呼んでいない[291]。だから、ウェルギリウスも、ハルキス人のことであれば《アバンスの》と呼んでしかるべきであっただろうからである。ただ、ウェルギリウスはアポローン神の巫女の住む洞窟から名をとってクーマエを《エウボイアの》と呼んだ。そしてプリニウスは同様の女予言者によってネグロポント島は《エウボイア島》と呼ばれていたと報告しているのである[292]。

二四〇　ひいては、古代のイタリアの沿海地帯はギリシアのそれらよりもはるかに進んでいたことが見出される。なぜなら、トロイア戦争の時代にイタリアではオデュッセウスが海辺でキルケーが人間を豚に変えては官能的な歓喜に浸ったり、セイレーンが美しい歌声で船旅の一行を誘惑しては殺しているのを目撃しているからである[293]。これらが諸国民の最新の風習なのだ。その一方で、ギリシアはなおも外国人を妻に娶ることを――どんなに偉大な女王であっても――拒否するアキレウス[294]や妻ペーネロペーの求婚者たちを縛り首にするオデュッセウス[295]とともに峻厳な時代を生きていたのだった。したがって、イタリアの学識はギリシアの学識よりもはるかに古いことが証明される。イタリアではピュタゴラスが世界体系についての最も深遠な形而上学的、数学的、自然学的真理を教えているのに（いまや喜ばしいことにも、通俗的な年代学者たちの発見したところにもとづいて、わたしたちはピュタゴラスをヌマの時代に位置づけることができる）、ギリシアでは、ヌマよりも百年もあとになって、なおもこれから七賢人の出現を待とうとしていたのである。そしてそれら七賢人のうちの一人、ミレトスのタレスは、自然におけるきわめて粗野な原理、すなわち水を設定した最初の自然学者なのだった。

第六四［六五］章　この学の最初の起源の発見

二四一　最後に、トゥキュディデスも真実であると認めているとおり、[296]どこでもまずは内陸部の国民が興り、それに続いて海洋国民が誕生したことが見出される。したがって、わたしたちは原因を探求するなかで、異教文明の最大の起源についての省察をおこなうこととなる。この探求のために、わたしたちは第一巻で《人をも地をも知らぬまま、わたしたちはさまよっていた（Ignari hominumque locorumque erramus）》というモットーを提起しておいた。そして、つぎのような様態に到達した。すなわち、まずは人が住むことのできる土地のなかで最も内陸の土地であるメソポタミアで世界の諸国民のうちで最も古い国民が誕生する。そして、そのメソポタミアで、バビロニアで言語の混乱が起きる二百年前、ハムとヤフェトの不敬虔な子孫が食糧と水を求めて、あるいは野獣から身を守ろうとして、大地の大森林の奥深くへ分け入って行き始める。野

---

(291)　ホメロス『イーリアス』二・五三五、五四一、五四二。

(292)　プリニウスは『博物誌』四・一二、六二―六四でエウボイア島に言及しているが、ヴィーコが言っているような趣旨の記述はそこには見あたらない。

(293)　ホメロス『オデュッセイア』一〇・二三三―二四三および一二・三九―四九。

(294)　ホメロス『イーリアス』九・三八八―三九二。

(295)　ホメロス『オデュッセイア』二二・一七一―一九二。

(296)　トゥキュディデス『歴史』一・七―八。

獣に襲われるのを怖れて、男は女から、母親は子どもたちから、再会できる確かな目途もないまま、別れ別れになって。そして子どもたちは、人の声を耳にすることもなければ、ましてや人間らしい生き方を習得することもないまま、孤立無援の状態に捨ておかれて。――こうして、その大森林の中で、かれらは野獣的自由をほしいままにしながら四方八方に散らばっていき、カエサルとタキトゥス[297]が古代ゲルマニア人の巨大な体軀について説明するために持ち出しているのよりもはるかに大きな理由によって、巨人になっていった。それから、かれらが宗教に受け入れられて敬神の徒となったあとで、かれらの土着の言語が成立することとなるのである。これらのことすべてから、アダムを造った真実の神の宗教が最も古い宗教であること、アダムの敬虔な子孫が大洪水の前も後もメソポタミアに住んでいたことが立証される。

第六五［六六］章　深遠な知恵の起源は通俗的な知恵の起源のうちに見出される

二四二　その一方で、諸国民が最終的に人間的な時代の気風に導かれていって、法律の自然的衡平を実現するようになったことについての省察は、かれらのあいだに事物の真なるものについて省察しようとする哲学者たちが誕生したことの唯一無二の動機を提供する。それというのも、ローマの法学者たちのもとには、言い回しこそ異なっているが考え方は同一の《それは真実である（verum est）》という式文と《それは衡平である（aequum est）》という式文が残っていた[298]。そして、ローマ人のあいだに哲学の諸流派が登場するようになったのは、自由が満開の段階を迎え、法律の自然的衡平が称賛されるようになったあとのことだったからである。スパルタは、英雄的統治形態をとっていたため、いっさいの深遠な知恵を追放した。一方、アテナイは自由を達成したあと、最も教養ゆたかな人間性を培う学芸の母となった。そしてそこではソロンにならって哲学者たちが輩出し始めた。ソロンは、ギリシアの七賢人の第一人者で、かれの法律をつうじてアテナイの自由を確立するとともに、じつに多くの社会的利益に満ち満ちた《グノーティ・セアウトン（Γνῶθι σεαυτόν）》、《ノースケー・テ・イプスム（Nosce te ipsum）》〔汝自身を知れ〕というモットーを残した。このモットーは神殿の台輪に彫りこまれて、神の真実の言葉として掲げられていて、さまざまの内容空疎な卜占よりもはるかによく、アテナイ人に自分たちの知性の本性について省みるよう教えるという効果があった。この反省をつうじて、かれらは万人が真実にして永遠の人間本性であるところの人間の理性を有している点において平等であり、ひいては、万人が政治的利益に浴する権利を平等に享受してしかるべきであることを承認したのだった。これこそはすべての国家、とりわけ人民的国家の永遠の形態なのである。

（297）カエサル『ガリア戦記』四・一。タキトゥス『ゲルマニア』二〇。

（298）『イタリア人の太古の知恵』第二章参照。

第六六［六七］章　諸科学、諸学科、諸技芸における発明の社会史という観念

二四三　こうして、形而上学が人間たちの時代の法律にかんする政治的省察から姿を現わし始めたのとまさしく同じような仕方で、天文学もかつて、夜流星を見る目的でしばしば天を観察していたのが機会となって、宗教から彫琢され始めたのだった。そのような起源にもとづいて、わたしたちは諸科学、諸学科、諸技芸の社会史を織りあげることができる。それらは諸国人民に共通の必要ないし利益が生じた機会に誕生したのであって、そのような必要ないし利益がなければそれらはけっして誕生することがなかっただろうと思われるのである。

二四四　大きさの学は天空の大きさの学から地上の大きさの学へと下りてきた。そして、エジプト人のあいだでナイル川の氾濫がかれらの田畑の境界石を散逸させてしまったために誕生した大地の測量術は、そこから幾何学（geometria）と呼ばれて、その名を後世にとどめることとなった。地理学はフェニキア人のあいだで航海の方位を確かめる目的で誕生した。またどこでも、医学はなによりもまず植物の生態にかんするものだったにちがいない。なぜなら、ホッブズ、グローティウス、プーフェンドルフの最初の人間たちは全身が感覚で反省の能力はほとんど持ち合わせておらず、病気になったときに役立つ植物を見分けるための、野獣にも劣らない鋭い感覚をもっていたからである。しかしまた解剖学は、生け贄の内臓で占いをおこなっていた腸卜占術師たちの度重なる観察から生まれた。腸卜占術はイタリアのエトルリア人のあいだではたしか

に有名で、ホメロスのなかにはなんらの痕跡も残っていないけれども、スイダスはテレゴノスとかいう人物がそれをギリシア人のあいだに持ちこんだと報告している。[299] 解剖学にかんしては、それはたしかに外科術の土台をなしている。そして疑いもなく、観察医学は——すべての医者の第一人者であるヒッポクラテスがのちにその第一人者となったのだが——神殿のなかで誕生したのだった。そこで、病気に罹った者たちが快癒すると、自分たちの病歴を各自の神々に追加報告していたのである。これらはすべて、もし宗教が存在しなかったなら、この世に哲学者も存在しなかっただろうという、摂理の存在証明と関連している。

二四五　同様に、《テオーレーマタ（*θεωρήματα*）》は、当初は空疎な神占の学における神にかんすることどもであったのが、最後には知性ならびに形而上学における真なるものの永遠の認識対象となった。また《マテーマタ（*μαθήματα*）》も、当初は詩における崇高なことども、すなわち、物体的な神性の物語であったのが、最後は物体もしくは物体的な有益性の永遠の尺度を理解するための数学における、ひいては、それらの有益性を正しく計測するための代数的と幾何学的という二つの比例における、抽象的な認識対象となった。さらに、そこから偶像崇拝と神占という双子が生まれた空の観察——それをラティウム人は《空の神殿の（a

---

(299)　スイダスは十世紀にビザンティンで編まれた百科事典『スイダス』または『スーダ』の著者であると長らく信じられていたギリシア人。ただ、『スイダス』の《オイオーニスマ（*Οἰώνισμα*〔鳥卜占〕）》にかんする項目中には、テレゴノスが卜占術について書いた最初の人物だという記述はあるが、腸卜占術をギリシアに持ちこんだという記述は見あたらない。

templis caeli)》、すなわち、鳥卜を読むために鳥卜師たちの描く空の領域の観察と呼んでいた。これはまさしくゾロアスター教徒が〔ヘブライ語の〕《ゾル（zor）》すなわち〔ラテン語の〕《コンテンプラーリー（contemplari）》から採ってそう呼ばれたのと同じである――は、最後には宇宙全体の自然の観察となった。そして、巨人族によって、稲妻で合図を送り、雷鳴で語りかけ、鷲をつうじて忠告し命令する、天の意志であると信じられていたゼウスは、最後には哲学者たちによって人間たちに永遠の正義を命じる無限の知性となった。

二四六　この巻の意味するところはすべて、「著作の観念」で要約して提示した《神々によって定められた法（Iura a diis posita）》というモットーのうちに包括されている。そしてこれらの原理が観念にかんするものであるかぎりで、この学の主要な部分をなす。この学の全体は――「著作の観念」〔正確には本書全体の冒頭に掲げられているエピグラフ〕で提出しておいたように――《ユピテルからムーサたちは生まれた（A love principium musae）》というモットーのなかに封入されている。言語にかんする原理をめぐってのものであるもう一つの主要な部分は、「著作の観念」で《万民の神聖なる掟（Fas gentium）》というモットーのうちに包括しておいたが、これについては次巻で証明する。

第六七［六八］章　諸国民が完全な状態に到達する永遠の時点が確定される

二四七　このようにして、宗教があつかう神にかんすることがらと法律があつかう人間にかんすることがらの知識である通俗的な知恵から、形而上学のあつかう神聖なことどもと数学のあつかうもろもろの真理や自然学の提示する諸原理、さらには倫理学、家政学、政治哲学のあつかう人間にかんすることがらのうちに見出される深遠な知恵は出てきたのだった。これまで最良の哲学者たちはだれもが等しく、深遠な知恵を構成するこれらの学科が提供することどもをつうじて、英雄たちの知性を永遠の真理の格率によって形成することに精を出してきた。しかし、英雄たちの知性というのは、アテナイの人民が公共的な利益にかんする共通感覚によって集会で展開していた知性にほかならなかった。この共通感覚によってアテナイの人民は正しい法律を実施していたのであって、それらの法律は立法者たちの情熱なき知性以外の何ものでもないのである。そしてここにおいて諸国民の《アクメー（ἀκμή）》すなわち完全な状態が確定される。その状態を諸国民が享受するのは、諸科学、諸学科、諸技芸が――それらはすべて宗教と法律から存在を引き出しているので――宗教と法律に奉仕するときなのである。だから、諸国民がエピクロス派とストア派のようにそれとは異なったかたちで振る舞ったり、懐疑派のようにそれに無関心を決めこんだり、無神論者たちのようにそれに敵対したりする場合には、諸国民はみずからに特有の支配的な宗教を見失い、それとともにみずからに特有の法律も見失って、衰退に向かっていく。また、みずからに特有の宗教と法律を守るのに役立たなくなってしまったために、みずからに特有の武器を手放し、みずからに特有の言語も失っていく。そして、これらのみずからに特有のものを失うことによって、支配的な諸国民の名前のうちにみずからの名前を保持するというもう一つの特性も失っていく。こうして、みずからを統治する能力がないことがおのずと立証されてしまって、自分たちの政体を失ってしまう。その結果、摂理の永遠の法に従って、弱者と強者のあいだに権利の平等が存在する余地のない英雄的諸氏族の自然法がふたたび立ち現われることとなるのである。

第三巻　言語の部門にかんするこの学の諸原理

〔序論〕

二四八　観念の部門にかんしてこれまで考察してきた諸原理によって、人類の法の哲学と歴史が提供された。さて、万民の自然法についてのこの法学のもう一つの部門を達成するために、これとは別のもう一つの諸原理によって、人類の世界全体をつうじてこの法に共通のある一つの言語の学を見出さなければならない。

第一章　神話学と語源学の新しい諸原理

二四九　《ミュートス〔μῦθος〕》というギリシア語の定義は《真実の語り》である。ただ、それはその後〔ラテン語圏では〕《ファーブラ〔fabula〔物語・神話伝説〕〕》を意味するものとして生き残ることとなった。[1] そして、これまでだれもが《虚偽の語り》のことであると信じてきた。また、〔《エテュモロギア＝語源学》という語を形成する〕《エテュモン〔ἔτυμον〕》の定義は《真実の言葉》ということであって、普通一般には《語の起源》

（1）フォス『ラテン語の語源』、一二三五頁参照。

ないし《歴史》を指している。[2]しかし、これまでわたしたちのもとにやってきた語源学は、語が指示している事物の起源についての真実の歴史を理解するのには、ごくわずかしか役に立たない。ひいては、語の起源を考察することによって、神話学と語源学のこれまでとは別の諸原理が発見される。そして、物語〔神話伝説〕と真実の言葉とは同一のものを指しており、最初の諸国民の語彙集を構成していたことが見出される。

二五〇　なぜなら、言葉が貧困であるということはおのずと人間たちを表現の仕方において崇高で、把握の仕方において荘重で、多くのことを短い表現のうちに収容するにあたって鋭敏にするからである。これらは言語の有する三つの最高の美徳である。ここにおいて、リュクルゴスの法律によって文字を習得することを禁じられていたスパルタ人[3]の語法の崇高さ、いまだあまりにも野蛮な時代にローマ人によって書かれた十二表法のような古代の法律の簡潔さと荘重さ、イタリアの最も野蛮な時代――十四、十五、十六、十七世紀――にフィレンツェの旧市場《メルカート・ヴェッキオ》で生まれたフィレンツェ風警句の鋭敏さの諸原理が発見される。詩語の最も顕著な三つの特質は、つぎのとおりである。すなわち、想像力を高め拡大すること、事物を定義する細部にわたる事情を簡潔な表現で受け取り手に気づかせること、知性を最も遠く離れた事物にまで移送していって、それらにまるで美しいリボンを結わえるかのようにして魅力的な外観をあたえることなのである。

二五一　つぎに、自分の観念を説明して他人に伝える必要があるが、言葉が不足しているために、なんとかして説明できないかと懸命になってその方法を見つけ出そうとするとき、言葉を発することのできない唖者たちはおのずと創意工夫に富んだ存在になる。かれらは自分たちが指示したいと思う観念と自然的な関係を有する事物や行為によって説明するのである。ここから、最初の諸国民の最初の言葉は沈黙語であったことが見出される。そして、その沈黙語を太古のギリシア人は《ミュートス（μῦθος）》という語によって指示していたにちがいないのであって、《ミュートス》というギリシア語は《物語〔神話伝説〕》の意であるが、もともとラテン語の《ムートゥス（mutus〔無言の・沈黙した〕）》に該当するものだったのではないだろうか。また、ラテン語の《ファーブラ（fabula）》はイタリア語では《ファヴェッラ（favella〔言葉〕）》として残ることとなった。そして、《ファーブラ》は最初の《ファース・ゲンティウム（Fas gentium〔万民の神聖なる掟〕）》であり、変更不可能な語であった。ひいては、《フォル（for〔話す〕）》からウァッロは《避けられない運命》、神の永遠の言葉のことを《フォールムラム・ナートゥーラエ（formulam naturae〔自然の規範〕）》と言ったのだった。[4] また、ローマ人は共通の《ファースティー（fasti〔宗教に縛られることなく公務を執行できる日・開廷日〕）》を定めていて、平時には法務官《プラエトル》が変更不可能な式文によって法を執行し、戦時には執政官《コンスル》が紋章に刻まれた式文によって法を執行することができるようにしていたのだった。

二五二　最後に、悟性的判断力がまったく使用されないかほとんど使用されないところでは感覚が強靭である。また感覚が強靭なところでは想像力が生彩を放つ。そして生き生きとした想像力は対象を感覚のうち

(2) フォス『ラテン語の起源』、二三一頁参照。

(3) プルタルコス『対比列伝』「リュクルゴス」一三参照。そこには、リュクルゴスは成文法を制定しなかった、とある。

(4) ウァッロ『ラテン語について』六・七・五二。アウグスティヌス『神の国』五・九・三およびフォス『ラテン語の語源』二四〇頁も参照。

に刻印する形像の最良の絵描きなのである。

第二章　詩の新しい諸原理

二五三　グローティウス、プーフェンドルフ、ホッブズの人間に似つかわしいこれらの真実にもとづいて、プラトンとかれの生徒アリストテレスから、パトリーツィ、スカリージェロ、カステルヴェトロ(5)の時代にいたるまでそうと思いこまれてきたのとは異なるだけでなく、正反対の詩の諸原理が発見される。そして、詩はヘブライ人も含めて古代の諸国民すべてに共通の最初の言語であったことが見出される。もっとも、異教徒たちの宗教とアダムの宗教とのあいだには、真理にかんする見解の違いにもとづく、いくつかの相違点があるのではあるが。なぜなら、アダムのほうは、言葉を欠いていたけれども、真実の神によって照らし出されていたからである。

第三章　偶像崇拝と神占の起源であった最初の物語の誕生の経緯が確定される

二五四　未知の事物に出遭った人間たちが、それらについての観念を作りたいと思うときには、おのずとそれらを既知の事物との類似性をつうじてとらえようとする。そして既知の事物がほとんどないときには、自分たち自身の自然本性から未知の事物を判断する。ひいては、わたしたちが最もよく知っている自然本性はわたしたち自身の特性であるので、かれらは感覚する力もなければ生命もない事物に運動、感覚、悟性的判断力を付与する。これこそは詩の最も輝かしい仕事なのだ。また、これらの特性が助けにならないときには、かれらはそれらの事物を叡智的な実体をつうじてとらえる。それはわたしたち自身が人間として有している実体である。そして詩的能力の至上の神的な製作物なのであって、この能力によって、神にも似た仕方で、わたしたちはわたしたちの観念にもとづいて存在をもたない事物に存在をあたえるのである。

二五五　ここにおいて詩的物語の最初の一大原理が発見される。それらの物語は叡智的な存在であると想像された身体的な実体を象徴した記号であって、それらの身体的効果をわたしたちの人間的霊魂の諸様式を手立てとして説明したものなのだ。こうしてすべての物語のうちでも最初の物語が明らかにされ、それが生まれた様式が説明され、それが生まれた時が確定される。野獣的孤立状態にあった人間たちは、多くの子どもたちがそうであるように、どこからどこまでもが力であり、唸ったり、ごろごろという音を発したり、身

（5）パトリーツィ Francesco Patrizi（一五二九―一五九七）は『詩学』*Poetica*（一五八二年）の著者。スカリージェロ Giulio Cesare Scaligero（一四八四―一五五八）は『詩学・全七巻』*Poetices libri septem*（一五六一年）の著者。カステルヴェトロ Ludovico Castelvetro（一五〇五―一五七一）は『アリストテレスの詩学通解』*Poetica d'Aristotele vulgarizzata e esposta*（一五七〇年）の著者。

を震わせたりしながら、自分たちの情念を表現していた。このことをかれらはこのうえなく激しい情念に突き動かされることによってしかなしえないでいた。そのような状態にあった人間たちは、すくなくともかれらのうちでも驚愕に最も強く襲われた者たちは、それまで一度も耳にしたことがなかったため、雷鳴の原因がわからなかったので、天を唸り、ごろごろという音を発し、身を震わせながら、語ったり何ごとかを言おうとしたりしている、一つの生命ある巨大な物体であると想像した。ひいては、〔この最初の物語が生まれた〕様式についての考察がなされるのである。アメリカ人が自分たちの見るあらゆる新奇なものや偉大なものを神であると信じているように、ギリシア人も、ギリシアの迷蒙時代には、新しい発見をおこなって人類に役立った者たちを神的な存在の相貌のもとで眺め、このようにしてかれらの神々を想像していたにちがいないのだった。

二五六　ギリシア文明およびこれを手本とした他のすべての異教諸国民の文明のこれらの最初の始まりから、人間たちはおのずと摂理を尊崇するよう導かれていくということ、ひいては、摂理のみが諸国民を創建し秩序づけたということの、諸国民がすべて創建された時代全体をつうじてなされる永続的な証明が始まる。

第四章　異教徒たちの神的な詩、すなわち神学の、第一原理

二五七　こうして、異教徒たち、もしくは神学詩人たちの、神的な詩の第一原理である最初の物語が誕生したのだった。そして、それは――最高の物語がそうでなければならないように――全面的に観念的なものとして誕生した。その物語は、詩人の抱懐する観念によって、存在を有していない事物にまるごと存在をあたえるのである。これは詩の技法の巨匠たちが言っていることである。すなわち、それは観念の画家たちの描く絵のようにどこからどこまでもが想像にもとづくものであって、肖像画の画家たちのように実在する対象を模写したものではない。このために、詩人たちは、創造主である神に似ているということで、《神的な》と呼ばれたのだった。

二五八　この最初の物語は、三つの主要な特性をそなえて誕生した。(一) ありえないことでありながら信じることができるという特性。[6] その物語は物体に知性をあたえるというのだからありえないことであるが、同時に、それを作りあげた者たちが信じていたのだから信じることができるのだった。[7] (二) 過度に驚異的で心を動揺させるという特性。このために、それ以後人間たちは青天下で交合することを恥ずかしく思うようになり、交合するためには、洞窟の中に隠れておこなわなければならなくなったのだった。(三) 最高度に崇高であるという特性。これは神々のうちでも最も偉大な神である雷神ゼウス〔ユピテル〕の物語であったからである。

(6) アリストテレス『詩学』二四 (一四六〇a二六) 参照。

(7) タキトゥス『年代記』五・一〇参照。

二五九　最後に、それはどこからどこまでも無知な民衆を教えること――これが詩の主要な目的である――を任務として誕生した。こうして、この最初の物語によって、異教世界の最初の無知な人間たちは、偶像崇拝と神占を含む一つの政治的な神学を自分たち自身に教えていたのだった。

二六〇　このように簡潔かつ明晰に語られた詩の起源は、プラトンが提供している起源よりも理にかなっており、文明の起源――それらはなかんずく、ことがらの本性からして荒削りで粗野なものであった――に似つかわしいとわたしたちは確信している。プラトンによると、[8]神学詩人たちはゼウスを万物に浸透してそれらを揺さぶり動かすアイテールの原動因にほかならない知性であると受けとっていたという（こういった考えはプラトンがかれの国家を創建するのにこそふさわしいものであって、グローティウスの単純な者たちやプーフェンドルフの見棄てられた者たちが異教の人類を創建するのにはふさわしくないものだった）。こうして、神学詩人たちが無数の個別的な神性であると想像していた物体の運動のうちに、プラトンは、いっさいを動かす、それ自体は物体ではない、無限の単一の知性が存在するのを見てとるのだった。物体の特性は運動しうる、ひいては分割しうるということであって、動かし分割するということではないからである。こちらのほうは物体以外の何ものかの特性なのである。

第五章　最初の諸国民の語彙集を構成していた詩的記号の原理の発見

二六一　わたしたちは本書の冒頭〔四二〕で述べた。グローティウス、ホッブズ、プーフェンドルフの人間がどのように考えていたのか、また語っていたのかについては、わたしたちはかろうじて〔頭で〕理解することができるにすぎず、具体的に〔心に〕思い描くことはまったくできない、と。しかし、いまでは二十五年が経過した持続的な険しい省察ののち、わたしたちはついに、アルファベットが文法学の原理であり、幾何図形が幾何学の原理であるように、この学の第一原理をなすものを見出すにいたった。なぜなら、一例をあげるなら、〝a〟という文字が無限に存在する有声化された開口母音や閉口母音すべてに一様性を提供するために文法学によって考案された記号であり、また別の一例をあげるなら、三角形が三本の線が三つの点で結合された三つの鋭角からなる大きさの異なる無数の図形に一様性を提供するために幾何学によって図案化された記号であるように、詩的記号[9]が最初の異教諸国民の語っていた言語の要素であったことが見出されるにいたったからである。

二六二　なぜなら、ある国民が知性がなおもきわめて不足しているためにある特性を言い表わすのに抽象的ないし類的な言い方をするすべを知らず、また〔その一方で〕ある人間を呼ぶのに最初に目にとまった特性に応じて種的な呼び方をし、その人間が最初にその相貌のもとで見られたところの特性によって呼んでいるとしよう。たとえば、ある大仕事を家族の必要から命じられてなしとげ、その仕事によってかれの家または氏族そしてかれに割り当てられた部分にかんして人類を守ったということで栄光に輝く存在となった人物

(8)　プラトン『クラテュロス』四一二D。

(9)　「詩的記号」の原語は〝carattere poetico〟である。

のことをまさしくこの相貌のもとでとらえて、婚姻または家族の女神であるヘラのクレオス（Ἥρας κλέος〔ヘラの栄光〕）ということから《ヘラクレス》と呼んだとしよう。すると、そのような国民はうたがいもなく、その後ほかにもさまざまな人間がさまざまなときにその仕事と同じ特性をもつ行為をなしとげていたことに気づいた場合には、まずはそれらの行為に目をとめて、それらの人間にその当の特性によって最初に名づけた人物の名前をあたえることだろう。そして、いまの例でいえば、それらのだれをも《ヘラクレス》と呼ぶだろう。しかも、そのように未開で無教養と想定される国民は同時に愚鈍でもあって、きわめて強烈な印象をあたえる行為にしか目をとめないにちがいないので、さまざまな人間によってさまざまなときに同一の特性においてなされる行動の最も強く感じとられる部分――いまの例でいえば家族の必要の命じるところに従って果たされる大仕事――にもっぱら目をとめて、それらのすべてを最初にその特性によって名づけた人物の名前に結びつけることだろう。そして、いまの例でいえば、そのような人間の全員を《ヘラクレス》という共通の名前でもって呼ぶだろうからである。このような自然本性的なあり方からして、最初の異教諸国民はすべて、この部分にかんしては、詩人たちからなっていたことが見出されるのである。

〔二六三〕　この諸国民の太古の自然本性的なあり方の明々白々な痕跡は、俗語のうちに残っている。たとえば、ラテン語の場合、戦略や奢侈や香水のことを知らなかったローマ人たちは、第一番目のものはカルタゴ人のあいだで、第二番目のものはカプア人のあいだで、第三番目のものはタレントゥム人のあいだでおこなわれていることに気づいてからは、その後これらをおこなうのが慣例になっている人に出会ったときには、その人たちをそれぞれ《カルタゴ人》、《カプア人》、《タレントゥム人》と呼ぶようになったのだった。このような換称はこれまで個々の詩人たちが気まぐれに考案したものだと信じられてきた。しかし、実際には、このような仕方で思考し説明する以外になかった、すべての異教諸国民に共通する自然本性上の必要から生じたものであった。だから、最初の異教諸国民すべての語彙集はこのような記号で構成されていたことが発見されるのであって、この発見は万民の自然法の起源の言語を説明することを可能にしてくれるのではないかと思われる。

二六四　言語にかかわることから始まって、それらの異教諸国民から神の民〔ヘブライ人〕はみずからを区別し始める。神の民の創建者たちは、同じく言葉の貧困状態に置かれていながらも、アダムを創造した真の神の認識によって照らし出されていた。このために、かれらはかれらが存続していくうえで有益なすべてのことがらを──たとえはっきりと神によってかれらに命じられたものではなく、かれらとは異なる民によって異なる時代になされたものであっても──先を見ている単一にして永遠の神的存在へと秩序づけていったにちがいないのだった。ここから、ヘブライ語はすべてが詩的な言語からなっており、文献学者たちも認めているとおり、崇高さにかけてはホメロスにも勝るほどであるにもかかわらず、聖なる言語のうちにはたったの一度も神的な存在の分裂増殖についての言及は見られないということが起きる。そして、この事実こそは、聖史の父祖たちが聖史の語る何世紀にもわたる時代をほんとうに生きていたということを証明するものでなければならないのである。

第六章　真の詩的アレゴリーの発見

二六五　そのような言葉が指していたのは、当初また本来的には、アレゴリーのことであったにちがいない。そして、この語によってギリシア人は《ディーウェルシロクイーウム〔diversiloquium〕》、すなわち、相異なる人間や行為や事物を包括した言葉のことを言おうとしていた。したがって、これらのアレゴリーをつうじて、神話学者たちは物語〔神話伝説〕の一義的な意味をこそ見出しにおもむくべきであった。論理学、自然学、形而上学といったさまざまな部門における学識ある人々のありとあらゆる解釈のための一次資料としてわたしたちのもとに残してきたように思われる、かくも多くの曖昧さをともなった類比的な意味ではなくてである。そのうえ、それらの解釈は、道徳的、政治的、歴史的な解釈である場合には、現在の習俗、政体、行為と類似したものになってしまっており、わたしたちからとてつもなく遠く離れた文明の習俗、政体、行為は、ことがらの自然本性的な必然からして、現在のものとは大きく異なっていたにちがいないという事実をなんら省みることをしていない。だから、神話学者たちは、むしろ、物語にもとづいてかくも多種多様なことがらを作り出す詩人であったようにみえる。一方、これにたいして、詩人たちこそは本来の神話学者であって、かれらの物語によってかれらの時代の真実のことがらを語ろうとしていたのだった。

二六六　しかし、どこからどこまでも虚偽であるような観念を生み出すことはできない。なぜなら、虚偽はもろもろの観念を不適切な仕方で結合することのうちに存するからである。このために、どれほど作り話めいた伝承であっても、当初からなんらかの真実の動機をもっていなかった伝承といったものはありえない。また、物語〔神話伝説〕というのはひとえにギリシアの太古の人間にかんすることがらの歴史であったにちがいないということは、さきに〔九三〕証明したとおりである。このために、このわたしたちの著作の最も困難な部分はこれらの物語が発生する機縁となった真実の動機について省察することであったのだ。これらは神話学の真の起源と野蛮な時代の歴史の起源を一挙に構成することとなるだろう。

第七章　自然神統記という観念

二六七　また、詩的記号の〔真の性質の〕発見とともに、人間にとって必要または有益なことがらのどのような機会から、またどのような時点において、ギリシアの人々の知性のうちに、なによりもまずもってはかれらの虚偽の神々の記号を作り出す真実の動機があたえられたのか、が省察される。これらの記号はギリシアの人々の太古の迷信的な習俗の歴史であったことが見出される。そして、それらの神々が生み出された様式、すなわち、ゼウスの場合について見たように、どのようにしてそれらの神々がギリシアの諸氏族の想像のなかでおのずと誕生したのかについての、一つの自然神統記が描写される。

第八章　神々の物語から英雄たちの物語をへて確実な歴史のことがらにいたるまで、もろもろの原因が永続していて、すでに知られている異教世界のもろもろの結果のなかに流れこんでいるにちがいない

二六八　こうして、起源が不分明であるか作り話めいている暗闇時代、物語〔神話伝説〕時代、歴史時代についての、悟性的に推理された――あるいは人間にとって必要または有益なことがらについての一連の共通の観念の自然的な順序に従って導き出された――年代学によって、神々と英雄たちに、かれらがギリシア人の想像力のなかで誕生したにちがいない時点が割り当てられる。そこでは、英雄たちよりもさきに神々が誕生したにちがいないのだった。英雄たちは神々の息子たちであった、とわたしたちのところまで伝えられてきたからである。このようなわけで、英雄たちの物語はギリシアの英雄たちの習俗を記した歴史であったことが見出されるので、この著作は、神々から始まって、英雄たちをへて持続していき、諸国民の確実な歴史の時代と結合して終わる、物語的な歴史全体についての一つの永続的なアレゴリーを含むこととなる。

二六九　それは万民の自然法の全領域を構成するすべての部分をそもそもの出発点からわたしたちの眼前に展示してみせる。もろもろの民族はすべて、ある時一度に生まれたのだった。人間は蝉として生まれたとエピクロスは想像しており[10]、蛙として生まれたとホッブズは想像している[11]。そしてすべてがいっしょになって一つの巨大な単一者支配の身体へと成長していったのだった。ニノス[12]の帝国がそれであって、ここから歴

史は始まるのである。ところが、主題の大部分を欠如させてしまったことによって、グローティウス、セルデン、プーフェンドルフは、もう見込みがないとあきらめて、万民の自然法の半分にも満たない部分しかあつかわなかった。すなわち、人類全体の保存に属することを見出した部分だけをあつかって、個別にもろもろの民族に属する部分については、この部分からかれらのあつかっている部分は出てきたにちがいなかったにもかかわらず、なにひとつ論じることをしなかった。またそのような起源について無知であったため、ホッブズはマキャヴェッリのあとで、そして両者はエピクロスのあとで、神にたいしては不敬虔で、王侯君主にとっては不面目で、諸国民にたいしては不正義なことにも、〔万民の自然法の〕残りの半分をあつかっただけだった。さらに、これらの人物以外にも、プラトンはだれも実行に移すことのできなかった国家を樹立しようとくわだて、ポリュビオスはローマの建設にかんしてすでに建設されていた国家について論じることによって、二人とも摂理を見失ってしまった。そして、どちらも人間にかんすることがらの実践のなかで摂理が働いているのを凝視することをしなかったため、二人とも、諸国民の文明のわたしたちがさきに提出した三つの普遍的な原理〔一〇〕のうちの二つについて、一斉に誤りを犯してしまった。すなわち、ポリュビオスは、なんらの政治的な宗教がなくともこの世には賢者たちからなる国民が存在しうると信じていた。[13]ま

(10) ルクレティウス『事物の本性について』四・五六および六・八〇一参照。人の成長はキノコの成長になぞらえられている。

(11) ホッブズ『市民論』八・一。ただし、そこでは、原始物。

(12) ニノスはアッシリアの首都の創建者とされる神話的人

たプラトンは、女たちを共有する賢者たちの国家が存在しうると考えていたのだった(14)。

第九章　物語〔神話伝説〕が不分明である七つの原理。第一の原理——詩的怪物について

二七〇　物語〔神話伝説〕をまったく不分明なものにしてきた原因についての知識に最終的に到達するために、わたしたちは以下の七つの原理を確立する。

二七一　第一の原理はつぎのとおりである。人々はホッブズ、グローティウス、プーフェンドルフの人間の状態に置かれたときには、物体から特性を抽出するすべがわからないため、種類を異にする二つの物体の、種類を異にする二つの特性を結合しようとする。こうして、それら二つの物体を結合して、ある単一の観念を形成することとなる。たとえば、人間の特性をその人間としての相貌からとらえて、母親と交合するという特性と結合しようとするとしよう。そして、そのような行為が家で飼育している獣たちのうちでも最も好色で、最も大胆で、最も厚かましい獣のあいだで頻繁に見られるのを観察したとしよう。大きく肥えた雄山羊がそうであって、ここから雄山羊が雌山羊を好色の目で眺める所作をラテン語で《プロテルウィア（proterviaa〔厚かましい所作〕）》と呼ぶ言い方が残ることとなったのだったが、その場合には、かれらは《人間》と《雌山羊》を結合して、パンとサテュロスたちを作りあげるだろう。そして、パンとサテュロスたちは野

生の生きものだったという意見が残ることとなったことからして、かれらは小さな神々のうちで最初の神々であったにちがいないのだった。ここにすべての詩的怪物の原理が発見される。

第一〇章　第二の原理――変身について

二七二　この同じ人々が、自分たちの基体から特性を抽出するすべがわからないために、ある物体がどのようにして種類を異にする別の物体から特性を獲得したのか、そしてこのことによって自分自身の特性を失ってしまったのかを説明することができないでいる場合には、ある物体が別の物体に変化したのだと想像するだろう。こうして、最初は方々を放浪していたが、その後特定の場所に定着して、もはや放浪することをしなくなってしまった女を指すのに、その女は樹木（pianta）に変わってしまったと想像するだろう。そして、これと同じ考え方から、たしかに、《定着する》ことを指して《根づく（piantarsi）》と呼び、家の《基礎》を《根元（pianta di case）》、家系を《根株（pianta di famiglie）》と呼ぶ譬喩が出てきたのだった。ここに、物語〔神話伝説〕の不分明さの第二の原理だった、物体のあらゆる変身あるいは詩的変容の原理が発見される。この件にかんして、わたしたちは別の場所[15]で書いたことをここで訂正させてもらう。

(13)　ポリュビオス『歴史』六・五六・一〇―一一。

(14)　プラトン『国家』五（四五七D）。

第一一章　第三の原理——物語〔神話伝説〕が混雑していて見苦しいことについて

二七三　上述の二つの原理から、物語〔神話伝説〕の不分明さの第三の原理、すなわち、それらが混雑していて見苦しいことの理由が容易に説明される。この混雑は、知性が足りなくて頭の働きが鈍く、言葉に乏しいところから生まれてくるのであって、その結果、人々はどう説明したらよいのか極度の窮境におちいり、もろもろの事物を十把一絡げにして結びつけてしまうのである。なかでも混雑していて不整合きわまりないのはつぎの話である。カドモスは蛇を殺し、歯を地面に蒔く。すると畝から武器をもった人間たちが生まれて、互いに戦いあい殺しあう(16)。この物語〔神話伝説〕には、最初の都市を建設した政治的英雄たちの起源から戦争の英雄たちにいたるまでの歴史の大筋が含まれていることが、あとで〔三三五、四四四〕見出されるだろう。ギリシアの最初の時代からホメロスにいたるまでのあいだに物語〔神話伝説〕がどのような不分明さの深淵のなかに置かれていたかを理解するためには、この例を参考にして、カドモスがどのような種類の記号を考案し、その記号でかれの英雄的歴史の全体を書いたかを知っておかなければならない。ホメロスが活動していたのはヌマの時代であるので、カドモスよりも八百年もあとのことであったが、そのホメロスの時代にも、ギリシア人はまだ通俗的な記号〔アルファベット文字〕を考案していなかった。そしてその後も長らく、吟遊詩人たちの一族はホメロスの詩篇を暗記して記憶にとどめていたのだった。

第一二章　第四の原理——物語〔神話伝説〕の改変について

二七四　物語〔神話伝説〕の不分明さの第四の原理は、それらが何度となく改変されてきたということだった。なぜなら、人間の知性は無限定な能力を有しているために、耳にした事物が無限定な報告内容のものであるときには、おのずとそれらを誇大されたかたちで受け入れる。そして、このようなかたちで、長い時間にわたって、もっぱら粗野で無知な人間たちの手によって受け入れられるなかで、人間の知性はそれらの事物を限りなく改変し誇張していくこととならざるをえなくなるからである。はるか昔のことや遠く離れたことについてわたしたちのもとに届く噂は大部分が虚偽であるが、それでも《行くほどに力を増し、大きくなっていく》[17]といわれたのは、このためである。これが、巨人族や英雄たちが途方もなく大きな体軀と力をもっているといったような、物語〔神話伝説〕のうちに見られる改変の原理である。さらには、一見したところ、世界が真実と信仰の要求を満足させるに十分なだけ古くから存在しているように見え、その起源がこれまで闇に包まれていたなかで、聖史を信じない者たちの目にはほとんど際限なく年老いているように映っ

---

(15)　『普遍法』第二巻『法律家の一貫性』第二部『文献学の一貫性』一二・一七・三六。そこでは、中世のおとぎ話に出てくる醜い怪物オルクスと「妖精たち」を例に挙げて説明されている。

(16)　オウィディウス『変身物語』三・一—一三〇。

(17)　ウェルギリウス『アエネーイス』四・一七五。

てきた原因でもある。しかし、この学に照らしてみるなら、はるかに若いことが証明されるのである。

第一三章　第五の原理——観念によってもたらされる物語〔神話伝説〕の非本来性について

二七五　物語〔神話伝説〕の不分明さの第五の原理は、ギリシア諸国民の知性がしだいに限りなく展開していくとともに、おのずと、かれらの創建者たちのきわめて限られた理解力を超えて、物語〔神話伝説〕を大きく見せようとする方向に向かっていき、かれらの創建者たちから遠ざかっていくなかで、それらの物語〔神話伝説〕が当初もっていた意味について非本来的な説明をあたえるようになったということである。たとえば、何世紀も経ったあとでは、ギリシア諸国民は、天と星辰がホメロスの時代まで神々がそこに住んでいるとされてきたオリュンポス山の頂上よりもはるかに高いところにあることを理解するようになって、おのずとかれらの神々を星辰の位置にまで高めあげた。こうして、《星々に叫び声を上げる》という表現は、かつては文字どおり真実であったのが、誇張表現に転化してしまったのだった。

二七六　同様にして、もう一つの例をあげるなら、鳥の翼は、もともと、自分たちのなすことをすべて神占、すなわち、鳥卜の知識によるものとしていた英雄たちの行為ないし権利を表示するための英雄的な表徴であった——これは古代ローマ史が貴族の平民との英雄的抗争のなかではっきりと語っているとおりである。その抗争のなかで、平民は貴族から厳粛な儀式を挙げておこなう婚姻の権利、執政官職、祭司職を要求し、貴族は《鳥卜は自分たちのものである》という理由をくりかえし述べ立ててはそれらを平民にあたえるのを拒否する。これにたいして平民はつぎのように言い返す。ロムルスが元老院を構成したときに構成員になった家父長たち、そして貴族《パトリキ》たち自身の先祖である家父長たちは、《空から降ってきたわけではない》と。[18] これは、貴族たちは英雄ないし神々の息子ではなかった、と言うに等しい。もし貴族の英雄主義が鳥卜の権利を所有していることにあるのでなかったとしたなら、まったくなんの意味もない回答でしかなかったはずである――。ところが、その後、非本来的な観念が付加されたために、この物語〔神話伝説〕の意味は不分明になってしまった。そして、翼は天に飛翔していくためにアストライアにあたえられたとか、ゼウスの伝言を天から地上に運んでいくためにヘルメスにあたえられたとか、時間の速さを指し示すためにクロノスにあたえられたとか、いたるところに飛んでいくために名声《ファーマ》にあたえられたとか、ムーサたちに才気煥発ぶりを示すために勝利の女神にあたえられたとか、ペガソス〔天馬〕や愛神《クピド》やヘルメスの杖にあたえられたなどと信じられてきた。しかし、ヒュメン〔婚姻の神〕には、ローマの貴族たちが平民にたいして自分たちだけが正しい婚姻を執り行う権利を有していると語るさいに証拠として持ち出す鳥卜を携えて天から降りてくるという以外の用途で翼があたえられたことはありえないのである。このために、最初のギリシア人にとっては、そのような翼は飛翔したり、そのことによって英雄たちの敏速さと才気煥発ぶりを表示した

---

(18) リウィウス『ローマ史』一〇・八・一〇。

りするのに役立ったのだった。それはアメリカでは貴族だけが頭に羽根飾りを付けているのと同じである。そして蛮族たちが北方からヨーロッパの他の諸国民のあいだに襲来したとき、貴族だけが兜を羽で飾るという諸国人民の太古の習俗がふたたび広まることとなった。最も早い時期の大理石の碑には盾のてっぺんに三本の羽を付けた王侯君主のインプレーサしか見ることができないのは、このためである。

第一四章　第六の原理――言葉によってもたらされる物語〔神話伝説〕の非本来性について

二七七　物語〔神話伝説〕の不分明さの第六の原理は、時間が経つなかで習俗が変化することによって、わたしたちの俗語自体がもともとの意味を失って不分明になっていくということである。このことは、物語〔神話伝説〕の場合にはきわめてしばしば起きていたにちがいないのだった。その例は《竪琴》、《怪物》、《黄金》という三つの語のうちに見出される。

二七八　竪琴は当初、弦のことであって、ギリシア人はいまでも《コルダ（χορδά）》と言っている。そして最初の弦は柳の小枝でできていたにちがいなく、その柳の小枝をラティウムの人々は《ウィーミナ（vimina）》と呼んでいたが、これは《ウィー（vi〔力〕）》の派生語である。またラティウム人はそれを《フィデース（fides）》とも呼んでいたが、太古の時代には主格で《フィース（fis）》、斜格で《フィディース（fidis）》と呼

郵 便 は が き

料金受取人払郵便

左京局
承 認
3060

(差出有効期限
平 成 3 1 年
6月30日まで)

6 0 6 - 8 7 9 0

(受 取 人)

京都市左京区吉田近衛町69
京都大学吉田南構

京 都 大 学 学 術 出 版 会
読者カード係

▶ご購入申込書

書　　名	定　価	冊　数

1．下記書店での受け取りを希望する。

都道　　　　市区　店
府県　　　　町　　名

2．直接裏面住所へ届けて下さい。

お支払い方法：郵便振替／代引　　公費書類(　　　)通　宛名：

送料　ご注文 本体価格合計額　1万円未満：350円／1万円以上：無料
代引の場合は金額にかかわらず一律230円

京都大学学術出版会
TEL 075-761-6182　学内内線2589 / FAX 075-761-6190
URL http://www.kyoto-up.or.jp/　E-MAIL sales@kyoto-up.or.j

数ですがお買い上げいただいた本のタイトルをお書き下さい。
名）

書についてのご感想・ご質問、その他ご意見など、ご自由にお書き下さい。

名前
（　　歳）

住所
〒

TEL

職業

■ご勤務先・学校名

属学会・研究団体

MAIL

購入の動機
.店頭で現物をみて　B.新聞・雑誌広告（雑誌名　　　）
.メルマガ・ML（　　　）
.小会図書目録　E.小会からの新刊案内（DM）
.書評（　　　）
.人にすすめられた　H.テキスト　I.その他
常的に参考にされている専門書（含 欧文書）の情報媒体は何ですか。

購入書店名
都道府県　市区町　店名

購読ありがとうございます。このカードは小会の図書およびブックフェア等催事ご案内のお届けのほか、告・編集上の資料とさせていただきます。お手数ですがご記入の上、切手を貼らずにご投函下さい。
種案内の受け取りを希望されない方は右に○印をおつけ下さい。　案内不要ばれていたことが見出されるのであって、《力》および《権力》を意味していた。ここから、ラティウム人のあいだでは《インプロラーレ・フィデーム（implorare fidem〔他人の助力を懇願する〕）》[19]とか、《レキペレ・イン・フィデーム（recipere in fidem〔他人の権力や保護や支配の下に置かれることを受け入れる〕）》[20]という言い方が残ることとなったのだった。諸国民の創建者たちの峻厳な時代においては自然で似つかわしいものであったこのようなアレゴリーによって、竪琴という英雄的記号が入ってくるすべての物語〔神話伝説〕は説明される。すなわち、竪琴は、最初は一弦の柳の小枝でできていて、神々の力もしくは支配の下にある家族の並存状態における家父長たちの権力を意味していた。これが最初にして本来の《フィデース・デオールム（fides deorum〔神々による支配もしくは保護〕）》であったにちがいないのである。それがやがて、最初の都市の並存状態のもとでは、複数の弦で構成されるようになり、それぞれの都市で家父長たちの力を結合して法律を命じる一つの統治身分を作りあげることを意味するものとなった。こうして詩人たちのあいだでは法律のことを《リュラ・レグノールム（lyra regnorum〔王国の弦〕）》と呼ぶ言い方が残ることとなったのだった。

二七九　もう一つの英雄語は《怪物》であった。これは当初、さきに〔九五、二七一〕パンとサテュロスたちについて述べたように、半人半獣の《政治的怪物》を意味していた。このことをローマ史はリウィウスをつうじて確認している。リウィウスによると、[21]貴族たちが執り行っていた鳥卜をつうじての婚姻を平民にも

(19)　キケロ『アカデミカ』二・二八・八九。
(20)　キケロ『義務について』一・一一・三五。
(21)　リウィウス『ローマ史』四・二・六。

認めるよう求める英雄的な抗争のなかで、家父長たちは平民にたいして、今後両者から生まれてくる者は《自分自身の本性とは一致しないかたちで（secum ipse discors）》生まれるだろう、と述べて反対したという。なぜなら、その者たちは、半分は貴族たちの厳粛な鳥卜とともに生まれ、半分は平民たちの私的で不確実な鳥卜とともに生まれることになるからである。前者からは、すなわち、息子が母親と同衾したのでもなければ父親が娘と同衾したのでもないことが確かで、子孫の素性を確定することのできるような交合からは、人間が生まれる。これにたいして、後者の場合には、かれらは《野獣のようなやり方で交わっていた（agitabant connubia more ferarum）》というのだった。この者たちが、スパルタの法律でタイゲトス山から投げ落とされ、そしてローマの法律では十二表法のある条項に従ってテヴェレ川へ投げこまれた怪物なのだった。この者たちは、これまで想像されてきたような自然界の怪物ではなかった。自然界の怪物については、最初の立法者たちは——法律がいずれも簡潔であったことからして——たしかに考えてもいなかったにちがいないのである。怪物は自然界にはごくまれにしか存在しておらず、自然界においてごくまれにしか存在しないものが《怪物》と呼ばれている。そして、ローマ市がすでに皇帝の支配下で運営されていたころには法律の条項が多量に存在していたなかにあって、ローマ市は頻繁に起こることがらについてのみ法律を制定する方向に向かっており、まれにしか起こらないことがらにかんしては判事たちの思慮裁量に任せていた。適切でもあれば合理的でもあるこのような神話学でもって、すべての詩的怪物は説明されるのである。

二八〇　最後に、貧しくて質素だった最初のギリシア人にとって、黄金——それはなおも金塊のままで製錬技術もなければ、いわんやそれに輝きをあたえる技術もなかった——は小麦だったことが見出される。ここから、ナイル川は《クリュソルロアス（χρυσορρόας）》＝《黄金を運んでくる者》と呼ばれたのであり、(22)パクトロス川やタグス〔タホ〕川などは《黄金の川》と呼ばれたのだった。(23)豊かな小麦を運んでくる者という意味である。なぜなら、ギリシア人の黄金の時代はラティウム人の農神サトゥルヌスの時代に当たる。そしてサトゥルヌスは《サティス（satis）》、すなわち、鎌で刈り入れがなされる種蒔かれた土地ということから、そう名づけられたからである。(24)一方、この時代には、神々は人間たちと交わっていた。そして、このようにして、英雄たちは自分たちを神々の息子であると称していた。また、アストライア(25)は地上に住んでいたが、それは神々が地上に君臨し、鳥卜によって人間にかんすることがらを統率していると信じられていたからだった。加えて、その時代の純真無垢さたるや、ポリュペモスがオデュッセウスに、自分やほかの巨人たちは自分たちの家族の世話をするのに精一杯でそれ以外のことにはなんの関心もない、と語っている(26)ほどのも

(22) アテナイオス『学者の饗宴』五・三六・二〇三c。アテナイオスは二世紀末から三世紀初めに活躍したギリシアの文法家。

(23) プリニウス『博物誌』五・三〇・一一〇および四・三五・一一〇。パクトロス川はアナトリア半島のリュディア地方を流れる川。タグス（タホ）川はイベリア半島最大の川。

(24) フォス『ラテン語の語源』五二〇頁。

(25) アストライアは、ギリシア神話に登場するゼウスとテミスの娘で、正義の女神。ローマ神話では、時代がサトゥルヌスの黄金の時代から白銀の時代と青銅の時代をへて、鉄の時代にいたり、人間たちが所有欲に駆られて土地の私有や海外遠征を始めるようになると、神々のなかで最後まで地上にとどまって正義を訴えつづけていたアストライアもついに地上を去り、「聖乙女」と呼ばれて天に輝く星になったという。

(26) 第二巻注（17）参照。

のであった。これらに付け加えられた慇懃な牧歌的英雄主義はすべて、モスコスとアナクレオンの時代[27]における才人たちの願望であり、過度に洗練された恋愛から生じた腐敗物以外の何ものでもなかった。つぎに、黄金は金属として以外には用途がなく、この点では鉄となんら変わりがなかった。そしてこの使い古されたアレゴリーによって、黄金とか宝とか富といった記号が参入するすべての物語〔神話伝説〕が解明される。また、自分の鉄製の盾を他人の金製の盾と交換しようとし、交換したあと、この不等価を埋め合わせようとしなかったホメロスの英雄たち[28]は、強欲の汚名から守られる。ずっとあとになってはじめて、人間が手塩にかけて磨きあげた結果、かくも大いなる価値と光沢が生み出されたことで、この金属は《黄金》と呼ばれるようになったのだった。

[第一五章] このような詩の原理から帰結する戦争と平和の法の重要な発見

二八一 こうして、野蛮時代に人々が前もって布告することなく戦争をしていたとき、《追い剝ぎ》という言葉はなによりもまず《戦争をする英雄》を指していた[29]。なぜなら、最初の都市は互いに相手を永遠の敵と見なしていたからである。このために、ギリシア演劇で、メデイアの父アイソンがはじめてイアソンに挨拶するとき、イアソンのことを尊称のつもりで《追い剝ぎ》と呼んでいるのである[30]。この件については、十二表法中にもみごとな痕跡が存在する。そこには、《外国人にたいしては、所有権は永遠である（Adversus hostem aeterna auctoritas est)》と記されている。[31] すなわち、外国人によって占有された何ものもけっして所有権が失われることはなく、それを取り戻すために永遠の戦争がなされなければならない、というのだった。このため、《外国人》といえば《永遠の敵》のことでなければならなかったのである。そして、永遠の敵であるためには、古代のラティウム人が《キーウィス（civis〔市民〕）》と《ホスティス（hostis〔他国人〕）》のあいだに設けていた有名な区別に従って、市民でないことで十分だった。両者は、野蛮時代には、互いに極度の

(27) モスコスは紀元前二世紀に活躍したギリシアの牧歌詩人、アナクレオンは紀元前六世紀に活躍した酒食家で知られるギリシアの抒情詩人であるが、ヴィーコの目には、両人とも、その作風は原始時代の英雄詩の雄渾さからはほど遠く、いまや疲弊してしまった文明の終点に位置するものと映じている。

(28) ホメロス『イーリアス』六・二三四—二三六。

(29) プルタルコス『対比列伝』「テセウス」六および一〇。

(30) 実際には、アイソンはテッサリアのイオルコス王で、イアソンの父。一方、メデイアはアイソンの息子イアソンが金羊毛皮を求めてアルゴー船に乗って出かけたコルキスの王アイエテスの娘である。したがって、イアソンに「追い剝ぎ」と挨拶したメデイアの父は、アイソンではなくて、アイエテスである。ヴィーコ自身、すでに『普遍法』第三巻『註解』の「論究」四・八では、メデイアの父はアイエテスであると述べている。そして『新しい学の諸原理』一七四四年版の〔776〕でもそのように記述されている。なお、出典はエウリピデスの悲劇『メデイア』ではなく（同作品中にはアイエテスは登場しない）、偽オルペウスの『アルゴナウティカ』五・八二七である。この情報をヴィーコはピロストラトス『テュアナのアポロニオス伝』三の証言をつうじて得ている。

(31) 『十二表法』三・七。

敵対関係にあったのだ。そしてこの種の永遠の戦争は、今日、バルバリアの諸民族とキリスト教諸国民のあいだで起きている。キリスト教徒がこのアフリカの沿岸地域をバルバリアと呼んでいるのは、たぶん、そこに住む人々が永遠の海賊行為という野蛮な習俗を脱していないことに起因しているのであって、それはギリシア人のあいだで紅海に面するアフリカ沿岸地域のうち穴居人の住む地域を《バルバリア（Βαρβαρία）》と呼ぶ言い方がいまに残っているのと同じである。しかし、やがて他の諸国民もすべてこのような習俗を脱するようになると、ギリシア人は《ギリシア語を話す者たち》と《ギリシア語を話さない者たち《バルバロイ》》という有名な区別[32]を使って国境の外に住むすべての国民から自分たちを区別するようになったにちがいないのだった。この区別は、該当する国民の範囲においてはもっと広かったものの、ラティウム人の《キーウィス》と《ホスティス》の区別に相当する。ラティウム人の場合には、市民権が加わっていたために、ギリシア人の場合よりも制限されていたのだった。しかしながら、神の民は、かれらの信奉する神の唯一性と同じく単一のものでもある真実性によって、ギリシア人の区別よりも比較にならないほど広く、ほとんど無限といってもよい範囲にわたって、諸国民の世界をヘブライ人と異教諸国民に分割する。このことから、グローティウス、プーフェンドルフ、そしてとりわけセルデンがかれらの体系を双方に共通の自然法にもとづいてうち立てたのがどれほどの思慮によるものであったかが分かろうというものである！　その後、《追い剝ぎ》という言葉は《王を護衛する兵士》を意味するようになり、プラウトゥスの時代までそのような意味で使われていた[33]。そして最後には《暗殺者》を意味する語として残ることとなったのだった。

二八二　同様に、《ホスティス》という語も、最初は《永遠の敵と見なされた外国人[34]》を意味していたのが

——穴居人が国境内に入ってきた者たちを一人残らず殺していたのはこの意味においての《外国人》であって、こうした外国人を殺害するというのは野蛮な民族すべてに共通の習俗であった――、のちには《歓待の最も神聖な掟に従って遇されるべき外国人》を意味するようになった。そして、ふたたび戻ってきた野蛮時代〔中世〕には、それはイタリア人のもとで《宿の主人》と《兵営》の双方を意味する《オステ（oste）》という語として残ることとなり、それぞれ《友好的なオステ》と《敵対的なオステ》と呼ばれていた。ところが、これらの語がイアソンやパリスの訪問先での処遇にあまりにもはなはだしく意味を改変して適用されたため、アルゴナウテースたちの遠征やトロイア戦争についての話、そして要するに英雄的諸民族すべての戦争の法の意味が不分明になってしまった。それどころか、放埒きわまりないパリスにもとづいて、ウェルギリウスが『アエネーイス』のモデルにしているイアソンとテセウスは極悪非道な人物としてわたしたちのもとに伝わることとなった。かれらは、うら若い王女や未亡人から貞節を簒奪し、彼女らから不滅の恩恵を受けたうえで、今日の極悪非道な暗殺者でもやらないほど冷酷な仕方で彼女らを裏切り見棄ててしまった、というのだった。しかし、英雄的民族の法によれば、《ホスティス》ないし外国人の女主人公たち――メデイア、アリアドネ、ヘレネがそれを象徴する記号であった――を掠奪するという行為は、まったく正しい行為

（32） ストラボン『地誌』一・四・九。そこでは、問題の区別は、エジプトで活躍し、アレクサンドリア図書館の館長を務めたギリシア人学者、エラトステネス（紀元前二七五—紀元前一九四）によるものとされている。

（33） プラウトゥス『ほら吹き兵士』九四九。

（34） キケロ『義務について』一・一二・三七。

であると評価されていたのである。そして、英雄主義の最初の最も厳しい時代には、英雄たちがそれらの《ホスティス》と寝るときには奴隷と寝るときと同じような仕方で寝て、市民たちとは厳粛な婚姻の儀式を執り行うことが許容されていたのだった。アキレウスがアガメムノンの使節たちにたいして、自分は〔アガメムノンの娘を嫁にするよりは〕かれらの王の名において外国の王女を妻として提供してくれるほうがましだと告げたとき[35]や、パリスのように、英雄主義の規範を無視して、彼女らを妻として迎えようとしたときがそうである。

二八三　そして、ここにおいて、ヘブライ人と異教徒のあいだの輝かしい相違が際立つ。というのも、客人にたいするアブラハムの応接ぶりはいかにも王たる者にふさわしい仁愛に満ちあふれていたと聖史は語っているからである[36]。これはアブラハムにいたるまでの最初の父祖たちが遵守していた自然法がいかに神聖なものであったかを示すいま一つの重大な証拠である。父祖たちが残した大きな家族とともにアブラハムは近隣の王たちと戦ったのだった[37]。また、最初の父祖たちがかれらの避難所を建設したとき、カルデア人の悪政から逃れてかれらの村にやってきた者たちにたいして慈愛の感情に満たされながら避難所を建設したというのも、重大な証拠である。父権を行使して無垢な子どもたちを神に犠牲として献げるようなことはしなかったのに加えて、ヘブライ人は避難所にかんしても異教徒たちとは異なった対応をとるにいたったのだった。

二八四　さて、このようなギリシア人の英雄的な事績によって、それらについて古代ローマ史が語り直していることはきわめて疑わしくなる。たとえば、ほんとうにローマ人はサビーニ人を懇ろにローマに迎え入れたあとで乙女たちを掠奪したのだろうか[38]。それとも逆に、サビーニの土地を荒らし回りながら掠奪したのではなかったか（サビーニでも、その時代にどこでも見られた騎馬合戦がおこなわれていたにちがいなかった）。また、ほんとうにホラティウス家の乙女〔ホラティア〕はクリアティウス家の英雄たちの一人と婚約していたのだろうか。[39]かれらの所属するアルバ人は、ほんの少し前、ロムルスにすら、暴君から自分たちを解放し自分たちの［正統の］王を取り戻してくれた返礼として妻を提供することを、ロムルスが外国人だという理由ですげなく拒否していたというのにである。それとも、クリアティウス家の一人は実際にはホラティウス家の乙女を掠奪したのではなかったか（パリスがヘレネを掠奪したようにである）。その後まもなく、乙女が亡き夫の姿を目のあたりにして涙することとなったとしてもである。ローマ史とギリシア史についての疑いはその後もますます増大し累積していく。たとえば、ほんとうにトロイア戦争はそれが終結する九年前に宣戦布告がなされていたのだろうか。たしかに、九年目の初めにアガメムノンとプリアモスのあいだで、勝利はどちらの側が騎馬合戦で倒れるかに従って決するという取り決めが交わされていることからしてである。[40]これはまさしく、アルバ戦争の場合、ローマ軍とアルバ軍が相手に数多くの重大で長きにわたる損害をあたえあったあとになってはじめて和平協定が取り結ばれているのと同じである。[41]そして、ホメロスが

(35) ホメロス『イーリアス』九・三八八—三九七。
(36)『創世記』一八・二一八。
(37)『創世記』一四・一—一七。
(38) リウィウス『ローマ史』一・九—一〇。
(39) リウィウス『ローマ史』一・二六。
(40) ホメロス『イーリアス』三・二四五—三〇九。
(41) リウィウス『ローマ史』一・二二—二三。

戦争の起源をすっ飛ばして中間から歌い始め、あるいは終わりが近づくにつれてより多く歌っているのは、ホメロスの技法によるものというよりもむしろ、ことがらの〔不確実な〕自然本性に起因していたのだった。さらに、最初の戦争は侮辱された側の君主と侮辱した側の君主のあいだでの双方の民を前にした果たし合いとしておこなわれたのではなかっただろうか。実際にも、ギリシア人のあいだでは、トロイア戦争はヘレネの夫メネラオスと彼女を掠奪したパリスのあいだの果たし合いにもとづいて決着している。また、ラティウム人のあいだでは、アルバ戦争はホラティウス家の三兄弟とクリアティウス家の三兄弟のあいだの果たし合いであった。そのような慣わしは、知性が不足していた最初の諸民族と、家族の並存状態のもとで少し前までおこなわれていた決闘の習俗には、はるかに似つかわしいのであって、プラウトゥスの時代までは公的戦争も決闘と呼ばれていたのである(42)。たしかに、ウェイイはラティウム人のトロイアであったようにみえる。というのも、ギリシア人によって戦われたもう一つのトロイアと同様に、ラティウム人によって十年間にわたって継続的に戦われたからである。どちらの場合にも、いつまでも終わることのない攻囲、あるいは永遠の敵対関係が存在した。これは今日、バルバリア沿岸の諸民族とキリスト教諸民族のあいだに永遠の敵対関係が存在するのと同様である。また、《ホスティス〔外国人〕》にたいしては、ずっと時代が下ってからも、十二表法で《所有権は永遠である》との宣言がなされている。しかも、これは、全期間をつうじて最強の敵を前にしていながらも、執政官たちは春には戦地に出かけて軍務に全精力を注いだのち、冬が始まると家に戻ってきていた時代に起きていたことなのである。これは、計算がいまだに粗雑だった英雄諸国民は、無限に大きな数を指すのに、今日にわたしたちなら《百》とか《千》と言うところを《十》と言っていたかもしれないということで説明できるものなのだろうか。

第一五［一六］章　第七の原理――物語〔神話伝説〕の不分明さについて。神占の秘密

二八五　物語〔神話伝説〕の不分明さの第七の、そして他のいずれよりも頻繁に出会う原理は、神占がおこなわれるさいの秘密であった。その結果、詩人たちは《ミュステス（μύστες）》と呼ばれ、これをホラティウスは《神々の通訳たち（deorum interpretes）》と翻訳した。(43) したがって、物語〔神話伝説〕はギリシア人の神秘であり、詩的記号は聖なる言語であったにちがいない。たとえば、英雄詩人たちにとって、蛇は大地を意味していたが、それは大地の色が毎年太陽のもとで変化するように、蛇が脱皮して黒色から緑色と黄色に変化するからである。このため、頭を断ち切られるたびにますます多くの頭が生い育っていくヒュドラは、大地の大森林なのである。それは洪水後の《ヒュドール（ὕδωρ）》＝《水》からそう呼ばれるようになり、ヘラクレスは火を使ってそれを鎮めたのだった。それは今日でも農夫たちが森林を切り拓くのに火を放っているのと同じである。こうしてホメロスの有名な占い師カルカスは、八羽の燕とその母親を呑みこんでしまった

(42) プラウトゥス『アンフィトルオン』一八九。

(43) ホラティウス『詩論』三九一。

蛇を九年後にギリシア人の支配下に置かれることとなるトロイアの土地を意味すると解釈しているのである。[44] そしてギリシア人のもとでは、《オピス（ὄφις）》＝《蛇》から《オーペレイア（ὠφέλεια）》＝《戦利品》という言い方が残ることとなったのだった。この意味において、詩人たちがかれらの知恵を物語〔神話伝説〕の覆いのなかに包みこんでいた[45]というのは真実でありうる。

第一六［一七］章　物語〔神話伝説〕の腐敗の原理

二八六　物語〔神話伝説〕の腐敗の原理は、同じ物語〔神話伝説〕の不分明さのこれらの原理に基礎を置いている。なぜなら、習俗はどの国家においても、物語〔神話伝説〕の本来の意味、すなわち、それらがギリシアの宗教およびかれらの国民の創建者たちの英雄的な徳と事績の歴史であったということを知らないでいたことと結びついて、おのずと劣化し腐敗していく傾向にある。そして、そのような習俗の変化は物語〔神話伝説〕を、原初の宗教および良き法律と良き風習とはまったく背反する、腐敗しきった意味へと追いやっていくからである。

二八七　しかしながら、わたしたちがここで推理している諸原理に特有のいくつかの例を挙げるなら、ギリシア人がつねにただ一人の女とだけ交わっていたために茫然自失して吐き気のするような官能美を味わうことはなかったにちがいない時代のことを考えてみよう。ただ一人の女とだけ交わるというのは今日でもわたしたちの農夫の慣わしでもあって、かれらは自分の妻だけで満足している（ひいては、農村部では、姦通の噂はけっして、あるいはごくまれにしか、耳にしない）。そのような時代には、英雄たちはゼウスの息子だったという物語（神話伝説）は、当時の習俗にふさわしい厳格で重大な観念をしか意味しえなかったのだった。当時の習俗のもとでは、人間たちのあいだでさえ姦通とはなにかがわかっていなかったというのに、ゼウスについて姦通といったようなことを考えられたわけがないのである。このようなわけで、言語の幼少期に固有の詩的簡潔さによってその物語が意味していたのは、英雄たちはゼウスの意思をつうじて厳粛な儀式を挙げて執り行われる素性の確かな婚姻から生まれた息子たちであるということだったことが見出される。そして、ゼウスの意思は神聖な鳥卜によってかれらの親族に伝えられたのであって、ローマの英雄たちは《鳥卜は自分たちのものである（auspicia esse sua）》と主張していたのであり、平民たちのほうでは英雄たちが《天から降ってきた（esse de caelo demissos）》ことに異議を唱えていたのだった[46]。ところが、やがて反省的な色欲[47]の時代が到来すると、骨の髄まで腐敗しきった人間たちはおのずと宗教と法律の権威に逆らって罪を犯そうと欲するようになったため、この物語は姦夫ゼウスとさまざまな女たちとの交合から生まれた息子たちのことを言っているのだと受けとられるようになった。そして、このように受けとられた物語と符牒を合わせて、これらの息子たちはヘラのゼウスにたいする嫉妬と両者のあいだの口論と争い、さらにはゼウスがヘ

（44）　ホメロス『イーリアス』二・三〇八―三二〇。

（45）　ダンテ『神曲』「地獄篇」九・六二参照。

（46）　リウィウス『ローマ史』一〇・八・九―一〇。

（47）　「反省的な色欲」の原語は〝libidine riflessiva〟である。

ラに加えた虐待の原因をなしているというように受けとられることとなったのである。同様に、英雄的な婚姻の厳粛さと神聖さに関連する他の物語も——その一つに、ヘラが怒りのあまり、ヘラクレスをゼウスが〔アルクメネとのあいだにもうけた〕不義の庶子として殺してしまおうとしたという物語もあるのだが——、もともとは婚姻の女神であるヘラが最初の家父長たちに家族の必要のために引き受けるよう命じた大仕事についてのものだったのである。ところが、それらの腐敗した物語はいずれも本来のアレゴリーないし意味を含んでいないため、ゼウスの恩恵に助けられながら自分の力で万事を克服していったことから、もともとは《ヘラス・クレオス（Ἥρας κλέος）》＝《ヘラの栄光》と言われていたヘラクレスは、見苦しくも、事実上、ヘラの不名誉そのものになってしまったのだった。

第一七［一八］章　ホメロスに先行する英雄詩人たちの三つの時代の発見

二八八　これらの明かりに案内されて、物語〔神話伝説〕には光が取り戻され、英雄詩人たちの三つの時代が区別される。第一の時代は、諸国民の創建者たちにふさわしく、全員が厳粛な詩人たちからなっている時代である。第二の時代は、何世紀も経過するうちにしだいに近づいていったにちがいない時代であって、全員が堕落した詩人たちからなる。そして、どちらの時代も、詩的ないし英雄的な国民全体で構成されていたのだった。第三の時代は、これらの国民から物語〔神話伝説〕、すなわち、かれらの堕落した歴史を蒐集して、そこから詩を作りあげた個別的な詩人たちからなる時代である。そして、この第三の時代にホメロスは位置づけられるべきなのである。というのも、かれは一人の歴史家であったこと、それもわたしたちの見解ではわたしたちが所有しているギリシア国民の最初の歴史家であったことが見出されるからである。

二八九　これら詩人たちの三つの時代によると、アポロンは（悟性的に推理された諸原理から出てくる結果の分析をいくつかの例を示すことによって続けるとして）、婚姻のさいに鳥卜によって吉兆を受けとっていて、適切にも《ディーウィーヌス（divinus）》と呼ばれた、最初の占い師たちの詩的記号であったことが見出されるのだが、そのアポロンは森林の中を放浪しながら非道にも父親や息子たちと交わっていた女たちの詩的記号であるダプネを追って森に入っていく。こうして、アポロンが追いかけるのは神の行為であり、逆に、ダプネが逃げるのは野獣の行為であるのだった。ついにダプネはアポロンに捕らえられて停止させられると、鳥卜をつうじて神々に加護と力をあたえてくれるよう懇願し、忠誠を誓う。そして樹木、それもとりわけ月桂樹に変身する。すなわち、繁茂する樹木の確かな継続をつうじて、氏族ないし家族を植えつける。その名前ないし一門はつねに緑でつねに生き生きとしており、それを最初のギリシア人は父の名を苗字とすることによって保存していたのだった。ここからアポロンは名前の永遠の保存者にして文明の光の神としてとどまることとなったのであり、その光に照らし出されていることから貴族たちは《光栄ある》《高名な》《著名な》存在と言われているのである。かれは竪琴で、すなわち、鳥卜の力を借りて歌う（cantare＝canere）、あるいは予言する。というのも、純正ラテン語でも、予言するというのがその語〔canere〕の意味だからである。また、かれは神占の神でもあって、ここから最初の詩人たちは適切にも《ディーウィーヌス

（divinus〔占い師〕）》と呼ばれたのだった。さらに、かれはムーサたちに補佐されていたが、それは《フーマーニタース（humanitas〔人間性＝文明〕）》のあらゆる技芸は婚姻から、すなわち、真に人間的な結合から生じてきたからである。

二九〇　それらのムーサたちのうち、ウラニアは鳥卜によって吉兆を受けとって厳粛な婚姻を執り行う目的で天を観察する者であって、《ウラノス（οὐρανός）》＝《天》からそう呼ばれたのだった。ひいては、婚姻の神ヒュメンはウラニアの息子なのだ。もう一柱のムーサ、メルポメネーは、先祖たちの記憶をかれらの墳墓をつうじて保存している。[48] 第三のムーサ、クレイオーは、先祖たちの顕著な事績の歴史を物語る。そして、英雄たちの《名声》と同じムーサであって、その名声をつうじて英雄たちは、古代の諸国民すべてのもとで、クリエンテーラを建設したのだった。そして、それらのクリエンテーラはこの《ファーマ（fama）》＝《名声》に因んでラティウムの人々によって《ファミリア（familia）》＝《家族》と呼ばれたのであり、ギリシア語《ケールケス（κήρυκες）》（ホメロスに出てくる英雄たちの従僕）のラテン語翻訳者たちによって《ファムリ（famuli）》と訳されたのである。

二九一　つぎに、ゼウスは雷から受けとった吉兆によって月桂樹（これは身元の確実な女との結合にとっての好機である）を助ける。また、最初の父たちの王国はそのような結合によって建設されたので、アポロンはパルナソス山で、すなわち、都市を建設するために必要だった永遠に涸れることのない泉が尾根で湧き出ている山々の上で、月桂冠を戴いているのである（都市は《ペーゲー（πηγή）》＝《泉》からラティウム人によって《パーグス（pagus〔都邑〕）》と呼ばれ始めたのだった）。このためにアポロンはアルテミス〔森と狩猟の女神、ローマ神話ではディアナ〕の兄なのであって、かれの馬ペガソスは蹄で一蹴りしてヒッポクレネの泉〔馬の泉〕の水を噴出させ、その水をムーサたちは飲むのである。最後に、ペガソスには翼があるが、それは貴族だけが馬に乗って戦う権利をもっていたからである。同様に、古代ローマ人のあいだでも、ふたたび戻ってきた野蛮時代〔中世〕でも、貴族だけが馬に乗って戦っていたのであり、ここからかれらのことを《騎士》と呼ぶ言い方が残ることとなったのだった。

二九二　この神話ではすべてが滑らかに進行し、首尾一貫していて、主題に適合しており、なんら不条理なところ、持って回ったところ、ねじ曲げられたところはないようにみえる。ところがその後、これらの詩的記号は意味が不鮮明になっていき、物語は第二の時代の詩人たちによって堕落させられていった。こうして、第三の時代の詩人たちのもとには、アポロンがダプネを追いかける話はみだらな男が女を追いかける話として、ダプネが逃げる話は人間の男から女神が逃げる話として、アルテミスの話は諸国民の建設の手本としてはなんの役にも立たない話として伝えられることとなった。そして批評家たちが指摘するように、ホメロスは人間を神として登場させたり神を人間として登場させたりするにいたるのだった。

(48)　実際にはメルポメネーは悲劇のムーサで、先祖たちの記憶の保存とは関係がない。

第一八［一九］章　キリスト教が真実の宗教であることの証明

二九三　神の民が建設されたさいのもろもろの事績についての最初の言い伝えのこんなにもぶざまな堕落は聖史においてはまったく見られないだけでなく、その民の創建者の真実の神聖さにふさわしい政治学の連続性がそこには見てとられる。この連続性について、ヌマの同時代人であったホメロスよりも千三百年も早く生まれていたモーセは、ホメロス以上に詩的な表現で語っている。しかし、同時に、唯一の神を崇拝するよう命じ、空想をたくましくして偶像をでっちあげるような事態におちいることのないよう戒めるほど学識があり、通常なら許容される最小限の欲望すらも禁じるほど神聖な掟を神からかれの民にもたらすのである。[49] これらの神的な教義の威厳とこれらの習俗の神聖さは、プラトンの形而上学とソクラテスの道徳哲学をはるかに凌駕するものであったので、おそらく、アリストテレスの弟子であり、ひいてはソクラテスとプラトンの生徒であったテオプラストスをして、ヘブライ人を《生まれながらの哲学者》と呼ばしめたのだった。[50]

第一九［二〇］章　最初の立法的知恵が詩人たちのものであったのはどのようにしてか

二九四　こうして、アポロンは最初の時代の気風、すなわち、神占あるいは鳥卜の知識にもとづいて判断していた占い師詩人たちの時代の気風の賢者たちの詩的記号であった。これらの神的なことがらの観察はまずもって主要には婚姻という人間にかんすることがらを規制するためになされたのであり、この婚姻をつうじて人間たちは野獣的放浪状態から文明の道へと移行し始めたのだった。その時代の気風は嘘偽りなく、異教徒たちの神学、あるいは吉兆を受けとるために天を観察することによって神占の知識を樹立した神学詩人たちのものであった。そしてここから詩には最高の讃辞がやってくるのであって、ホラティウスも『詩論』のなかで、世界で最初の立法的知恵は詩人たちの知恵であったと語ったのである。(51)

---

(49)『出エジプト記』二〇・三―一七。

(50) 第二巻注(216)参照。

(51) ホラティウス『詩論』五・三九六。

第二〇［二一］章　ホメロスの知恵と神的な技法について

二九五　長い歳月が経過し、習俗に多くの変化が生じて、アポロンの物語について見たように、ギリシアの宗教が汚染されてしまったのち、偉大なホメロスが登場した。かれはかれの時代の堕落した状態について反省をめぐらせ、『イーリアス』の全体系をわたしたちが諸国民の第一の原理として定立した摂理と誓約の宗教にもとづいて配置した。ゼウスがテティスにアキレウスの名誉を取り戻すと厳粛に誓ったときの誓約がそれであった。アキレウスはアガメムノンにクリュセイスを力ずくで奪われて名誉を傷つけられていたのである。[52] こうしてゼウスはギリシア人とトロイア人にかかわる諸事万般を戦争の数多くの紆余転変をつうじて規制し統御するのであり、ついにはかれの誓った約束が事柄そのものを手立てとして遂行されるように取り計らうのである。ホメロスは徳と悪徳のすべてを同時に登場させて互いに突き合わさせる。というのも、宗教はギリシア人を義務の道にとどめておくにはほとんど役に立たなかったからである。そして、パリスが自制心を失って相手の歓待を踏みにじる振る舞いをとったことが原因となってトロイア王国に破滅をもたらしたことを示してみせるのである。これと対蹠的に、ギリシアの英雄たちのうちで最大の英雄で、戦争の運命を一身に背負っていたアキレウスは、ギリシア同盟軍の首領アガメムノンが自分の娘を妻としてかれに差し出したのににたいして、その異国の若き王妃には見向きもせず、かれの父ペレウスが提供した自分の祖国の女性を妻に娶るほうを選ぶのだった。[53] これと同じ意図をもって、ホメロスは『オデュッセイア』の全体系も、ついに復讐をはたして求婚者たちを縛り首にしてしまうオデュッセウスの賢慮と雅量にもとづいて配置している。求婚者たちは暴飲暴食、遊興、怠惰におちいり、乱暴狼藉の限りを尽くしてオデュッセウス家の家産に損害をあたえ、貞節を守っているペーネロペーのような女性たちを攻囲していたのだった。

二九六　これらの観念にもとづいて、ホメロスの二つの詩篇はこれまで観察されてきたのとはまったく異なった相貌のもとで立ち現われることとなる。ホメロスには、かれがそのもとで生まれ育った英雄的な時代の気風に似つかわしい政治的な知恵以外の知恵を帰属させることはできない。ホメロスがギリシア的人間性の創建者であるという称賛の辞を受けるに値するのは、この知恵によっているのである。もっとも、上述の原理によると、本当はギリシア的人間性の復興者であると言うほうが適切なのであるが。また、ホメロスには、ギリシアの英雄的言語の時代に居合わせたという幸運と結びついた生まれつきの天分以外の技法を帰属させることもできないのである。なぜなら、ホメロスはエジプトを見ることすらなかったという、さきに〔三七〕証明したこと以外にも、プルタルコスが（この点でもプラトンの後を継いで）ホメロスのうちに見てとっている深遠な知恵[54]や、批評家たちがホメロスのうちに見出している詩の技法は、人間的な観念の〔自然的な〕流れと哲学者たちと詩人たちについての確実な歴史の双方に背反するからである。

(52)　ホメロス『イーリアス』一・五二四―五三〇。ヴィーコはクリュセイスとブリセイスを取り違えている。

(53)　ホメロス『イーリアス』九・三八八―三九七。

(54)　プルタルコス『ホメロスの生涯と詩篇について1・2』参照。ただし、同論考は偽書である。

二九七　なぜなら、まずは俗に《四大〔元素〕》と呼ばれている二次的な性質でもって形成された物体を事物の原理として立てた粗雑な哲学者たちが登場した。かれらは自然学者で、ギリシアの七賢人の一人、ミレトスのタレスが第一人者であった。つぎにはソクラテスの師匠であったアナクサゴラスがやってきた。かれは無限の微小な不可感的物体をあらゆる形のあらゆる物質のなかに存在していてあらゆる組成の内部で力として作動する種子として立てた。そのあとにはデモクリトスがやってきて、形の第一次的性質だけをもつ物体を立てた。最後にプラトンが事物の原理を形而上学の抽象的原理のうちに探求しようとする挙に出て、イデア的な原理を立てた。プラトンが得たいと願望したような深遠な知恵が、一体全体、どのようにして天からホメロスの胸中にまで、一度にどっと、降ってきたというのだろうか。ホメロスのあと、たしかに劇詩が登場したが、それは——その起源が疑いの余地なくわたしたちに語っているように——じつに粗雑な仕方で始まったのであって、顔に葡萄の澱を塗りたくった農夫たちが葡萄の収穫期に荷車の上に乗って人々をからかっていたのである。だから、英雄詩だけが教えられていたどのような学校で、ホメロスは、こんなにも早い時代に、ギリシアの哲学者や歴史家や弁論家がかれらの栄光の頂点に到達したあともかれを凌駕する一人の詩人も長期間登場しなかったほどの技法を習得したというのだろうか。これらの峻険な困難はわたしたちがさきに〔二八八〕論じた詩の原理によってしか解決されない。

第二一［二二］章　どのようにして深遠な知恵の原理がホメロスの物語のうちに見出されるにいたったのか

二九八　それというのも、人々が形而上学の至上の真理とひいては悟性的推理にもとづく道徳に到達するために、摂理は諸国民の諸事万般がつぎのように規制されるのを許可したからである。すなわち、個々人はおのずとまずもって感覚し、そのあとで反省する。それも最初は情念によって掻き乱された心でもって反省し、それから最後に純粋の知性でもって反省する。それと同じように、人類もまずもって物体の様態を感覚し、それから精神の様態について反省し、最後に抽象的な知性の様態について反省するようになったにちがいないのだった[55]。ここにつぎのような重要な原理、すなわち、あらゆる言語は、どれほど言葉豊かで学識に

(55)「物体の様態」「精神の様態」「抽象的な知性の様態」の原語は、それぞれ、〝modificazioni de' corpi〟〝modificazioni degli animi〟〝modificazioni delle menti astratte〟である。うち、とくに二番目の「精神の様態（modificazioni degli animi）」という表現は、マルブランシュ Nicholas de Malebranche（一六三八—一七一五）の『真理探求論』*De la recherche de la vérité*（一六七四—七五年）一・一・一に登場する〝modifications de l'âme〟から直接に採ってこられたものではないかと推測される。上村忠男『バロック人ヴィーコ』（みすず書房、一九九八年）、一二七—一二八頁参照。なお、『新しい学の諸原理』第二・三版では、この表現は第三番目の表現と合体されて、〝modificazioni della nostra medesima mente umana〟となっている。

富んでいようとも、精神的なことどもを物体的なことどもとの関係によって説明しなければならないという困難な必要性に遭遇するという原理が発見される。ここからはまた、これまで人々が抱いてきた神学詩人たちの知恵を突きとめたいという願望が空しいものであったことの原因がすぐあとで〔二九九―三〇二〕見出されるのであって、それは、物語〔神話伝説〕が古くて不分明になればなるほどおのずと崇敬に値するものになることと結びついて、哲学者たちにそれらについて省察をめぐらせるとともに、それらの深遠な知識を説明しようとする気持ちを起こさせた機会のうちに潜んでいることが感知されるのである。ここからかれらは物語〔神話伝説〕に、仕事や気まぐれがかれらの空想を掻き立てるのに応じて、さまざまな自然学的、倫理学的、形而上学的、その他もろもろの知識に由来する解釈をあたえたのだった。こうして、かれらはむしろ、かれらの博学なアレゴリーを駆使して、物語〔神話伝説〕を作りあげたと言ったほうが当たっているのである。しかし、哲学者たちがあたえたこれらの博学な意味をそれらの物語〔神話伝説〕の最初の作家たちはわかっていなかったし、自然本性上粗野で無知であったことからして、わかるはずもなかった。それどころか、この同じ自然本性のために、かれらは物語〔神話伝説〕を、さきに〔九三〕述べたように、かれらの神と人間にかんすることどもの真実をありのままに語ったものと考えていたのだった。

二九九　わたしたちの原理を例示するなら、自然学的解釈は以下のとおりである。神学詩人たちにとっては、カオスは人間の種子の混乱のことであった(56)。ところが、やがてこの本来の観念が不分明になってしまうと、この語は哲学者たちに普遍的な性質の種子の混乱について省察する動機を提供すると同時に、その混乱を《カオス》という名によって説明する絶好の機会をあたえることとなるのである。同様に、パンも、詩人たちにとっては人間の自然本性が理性と獣性の合成体であることを指していたのが[57]、哲学者たちによって万物の普遍的な性質を指すものと受けとられるようになったのだった。また、ゼウスも、詩人たちにとっては雷を発する天であったのが——そしてそれを目撃して仰天した巨人たちにはゼウスを見たように思われ、山の下に身を隠したのだったが——、プラトンに万物に浸透して動かすアイテールの性質について省察し[58]、その貫通するものの動きを《万物はユピテル〔ゼウス〕で充満している[59]》というモットーの上に停止させる動機と機会をあたえることとなるのである。

三〇〇　道徳的解釈の例としては、肝臓と心臓が永遠に鷲によって食い荒らされる巨人ティティウスの物語を挙げることができる。この物語は、詩人たちにとっては、鳥卜によるおどろおどろしい前兆の占いのことを言おうとしたものであったのが、哲学者たちによって罪深い良心の呵責を意味するのにうってつけの物語であると受けとられるようになったのだった。

三〇一　最後に、形而上学的解釈の例としては、詩人たちの歌う英雄のことがある。その英雄は、ゼウスの前兆によって産み出され、それゆえ神的起源をもつと神学詩人たちによって信じられていたのが、哲学者たちにかれらの英雄概念について省察し説明する機会をあたえることとなるのである。すなわち、形而上学

(56)　ヘシオドス『神統記』二一一―二三二。オウィディウス『変身物語』一・五―三一。

(57)　ロバート・グレーヴス『ギリシア神話』第二六節参照。

(58)　プラトン『クラテュロス』四一二D。

(59)　ウェルギリウス『牧歌』三・六〇。

が教える永遠の真理について省察することによって、神的な性質をもった存在になり、これをつうじておのずと有徳な行動をとるようになる人物というのがそれである。もともと詩人たちが歌っていたゼウスは、最初の雷によって巨人族のうちの少数の者たちに——というのも、茫然自失状態から目覚めさせられたのは少数の者たちだけだったにちがいないからである——呼びかけて、かれらが文明へと受け入れられるよう仕向けていった。こうして、かれら少数の者たちは、ホッブズの放縦で暴力的な者たちのもたらすもろもろの苦痛から逃れ、主人たちに家僕として受け入れられることによってしか、文明に受け入れられなかった多数の愚鈍な者たちの主人となることに成功したのだった（このために、さきに〔七七、一三九〕説明したように、アリストクラティックな国家は《少数者からなる政体》と呼ばれたのである）。ところが、そのゼウスが、少数の者たちに哲学者になるにふさわしい性向をあたえ、《公平なユピテルが愛した少数の者たち》[60]というモットーが本来もっていた意味を毀損してしまったゼウスに置き換えられてしまったのだ。同様にして、ウラニアも、詩人たちにとってはゼウスの意思によって婚姻の儀式を執り行う目的で前兆を受けとるための天の観察者であったのが（これが彼女の息子ヒュメンが厳粛な婚姻の神である理由である）、学識ある時代には、天文学に成り変わった。これがあらゆる深遠な学のうちで最初の学であったことはさきに〔二一〇〕証明したとおりである。

三〇二　これらすべての理由から、実際にはプラトンがホメロス化したのに、ホメロスがプラトン化したと信じられたのだった。[61]なぜなら、プラトンはかれの深遠な知恵を法律に役立たせるためにつねに通俗的な知恵の言葉を使って自分の見解を説明することに心がけていたからである。こうしてかれのアカデメイアからはギリシアの英雄たちと同じ数の学者たちが輩出することとなった。その一方で、ゼノンの柱廊からは尊大と豪奢以外の何ものも出ず、エピクロスの小さな庭園からは良き趣味と洗練以外の何ものも出なかった。このようにして、ほかの物語についても、もしこの世に宗教が存在しなかったなら、この世に哲学者も存在しなかっただろうという、わたしたちの主張は立証されるのである。

第二二［二三］章　神聖語としての諸国民のあいだでの最初の言語の生誕の様式

三〇三　それどころか、宗教がなくては人間たちのあいだに言語も生まれなかっただろう。なぜなら、さきに〔四五〕論じたように、なんらかの神性についての共通の思想でまとまらないとしたなら、人間たちは団結して国民を形成することもできなかっただろうからである。このため、言語はどの国民のもとでも必然

(60)　ウェルギリウス『アエネーイス』六・一二九―一三〇。

(61)　「実際にはプラトンがホメロス化したのに、ホメロスがプラトン化したと信じられたのだった」の原文は〝onde Platone omerizzò, Omero fu creduto platonizzare〟である。『新しい学の諸原理』一七二五年版の英訳者レオン・ポンパはこの一節を「プラトンのホメロスが歌ったとき、かれの歌はプラトン的であると受けとられた」という意味にとっている。

的に神聖な種類の言語として始まったにちがいないのだった。しかし、この点にかんして、第二巻で観念について証明したように、ここではわたしたちは言語の面でもヘブライ語は異教徒の言語と異なっていることを見出す。ヘブライ語は唯一神の言語として始まり、その後もそうであり続けたが、これにたいして、異教徒の言語も単一の神から始まったにちがいなかったとはいえ、その後は途方もなく多数化していった。こうしてヴァッロはラティウムの民のあいだに優に三万の神を算えるにいたっている。[62] これは、今日の大きな辞書に記載されている、意味の確定した語の数とほとんど同じだけの数である。

三〇四　さまざまな言語のこのような生誕の様式、あるいは自然本性[63]を発見するには、じつに厳しい省察を要した。そして、プラトンの『クラテュロス』に始まって（同書をわたしたちは誤って別の哲学的著作[64]でことのほか称揚したことがあった）、ヴォルフガング・ラツィウス、[65]ジュリオ・チェーザレ・スカリージェロ、[66]フランシスコ・サンチェス[67]その他にいたるまで、これまでわたしたちの理解を満足させてくれるものは一つとしてなかった。このために、ジャン・ルクレールは、現代の同様のことがらについて論じたさい、文献学全体のなかでもこの案件以上に大きな疑念と難問を呼び起こすものはないと言っているのである。[68] なぜなら、それには、わたしたちの自然本性を脱ぎ捨てて、ホッブズ、グローティウス、プーフェンドルフの最初の人間たちの自然本性の中に入りこむという、不愉快で、厄介で、重苦しい努力が要求されたからである。かれら最初の人間たちはおよそ言葉をいっさい話すことがなく、しかも、ほかでもなく、そのような言葉を話せない人間たちから異教諸国民の言語はやってきたのだった。しかし、わたしたちは、おそらくそのような最初の人間たちの自然本性の中に入りこんで、詩のもう一つの新しい原理を発見し、最初の諸国民が詩人たちからなっていたことを見出したように、これらの同じ原理のうちに言語の真の起源も発見したのだった。

三〇五　わたしたちは詩の原理をつぎの事実、すなわち、最初の人間たちはなんらの言葉も持ち合わせていなかったので、唖者と同様、沈黙の行為か、かれらが指示したいと思っている観念と自然的な関係を有していた物体によって、自分たちを説明していたにちがいなかった、ということのうちに見出した。たとえ

---

(62)　現在は散逸してしまったマルクス・テレンティウス・ウァッロ（前一一六—前二七）の『神と人間にかんすることがらの古事記』を指しているものと推察される。直接の典拠はアウグスティヌス『神の国』三・一二および七・六のようであるが、そこにはウァッロはラティウム人のあいだには多数の神が存在したと述べているとあるものの、三万という数字への言及はない。

(63)　この点については、『新しい学の諸原理』第二・三版の第一巻第二部「要素について」の公理一四にも「事物の自然本性とは、それらの事物が一定の時に一定の様式で生じるということにほかならない」とある。

(64)　『イタリア人の太古の知恵』を指す。

(65)　第二巻注（270）参照。

(66)　第三巻注（5）参照。

(67)　フランシスコ・サンチェス Francisco Sánchez de las Brozas（一五二三—一六〇一）はスペインの人文主義的文献学者。主著は『ミネルウァあるいはラテン語の原因について』*Minerva seu de causis linguae latinae*（一五八七年）。

(68)　ジャン・ルクレール Jean Le Clerc（一六五七—一七三六）はスイスの神学者・聖書学者。『創世記』の翻訳と註解、*Genesis ex translatione Ioannis Clerici cum eiusdem paraphrasi perpetua, commentario philologico, dissertationibus criticis quinque et tabulis chronologicis*（一六九三年）のなかで、さまざまな言語のあいだに存在する相違には自然的な起源があると主張している。

ば、かれらはのちに天文学で黄道帯の十二宮を太陽が一周する時間を指示するために用いられるようになった《年》という語の意味についてなおも合意を見るにいたっていなかった。そこで、かれらが主として農事にたずさわっていた時代には、たしかに年の観念を農民たちの身に毎年降りかかり、そのために農民たちが一年中汗して働いていた最も目立つ自然界の出来事によって説明していたにちがいないのだった。また、その時代には人々は迷信深かった〔今日でもアメリカの住民がそうであって、かれらは自分たちの能力水準に照らして大きなものはなんでも神であると思いこんでおり、またそう言っている〕。そして、そのような時代には、作物が疑いもなく人間の勤勉努力が産み出した一大発明物であったので、鎌やその鎌で草を刈る仕草によって、自分たちが言おうとしていた年の数と同じ回数の刈り入れをしたことを合図していたのだった。さらには、さきに〔二六一―二六四〕詩的記号について論じたところに従って、作物を発明した最初の人間たちから神的な記号サトゥルヌスを作り出した。こうして、ラティウム人のサトゥルヌスは、ギリシア人がクロノスと呼んでいたのと同じ意味において時間の神なのだった。そしてサトゥルヌスの鎌が刈りとっていたのは人々の年齢ではなく、作物であったのであり、翼は時間が飛び去っていくことを指すためにつけているわけではなかった。このような道徳的アレゴリーは、自分たちの家のやりくりにかかわることがらを互いに伝達しあおうとしていた最初の農夫たちにはなんの意味ももたなかった。かれらのあいだでは、サトゥルヌスは、英雄たちだけが前兆を受けとることができたことから、農業、ひいては耕作地は英雄たちの権利に属する、ということの象徴であった。このようにして、のちにメトニミー〔換喩〕の種類に分類されることとなった、事物の発明者を発明された事物の代わりにもってくる詩的な喩はすべて、最初の諸国民の自然本性から生まれたのであって、詩作の才に長けた個人の綺想から生まれたわけではないことが見出されるのである。

第二三〔二四〕章　最初の自然言語、すなわち、自然的なかたちで意味する言語の様式

三〇六　異教諸国民の創建者たちの虚偽の観念にかんする省察をさらに進めた結果、これらの詩的な喩は〔非本来的な表現法ではなくて〕最も本来的な表現法であったことが見出される。ここでさきに〔二五四―二五五〕神々をうたった詩について論じたように、かれらは人類にとって必要または有益なことどもを生命ある神的な実体であると思いこんでいたのだった。こうして、最後に登場した詩人たち(69)のもとには、ゼウス＝ユピテルが雷鳴を轟かせる天を指す神、サトゥルヌスが種蒔かれた土地を指す神、デメテル＝ケレスが穀物を指す神としてやってきたのであり、ウァッロの算えあげている三万の神々がやってきたのだった。これらの〔異教諸国民の創建者たちの〕虚偽の仮説または思いこみにもとづいて考えてみるなら、最初の言葉は自然によって事物を表現していたという、文献学者たちもまた共通に指摘している言い伝えは真実でありうるかもしれ

(69)　ホメロスのように、原始の時代の物語を蒐集して詩を編んだ詩人たちのこと。本書〔二八八〕を見られたい。

ないのである。[70] ひいては、ここからキリスト教が真実の宗教であることのもう一つの証明を引き出すことができる。真実の神に照らし出されて、アダムは事物にそれらの自然本性に従って名前をあたえたのだったが、しかしながら、そのさい、神的な実体に言及するといったようなことはなしえず（というのも、真実の神とはなんであるかがわかっていたからである）、自然本性的な特性に言及することによって名前をあたえたのだった。このため、聖なる言語は真実の神性の模写像のようなものをけっしてもっていなかったにもかかわらず、ホメロスの英雄語すらも崇高さにおいて凌いでいたのである。

第二四［二五］章　英雄語としての諸国民の第二の言語の生誕の様式

三〇七　時代がくだって、穀物が神であると想像していた諸国民の虚偽の見解が消散してしまい、自然的な語彙であると信じていたものがメトニミー〔換喩〕を用いた喩に変化してしまうと、英雄的農民たちはたまたま起こった数だけ同じ行為を繰り返して、まずは同じ数だけの麦の穂を、つぎには同じ数だけの刈り入れを、最後には同じ数だけの年を指示しようとするようになった。というのも、麦の穂はこれらのうちで最も個別的であり、刈り入れにはなおも物体を連想させるものがあるが、年は抽象的だからである。このようにして、現在ではシネクドキー〔提喩〕という種類に分類されている、部分によって全体を意味させる詩的な喩はすべて、諸国民の最初の言葉であったにちがいないことが見出されるのであって、諸国民は事物を最初に目にとまった主要な部分から名づけ始めたにちがいないのだった。それがその後、事物がしだいに合成されていくなかで、部分を示す語彙がそのまま全体を示す語彙に移行していったのである。《屋根》という語によって《家》を意味させていた例がそれであって、最初の住まいの場合には、覆いのために干し草か麦藁（paglia）以外に必要がなかったのだった。ここから、イタリア人のあいだでは藁葺きの小屋を指して《パリアーレ（pagliare）》と呼ぶ言い方が残ることとなったのである。また、まさしく同じことが十二表法でも起きている。十二表法には《繋ぎ合わされた梁（tigni iuncti）》にかんする訴件が登場するが[71]、そこで問題になっている《梁（tignum）》は、最初の時代にはちっぽけな梁であったにちがいないのが（小屋を建てるための材料としてはちっぽけな梁しか必要でなかった）、やがて安楽な生活を求める慣習が生い育ってくるとともに大きな建物を建設するのに必要とされる資材全体を指すようになっていったのである。

三〇八　その後、諸国民のあいだで約定言語が考案されるようになると、第三時代の詩人たちは、――かれらはギリシア人のあいだでは（そして少しあとで〔三七六―三八〇〕見るように、ラティウム人のもとでも、またその理由が一様であることからして、古代の諸国民すべてのもとで）たしかに散文の著作家たちが登場するよりも前に書いていたのだったが、――ウェルギリウスのように、《いつの日かわが王国に二つ三

(70)　ギリシア＝ローマ以来のヨーロッパの言語学界には、言葉の意味は自然によるものか、約定によるものかという、古くからの論争があった。ヴィーコの述言はこの論争に暗に言及したものである。

(71)　『学説彙纂』四七・三、五〇・一六・六二。

つの麦の穂しか見ることがなくなっても驚くことがあろうか》[72]というような言い回しをするようになるのだった。この言い回しは、ラティウムの最初の民が、観念が制限されていて言葉が貧困であったため、表現に不自由していたことを示している。それが最後にはもう少しばかり明確に《三回の刈り入れであった》と言うようになった。今日でも、フィレンツェの農村地域の農夫たちは、たとえば三年を算えるのに《三回の刈り入れをした》という言い方をしている。

第二五［二六］章　わたしたちのもとにまで届いている詩的な言語が形成された様式

三〇九　このようにして、ホッブズの巨獣たち、グローティウスの単純な者たち、プーフェンドルフの孤立した者たちの沈黙の言語によって文明の道へと入りこみ始めたのち、古代諸国民それぞれの言語が、現在の俗語に先立って、まずは詩的な言語として、徐々に形成され始めた。その詩的な言語は、何世紀も経過したあと、最初の諸国民のもとで、わたしたちにまで届いている全体のなかにあって、それぞれ、いま見るように、三つの異なった種類の三つの部分で構成されていたことが見出される。

三一〇　それらの詩的な言語のうち、第一のものは虚偽の神性を象った記号で構成されており、神々の物語はすべてそこに入る。ヘシオドス（この人物はたしかにホメロスよりも前に生存していた）[73]の『神統記』

はギリシアの最初の言語の語彙集であり、ウァッロの三万の神々はラティウムの最初の言語の語彙集である。ホメロス自身、かれの二つの詩篇の五つか六つの場所でかれの歌う英雄たち以前に語られていたギリシアの古い言語に言及したさい、それを《神々の言語》と呼んでいる。(74) その言語にはエジプト人のヒエログリフあるいは神聖文字が対応する。この文字は聖職者だけが判読することができた。そしてタキトゥスは、まるでここでわたしたちが述べていることを嗅ぎつけてでもいるかのように、このヒエログリフを太古の国民の《セルモーネム・パトリウム（sermonem patrium）》＝祖語と呼んでいる。(75) こうして、エジプト人のもとでも、ギリシア人のもとでも、ラティウム人のもとでも、このような神聖な言語は、これら三つの国民を創建した最初の詩的時代の詩人たちである神学詩人たちによって考案されたものであったにちがいないのである。

三二　第二の詩的な言語は英雄的記号で構成されていて、ホメロスよりも前に活動していた英雄詩人たちの時代である第二の詩的時代に考案された英雄たちの物語すべてを含んでいる。しかし、神聖な言語と詩的な言語が形づくられていた間に、一方では、分節化された言語も誕生し増殖していって、第三の種類の第

---

(72)　ウェルギリウス『牧歌』一・六九。二九一、二〇・七四、『オデュッセイア』一〇・三〇五、

(73)　『新しい学の諸原理』第二・三版では、ホメロスのほうがヘシオドスよりも前に生存していたとされている。

(74)　ホメロス『イーリアス』一・四〇三―四〇四、一四・二九一、二〇・七四、『オデュッセイア』一〇・三〇五、一二・三二七―三二八。

(75)　タキトゥス『年代記』二・六〇。

三の部分が形づくられていった。人々が表現したいと思う事物そのものを記述することによって描き出した、自然的な関係ないし譬喩からなる言語がそれである。そのような言語をギリシアの民はすでにホメロスの時代にはもっていたことが見出される。ただし、今日でも諸国民の俗語の場合に観察されることであるが、当時のギリシアでは、同一の観念にもとづいたものでありながらも、語り方は民によって異なっていて、ある民のほうがもう一つの民よりも詩的な語り方をしていた。ホメロスはこれらすべての語り方のうちから最良のものを選んでかれの詩篇を編んだ。このために、ギリシアを構成していたさまざまな民は、各自がかれの詩篇のうちに自国で生まれた言葉が使われているのに気づいて、ホメロスを自分たちの市民であると主張したのだった。

三二 同じようにして、エンニウス(76)も、なおも野蛮なところを多くとどめていたラティウムの語り口を用いたのにちがいなかった。また、たしかにダンテ・アリギエーリは、〔かれの時代の〕野蛮が減少し始めていたなかで、イタリアのすべての方言から『神曲』で用いられる言い回しを集め回ったのだった。こうして、ギリシアではホメロス以上の詩人は登場しなかったように、イタリアでもダンテよりも崇高な詩人は誕生しなかった。なぜなら、両人とも、それぞれの国民の詩的時代が終わろうとするなかで、他に比肩する者のいない才能に恵まれて活動していたからである。

第二六［二七］章　詩作法のさらなる原理

三一三　しかし、とりわけホメロスについてここで論じていることがらが真実であることを確認するためには、想像力がわたしたちの理性を曇らせているあらゆる霧を払いのけ、教育を受けて知識を授けられたわたしたちのあり方にたいしてわたしたちが冒頭で〔七七〕加えた力を幾分かあらためて加え直して、グローティウスの単純な者たちの自然本性的なあり方に入りこんでいく必要がある。そのときには、わたしたちはホメロスの名声を傷つけるようなことをなにひとつおこなっていないことがわかってもらえるだけでなく、形而上学的証拠によって、かれが詩作法の観念にかんして、功績の面でも、時代の面でも、すべての詩人たちの父であり第一人者であることが証明されるだろう。

三一四　それというのも、形而上学の研究と詩の研究はおのずと相互に対立する関係にあるからである。形而上学は子どもたちが生まれてこのかた植えつけられてきた先入見から知性を浄化するのにたいして、詩は知性を先入見でもって浸し、先入見の中に投げこんでしまう。形而上学は感覚の判断に抵抗するのにたいして、詩は感覚の判断をみずからの主要な規範となす。形而上学は想像力を弱体化するのにたいして、詩は

(76)　クイントゥス・エンニウス（前二三九―前一六九）は　　の父」と称される。
ギリシア人の血をひく共和政ローマ期の詩人。「ローマ詩

想像力が強靱でいることを要求する。形而上学は霊的なものと肉的なものを峻別することに心がけているのにたいして、詩は霊的なものに肉的な実質をあたえることにこのうえない喜びを覚えている。このため、形而上学の考えていることはすべて抽象的であり、詩の抱懐している概念のほうは、肉的な実質に満たされていればいるほど、それだけいっそう美しい。要するに、形而上学が研究されるのは、学者たちがおよそいっさいの情念を免除された事物のうちに存在する真なるものを認識するためであり、およそいっさいの情念を免除されているために事物のうちに存在する真なるものが認識されるのにたいして、詩のほうは、掻き乱された心の装置を動員しながら一般庶民を真なるものに従って活動するよう導いていこうとする。一般庶民は、たしかに、心が掻き乱されなくては活動することがないのである。このようなわけで、その後今日にいたるまでの全時代をつうじて、またわたしたちに知られているあらゆる言語において、同時に偉大な形而上学者でもあれば偉大な詩人でもある、才能に恵まれた人間は存在しなかったのであり、少なくとも、ホメロスが父であり第一人者である、最高の種類の詩人は存在しなかったのだった。プルタルコスはキケロとデモステネスとを比較しており[77]、この比較をロンギノスも踏襲しているが[78]、ウェルギリウスをホメロスと比較するに値するとは考えなかった。そしてこの点でもロンギノスはプルタルコスに従っている。マクロビウスの[79]意見は反対であるかもしれないにしてもである。また、ダンテがトスカーナの詩人たちの父であり第一人者であったと同時に神性にかんしてのこのうえなく高い学識をもっていたことにだれも反対することがないように、かれはイタリアの詩的な言葉遣いが九、十、十一、十二世紀に野蛮状態が頂点に達したなかで誕生した時代にやってきたので（これはウェルギリウスの場合には起こらなかったことだった）、もしスコラ哲学やラテン語をまったく知らなかったならば、さらに偉大な詩人になっていただろうし、トスカーナ語はホメロスのギリシア語に十分対置させうるものになっていたかもしれないと答えておく。このことはラテン語がけっしてなしえなかったことだった。

三一五　詩作法の原理についてここで述べたことはすべて、摂理が詩人たちの起源の神聖な師であることを立証する。このことについては、ホメロスの『オデュッセイア』のなかの二つの場所が――同じ詩篇のなかのほかでも気がつくことのできる多くの場所についてはいまは措くとして――驚嘆すべき仕方で、ホメロスが反省ないし純粋知性の能力がいまだ知られていなかった時代に花盛りを迎えていたことを立証している。テレマコスの力が《聖なる力》ないし隠された力と言われている場所(80)と、アンティノオスの力が《秘められた力》と言われている場所(81)がそれである。実際にも、いたるところで、ホメロスの英雄たちは《心の中で思考しており》、《心の中で推理している》(82)。そして英雄たちのうちで最も思慮分別のあったオデュッセウ

(77)　プルタルコス『対比列伝』「キケロ」の章参照。
(78)　偽ロンギノス『崇高について』一一・四―五。ちなみに、プルタルコスの生年は紀元五〇年頃、没年は一二〇年頃であるのにたいして、誤ってロンギノスが著わしたとされた『崇高について』は紀元一世紀前半の作とされている。このため、ロンギノスがプルタルコスを「踏襲する」ということはありえなかった。
(79)　アンブロシウス・テオドシウス・マクロビウスは四〇〇年頃活躍したローマの文献学者。対話篇『サトゥルナリア』のなかで、ウェルギリウスを古代の学識全体を綜合した存在に仕立てあげ、「マントヴァのホメロス」と規定している。
(80)　ホメロス『オデュッセイア』一八・六〇。
(81)　ホメロス『オデュッセイア』一八・三四。

スだけはつねに《心の中で思慮勘考している》[83]。ここから、《モウェーレ・コルデ（movere corde〔心を動かす〕）》[84]、《アギターレ・コルデ（agitare corde〔心を激しく掻き乱す〕）》[85]、《ウェルサーレ・コルデ（versare corde〔心をひっくり返す〕）》[86]、《ウォルターレ・コルデ（volutare corde〔心を転がす〕）》[87]とか、《ペクトーレ・クーラス（pectore curas〔心を痛める〕）》[88]といった詩的言い回しがわたしたちのもとに残っているのであり、プラウトゥスの時代までのラテン俗語では《コール・サペーレ（cor sapere〔心が知っている〕）》という言い方が流通していたのであり、ここから、《思慮分別がある》を指すのに《コルダトゥス（cordatus）》[89]、《怠惰な》を指すのに《ソーコルス socors》[90]、《精神が錯乱した》を指すのに《ウェーコルス（vecors）》[91]という言い回しが残ることとなったのだった。そして言語の最盛期にはスキピオ・ナシカは《コルクルム・セナートゥス（corculum senatus〔元老院の賢き心〕）》と称されたのだった[92]。というのも、かれは全員一致の見解として最も賢明な政治家と判断されていたからである。

三一六　ギリシアの英雄たちのこのような思考様式、そしてラティウムの英雄たちのこのような語り方は、かれらのつぎのような自然本性にもとづいたものであるとしか考えられない。すなわち、英雄たちは大きな激しい情念に揺さぶられないかぎり思考しなかったというのがそれであって、このためにかれらは心の中で思考していると信じていたのだった。そしてこのことをわたしたちはかろうじて頭で理解することはできるが、心に思い描いてみることはまったくできないのである。しかも、この事例はおよそ言語をいっさい持ち合わせていなかった異教の最初の人間たちの自然本性のほんの一部分でしかない。このような最初の人間たちのうちに、この学を始めるにあたって、わたしたちは万民の自然法の原理を見出しに出かけたのだった

〔二四〕。しかし、今日でも、純粋知性の仕事を説明するためには、わたしたちは感覚〔sensi〕に関連した喩を用いてことがらを表現する詩的な言葉の手助けを必要としているのである。たとえば、わたしたちは《ことがらの真理を認識すること》を指すのに《インテルリゲレ〔intelligere〕》という言葉を使っており、ここから〔イタリア語の〕《インテレット〔intelletto〔理解力〕〕》という語が出てきたのだが、これはもともと豆を〔拾い集めて〕《うまく選り分けること》を指していた。そしてここから《レゲーレ〔legere〔文字を拾い集める行為としての読むこと〕〕》という語も生まれたのである。同様に、わたしたちは《判断すること》を指すのに《センティーレ〔sentire〕》という語を使っており、《判決》を指すのに《センテンティア〔sententia〕》という語を使っている。いずれももともと感覚〔sensi〕に関連した言葉である。また、《論じること》とか《議論すること》を指すのに《ディスセレレ〔disserere〕》という語を使っているが、この語はもともと《刈り入れのための種を蒔くこと》を意味していた。最後に、《サピエンティア〔sapientia〔知恵〕〕》という言葉の語源であ

(82) ルクレティウス『事物の本性について』三・一四〇—一四二参照。
(83) ホメロス『イーリアス』五・六六九。
(84) オウィディウス『トリスティア〔悲しみの歌〕』四・一〇・六五。
(85) ネメシアヌス『狩猟』二一二。
(86) プラウトゥス『カルタゴ人』一三六。
(87) セネカ『怒り狂えるヘルクレス』一〇八三。
(88) ウェルギリウス『アエネーイス』一・二一七ほか。
(89) キケロ『トゥスクルム荘対談集』一・九・一八ほか。
(90) キケロ『ブルートゥス』六八・二三九ほか。
(91) キケロ『トゥスクルム荘対談集』一・九・一八。
(92) キケロ『ブルートゥス』二〇・七九、五八・二一三、『トゥスクルム荘対談集』一・九・一八。

る《サペーレ（sapere）》は、味覚にかんする語で、《食べ物に風味をあたえること》という意味であった。

第二七［二八］章　英雄的インプレーサの真の起源が見出される

三一七　さて、わたしたちの織物の糸をふたたび撚りなおすとして、農民英雄たちがかれらの詩的な時代に刈り入れの回数を年として算えていたというさきに挙げた例〔三〇七―三〇八〕から、三つの偉大な原理が発見される。そのうちの一つは英雄的インプレーサにかんするものであって、万民の自然法の学についてのきわめて重要な結果をもつ認識はこの発見に由来しているのである。

三一八　しかし、創意工夫に富むインプレーサについて論じてきた者たち(93)は、この新しい学でなされることがらにかんしてはまったく与《あずか》り知らないまま論じてきたのだった。したがって、かれらにかれらが《英雄的インプレーサ》と呼ぶもの(94)をペンから流れ出させたのは真なるものの力であったとみる必要がある。この英雄的インプレーサのことをエジプト人は《象徴語》すなわち隠喩や形像や類似する事物を介しての言語と呼んでいた。この言語をかれらもまた自分たちの英雄たちの時代に語られていたと報告している。しかし、わたしたちは本書でそれらは世界中に拡散していた英雄的諸国民すべてに共通の言語であったことを立証するだろう。

三一九　このようなわけで、今日ペルシア人が隣接するモスクワ大公国(95)にたいしておこなおうとしているのと同じように、ダレイオス大王が使節を遣わして宣戦布告したとき、スキュティアの王イダンテュルソスは回答としてダレイオス大王に蛙と鼠と鳥と鋤と弓を送っているのである。これらの実物によって、そのような戦争は万民の法に違反することになるとダレイオスに伝えようとしたのだった。

三三〇　一、イダンテュルソスは、あたかも蛙がいまいる土地で生まれるのと同じように、スキュティアの土地で生まれたので、蛙によって、自分の出自は世界の起源と同じだけ古いということを示そうとしたのだった。だから、イダンテュルソスの蛙は、まさしく、ラトーナが水のほとりでアポロンとアルテミスを産んだ時代には人間が蛙に変身させられていたと神学詩人たちがわたしたちに伝えている、[96]そのような蛙の一匹なのである。そして、その場合の水はおそらく大洪水のことを言おうとしていたのだった。

三三一　二、まさしく鼠が自分の生まれた地面に穴をつくるように、イダンテュルソスはスキュティアでかれの家または氏族をつくってきたということ。

(93)　十七世紀にスペインとイタリアで隆盛を誇った綺想主義（conceptismo, concettismo）の論者たちを指す。

(94)　たとえば、綺想主義の代表的論者の一人、エマヌエーレ・テザウロ Emanuele Tesauro（一五九二—一六七五）の『アリストテレスの望遠鏡』*Il cannochiale aristotelico*（一六五四年）によると、インプレーサは「英雄たちの言語」であり、「英雄的綺想（concetto eroico）を表現したもの」であるという。

(95)　「モスクワ大公国」をのちにヴィーコは「タタール人」と言い換えている。

(96)　オウィディウス『変身物語』六・三一六—三八一。

三三三　三、スキュティアの支配権はイダンテュルソスにある、というのも、そこではかれが鳥卜をおこなって前兆を受けとっているからであるということ。だから、イダンテュルソスの鳥の代わりに、ギリシアの英雄王であれば二翼の翼をダレイオスに送っただろうし、ラティウムの英雄王であれば《鳥卜は自分のものである》(97)と答えただろう。

三三三　四、ついでは、スキュティアの農地の領有権もかれのものである、というのも、かれが大地に鍬を入れて耕すことによって大地を平定してきたからであるということ。

三三四　五、最後に、この結果、かれは弓によって自分の主権的な法を防衛するために軍隊を出動させる主権的な権利をもっていたということ。

三三五　タタール地方の英雄的氏族が語っているのとまさしく同じ言語でもって、エティオピア王エテアルコスは語っている(98)。カンビュセスの使節たちがエテアルコスに宣戦を布告したとき（この戦争でカンビュセスは命を落としたのだった）(99)、かれらはかれらの王の代理として多くの金の壺をエテアルコスに贈呈した。しかし、エテアルコスはそれらの自然な使い方がわからなかったので、それらを受けとることを拒否し、使節たちに、自分がかれらの前で示してみせたことをかれらの王に報告するよう命じた。そして大きな弓を手にし、それに重たい矢をつがえてみせて、黄金ではなく男らしい力こそがその者を王にふさわしい者にするのだから、カンビュセスもみずから力を示してみせるべきだったということを指し示そうとした。そのことを、侵略した国々の数を示す金の壺と大きな弓で重たい矢を放つ筋骨たくましい腕とを対比させた、一つの崇高な英雄的インプレーサによって伝えられるのではないかと考えたようなのだった。その英雄的インプレーサは自分の伝えたいことを物体だけでこんなにも雄弁に説明しているので、それに生気をあたえる言葉など少しも必要としていないのである。これこそがその最も完全なあり方における英雄的インプレーサなのだ。すなわち、行為ないし物体的記号をつうじての沈黙の言語であり、約定言語が貧しかったなかで、戦争のさいに自分の意思を説明する必要に迫られた、創意工夫の能力の考案物なのである。

三二六　スパルタ人の日常言語はこのようなイダンテュルソスやエテアルコスの言語に似ていた。というのも、かれらは文字を学ぶことを禁じられており、約定言語や文字が発明されてからも、だれもが知っているように、ごく簡潔な語り方をしていたからである。スパルタ人がギリシアの英雄的習俗のじつに多くを保存していたというのは、文献学者たちの一致して認めているところである。たとえば、トゥキュディデスの証言によると、ギリシアの英雄都市はすべて壁で囲まれていなかったとのことであるが、(100) スパルタもまた壁で囲まれていないのを見て驚いた外国人に答えて、スパルタ人の男は胸を指さした。この仕草によって、人語をひと言も発することなく、かれは外国人につぎのような崇高な考え、すなわち、これに約定言語の衣を

(97)　リウィウス『ローマ史』一〇・八・九。

(98)　ヘロドトス『歴史』二・三二、四・一五四。ただし、ヴィーコが報告している事件が起きているのは、同じ『歴史』の三・二〇―二一である。そして、そこではエテアルコスではなくて、匿名のエティオピア王の返事について言われている。

(99)　カンビュセスはアケメネス朝ペルシア第二代の王である（在位前五二九頃―前五二二）。

(100)　トゥキュディデス『歴史』一・五・一。

着せたなら、《われらが胸こそはスパルタの壁だ》という表現になる、どの偉大な英雄詩人もまちがいなく称賛するだろうと思われる考えを理解させることができたのだった。この考えを絵画言語で表現したなら、それは《スパルタの壁》というモットー付きの英雄的盾の一種を表象した一つの偉大な英雄的インプレーサになっただろう。そして、そのインプレーサはスパルタの真の武具は力強い市民たちであるということを意味していただけでなく、その支配者たちの堅牢不抜な要塞は臣民たちの愛であるということをも意味していただろう。また別の例を挙げるなら、スパルタの国境の範囲を知りたがった外国人に答えて、スパルタ人の男は一本の槍を投げた。この槍が届くところまで、と言おうとしたのだった。このことを言葉で表現することもできただろうに、かれはそうせず、言葉を使わずに理解させようとしたのである。このスパルタ人の男の考えていることに言葉の衣を着せてみたところで、ホメロスも、ウェルギリウスも、ダンテも、アリオストも、トルクアート・タッソも、《この槍が届くところまでがわれわれの支配する領域だ》以上の偉大な言い回しを作り出すことはなしえなかっただろう。そして、その一方で、同じ考えを絵で描いてみたなら、それは《スパルタの壁》というモットー付きの槍を投げる腕という崇高なインプレーサに姿を変えていただろう。

三二七　古代のスキュタイ人、エティオピア人、そしてギリシア人のうちの文字を読めなかったスパルタ人の自然的な習俗から、ローマ史において燦然と光輝を放っている野蛮なラティウム人の習俗はなんら異なるところがない。たとえば、ほかの目立たない草の上にそそり立つケシの頭を杖で打ち落とす手は一つのれっきとした英雄的インプレーサであったにちがいなく、その仕草によって、タルクイニウス・スペルブスはかれの息子〔セクストゥス〕がガビイで何をすればよいのか助言してもらいにやってきたとき、都市の首領たちを殺害すべきだと答えたのだった。[101] この話はタルクイニウス・スペルブスにかかわる話だとされているけれども、ラティウムの諸氏族のもっと古い時代の話であるか（なぜなら、すでに約定言語が流通していた時代には、そのような返事は秘密めいたかたちではなく、公然となされているはずだからである）、それとも、タルクイニウス・スペルブスの時代にはまだローマでは英雄的記号からなる言語が使われていたかのいずれかである。

三三八　ここまで述べてきたことから、英雄的インプレーサには詩作法の全体が含まれていることが明らかになる。そして、それはそっくりそのまま、物語と言語による表現とは同一である、すなわち、詩人にも画家にも共通のメタファーである、[102] という一点に還元される。このため、言葉で表現する能力を欠いている唖者もそれを絵で描くことはできるのである。

（101）リウィウス『ローマ史』一・五四・六。

（102）この点については、テザウロの『アリストテレスの望遠鏡』にも、インプレーサは「詩および絵画といっしょに生まれた」とある。

第二八［二九］章　紋章の学の新しい原理

三二九　〔詩的時代における年の算え方の例から出てくる〕第二の原理は紋章の学の原理である。紋章の学は万民の自然法の最初の言語であることが発見されるのであって、初めにも〔七八〕述べたように、万民の自然法のもろもろの原理について科学的に推理するためにはこの紋章の学が必要なのである。この法の言葉は有名な《万民の神聖なる掟（Fas gentium）》であった。これをラティウムの伝令使たちは、戦争を宣言したり講和を締結したりするさいに大声で証人としてユピテルを召喚して、《聴きたもれ、ユピテル神よ、聴きたもれ、神聖なる掟よ》と叫んでいたのである。(103)これは明白な自然の記号からなる厳粛で確実な言葉だったのであり、まさしく、英雄的インプレーサの言葉、イダンテュルソスがダレイオスに答え、エテアルコスがカンビュセスに答えるさいに使った、宣戦を布告するための紋章語なのである。ここから、第一に氏族のインプレーサは出てきたのであり、その真の起源が発見されるのであって、これは家族の紋章語のようなものなのだった。そして、これはやがて戦争のときに盾や旗などに記される紋章となった。なぜなら、氏族名ないし家名は都市よりも前に誕生していたからであり、都市は都市が戦った戦争よりも前に存在していたからである。そして、たしかにいまもなお家族によって統治されているアメリカ人は象形文字を使っていて、これによって頭領たちを見分けている、と最近の旅行者たちは観察しているのだから、それらは最初、古代の諸国民のあいだで使用されていたにちがいないと推測されてしかるべきである。

第二九［三〇］章　貴族の紋章の起源の新たな発見

三三〇　ところが、実をいうと、貴族のインプレーサはゲルマニアで貴族の令嬢たちの愛を獲得するために馬上試合をおこなって武勲を立てる慣行とともに生まれたことを立証しようとして蘊蓄を傾けてきた一部の学者たちにこれまで拍手喝采が浴びせられてきたが、鋭敏な判断力のある学者たちは紋章の学の起源についてのこのような見解を受け入れることに抵抗を感じていた。というのも、それらがそのなかで生まれたといわれている野蛮な時代に似つかわしいものでありえたようには見えなかったからである。獰猛で残酷な民がこのようなロマンス作家たちの謳歌する英雄精神を理解できたはずがないのだった。そればかりか、かれらはこのようにしてインプレーサに姿を見せているすべてのことがらを説明しえているわけではなく、そのうちのいくつかを説明するためにすら、理性に無理を強いる必要があるのである。

三三一　この紋章の学の全体系を構成している諸部分は盾、紋地、金属、色、武具、王冠、外套、頂飾、盾の側面に描かれている衛兵の図である。これらはすべて、土地の領有権を指し示すための英雄時代の絵画言語であることが見出される。なぜなら、古代の氏族ないし家、すなわちゲンテース・マヨレースは、まずもって家が建っていた土地から名前をとっており、それから先祖が亡くなったさいにその土地に埋葬された

（103）　リウィウス『ローマ史』一・三二・六。

ことでできあがった家系図をつうじて、始祖たちが無主の土地を占有するたびにおこなっていた鳥卜によってかれらがその土地の領主であることが確定されるにいたったにちがいないからである。こうして、アテナイ人にとっての《テルリゲナエ（terrigenae〔大地から生まれた者たち〕）》やローマ人にとっての《インゲニヌイ（ingenui〔土着民〕）》は、最初は《貴族》を意味していたのだった。それはまさしく、ふたたび戻ってきた野蛮時代〔中世〕において、貴族の家の大部分、そしてほぼすべての王家は、かれらが領主になった土地から名前をとっていたのと同じである。ここから、スペイン人のもとには《貴族の家》を指すのに《カサ・ソラリエガ（casa solariega）》すなわちその土地や田畑の区劃に付属する家という言い方が残ることとなったのである。一定の土地でそのような氏族によって建てられた家ということから、ラティウム人のもとでは貴族は《ゲンティーレス（gentiles）》と呼ばれたが、それはリウィウスも語っているように、[104]かれらだけが最初は氏族に属していたからなのだった。また、イタリア人、フランス人、スペイン人のもとでは、《貴族》を指すのに〝gentiluomo〟〝gentilhomme〟〝gentilhombre〟という言い方が残ることとなった。さらにはまた、紋章法の厳格さからして、貴族以外にはインプレーサを掲げることができなかった。そしてその後、兵士が《ジェンテ・ダルメ（gente d'arme）》と呼ばれるようになったのは、最初は氏族名をもつ貴族だけが武器をもつ権利をもっていたからであった。ここから、その後今日にいたるまで王室の公文書のなかでは《貴族》を指すのに《ミーレス（miles）》と呼ぶ言い方が残ることとなったのである。

四三二　こうしたことすべてからして、貴族のインプレーサの基礎をなす盾のうち拡がった表面の部分は《地〔紋地〕》と呼ばれるが、その本来の意味は《鍬入れをした土地》ということであって、それがのちに

《兵士の宿営や戦闘で取り散らかされた土地》を意味するようになっていったのだった。なぜなら、ゲンテース・マヨレースは、最初の土地に鍬入れをして種を蒔く土地に変えたのち、それらを小麦や収穫物を盗みにやってきた不敬虔な盗賊から防衛するための戦場にし、連中を盗みの罪で殺害したからである。そしてここから、インプレーサは高貴な家の名前とかれらの戦闘行為の両方を同時に意味することとなったのであり、盾は防具でもあれば《高貴さを象徴する紋章》でもあるという理由で《アルマ（arma）》と呼ばれているのである。

五三三　これらの原理によって、貴族のインプレーサを見分ける標章となっている金属と色の意味を容易に理解することができる。

五三四　黄金は金属のうちで最も高貴な金属であるが、最初は詩人たちの歌う黄金、すなわち小麦を意味していた。実際にも、ローマ人のもとでは軍功を収めた兵士に褒賞としてかれらの最初の小麦である一定量のスペルト小麦をあたえる慣わしが残っている。また、すべての色のうちで最も高貴な色は青であって、空の色を指している。かれらは空から最初の前兆を受けとり、その前兆によって世界の最初の土地を占拠していたのだった。そしてここから数世紀にわたる野蛮時代〔中世〕の王室の、てっぺんに三本の羽根飾りがついた紋章はやってきたのであって、これにならって貴族の紋章のてっぺんにも羽根飾りがつけられることとなったのである。このような次第で、青色は神から授かった主権的領有権を意味しているのである。

(104)　リウィウス『ローマ史』一〇・八・九。

三三五　貴族の盾に大量に紋づけされている熊手は、自分たちの先祖が土地を開墾して耕作可能な土地にしたことを意味している。これも貴族の紋章に頻出するヴェア紋は、カドモスが殺した蛇の歯で種蒔いたあとに武装した人間たちがそこから生まれてきたという、鍬入れした土地の畝溝を意味している。また、歯は彎曲した固い木を指しており、鉄の用法が発見される以前には土地はそれらの彎曲した固い木で耕されていたにちがいないのだった。そして、かれらはそれらの人間の種子をみごとな隠喩を用いて《大蛇の歯》と言っていたのである。[105] また、《彎曲した》はラティウム人のもとでは《ウルブス（urbs〔都市〕）》から《ウルブム（urbum）》と言われたのだった。[106]

三三六　フェス〔盾の約三分の一幅の横帯〕やベンド〔縦の紋地の右上部から左下部へ引いた帯状斜線〕は勝利した兵士たちが軍功のしるしとして盾の上に吊り下げていた敵からの戦利品であった、とすでに他の者たちが言っている。同様に、たしかにローマ人のあいだでは、戦闘で目立った働きをした兵士たちは皇帝からかれらに分配された褒美の数々を盾の上に掲げて持ち帰るのを常としていた。そしてそれらのうちで最も評判がよかったのは槍だった。それは混じりけのない木で作られていて、鉄で補強はされていなかった。鉄の使い方が知られるまで英雄たちはこの槍で武装していたのである。それは蛮族がより鋭い傷を負わせることができるようにと先を焼いた木の槍で武装していたのと同じである。この蛮族が使っていた槍のことをローマの歴史家たちは《プラエウースタス・スデス（praeustas sudes〔先を焼いて尖らせた棒杭〕）》と呼んでいる。[107] アメリカ人も、発見されたとき、そのような槍で武装していた。こうして、ギリシア人のあいだではアテナ、パラス、エニュオは槍で武装して登場しており、ラティウム人のあいだではユノとマルスは《クイリース（quiris）》

＝《槍》から《クイリーニ（quirini）》と呼ばれていたし、ロムルスは〔神になったあと〕《クイリーヌス》と称された。ホメロスとウェルギリウスのもとでも、英雄たちは槍で武装している。そして槍はギリシアの英雄的民族であるスパルタ人に固有の防護具として残ることとなった。またふたたび戻ってきた野蛮時代〔中世〕にも、軍人すなわち貴族だけが槍で武装していた。この慣わしは今日でも馬上試合でだけだが残っている。だから、これらの槍は貴族のインプレーサに頻出するペイル〔盾の中央の縦帯〕であったにちがいない。そして、この種の戦利品や武具を吊り下げて持ち帰ってきた盾はすべて、言語がまったく欠如していて人々が物体で語っていた時代の、まごうかたなき英雄的インプレーサであったにちがいないのである。

三三七　それ以外の色にかんしては、ゲルマニア人が太古以来それらをもっていたと見るのが最も道理に適っている。というのも、ゲルマニア人の王たちは、ガリア人やブリタニア人の王の場合もそうであるが、おそらく戦闘の場面で目立とうとしてであろう、絵を描いた盾で武装し、さまざまな色彩の衣服を身にまとっていた、とローマ史は語っている。[108] こうして、かれらがそのような衣服をまとって凱旋式に引き連れてこられたとき、その姿を見たローマ市民たちにとってはこのうえなく美しい見世物なのだった。

三三八　インプレーサに描かれている英雄たちの外套は、ラティウム人が《ペルソーナ（persona）》と呼ん

（105）オウィディウス『変身物語』三・一〇三。
（106）ウァッロ『ラテン語について』五・一四三。
（107）カエサル『ガリア戦記』五・四〇・六。タキトゥス『年代記』二・一四。
（108）タキトゥス『ゲルマニア』六。

でいたものだったにちがいない。ただし、この語は、通俗的な語源学者たちが主張しているような、[109]《ペルソナーレ〔personare〕》、すなわち、役者が声を仮面のなかで反響させて劇場全体に聞こえるようにすることから派生したものはない。かれらはここから仮面が《ペルソーナ》と呼ばれるようになったというのだが、そのような語源説はいまだ少数であった住民を相手にした小さな規模の劇場には似合わない。そうではなくて、《ペルソナーリー〔personari〕》から派生したものだったのであって、ほかの場所で示しておいたように、[110]《殺した野獣の皮を身にまとっていること》を意味している。実際にも、ヘラクレスはライオンの皮で覆われた姿で描かれており、ホメロスやウェルギリウスに登場するほかの英雄たちも熊や虎の皮を身にまとっている。その染みのついた皮に代えて、やがて君主たちはおそらく黒い尻尾が特徴的な黒テンを身にまとうようになったのである。また、ローマの貴族たちはかれらの白いトーガ〔公式の場で着用する一枚布の上着〕にかれらが形状からして《クラーヴス〔clavus〕〔鍵〕》と呼んでいた紫の縁をあしらっていたのだった。そして、ふたたび戻ってきた野蛮時代〔中世〕に身にまとっていたこれらの《ペルソーナ》から、大領主を《ペルソナッジョ〔personaggio〕〔名士〕》と呼ぶ言い方が今日に残ることとなったのである。インプレーサに描かれたこのような皮または外套は、高貴さを表わす象徴であって、英雄たちだけが武装する権利、ひいては野獣狩りをする権利をもっていることを意味していた。この野獣狩りはかれらが将来人間を敵手にして戦うための最初の学校であった。そして貴族だけが狩りをする権利があるというこの英雄的な習俗はドイツでは今日もなお保存されている。ひいては、ホメロスの詩篇のなかでは、翻訳者たちが《メンサーレス〔mensales〕〔食卓用の〕》と訳している犬どもが英雄たちを取り囲んでいるが、連中は英雄たちの食卓に野生の肉を用意する猟犬だったにちがいない。これらの推理は、なぜ最近の野蛮時代〔中世〕になっても盾がなめし革で覆われており、両端がカルトゥーシュを形づくっていて、頭のてっぺんから足元までみごとに飾り立てられているのか、また、なぜ亡くなった貴族の彫像の足元に二頭の犬がはべっていて故人の高貴さを指し示そうとしているのか、その理由を説明してくれる。

三三九　家族が並立していた時代にも、貴族のインプレーサの支え役として《ファーマ（Fama〔名声〕）》の像を使用することができた。さきに〔二九〇〕証明したように、これに因んで、《ファムリ（famuli〔奴僕〕）》で構成されていた家族が《ファミリア（familia）》と呼ばれるようになったのである。ファムリはホメロスに出てくる《ケールケス（χήρυχες〔英雄たちに仕える従僕〕）》に当たり、ラティウム人のもとでは《クリエンテース（clientes〔被保護民〕）》と呼ばれたが、これはほとんど《クルエンティ（cluenti）》と言っているに等しい。古語《クルエル（cluer）(111)》の派生語であって、《武器の輝き》を意味する。このために英雄たちは《名高い・

(109)　たぶんキケロの時代のローマの文法学者ガヴィウス・バッススの『語源』のことを指しているものと思われる。かれの見解はアウルス・ゲリウス『アッティカの夜』五・七で引用されている。

(110)　『普遍法』第二巻『法律家の一貫性』第二部『文献学の一貫性』二〇・六九。このヴィーコの仮説はフォス『ラテン語の語源』、四四六頁と合致する。一方、フォス自身はこの説をスカリージェロの『詩学』I, 13, p. 20 D, 2から引き出している。

(111)　この動詞形については存在した証拠がない。〝clueo〟ないし〝cluo〟、すなわち、「評判になっている・有名である」の誤りかとも思われるが、これらの動詞は「武器の輝き」とは関係がない。

光り輝く者たち（incliti）》と称されているのであり、ここから《クリエンテース》はまるで名高い者たちの栄光のなかで輝いているとでもいうかのようにしてその名を受けとっているのである。[112] トランペットで英雄たちの物語を歌うムーサのクレイオーという名前は、このラテン語《クルエル（cluer）》に対応している。そして、このラテン語はギリシア語の《クレオス（κλέος）》＝《栄光》に似ている。このことからヘラクレスは《ヘラス・クレオス（Ἥρας κλέος）》＝《ヘラの栄光》と名づけられたのだった。こうして、たしかに動詞《クルエレ（cluere）》＝《武器で輝く》は《クリュペウス（clypeus）》＝《盾》の語源であるにちがいないのである。

三四〇　最後に、最初の英雄的騒乱が起こり、クリエンテースが叛逆して平民を構成し、貴族が団結して身分を形成するようになったとき、最初の都市が誕生した。そのさい、平民を都市に召喚するための使節が必要になったので、貴族のインプレーサには頂飾と王冠が付け加えられた。なぜなら、そのような身なりが簡素な時代には、貴族たちは頭と肩をバーベナのような神聖な草で覆った使節を送り出していたのだった。それらを身にまとっていれば、危害を加える敵陣のなかにいても安全だと信じていたからである。この迷信が生まれたのは、たぶん、貴族だけがその草に触れることが許されると考えられていたためだろう。このため、その草には《神聖な[113]》とか《不可侵の》という名辞が残ることとなった。そしてその草は、アメリカにおいて見出されるように小さな都市の最初の柵または壁を形づくっていた垣根から摘み取られたので、壁自体も神聖なものとなった。実際にも、ローマの使節たちはたしかにカピトリヌス〔カンピドリオ〕の要塞からバーベナを摘み取っていた。[114] そして、その神聖な草を身にまとっている使節も《神聖な》使節と称されたのであり、かれらが持参した法律も《神聖な》ものなのだった。

三四一　盾にはまた翼のついた杖が備え付けられおり、頭部と足元には翼が飾られていた。そして貴族から前兆をたずさえて派遣された者であることを示すために、のちには神の使者ヘルメスないしメルクリウスが描かれるようになった。さらにインプレーサには王冠が付け加えられ、その光線は繁茂する葉の縁と角によって表象されていた。そして葉の茂った枝は君主の枝を意味している。また繁茂する葉からなる兜の被布が頂飾から垂れ下がって武器の上背部を覆っており、その頂飾の上には羽根が付いている。

第三〇［三一］章　軍旗の新しい起源

三四二　軍旗もこれらの原理にもとづいて掲げられていた。それらは都市の一種の武装言語として機能していたのであって、これをつうじて諸国民は、言葉が欠如していたなかで、戦争、同盟、交易という、万民の自然法の最大の案件についての意思疎通を図っていたのだった。

三四三　ひいては、ロムルスがローマを建設した場所を決めるさいに吉凶を占った鷲がローマ人の軍旗に

---

(112) 〝clientes〟〝incliti〟〝clueo〟の派生関係についてはフォス『ラテン語の語源』一六五—一六七頁に記述がある。

(113) 実際、バーベナの同義語に〝sagmen〔美女桜〕〟があるが、語源学者はこれを〝sanctus〟の派生語であるとしている。フォス『ラテン語の語源』、五一二—五一三頁参照。

(114) リウィウス『ローマ史』三〇・四三・九。

は描かれていたのである。また、ホメロスの時代以来ギリシア人の軍旗に描かれていた鷲は、コンスタンティヌス帝が二つのローマをローマ帝国の頭に置いてからは一羽の双頭の鷲となった。さらに、エジプト人の軍旗の上に描かれている鷲もそうであって、そこにはオシリスが鷲の頭をした人間の身体として描かれていた。[115]

三四四 これらの原理を導きとして、かくも多くのヨーロッパの貴族の家やかくも多くの都市や国民が多数のライオンをインプレーサとして掲げている不思議も解くことができる。さらに不思議なことに、青色、金色、緑色、黒色とまちまちであるが、この謎も解決される。こういったことについては自然誌にも記述がなく、それらが天の前兆を占って取得した土地か耕作地に変えた土地を意味していることが理解されないかぎり、なんらかの社会史が語ってくれそうにもない。耕作地に変えられた土地の場合には三つの色をしている。種を蒔くときには黒色、芽が出るときには緑色、実った麦を刈り入れるときには金色をしているのである。なぜなら、いびつなほど多くの数の最初の都市が《アーラ（ara〔祭壇〕）》と呼ばれていた。そして、古い地誌ではこれは要塞という観念を指し示していたことが観察される。こうして、シリア語で《アリ（ari）》といえば《ライオン》のことであり、ここからシリア自体がアラミアないしアラメアと呼ばれたのであり、ケラリウスが指摘しているように、[116]シリアのすべての都市は固有名の前か後に《アラム（Aram〔祭壇〕）》という語を付けているのである。またトランシルヴァニアでは、貴族だけからなる単一の太古の民族が住んでいた都市があって、それらは今日でも《シェケリー人の祭壇》と呼ばれている。[117]ちなみに、この民族は別の二つの民族、すなわち、ハンガリー人とサクソン人と一体になって、一つの国民を構成するにいたった。また、サルスティウスが語っているところによると、(118) アフリカの奥地には《フィレニ兄弟の祭壇》という有名な表現がカルタゴ帝国とキレナイカ王国の国境を指す名前として残っていたという。また、おそらく、シリア語の《アリ》＝《ライオン》と類似しているということで、ギリシア人は軍神マルスを《アレース（Ἄρης）》と呼んだのだろう。また、シリア人が都市を指す一般名詞として《アラム（aram）》という語を使っていたように、ラティウム人は都市を一般に《ウルブス（urbs）》と呼んでいた。そしてこの《ウルブス》という語から鍬の彎曲を指す《ウルブム（urbum）》という古語は派生してきたのだったが、この鍬のイタリア語《アラトロ（aratro）》の第一音節には《アラ（ara）》という音が含まれているのである。だから、ヘラクレスがライオンを殺してその皮を身にまとっていたとするなら、口から炎を吐き出してネメアの森を焼き、ヘラクレスに殺されたそのライオンは、疑いもなく、英雄語で、ギリシアの別の場所では、ヘラクレスが揺りかごのなかにいた赤子のときに（すなわち英雄主義の誕生期に）殺した蛇(119)が意味していたのと同じものを意

---

(115) 正確には鷹である。プルタルコス『イシスとオシリスについて』五一参照。

(116) ケラリウス Cellarius ことクリストフ・ケラー Christoph Keller（一六三八—一七〇七）はドイツの地理学者。『古代地誌——アジア・アフリカ篇』*Notitiae orbis antiqui, sive geographiae plenioris: tomus alter Asiam et Africam antiquam exponens*（一七〇六年）、四五九頁を参照。

(117) ダキア近郊の「ポルティオー・シクロールム portio siculorum」（シェケリー Székely）のこと。

(118) サルスティウス『ユグルタ戦記』七九。

(119) アポロドロス『ギリシア神話』二・四・八。

味していたにちがいないのだった。そして、同じことはギリシアの別の場所でのヒュドラ、およびヒスペリアでのドラゴンについても当てはまる。ヒスペリアのドラゴンは口から炎を吐き出し、ヒュドラは火で殺される。そしてネメアのライオンが口から吐き出す炎はネメアの森に火を放つ。こうして、これらの物語はすべて、ギリシアに存在したさまざまなヘラクレスがはたした功業がただ一種類であったということ、すなわち、大地の森林に火を放って耕作地に変えたことを意味しているにちがいないのである。これは今日でも農夫たちが種を蒔きたい森に火を放って開墾しているのと同じである。

三四五　この太古の武器の言語によって、公共的なインプレーサにドラゴンが描いてあったり飾ってあったりする理由が説明される。それらは、大地の大森林さながらに、棘だらけで荒々しい。つねに寝ずに用心していて、頭を刎ねられるたびにもっと多くの頭が生えてきて、いつまでも生きている。腹にはカドモスの歯によって畦溝が掘られている。それらのインプレーサのうちでも最も美しいインプレーサは、最も高貴なヴィスコンティ家の令名が轟いていたゴート族の有名な王国であるミラノ公国のインプレーサで、いたいけな少年を喰らうドラゴンが描かれている。これはまさしく〔ギリシア神話に登場する〕大蛇ピュートーン（つまりはギリシアの未開墾の大森林、そしておそらくは詩人たちのいう死の神オルクスであって、野獣的な生活を送っていた人間たちを呑みこみ、こうしてかれらが確かな子孫も残さなければ自分たちについてのなんらの記憶も残せないようにしてしまう）であって、この大蛇は、さきに〔二八九〕述べたように名前の永遠の保存者であるアポロンによって殺害されたのだった。そして翼で武装したドラゴンが描かれているインプレーサは、たびたび述べてきたように〔二七六、三四一。また三〇五、三二二でもそれとなく言及されている〕、英雄たちの軍旗なのだった。

〔第三二章〕 金羊毛騎士団勲章およびフランス王家の紋章の英雄的起源

三四六　その後ブルゴーニュ公からオーストリア王家へ移っていったスペイン王家のインプレーサには口から炎を吐き出す二匹のドラゴンの頂飾が付いていた。そしてこのドラゴンが、金羊毛騎士団[120]の勲章の、それぞれがぶつかり合って火花を放つ二個の火打ち石でできた首飾りから垂れ下がった、衛兵役であるにちがいない。このようなわけで、金羊毛騎士団のインプレーサは、さきに〔三一九―三二四〕スキュティアの王イダンテュルソスが宣戦を布告してきたペルシアのダレイオス大王に五つの物体、すなわち、五つの英雄語で答えた事例について見たように、北方で人々が英雄的インプレーサで語っていたスキュティアのヘラクレスの時代の英雄的メダルに似たものなのである。その英雄的インプレーサは、いとも神聖なオーストリア王家の最初の創建者たちはスカンディナヴィアからやってきて、その後開墾された土地の領主となり、これもさ

(120)　金羊毛騎士団（Ordre de la Toison d'or）は一四三一年、ブリージュで、ブルゴーニュ公フィリップ善良公が創設した騎士団。名称はギリシア神話に出てくるアルゴー船に乗って「金の羊毛」を捜しに出かけたイアソン一行の遠征に因んでつけられたという。

きに〔二八一―二八二〕証明したように、永遠の敵であった外国人の羊をほしいままに掠奪していたことを示している。そしてその結果、いとも神聖なオーストリア王家は四千年にわたって途絶えることなく主権的領有権を享受することとなったのだった。

三四七　［シフレによると、このインプレーサにもとづいて、フィリップ善良公は一四二九年一月十日、ブリージュで金羊毛騎士団を創設したという。すなわち、フランドル地方がなおも野蛮であって、これらの豪奢な博識のインプレーサを理解できないでいた時から三百年後にである。ましてや、才知に富む学者たちがそのようなアレゴリーを考案するのになおも手を焼いていたというのにである。したがって、ピエトラサンタが証言しているように、そのインプレーサがイアソンの金の羊毛のことを暗示したものかどうかについては、これまで疑問が呈されてきたのだった。(121)］それでも、このインプレーサはブルゴーニュの公爵がギリシアのイアソンの物語からとったのだと主張し続ける者がいるとするなら、わたしたちはその者に問い返したい。どの経路をたどってギリシアの物語は日本人のもとにまでやってきたのか、と。あるいはまた、シナ〔中国〕人のもとにまでやってきたのか、と。日本人はいたるところでかれらの皇帝の玉座をドラゴンで飾っているのである。またシナ人は二世紀前までかれらの国境を越えて外国人が入ってこられないようにしていたにもかかわらず、皇帝たちはドラゴンの衣服を身にまとった騎士団を擁していたのである。

三四八　同じ結合関係を続けるとして、少し前に〔三二〇〕見たイダンテュルソスの三匹の蛙は、フランク族がそれ以外の諸国民といっしょにスカンディナヴィアから降ってきたとき、その三人の王の軍旗に取りいれられたにちがいないのだった。それがのちに一体化してフランスの紋章となったのだが、作りが粗雑だったため、ヒキガエルと見まちがえられた。そこでその後、金製の三本のユリに変えられた。そしてさらにそれらのユリは、それらの本性だけでなく、どの花の本性にも背反することであったにもかかわらず、鞘に向かう、蛙の二本の後ろ足をあらわした二枚の葉と、蛙の二本の前足と頭をあらわした三枚の葉とに分けられた。こうして、ギリシア人のあいだでアポロンとアルテミスが生まれた時代、そしてほんの少し前に〔三二〇〕見たように、人間たちが蛙に変身していた時代であったにちがいないイダンテュルソスの時代以来、フランスの紋章はその王家が四千年にわたって途絶えることなく主権を享受してきたことを説明しているのである。

第三一［三二］章　メダルの学の新しい原理

三四九　第三の原理は、英雄たちがかれらの歴史を保存するさいに使っていたヒエログリフまたは英雄的インプレーサであったメダルの学である。ここからおそらく、メダルはラティウム人のもとで、あとから

(121) Cf. Jean-Jacques Chiflet, *Insegnia gentilitia equitum ordinis velleris aurei, fecialium verbis enuntiata*（Antuerpiae, 1632）; Silvesto Pietrasanta, *De symbolis heroicis libri IX*（Antuerpiae, 1634）. 金羊毛騎士団が創設されたのは、前注にもあるように、正確には、一四三一年である。

やってくる世代に祖先の古さを注意させるという意味で《モネータ（moneta〔貨幣〕）》という名前が生まれたのだった。[122] また、ギリシア人のもとでは貨幣は《ノミスマ（νόμισμα）》と呼ばれたが、これをアリストテレスはまるで占い師であるかのような口ぶりで《ノモス（νόμος）》＝《法律》からやってきたと言っている。[123] 貨幣は最初の法律がみずからの意思を伝えるための言葉であったというわけである。こうしてまた、ここで論じていることがらについてさらなる事例を挙げるなら、ギリシアの都市には、祭壇や蛇やドラゴンや三脚台が彫られている数多くの貨幣が存在している。詩人や占いをおこなう英雄たちはそれらから神託を受けとっていたのだった。なぜなら、古代ローマ史のうちに確認したように〔七四、二七六〕、英雄王国はすべて、全面的に鳥卜によって得られる前兆に支配されていたからである。そしてそのギリシアから採ってきて、ホラティウスは三脚台を《強き者の褒賞（virorum praemia fortium）》と称しているのである。[124]

第三二［三四］章　武器の言語によってローマの法学者たちが論じている万民の自然法の原理は説明される

三五〇　この武器の言語は武装して集会に参集するという古代諸国民がもっていた共通の習俗と合致する。そして集会に参集したのは英雄たちだけだった。イタリア、ギリシア、アジアに散在していたクーレーテス、およびタキトゥスが語っている時代のゲルマニア人[125]との関連でさきに〔一五六―一五七〕証明したように、英雄たちだけが武器の支配権を握っていたのである。ところで、英雄たちだけが武器の支配権を握っていたので、かれらだけが法律を制定する権限を有していた。一方、法律には迷信がまき散らされていたことから、宗教は内では武器の顔をして姿を見せており、外ではいずれの戦争にも宗教が浸透していて、英雄たちは自分たちの祖国の神々のために戦っていた。そして戦争で敗れた国民は、宣戦使が大音声で宣戦布告したさいに放棄するよう督促していた自分たちの神々を失ったのにともなって、公的な宗教も失ってしまった。キリスト教の諸民族が敗北した都市の鐘を最初の戦利品の一つに算入しているのは、おそらく、このような英雄的諸民族の習俗のなごりなのだろう。

三五一　この結果、敗北した民族はもはや厳粛な婚姻の儀式をおおやけに執り行うことができなくなってしまった。なぜなら、神々を失ってしまったので、厳粛な婚姻の儀式をおおやけに執り行うさいに占ってい[126]

(122)〝moneta〟（貨幣）と〝monere〟（注意させる、思い出させる）の語源学的派生関係に着目した述言であろう。フォス『ラテン語の語源』三七九頁参照——〝**moneta vocatur, quia nota inscripta monet nos autoris et valoris**（貨幣は、そこに記銘されている符牒がわたしたちに創建者とその功績を思い出させることから、そう呼ばれる）〟。

(123)アリストテレス『ニコマコス倫理学』一一三三a。

(124)ホラティウス『カルミナ』四・八・三―四参照。そこには、〝praenia fortium / Graiorum〟とある。また、ホメロスには、英雄たちに与えられる褒賞に「三脚台」があったという記述はない。

(125)タキトゥス『ゲルマニア』七、一三。

(126)この儀式については、リウィウス『ローマ史』一・五五・四、五・二一・五、マクロビウス『サトゥルナリア』三・九・二、セルウィウス『「アエネーイス」註解』一二・三五一に記述がある。

た公的な前兆を受けとることができなくなったからである。そこでかれらは自然的な結婚をするしかなくなり、ローマ市民が有していたような家父長権をもはやもてなくなってしまった。こうして英雄的な家父長たちが自分たちの家族の子どもたちの生命と取得物に行使していたキュクロプス的な支配権は属州では弛緩していった。

三五二　公的な前兆は英雄たちの身分に委託された神々の意思であると信じられており、ひいては英雄たちの身分の意思を絶対的自由を具えた主権的な意思にしていた。その公的な前兆が失われるとともに、敗北した民族は法律と武器の支配権も失い、もはや武装して集会に参集することができなくなってしまった。それゆえ、ローマ人が《ローマ市民の》と称していた武装した土地所有権も失ってしまった。このため、生存中はもはや財産を所有することがなかったように、死去したさいにも相続財産を遺すことがなく、ただ、ローマ法で《ボノルム・ポッセッシオ(bonorum possessio)[127]》と呼ばれているものだけを遺した。これは自然的な遺産、すなわち、氏族に属する者たちに関係したものである英雄法では知られておらず、ひいては十二表法に記載されていなかったため、法務官たちによって例外案件として運営されていた、故人の財の総体であった。

三五三　このような理由で、敗北した民族は束縛の法を失ってしまった。それは、諸国民がなおも分節言語を欠いていた時代に籐結びによって自分のものにしていた私的所有権が権利、支配、自由において主権的であった公的所有権に依存することを表示した英雄的インプレーサであった。そしてやがて約定語が発明されると、所有権回復のための式文へと移行し、《わたしはローマ市民の法権利に従ってこの土地がわたしのものであると主張する（Aio hunc fundum meum esse ex iure quiritium）》という言葉でもって表現された。[128] ここで《フンドゥム（fundum〔土地〕）》という語は、他のすべての語の真の基礎――《フンドゥス（fundus）》――という市民法における本来の意味を保持している。そして、さきに〔一五四〕証明したように、主権的権力に属する所有権であるということを指している。このため、《ローマ市民の法権利に従って》という式文によって、厳粛な籐結びの儀式を執り行って地所・農場の引き渡しがなされる場合であれ、籐結びによってなされる引き渡しをつうじての地所・農場の返還が要求される場合であれ、最初は家父長だけが、その後は集会に参集した人民全体が、広大なローマの土地全体についてもっていた、卓越的所有権の力と権利によって、各人は個別にかれらが引き渡したり返還を要求したりする地所・農場の市民的所有権をもっているのだということを言おうとしていたのだった。それらの地所・農場をかれらは市民法上のその名詞のもともとの意味において《プラエディア（praedia）》と呼んでいた。すなわち、地所・農場が籐結びによって束縛されていることからして、市民たちは《プラエデース・レイプブリカエ（praedes reipublicae〔国家の資産〕）》なのである

(127) 「ボノルム・ポッセッシオ（bonorum possessio）」は、一般には「相続財産の占有」のことであるが、ここでは、いつでも主人の都合で提供しなければならない、あくまでも暫定的な占有を意味している。ある客体を市民法上の所有者でない者が「財産中に有する（in bonis habere）」ことによって発生する「委付的所有権（dominium bonitarium）」に該当するとみてよい。

(128) アウルス・ゲリウス『アッティカの夜』二〇・一〇・七―一〇参照。

る。すなわち、不動産によって国庫に税を納める義務を負っているのであって、それというのも、さきに〔一五四〕証明したように、最初の英雄たちの戦利品は最初の都市の平民たちであったからである。これが、あとで〔三六九〕見るように、物品税ないし関税の理由であり、加えてはまた、地役権が《プラエディア》に課された理由でもある。《プラエディア》が本性上権利主体であったからであり、このため地役権は《ユース・プラエディオールム》と呼ばれたのだったが、ただし、土地そのものに課されたわけではなかった。土地はそれらの本性からして国王の自由な所有権のもとに置かれていたのだった。ここから、自然のうちには三種類の事物にたいして三種類の所有権を有する三種類だけの所有者が存在することとなる。すなわち、地所・農場を支えとして得られる便益の主人である用益の所有者と、土地を支えとする地所・農場の主人である直接的な所有者と、この諸国民の国家制度的世界を支えている土地の主人である国王である。そしてこういったことはすべて、国家権力が統治するさいに神がかれらに委託した領有権に由来するのである。このようなわけで、最終巻でヘラクレスの神話について取りあげるなかで証明するように、籐結びは古代諸国民すべてのもとにあって公的自由を表示した英雄的インプレーサなのであった。

三五四　詩的時代には、《みずから契約を結ぶ力のある人民》という表現はのちに《ポプルス・スアエ・ポテスターティス（populus suae potestatis）》と呼ばれるようになった人民、自決の《デュナミス（δύναμις）》、《ポテスタース（potestas）》〔力〕を有している人民のことを意味していた。ひいては、《デュナステイア（δυναστεία）》といえば《みずからの主権をもつ人民》という意味であった。たとえば、ローマの宣戦使は問答行為によるコッラーティア人の引き渡しにおもむいたさい、アンクス・マルキウス〔正しくはタルクイニウス・プリスクス〕の式文に従って《コッラーティア人民は自決の力を有するか》と問い、コッラーティアの全権使節たちは《有する》と答えている。[129]ところが、契約を締結する力があることを示す英雄的インプレーサが失われるとともに、敗北した民族は氏族の一員である資格、ひいては《アーグナーティオー〔agnatio〔男系の親族関係＝宗族関係〕〕》を失ってしまった。男系の親族関係は氏族の一員であることからやってきていたのである。なぜなら、それぞれの家族は氏族の家門から枝分かれしたものであったからである。こうしていまや、敗北した民族は自然的な結婚をするしかなく、息子たちの自然的な父親でしかなくなってしまい、ローマ法で《委付的》と呼ばれている種類の所有権を有する田畑の自然的な所有者になってしまって、《コーグナートゥス〔cognatus〕な》存在、あるいは血によって、かくては自然によってだけ結ばれた存在にとどまってしまった。

三五五　属州は神々を失ってしまったので、《ファース・デオールム〔fas deorum〕》、すなわち、《おおやけになされる誓い〔nuncupari vota〕》が述べられるさいに用いられる神聖な言葉も失ってしまった。ひいては、アンクス・マルキウス〔正しくはタルクイニウス・プリスクス〕がコッラーティアの降伏の式文をラテン語で表現するなら《ヌーンクパーティス・ウェルビス〔nuncupatis verbis〕》、すなわち、問答行為と負債免除の厳粛な言葉で草したさいに使っていたのをリウィウスのもとで見ることのできる、[130]いつの場合にも宗教的な色彩をともなった公的な言語を失ってしまった。こうして、敗北した民族は《契約・束縛と財産の厳粛な譲渡をお

(129)　リウィウス『ローマ史』一・三八・二。

(130)　リウィウス『ローマ史』一・三八・一―二。

こなう者が、それを口頭で宣言したときには、それらは法となる（qui nexum faciet mancipiumque, uti lingua nuncupassit, ita ius esto）》という、十二表法に記載されている英雄的氏族の法を奪い去られてしまった。[131]この法によると、英雄時代には契約の起源をなす売り買いは信義（bona fides）にもとづいて遵守されることはなかったのであり、契約が結ばれて売りに出される地所・農場が厳粛に引き渡されるさいには、問答行為によって《ドゥプラ（dupla）》[132]の取り決めがなされ、買い手の権利の追奪ができるようにしておく必要があった。これは、都市の降伏のさいにも、降伏の契約が遵守されるように守られるべきことなのであった。これらすべての理由からして、属州はもはや問答行為をつうじての厳粛な市民的義務を締結することができなくなってしまった。このため、ローマ法は、国内でたんなる占有の事実に支持を提供することはなく、法務官たちの特示命令[133]で例外的案件として承認されていたように、また土地の引き渡しの契約をするさいに問答行為によらない契約に支持を提供することもなかったように、対外面でも、勝利にかんする法によって占有にも属州での契約にも支持を提供することはなく、これらについては法務官たちが衡平の原則にもとづいて支持をあたえていたのだった。

三五六　ひいては、他のどこからでもなく、ここから、ローマの法学者たちが《万民法の》と呼び、ウルピアヌスが重々しくも《人間的な種族の》という形容詞を付け加えている契約[134]はやってきたのだった。ところが、解釈者たちは、わたしたちとは正反対の考えに立って、ローマ人はそれらの契約をいずれもが蛮族であった外国の自由な諸国民から受けとってきたと理解している。しかし、さきに〔二〇七〕証明したように、ローマ人はギリシア国民と比較すれば蛮族であると見なされてきたけれども、そのギリシア国民はローマ人に服属させられた国民であって、そのような国民とローマ人は対等に法を共有するといったようなことはけっしてなかったのである。逆に、ローマ人は、勝利の法によって、属州の地位に引き下げられてしまった諸国民間の契約が真理にたいする慎みと信義と自然的衡平にもとづいてのみ施行されるよう取り計らっていた。ローマの法学者たちも万民の自然法の制定者であると定義している摂理は、異教世界のことどもがこのように規制されるのを許して、さきに〔一一七―一一八〕長々と論じた人間の自然本性の二つのあり方の相違にもとづく前兆の法をつうじて、神聖な法から英雄的な法が誕生したのと同じように、英雄的な法から人間的な種族の法が誕生するよう、そしてこの法のもとにあってついには勝利したローマ人民が敗北した属州から教えを受けて文明の道へと導かれていくよう、命じたのだった。実際にも、ローマ法の大部分は、最終的には、属州にかかわる告示命令のなかで運営される法でもって構成されることとなったのである。それはまさしく、英雄的抗争のなかで、英雄たる家父長たちが個別に平民たち自身から教えられてより衡平な法律を制定する方向へと導かれていったのと同じであった。このため、別の著作(135)で指摘したように、護民官の発

(131) 十二表法の第六表「契約・束縛(nexum)」。

(132) 「ドゥプラ」は、買い主が取得した財を十分に享受することを妨げられた場合、買い主にたいして売り主は売価の二倍を支払うことを指す。

(133) “Unde vi”(そこから暴力によって)という文言で始まる不動産占有回復の特示命令のこと。

(134) 本書〔五四〕を参照。

(135) 『普遍法』第一巻『普遍法の単一の原理と単一の目的』一五〇。

布する法律は自然的衡平で満ちあふれているのであり、ローマの平民が家父長たちが誇っていた英雄主義を否定して市民法において家父長たちと平等な地位にあることを欲し、ここから人民がその後自然的衡平にいっそう合致した法律を命じるようになったように、勝利したローマ人民は敗北した諸民族から英雄主義を剝奪して、英雄たちを平民たちと法において平等の地位に置いたのだった。これこそは自然的な法権利の本質であって、ここから人類全体に共通の一つの法が諸国民のあいだで生じることとなったのである。

三五七　しかしながら、ローマの元首たちは、ついに一頭支配体制〔君主政〕のもとにあって自分だけが政治的あり方における唯一無二の存在であろうとして、ローマの英雄主義全体、すなわち、ローマの前兆を占う権限と、それとともに武器と法律の支配権、ひいては自分たちの仕掛けた作戦の幸運と栄光、さらにはローマの名と民族の全体を元首たるみずからの人格のうちに統合しようとするにいたった。これはティベリウス・カエサルから始まったことであって、かれから厳密にはローマの一頭支配体制〔君主政〕は始まったのである。こうして元首たちはローマ人から《クイリーティス（quiritis）》の称号（《武器の持ち主たち》のことがそう呼ばれていた）のもとに集会に参集する英雄的氏族の権利を剝奪し、かれらの武器を没収してしまった。これは真の王法であって、これによってローマ人民はその主権を剝奪され、ローマの元首の束縛のもとに置かれることとなった。しかし、武器を剝奪されたことによって、ローマ私法はほんとうに《ヌドゥム・ユース・クイリーティウム（nudum ius quiritium）》、裸の名前、なんらの有用な結果も生み出さない形だけのものになってしまった。なぜなら、ローマの元首たちはローマ市民を属州の人間たちと平等の地位に置こうとして、人間的な種族の自然法をローマの元首が《人類の総督》と呼ばれていた――そしてローマが栄光の頂点に達したアウグストゥスの時代には、《ローマ帝国》のことを指して、ラテン俗語で《オルビス・テルラールム（orbis terrarum〔地球〕）》と呼ばれていた——世界の全域において促進する仕事に取りかかったからである。それも、キリスト教の君主たちが《寛容な》という称号が冠せられるのを聞いて悦に入っていたのと同じ目的からである。これが、一頭支配体制＝君主政体が人間の自然本性に最も合致した政体であり、それゆえ、最も長続きのする政体である政治的な理由である。

三五八　こうして万民の知恵は、世俗的〔非宗教的〕であるとして軽蔑され、空疎な神占の知恵から遠ざけられてきた当の庶民を介して、哲学者たちの知恵を受け入れるようになっていったのだった。なぜなら、ローマ人が属州に自然的な自由の余地を残していた結果、属州の庶民たちはまさしく十二表法以前のローマの平民がそうであったのと同じような存在になってしまったからである。このため、かれらには、戦争による占領と時効取得の場合を別として、《万民の自然法の》と言われた、土地所有権のあらゆる取得様式が残されることとなった。そして、これらはすべて、今日でも、それぞれの人民のもとで個別に生まれた土地所有権の取得様式なのである。それ以外のすべての取得様式についてはグローティウスもその存在に気づいていて受け入れており、(136) 戦争による占領と時効取得についてはわたしたちがここでさきに〔一四一〕証明したとおりである。

三五九　これまで論じてきたことから、ローマ人は戦争で勝利した地域全体で敗北した諸民族にローマ法

---

(136) グローティウス『戦争と平和の法』二・四・一二―一三。

を伝播し、それらの諸民族を英雄的な束縛の法のうちに囲い込み、自分たちが征服した世界を自分たちの支配権下にしっかり縛りつけていた、と結論することができる。ここから、ローマの法学者たちが語っている万民法をグローティウスがいかほどの知識をもって理解していたか、わかろうというものである! ローマの法学者たちが語っている万民法をかれは万端にわたって非難しているが[137]、かれのほうこそが非難されてしかるべきだったのである。それというのも、この法〔ローマの法学者たちが語っている万民法〕こそは戦争と平和の正義にかんするその不滅の民〔ローマ人〕の唯一にして最高かつ真に至上の知識だったのである。また、解釈者たちが婚姻、家父長権、宗族、相続、握取行為、時効取得、問答行為はローマ市民のみに特有のものであると言うとき、かれらが《市民法[138]》という表現をいかほどの知識をもって理解していたか、わかろうというものである!

第三三〔三五〕章　武器の言語は野蛮時代の歴史を理解するために必要不可欠である

三六〇　武装した者たち——最初の英雄時代には、英雄たちは殺した野獣の皮で全身を覆っていたように、ふたたび戻ってきた野蛮時代〔中世〕には、貴族たちは鉄で身を固めており、まさしく装甲騎士(homme d'armes)と呼ばれるにふさわしい出で立ちをしていた——の言語によって、これまでは不可能と思われてきた物語〔神話伝説〕的な歴史の諸事実が理解可能になる。その歴史は、たとえば、《アカイア勢の護りの塔》アイアースとか[139]、これに劣らず信じられないことにも、たった一人でエトルリア軍全体を橋の上に持ちあげたホラティウス・コクレス[140]といったような、英雄たちの並外れた力について語っている。また、ふたたび戻ってきた野蛮時代〔中世〕の歴史も、ロランすなわちオルランドーをはじめとするフランク王国のシャルルマーニュ帝の勇士たちの驚くべき力と体格について語っている[141]。あるいはまた、ナポリ王国の歴史は、四十人のノルマンの英雄がサラセンの軍勢全体を打ち負かしたと語っている[142]。これらの都市の英雄たちがたった一人で戦争をおこなったと言われているのは、今日、君主たちだけが一人で戦争をおこなったかのように言われているのと同じで、かれらの家族や家臣たちが栄えある主人の名前と盾の輝きのなかで姿が見えなくなってしまっているからであって、このために、さきに〔三三九〕証明したように、家臣たちは《クリエンテース（**clientes**）》と呼ばれたのだった。これはさながら《クルエンティ（cluenti）》、すなわち《光り輝く》

（137）第一巻注（18）参照。
（138）『学説彙纂』一・二・二・五のポンポニウスの言葉。
（139）ホメロス『イーリアス』三・二二九、六・五、七・二一一、七・二二九、一一・四八五、一七・一二八。
（140）リウィウス『ローマ史』二・一〇。
（141）『ロランの歌』参照。
（142）出典は十三世紀の枢機卿エンリーコ・オスティエンセ Enrico Ostiense の『教皇猊下教令集大全』*Summa titulorum decretalium* 二・三七である。ヴィーコの時代には、ピエトロ・ジャンノーネが『ナポリ王国政治史』（一七二三年）のなかで言及している。Cf. Pietro Giannone, *Istoria civile del Regno di Napoli*, a cura di Antonio Marongiu（Milano, 1970), vol.II, pp. 246—247.

と言っているかのようである。そして、この語は光を透さない物体が光によって照らし出されるありさまを描写するのにふさわしい語であって、みずから光を発するものには似つかわしくないのである。こうして、ローマ公法では、さきに〔三五八〕述べたように、ローマ人が英雄的クリエンテーラの法を拡大適用した属州は、戦争がおこなわれるとき、ローマの名のもとに糾合されて見分けがつかなくされ、ローマの栄光のなかで姿を消してしまって、《ローマ人の同盟者（socii）》と呼ばれるという慣わしが残ることとなったのだった。これは、オデュッセウスの家臣やアイネイアースの家臣が――たしかにアイネイアースが船出するにあたって召集したときのかれらのことをウェルギリウスがそう記述しているように(143)――これらの英雄たちの同盟者〔仲間〕と呼ばれていたのと同じであった。またローマ私法では、家族の従僕や息子はかれらの主人や父親のペルソーナのもとに身を隠していたのだった。このようなわけで、これらの英雄たちはそのようなペルソーナもしくは仮面を被った真の政治的な詩的記号なのである。多数の人間を氏族ないし家門の特性によって包括した類のようなものであって、よく省察してみれば、実際には自分たちの所属する氏族を表示した盾の紋章以外の何ものでもないのである。このため、個々の詩人たちがやがてそれらが習俗の類を意味していることに気づくようになると、かれらはそれらを道徳的な詩的記号に仕立てあげ、哲学者たちが教える類を理解することができないでいる庶民の教育に役立てようとするのだった。もしそのとおりであるなら、ここからは五つの重要な真理が出てくる。

一

三六一　詩は深遠な知識の女王である形而上学が彫琢され始めたさいにその祖型となったこと。深遠な知恵から詩がやってきたというのは、かくも真実から遠くかけ離れているのである！

二

三六二　詩的虚偽は哲学者たちの真理一般と同じものであって、ただ、後者が抽象的であるのにたいして、前者は形像《イメージ》の衣をまとっている点が異なっているにすぎないこと。だから、詩人たちの教えることは哲学者たちには似合わないと書いている者はだれでも、もしわかってそう書いているのであれば悪意に満ちており、わからずにそう書いているのであれば無知であることに注意すべきである。そのうえ、詩人たちの真理は見方によっては歴史家たちの真理よりも真実なのである。それというのも、詩人たちの真理はその最善の理念《イデア》における真理であるからであり、歴史家たちの真理は気まぐれか必要か幸運によって得られた真理であるにすぎないからである(144)。

三

三六三　二つの類(145)の記号が真に意味しているのは、本当をいえば、それらは詩的アレゴリーないしさまざ

(143)　ウェルギリウス『アエネーイス』三・一二。
(144)　アリストテレス『詩学』一四六〇a二六参照。
(145)　この「二つの類」という語にヴィーコはあとで「政治的および軍事的な」という形容詞を付け加えている。

まな人間や習俗や行為をただ一つの形像《イメージ》のもとに内包した言い回しである、ということであること。

四

三六四　技芸によって作られた詩的記号の用法がそのようなものであるのだから、それに先だって、ことがらの自然本性からして、最初の諸国民は事物の類を理解する能力がなかったので、さきに〔二六一―二六四〕証明したように、おのずとそれらを詩的記号によって構想するよう導かれていったにちがいないこと。

五

三六五　最後に、古代ローマ法は一篇のまじめな劇詩であったという、別の著作(146)で述べたことが真実であることが立証される。そして、ここでは、本書で論じている学に合致した言い方をして、もしまずもってその劇詩が広場で詠まれていなかったなら、その後劇場で上演されることもなかっただろうと言いたい。

第三四［三六］章　詩的言い回しの第三の部分、すなわち約定語による言い回しについて

三六六　詩的言語の主要な二つの部分、神聖な記号と英雄的な記号からなる部分が形成されていた間、そ

の一方では、約定語からなる第三の部分が、それらの音声が形成され始めたのにともなって形成され始めた。詩的言語の総体は創造的な隠喩《メタファー》、生き生きとした形像《イメージ》、明瞭な類似、当を得た比較、結果が原因の代理をしている表現〔換喩《メトニミー》〕や部分が全体の代理をしている表現〔提喩《シネクドキー》〕、微に入り細に入った婉曲な言い回し、個性を際立たせた形容詞、そして本題からの適切な脱線でできている。これらはすべて、事物を本来の適切な言葉で名づけるすべを知らなかったり、互いの意思疎通を図るための約定語をもっていない他人と語ったりする者が自分の言いたいことを伝えるために生まれたやり方なのである。のみならず、脱線は、もろもろの事物のうちで自分たちにとって必要なものを選択したり、自分たちの意図にとって関係のないものを捨てたりするすべを知らない身分の卑しい女や農民に特徴的な話法である。しかし、頻繁な省略法すなわち欠陥だらけの話し方や、冗語法すなわち余計な話し方や、声喩法すなわち音声の模倣や、今日でもイタリア詩で用いられている語音省略や、ドイツ語で頻繁に観察される連接語は、よく反省してみるなら、いずれも幼年期における言語の特徴であるように思われる。そして、詩人たちが使っている古語は、たしかにラテン語では、喜劇や厳粛な式文や古い法律のなかで使われている言葉のうちに出会うことができるのであって、それらは疑いもなくラテン俗語から採ってこられたにちがいないのだった。晦渋な話し方は、名詞の主格と対格

(146)『普遍法』第一巻『普遍法の単一の原理と単一の目的』一八一・二。ヴィーコが念頭に置いているのは、ユスティニアヌスの『法学提要』序・三である。そこでは、市民法のもろもろの擬制はいずれも「古い法の作り話(iuris antiqui fabulas)」であるという趣旨のことが述べられている。

は使うが動詞は省いてしまう怒った人間や恭しい態度をとる人間の場合に観察されるように、自分の言いたいことを十分に表現するすべを知らなかったり阻止されたりしている者のなかでおのずと生じてくる。そしてたしかに〔そのような晦渋な話し方をしている点で〕ドイツ語はラテン語よりも人を欺きやすく、ラテン語はギリシア語よりも人を欺きやすい。この点にかんして、ここでわたしたちは別の著作で書いたこと[147]を訂正させていただく。

第三五［三七］章　すべての分節語に共通の起源の発見

三六七　わたしたちが発見したこの同じ詩の起源をつうじて、人間の性質にかんするつぎのような観察にもとづいてすべての分節語に共通の起源も発見される。すなわち、現在のように言語がふんだんにあるなかで生まれ、生まれてすぐ人間の声を聞き始めた子どもたちは、舌筋の繊維がとても柔軟であるにもかかわらず、まずは単音節で、それもおおいに苦心した挙げ句やっとのことで発声し始めるというのがそれである。ここから、ホッブズ、グローティウス、プーフェンドルフの最初の人間たちが、あるいは本当のところ、大洪水前のカインの、また大洪水後のハムとヤフェトの、人間性を奪われてしまった種族が、それどころか、だれよりも事物に名前をあたえたアダム自身が、現代の子どもたちにもまして発声にどれほど多大な困難を経験したにちがいなかったかが容易に理解される。かれらはいずれも強靱な体格をしていたため、声帯が硬くて発声に難があったのである。間投詞と代名詞がこの推測を補強してくれる。恐怖や歓喜や痛みや怒りの激しい情念の衝動のもとで発せられる最初の分節語が間投詞であり、なおも約定語によって呼ぶことができないでいた人間の観念を表示するために案出された最初の言葉が代名詞なのである。そしてすべての言語において、この二種類の言葉とも、ほとんどが単音節なのだった。疑いもなく〔ゲルマン語族の〕祖語であるドイツ語は、たしかにすべてが単音節の語根から産み出されている。そしてここから、聖書の言語が最古の言語であって、最初に生まれたときからまったく変わっておらず、ほぼすべてが単音節か二音節でできていることの証明がおのずと生まれてくる。

第三六［三八］章　ラテン語およびこれにならって他のすべての言語の真の原因の発見

三六八　単純かつ粗野であるというのが要素の特性であるので、諸国民のあいだで最初に生まれたにちがいなかった言葉が単純で粗野であるというのは諸言語の最初の起源の一大証拠である。だから、ラテン語の

(147)『普遍法』第二巻『法律家の一貫性』第二部『文献学の一貫性』一二・一四参照。そこでは、構造にかんしては「ギリシア語の韻文はラテン語のそれよりも人を欺きやすい」と記されていた。

原因はジュリオ・チェーザレ・スカリージェロが巧妙に考え出した原因[148]、あるいはフランシスコ・サンチェスが鋭敏にも考案したまったく別種の起源[149]とは大きく相違することが見出される。同じことはプラトンが『クラテュロス』で省察しているギリシア語の原因についても言わなければならない。プラトンが『クラテュロス』で述べている語源論については、わたしたちは別の著作で誤ってそれに従っていたことをここで率直に告白させていただく[150]。なぜなら、ラテン語ではすべての言葉が単音節で、耳障りな感じがするからであり、また、すべてがもともとラティウムで生まれた言葉で、その起源にかんしてなにひとつとして外来語に負ってはいないからである。

三六九　自然界における多くのことどものうち、人々がなによりも最初に気づいたのが、雷鳴をとどろかせる天空であったが、それを名指しするための本来の言葉にかんしていまだ人々のあいだで合意が成立していなかったため、それは〔エンニウスの悲劇『テュエステース』に〕《見よ、皆がユピテルと呼ぶ、この墜ちていく、いと高きものを（Aspice hoc sublime cadens, quem omnes invocant Iovem）》とあるように[151]、《ホーク（hoc〔これ〕）》と呼ばれた。また、喜劇にも《天空》を指して《これがいま、光になる（Luciscit hoc iam）》とあるように[152]、古代のラテン俗語にも残ることとなった。そして、その後、その固有名を単音節語《ケル（cel）》によって表示する合意が成立し始めた。これはまさしくイタリアの野蛮時代からイタリアの詩人たちに《チエル（ciel）》という語がやってきたのと同じである。また神々と人間たちの父にして王は、擬声語によって、ラテン語では雷鳴の轟きわたる音から《ヨウス（Ious）》と呼ばれ、ギリシア語では雷のヒューと鳴る音から《ゼウス（Ζεύς）》と呼ばれた。被造物のうちで最も目立つものは《ソール（sol〔太陽〕）》であり、最も喜びにあふれていて目を覚まさせるものは《ルークス（lux〔光〕）》であった――《ルークス》は男性形で最初は《昼・日》を意味していて、《ホーク・ディエー（hoc die〔今日〕）》という代わりに《ホーク・ルーキ（hoc luci）》と言っていた――[153]。そしてその反対語は《ノクス（nox〔夜〕）》だった。人間のうちで最もたやすく感知される部分は、《オース（os）、オーリス（oris〔顔と口〕）》、《オス（os）、オッシス（ossis〔骨〕）》、《デーンス（dens〔歯〕）》、《フローンス（frons〔額〕）》、《コル（cor〔心臓〕）》、《クルース（crus〔脚〕）》、《ペース（pes〔足〕）》、《カルクス（calx〔踵〕）》、《クース（cus）〔皮膚〕》と言われた。かれらはまた最初《ペーン（pen）、ペーニス（penis〔男根〕）》と言っていたはずである。《レーン（ren）、レーニス（renis〔腎臓〕）》という言い方が残っているようにである。そして手も、すぐに説明する理由から、最初は《マーン（man）》であったにちがいない。人間の最も特徴的な属性は《ウォークス（vox〔声〕）》、《メーンス（mens〔知性〕）》、《スポーンス（spons）、スポーンティス（spontis〔人の自我〕）》と言われていた。そしてこの《スポーンス》から《メア・スポーンテ（mea sponte〔わたしの意志で〕）》とか《トゥア・スポーンテ（tua sponte〔きみの意志で〕）》という言い方が出てき

（148）ジュリオ・チェーザレ・スカリージェロの『ラテン語の原因について』*De causis linguae latinae*（一五四〇年）参照。

（149）第三巻注（67）参照。

（150）第三巻注（64）参照。

（151）キケロ『神々の本性について』二・四、二・六四などで繰り返し引用されている。

（152）プラウトゥス『アンフィトリオン』五四三。

（153）プラウトゥス『アンフィトリオン』一六五。

たのだった。生きていくのに最も必要なものとしては、涸れることのない泉水は《フォーンス（fons）》、林檎は《フルークス（frux）》と呼ばれ（この語はのちには収穫物を指すのに用いられた）、また《グラーンス（glans〔どんぐり〕）》、《ヌクス（nux〔胡桃〕）》などと言われた。火は《ファクス（fax）》あるいは《ルークス（lux）》と言われた(154)。そして今日でもナポリの身分が卑しくて《フオーコ（fuoco）》という語を使うには迷信にとらわれすぎている女たちは火ないし燈火のことを《ランパ（lampa）》と呼んでいる。これもこれから説明する理由によって、パンは最初《パーン（pan）》と言われていたにちがいない。また煮た食べ物のうちで最も簡単で手をかけていない食べ物〔レンズ豆〕は《レーンス（lens）》であり、最も手のかからない料理は小麦粉と豆を混ぜただけの粥で、《プルス（puls）》と呼ばれた。最初の季節〔春〕は《ウェール（ver）》であり、わたしたちの原理によると《ヨウス（Ious）》と呼ばれていた稲妻と雷鳴以外に、《ヌーブス（nubs）》、ヌービス（nubis〔雲〕）》、《ニクス（nix〔雪〕）》、《ロース（ros〔露〕）》があった（それらのうち、《ロース》は最初、雨を意味していたにちがいなかった）。黄金時代の美味は《ラーク（lac〔乳〕）》と《メル（mel〔蜂蜜〕）》であり、これと反対のものは《フェル（fel〔胆汁〕）》だった。樹木の組織を構成している各部分は《スティルプス stirps〔幹〕》、《トラールクス（tralx〔蔓〕）》、《フロース（flos〔花〕）》、《フローンス（frons〔葉〕）》、《フルークス（frux〔実〕）》と呼ばれていた。そして、この《フルークス》から《フルークトゥス（fructus〔収穫物〕）》と《フルテクス（frutex〔灌木〕）》という語がやってきたのであり、さらにはそれぞれが《フルーイ（frui〔享有〕）》と《フルティカーリ（fruticari〔繁忙になる〕）》という語を生み出していくのである。最も役に立つ動物は《ボース（bos〔牛〕）》、《スース（sus〔豚〕）》と言われていた。また、おそらく《オウィス（ovis〔羊〕）》は、これから述べる理由によって、最初ラテン語では単音節で《オウス〔ous〕》と言われていたのではないかと思われる。獰猛きわまりなく野獣同然の人間たちの最初の徳には〔軍神を指す〕《マールス〔Mars〕》という神名があたえられ、ここからおそらくは《マース〔mas〔男〕〕》という言い方は出てきたのだった。手仕事は総称して《アルス〔ars〕》と呼ばれていた。牧畜業の材料となる動物は《グレクス〔grex〔群れ〕〕》と呼ばれ、田舎での生業を支える田畑は《ルース〔rus〕》、その最も高い評判を得ていた道具〔鎌〕は《ファルクス〔falx〕》と呼ばれていた。また田畑を囲う垣は《セープス〔seps〕》と言われており、ギリシア人のあいだでも同じく《セープス〔σηψ〕》と言われていた。家には《ラール〔Lar〕》という神名があたえられていた。建築の主要な材料は《トラブス〔trabs〔材木〕〕》と《カルクス〔calx〔石灰〕〕》であり、船を作る場合には《トラブス〔trabs〔船材〕〕》と《ピクス〔pix〔松やに〕〕》であった。そして石灰と松やには《グルス〔glus〔膠〕〕》の一種であって、ここから同じく膠を指す《グルーテン〔gluten〕》および《グルーティヌム〔glutinum〕》という語は派生してきたのだった。幼児は〔何ものかの固有名を知らなかったとき〕《レース〔res〔もの〕〕》という語を使っていた。[155] 最初の穀物は《ファール〔far〔小麦〕〕》であり、最初の調味料は《サール〔sal〔塩〕〕》であった。最初

(154) "fax" については、セネカ『オエタ山上のヘルクレス』一七二八、一七三六、ルカヌス『ファルサリア〔内乱〕』一・四九四、ウァレリウス・フラックス『アルゴナウティカ』一・五六九に使用例がある。"lux" が「火」ないし「燈火」の意味で用いられている例としては、タキトゥス『年代記』一四・二二・三を参照。

(155) 『普遍法』第二巻『法律家の一貫性』第二部『文献学の一貫性』一二・七・三参照。

の家具は《ウァース〔vas〕》と呼ばれており、ここから《コンウァサーレ〔convasare〔梱包する〕〕》とか軍隊用語の《インバリキアーレ〔imbaliciare〔梱包する〕〕》という語はやってきたのだった。そしてそのうちで最も必要なものは《ランクス〔lanx〔椀〕〕》だった。最初の金属は《アエス〔aes〔銅〕〕》だった。また最初の貨幣は《アース〔as〕》と呼ばれた。そして《アース》は単位・構成全体で、その部分が《パルス〔pars〕》だった。神々のうちで最も粗野な神は《パーン〔Pan〕》だった。徳の私的な褒美は《ラウス〔laus〔称賛〕〕》であり、神々にささげる敬意のうち最も簡単なものは《トゥース〔thus〔香〕〕》だった。情念のうち最初のものは《スペース〔spes〔希望〕〕》であり、恐ろしいもののうち究極的なものは《モルス〔mors〔死〕〕》だった。神々の社会は《ステュクス〔Styx〕》、地下深くを流れる水、すなわち、もろもろの泉の源の上に築かれており、それにたいして神々は厳粛に誓いを立てていた。[156]《モーンス〔mons〔山〕〕》と《スクロブス〔scrobs〔窪んだ地面・穴〕〕》の違いは〔グローティウスのいう〕単純な者たちですら見分けることができた。最初の英雄たちが打って火をおこした石は《コース〔cos〕》だった。汚物は総称して《フェークス〔fex〕》と呼ばれた。文明の第一人者は《ウィル〔vir〕》と呼ばれ、ローマ人のもとでは《夫》、《祭司》、《司法官》を指す言葉として残ることとなった。《ドース〔dos〕》は英雄たちが妻を買うさいに用意した持参金のことであり、ここから古代ローマ人のあいだでは厳粛な婚姻の儀式を《模擬売買とパンを分かちあうことによって〔coëmptione et farre〕》執り行う習慣が残ることとなった。さらには、《ゲーンス〔gens〔氏族〕〕》、《ウルブス〔urbs〔都市〕〕》、《アルクス〔arx〔要塞〕〕》、《レークス〔rex〔王〕〕》、《ドゥクス〔dux〔指導者〕〕》など。避難所に逃げてきた者たちの唱える祈りは《プレクス〔prex〕》であり、ここから避難所に逃げてきた者たちがかれらの農作業によって手にする最初の食べ物〔葡萄〕が《プレキウム（precium）》と言われるようになったのである。英雄たちがかれらの土地に避難してきた者たちに提供した援助は神の名をとって《オプス（Ops）[157]》と呼ばれた。そしてここから英雄たちは家族の並存状態のもとでは《オプティミー（optimi〔最強の者たち〕）》と呼ばれ、最初の国家のもとでは《オプティマーテース（optimates〔貴族〕）》と呼ばれるようになった。《メルカーリー（mercari〔取り引きをすること〕）》は《メルクス（merx〔商品〕）》から派生した。そして最初の取り引きは田畑の取り引きであった（なぜなら、人々が単純かつ粗野で生きていくのに必要なものにしか関心がなく、田畑をたくさん所有している者とまったく所有していない者とがいた状態のもとでは、かれらのあいだの最初の取り引きはセルウィウス・トゥリウスが実施したよう財産登録の制度にもとづいたものだっただろうからである。また、野蛮時代がふたたび戻ってきて、田畑が戦争によって破壊されて未耕状態で放置され、征服者たちが広大な土地を占領する一方で、多数の者たちが暮らしを立てていく手段を奪われたままになるとともに、最初に戻ってきた契約は永代小作権、財産登録、《農業用》封土にかんするものだった）。また《パークス（pax〔平和・講和〕）》（ここから《パキースキー（pacisci〔協定を結ぶ〕）》および《パクトゥム（pactum〔協定〕）》という語が派生してくる）。さらには《フラウス（fraus〔欺瞞〕）》、《ウィース（vis〔暴力〕）》、《ネクス

(156) ホメロス『イーリアス』一四・二七一、一五・三七、『オデュッセイア』五・一八五—一八六、ウェルギリウス『農耕詩』四・四八〇、オウィディウス『変身物語』一二・三二一参照。

(157) 「オプス」は豊穣の女神でサトゥルヌスの妻。オウィディウス『変身物語』九・四九七—四九八参照。

〈nex〔殺害〕〉》、《フール〈fur〔盗人〕〉》、《フォーンス〈fons〔源泉〕〉》、《リース〈lis〔争い〕〉》はいずれも裁判に関係した素材である。また《ユース〈ius〔法・権利〕〉》、《ファース〈fas〔神聖なる掟〕〉》、《モース〈mos〔慣習〕〉》、《レークス〈lex〔法律〕〉》はすべて法学の主題である。信用を意味する《フィディス〈fidis〉》および《フィデース〈fides〉》という語がそこから派生した《フィス〈fis〉》は、おそらく稲妻のヒューと鳴る音からそう言われるようになったものであって、《縄》、《強制力》、《権力》、《支配権》を意味している。《ソルス〈sors〉》は運を、《フォルス〈fors〉》は有益なものを指していた。ここから、良い結果を指すのに《フォルス・フォルトゥーナ〈fors Fortuna〉》という言い方が出てきたのであり、[158]《ボヌス〈bonus〉》＝《有益なもの》を指すのに古くは《フォルトゥス〈fortus〉》という語が使われていたのだった。《トゥルクス〈trux〉》はキュクロプス的な粗暴さを意味していた。《クルクス〈crux〔拷問の柱〕〉》は最古の刑罰の一種で、ホラティウスが十人委員会の委員たちによって絞首刑に処せられたときの絞首台は《不毛の》木と呼ばれた。[159]《プラエダ〈praeda〔戦利品〕〉》、《プラエダーリー〈praedari〔掠奪する〕〉》、《プラエディウム〈praedium〔地所・農場〕〉》がそこから派生した《プラエス〈praes〉、プラエディス〈praedis〉》は不動産に付属する義務のことであった。なぜなら、わたしたちの原理によると、平民たちが最初もっていたのは貴族たちが所有権を有する土地であったからである。また富は神聖な言葉で《ディース〈dis〉》と言われていたが、それは最初の富が耕作された田畑のものだったからである。そして《ディース〈Dis〉》は地下深くに住む神のことで、やがて冥府の神とみなされるようになり、ケレスあるいはプロセルピーナ、すなわち小麦の種子を掠奪したプルートーと同一視された。そしてケレスはあとで天と収穫の様子をうかがいに戻ってくるのである。こうして、家族の並存状態のもとで土地の主人であった富者たちは、その後団結して共和政体を形成するなかで、市民的権力に属する自分たちの土地の卓越的所有権を構成していった。そして、土地からやってきて土地のなかで支えられ土地とともに維持されるすべてのもの――これらはこれまでは地下の世界のものであり、徴税、貢納、俸給の隠れた起源であるディース神が司っていると考えられていた――によって公的必要を充足させることができるようにしたのだった。――これらの諸事万般、たゆまざる労働とそれ以外にも公的必要にかんする上述のさまざまなことどもをつうじて、かれら〔英雄たち〕は平時における刑罰の制度や戦時における徴兵の制度によって自分たちの生活を組織することができるようになるのであり、こうして主権的権力自体が土地の卓越的所有権のうちに存することとなるのである。そして最後にこの推論を締めくくるにあたって述べておくとして、《ウァス（vas）、ウァディス（vadis）》は、ギリシア人のもとでの《バス βάς》およびゲルマニア人のもとでの《ヴァス（Wass）》（ここから《ヴァッスス（wassus）》および《ヴァッサッルス（wassallus）》という語が派生する）と同様、主人に個人的に付き従うことを義務づけられている従僕・家臣のことであり、その義務は《ウァディモーニウム（vadimonium）》と呼ばれた。このことはギリシア人、ラティウム人、ゲルマニア人のあいだで封土が言語に先だって存在していたことを証明している。

三七〇　これらすべての起源からして、名詞はすべて単音節語として始まったにちがいないこと、とりわけ、主格と斜格が同じである［第三変化の］名詞はそうであることがわかるはずである。たとえば、《ウェ

---

(158) リウィウス『ローマ史』一〇・四六・一四。

(159) リウィウス『ローマ史』一・二六・六。

スティス〔vestis〔衣服〕〕》は《ウェスト〔vest〕》から、《ホスティス〔hostis〔敵〕〕》は《ホスト〔host〕》から、《スディス〔sudis〔尖った杭〕〕》は《スド〔sud〕》からやってきている。また、《ヨウィス〔lovis〕》が《ヨウス〔lous〕》からやってきたように、もともと羊を指していた《オウィス〔ovis〕》は《オウス〔ovs〕》からやってきたのだった。弦を指す《フィス〔fis〕、フィディス〔fidis〕》もそうであり、槍を指す《クイール〔quir〕》という語からラティウム人のもとで〔「武装して集会に参集することができ、ひいてはローマ市民としての資格を有する者」を意味する〕《クイリーテース〔quirites〕》という語がやってきたのだった。これはギリシア人のもとで手を指す《ケイル〔χείρ〕》という語から〔クレタ島のレア女神あるいはプリュギアのキュベレ女神を崇拝する武装した踊り子を指す〕《クーレーテス〔Κουρῆτες〕》という語がやってきたのと同じである。ひいては、ラテン語は起源においてはドイツ語に類似していたことがわかる。たとえば、《ベネ〔bene〔善い〕〕》、《カニス〔canis〔犬〕〕》、《ドーヌム〔donum〔贈り物〕〕》、《フィールム〔filum〔糸〕〕》、《フィーニス〔finis〔境界〕〕》、《ソールス〔solus〔単独の〕〕》、《ウェールム〔verum〔真実〕〕》、《ウィーヌム〔vinum〔葡萄酒〕〕》、《ウーヌス〔unus〔一つの〕〕》、同様に《パーニス〔panis〔パン〕〕》および《マヌス〔manus〔手〕〕》は、最初のラティウム人からは《ベン〔ben〕》、《カン〔can〕》、《ドーン〔don〕》、《フィル〔fil〕》、《フィン〔fin〕》、《ソル〔sol〕》、《ウェル〔ver〕》、《ウィン〔vin〕》、《ウン〔un〕》、同様に《パン〔pan〕》および《マン〔man〕》と言われていたにちがいないのだった。この種の短縮形をたしかにイタリアの詩人たちは第二の野蛮時代〔中世〕から受け継いだようにである。

三七一　つぎに、動詞のうち、《スム〔sum〔ある〕〕》はあらゆる存在を意味している。また《ストー〔sto〔立つ〕〕》は実体の動詞であって、存在と実体は事物の最高の類である。《フィーオー〔fio〔なる・される〕〕》は、それの類似語《フィス（fis）》、《フィト（fit）》同様、《フォー（fo）》から始まったにちがいない（〝fo〟という〔一人称単数現在直説法の〕動詞は現在でもイタリア人のあいだで使われている）。そして、それは当初、《ファキオー（facio〔わたしはなす〕）》よりも、「される」という意味での《フィーオー》であったにちがいないのだった。《フォル（for）》という動詞は「話す・語る」という意味で、ここからこの巻全体の主題である《ファース・ゲンティウム（Fas gentium〔万民の神聖なる掟〕）》という言い方は出てきたのである。《フロー（flo）》という動詞は生命にかんする動詞であって、ここからおそらく、まるで植物の呼吸する息であるとでもいうかのようにして《フロース（flos〔花〕）》という語は出てきたのだった。つぎに《ノー（no〔わたしは泳ぐ〕）》についてであるが、わたしたちの原理によると、最初の《ナターレ（natare〔泳ぎ〕）》は陸地での子どもたちの泳ぎであって、この努力を重ねるなかから子どもたちは強くなり大きくなっていったのだった。それというのも、筋肉の直径を伸縮させることによって、かれらがそのなかで転げ回っていた汚物の硝酸カリウムから肉がより多くの栄養分を摂取し、こうして巨人になっていったからである。その《ノー》が海に移されることとなったのは、ずっとあとになってラティウム人が——他の諸国民も同様であったが——海辺で生活し始めたときでしかなかった。

三七二　小詞は、ラテン語だけでなく、すべての言語において、たしかに単音節である。そしてそれらのなかでも主として前置詞はそうである。“a”, “ab”, “e”, “ex”, “de”, “di”, “ad”, “in”, “sub”, “super”, “se”, “prae”, “ob”, “am”, “circum” 等々。それらはそれらが構成しようとしている言葉の指示要素なのである。

三七三　これらの起源と語根を使って、今後、ここで提供したラテン語にならって、他の諸言語の自然的かつ真実の原因を説明してみてもよいだろう。

第三七〔三九〕章　歌および詩句の起源の発見

三七四　この分節化された言語の起源から多くの重要な事物の原理が出てくる。第一の原理は、歌と詩句は人間の自然本性的なあり方から必然的に生まれたのであって、気まぐれに快感を求めて生まれたのではないということである。ところが、それらは気まぐれに快感を求めて生まれたものであると想像されたために、パトリーツィのようなきわめて厳粛な哲学者からでさえ、ここで言及するのも憚られる戯言が数多く口にされてきたのだった。[160]

三七五　なぜなら、唖者はおのずと歌いながら母音を発音する。発声に障害のある者たちも歌うことによって発音しにくい分節音を表出している。また、三百語しかない単語の発音の仕方を変えることによって語数を倍増させているシナ人〔中国人〕は、ある種の歌によって声を発している。

三七六　つぎに、詩句の最初の種類はヘブライ人のもとでもギリシア人のもとでもラティウム人のもとでも不確かな韻律の原理[161]にもとづいて英雄的脚韻詩として生まれたのを見ることができる。ヘブライ語にかんしては、聖ヒエロニュムスがモーセによって語られている歴史よりもはるかに古い歴史である『ヨブ記』は英雄的韻脚を踏んで書かれていると証言している。[162]こうして聖書の真実さとヘブライ語の古さの証明がなされている。ギリシア語とラテン語にかんしては、最初プラトンによって設定され、ついでアリストテレスによって確認され、パトリーツィ、マッツォーニ、(163) スカリージェロ、カステルヴェトロのような詩法の著作家たちによって註釈されてきた詩の別の原理の先入見にとらわれて、これまで気づかれることも利用されることもなかった二つの巷間に流布している知識が際立っている。

三七七　一つは、ギリシアの人々がアポロン神に大蛇ピュートーンを退治してくれるよう懇願したとき、初めて英雄的韻脚を踏んだ語句を発したというものである。そしてそのときかれらは驚愕のあまりすっかり気力を失っていたため、その語句を遅い拍子で、あるいはスポンディオス〔長長格〕で、《イオー・パイアン、イオー・パイアン、イオー・パイアン（*ἰὼ παιάν, ἰὼ παιάν, ἰὼ παιάν*）》と発音していたが、その後、勝利した神に拍手喝采するときには、歓喜に満ちて、同じ語句を早い拍子で、すなわち、ダクテュロス〔長短短格〕

(160) パトリーツィが『詩学』で述べているところによると、歌は「魂のリクレーション」のためにつくり出されたという。Cf. Francesco Patrizi, *Della poetica*, a cura di D. Aguzzi Barbagli (Firenze, 1969), vol. I, pp. 11–12.

(161) 「不確かな韻律の原理」の原語は "il principio d'incerte misure" である。

(162) ヒエロニュムス『ヨブ記序文』（『ラテン語教父著作集成』二八・一〇八一）。そこでは、『ヨブ記』の三・三から四二・六まではダクテュロス格（長短短格）とスポンディオス格（長長格）からなるヘクサメトロス（六歩格）つまりは英雄的韻脚であると指摘されている。

(163) マッツォーニ Iacopo Mazzoni（一五四八―一五九八）は『ダンテの「神学」の擁護』*Difesa della «Commedia» di Dante*（第一部一五八七年、第二部一六八八年）の著者として知られるプラトン主義哲学者。

で、長母音《オー（ω）》を二つの短母音《オ（o）》に分割し（これは古代ラティウム人も長母音を二度拍子をつけて発音していたのと同じである）、二重母音《アイ（αι）》を二つの音節に分離して発声していたという。こうして、六つのスポンディオスでもって六つのダクテュロスが形成されることとなったのである。そしてアポロン神によって殺害されたピュートーンから名を採って、英雄詩を指すのに《ピュートーン詩》という言い方が残ることとなった。しかし、もっと普通には、英雄たちが語っていたということで、《英雄詩》と言われた。同様に、ラティウム人のもとでも最初の詩は英雄詩であった。それは《サトゥルヌス詩》と呼ばれたが、それ以外の呼びようがなかった。というのも、最初の詩はイタリアがなおも未開の状態にあったサトゥルヌスの時代に生まれたからである。そしてエンニウスも、かれの断片のなかで、牧神たちは英雄的韻脚を踏んで歌っていたと書きのこしている。[164] だれか、深遠な知恵に満ち満ちていて詩法の教育をしっかり受けている、ラテン民族のオルペウスがいて、かれらの父祖にあたる先住民たちを人間らしい生き方に引き戻したというのでもないかぎり、こう考える以外にないのである。

三七八　いま一つには、この種の詩句によって最初の法律は構想されていたことを示す二つの語の歴史が存在する。すなわち、《ノモス（νομός）》というギリシア語は《法律》とともに《歌》のことを指しており、《カルメン（carmen）》というラテン語は《詩句》とともに《法律の厳粛な式文》を指していたのだった。また、イタリアのアルカディアの住民は歌い手として生まれた、という言い伝えが残ることともなった。ここから、おそらくはこれらの英雄的な歌にちなんで、アルカディアのエウアンドロスの母はカルメンタと呼ばれたのだった。[165] しかし、なんということか！　キケロ[166]までが、かれの国家に法律をあたえるにあたって、それをかれはたしかに十二表法に合致するようなかたちであたえたのだったが、英雄詩めいた風采で構想しているのだ。したがって、たしかに十人委員会の委員たちは、ラーヴァールト版(167)によると、「父親殺し」の条項のなかで《デイウェイ〔deivei〔神々〕〕》という語を使っていたというが、そうだとするなら、かれらは最初の二つの法律を英雄詩の両半分でもって始めていてしかるべきであった。《神々の前に進むときには清浄であること／敬虔の念をもつこと〔Divos caste adeunto/Pietatem adhibento〕》と。(168) ところが、法律をあたえるというような重大な案件においてはもちろん、どんな書簡の場合でも、散文においてこんなにも朗々とした韻律でもって語るのはきわめて由々しい過ちであっただろう。イアンボス〔抑揚格・短長格〕は歌とは少しも似ておらず、歌らしい感覚を伝えることもないにもかかわらず、そのイアンボスすら避けるべきであるというのにである。

三七九　ひいては、これらの国民〔ギリシア人とラティウム人〕はいずれも英雄詩から散文に移行するにあたってはイアンボス詩を経由していたことがわかる。実際にも、推理の過程でそれと気づかないうちにイアンボスにおちいっていってしまうというのはあまりにも自然のことであったので、用心深い散文の著作家た

---

(164)　このエンニウスの断片は、キケロ『ブルートゥス』一九・七五などに引かれている。

(165)　プリニウス『博物誌』八・五七。フォス『ラテン語の語源』一二九頁。

(166)　キケロ『法律について』二・八―九、一九―二〇。

(167)　第一巻注（21）参照。

(168)　キケロ『法律について』二、八、一九。

ちは執筆の過程でそれにおちいらないように注意を集中しなければならなかったほどだった。またイアンボス詩は、プラウトゥスとテレンティウスの詩がそうであるように、そしてテレンティウスの詩よりもプラウトゥスの詩がそうであるように、不確かな韻律の原理にもとづいて誕生した。このようなわけで、悲劇も喜劇も、両者ともたしかにホメロスのあとにやってきたのだが、最初からイアンボス詩で書かれていたというのは、自然によるのであって、技芸によるのではなかった。なぜなら、もしほんとうに両者の国民がイアンボス詩で語っていたのでなかったとしたなら、技芸は自然を模倣したものではないことになるだろうからである。ところがその後、それ以外にも多くのことがらにおいて盲目的な古代崇拝をつうじて起きているように、〔これとは違ったふうに考えるという〕共通の誤りが規則に転じてしまったのである。

三八〇　現在もなお生きている言語にかんしては、ジェネブラール[169]やかれ以外の年代学者たちが指摘しているように、十二世紀以前にはフランス語で書かれた本もイタリア語で書かれた本も存在しなかった。それでも、すでにプロヴァンスとシチリアの詩人たちは活躍していたのだった。農民からなる国シレジアでは、だれもが生まれつき詩人である。

第三八［四〇］章　すべての母語に共通の語源学という観念

三八一　〔分節言語の起源についてのわたしたちの発見から出てくる〕第二の原理は、すべての母語に共通の語源学にかんするものである。なぜなら、事物の原理はすべて事物が合成され始めるときの原理と最終的に分解するにいたるときの原理の両方からできている。またラティウム人が発したにちがいない最初の語彙はすべて単音節語であることが見出されている。そこで、この例にもとづいて、母語の起源はどこでも単音節語のうちに見出されなければならないからである。そして、言葉は分節化された人間の音声であり、子どもたちはおのずと事物をそれらが立てる音を真似ることによって表現しようとするので、どの言語でも語彙の大部分は最初の起源をそのような擬声的単音節語に負っている。こうして、これまでとりわけラティウム人とギリシア人の場合に即して推理してきたところに立ち戻って言うなら、神々のうちでも第一の神をギリシア人は稲妻のヒューと鳴る音から《ゼウス（Ζεύς）》と呼んだのであり、ラティウム人は雷の耳をつんざくような大音響から《ヨウス（Ious）》と呼んだのであって、《ヨウス》の属格が《ヨウィス（Iovis）》なのだった。

三八二　そのような語源学を観念の自然的な順序に従ってさらに持続的に推進していく必要がある。最初に森林があり、つぎに掘っ立て小屋、それから田畑に羊や家畜の群れ、そのあとに都市と国民、そして最後に哲学者が登場する。したがって、それぞれの言語についての語源学は語彙の起源と進歩をこれらの段階をへて説明しなければならない。たとえば、《レークス（lex）》はもともとどんぐりの収穫のことであった。ここから、《アクイレークス（aquilex）》といえば水を集める名人のことであったのと同じような仕方で、《イー

---

(169)　ジェネブラール Gilbert Génébrard（一五三七—一五九七）は『クロノグラフィー全四巻』*Chronographiae libri quatuor*（一五八〇年）を著わしたフランスの年代学者。

レクス〔ilex〔樫〕〕》という語は出てきたのであって、プラウトゥスは《レクトゥス・イーレクス〔lectus ilex〔樫を集めたもの〕〕》という言い方をしているのだった。(170) ついで、それは野菜の収穫を指すようになり、ここから《レグミナ〔legumina〕》という語が出てきた。その後、それは人間の収穫を指すようになった。なかでも、叛乱を起こしたクリエンテース〔奴僕たち〕の収穫がそうであって、かれらには最初の農地法があたえられることとなった。それから、市民たちの集会を指すようになる。これは、書法が発明される前には、公的な決定事項を市民たちに周知させるために必要とされたのである。つぎに、書法が発明されると、《レークス》は文字を集めたものを指すこととなった。ここから、《レゲーレ〔legere〔文字を拾い集める・読む〕〕》という言い方がいまに残ることとなったのであって、最終的に書かれた法律が《レークス》と呼ばれることとなったのである。

第三九［四一］章　外国起源の語彙の語源学という観念

三八三　第三の原理も語源学にかんするものである。いたるところでまずは内陸部に住む国民があり、つぎに沿海部に住む国民が存在したので、最初のラテン語にはギリシア起源の語は一つも含まれていなかったことが見出されるというのがそれである。イタリアの場合、ローマの草創期、イタリアの沿岸部でマグナ・グラエキアが栄えていたときのラティウムの語彙ですら、そうであったのである。疑いもなく外国起源の語彙は二次的な語彙であるにちがいなく、諸国民が戦争、同盟、通商の機会に互いに知りあうようになってから導入されたのだった。この原理は古代ローマ史において出遭う多くの重大な困難を落着させることができる。

三八四　なぜなら、最初の言語においてはどこでも分節化された語彙が乏しかったのと、最初の人々は基体から質を抽象するのが困難であったことからして、これら二つの人間的習俗はいくつかの資質の点で際立っている人物の固有名を普通名詞代わりに使って、その後それらの資質をそなえた人物に出会ったときにはかれらをすべてその固有名で呼んだにちがいないからである。こうして、洗練された習俗を知らなかったローマ人は、その習俗がタレントゥム人のあいだに存在するのを初めて知ったため、《洗練された》ということを指して《タレントゥムのような》と称していたのだった。また、豪奢というものを知らなかったため、それがカプア人のあいだに存在するのに気づいて、《豪奢な》ということを指して《カプア人のような》と称していたのだった。それ以外の換称についても同様であった。アンクス・マルキウスがローマの境界をオスティア近岸の海にまで拡大した最初の王であったというのに、[171] ロムルスの開いた避難所がプリュギアから海を渡って逃げてきた者たちで溢れかえっていたという伝説が生まれたのは、このようにしてであった。自分たちの起源について知らないでいたローマ人が（この点ではかれらはギリシア人より恵まれていたわけではなかったにちがいない）その後ギリシア人と面識をもつようになり、海の向こうのプリュギアから入植

(170) プラウトゥス『アシナリア』二二一。

(171) リウィウス『ローマ史』一・三三・九。

者たちがイタリアにやってきたということをギリシア人から聞かされて知るようになると、ロムルスの開いた内陸植民地はプリュギアから海を渡ってやってきた者たちの住む植民地だと主張するようになったのである。これがローマ人はトロイアのアイネイアースの後裔であるという後年生まれた伝説の真の理由でもある。こうしてローマは、自分のうちに王として選出されるにふさわしい人物を擁していなかったという大いなる不幸からも免除されて安堵することとなる。というのも、ヌマとアンクス・マルキウスはサビーニ人であり、セルウィウス・トゥリウスはギリシア出身であり、某貴族政王国[172]は女性が統治していた、と信じられていたのである。だが、これらはすべて、じつは換称であったと見なければならない。ヌマと敬虔さの点で伯父に似ていたアンクスは、サビーニ人の宗教的習俗にならっていたことから《サビーニ人》だったと言われたのであり、セルウィウス・トゥリウスはこの点にかけてはギリシア人が卓越していた狡猾な才知の持ち主であったところから《ギリシア人》であると言われたのであり、タナクイル[173]はその柔弱な生活慣行から《女のような》と言われたのだった。これは今日でも柔弱な男たちを同じ理由で《女のような》と言っているとおりである。

第四〇［四二］章　万民の自然法の言語の学のための普遍的語源学という観念

三八五　この学を言語の部門にかんして完成させるための上述の発見はすべて、つぎのこと、すなわち、たとえば、ローマの法学者たちが市民法で用いられている言語の学と、十二表法の言葉が時代の変化に応じて別の意味を指していたことの歴史とを両方とも所有していたように、万民の自然法の法学者たちはそのような言語の学を一つの普遍的語源学を介して所有するようになることをめざしている。そのような語源学は、ここではことわざの本性にもとづいて構想される。ことわざは人類の知恵によって有益であることが実証されてきたいくつかの格率であるが、さまざまな国民がさまざまな観点からながめてきたため、さまざまな言い回しをとって説明されてきたのだった。そして、ことわざと同じようにして、人物や行為や事物も、それらの本性においては同一であるが、さまざまな国民によってさまざまな観点からながめられてきたため、さまざまな名前をあたえられてきたにちがいないのだった。こうして、今日でも、ハンガリーではまったく同一の都市が音声のまったく異なる語でもって呼ばれており、ハンガリー人とドイツ人とトルコ人によってそれぞれ別の名があたえられているのである。それら三つの国民は、つねづね、それぞれ三つの異なる観点から都市を名指ししていたのだった。ひいてはまた、ローマ史では、蛮族の多くの都市がラティウム

(172) プリスクス・タルクイニウスの王国のことを指すと思われる。かれの王国は、かれがセルウィウス・トゥリウスを権力につかせることとなる陰謀の過程で殺害されたあと、かれの妻タナクイルが夫に代わって治めた時期があった。リウィウス『ローマ史』一・四一参照。

(173) プリスクス・タルクイニウスの思い違いか。タナクイル自身は、リウィウス『ローマ史』一・四一によると、柔弱とはほど遠く、夫の死が国政に混乱を生じさせることがないよう、てきぱきと事態を処理したという。

で建設された都市と見まがうほどのみごとなラテン語の呼称をあたえられているのだった。同じ原理によって、聖書の註解者たちは聖史が本来の名前で呼んでいる人物たちが俗史のなかでじつにさまざまな名前で呼ばれているのを見て直面する大いなる困難を軽減することができる。たとえば、タキトゥス[174]によるとエジプトの祭司たちがゲルマニクスに《ラムセス》という名で呼んでいたというエジプト人の最強の王は、ギリシア人が語っている、かの有名なセソストリスのことであったにちがいないのだった。他の三つの王朝をみずからのテーバイ王朝に服属させた王である。[175]これとまったく同じ仕方で、ローマ人のヘラクレスであったフィディウス神は、ギリシア人が古代諸国民全体のうちに存在するのを観察していた、ウァッロが四十人まで算えあげているヘラクレスの一人であった。[176]ラティウム人がかれを《フィディウス》と呼んだのは諸国民の第一の主要な基礎である信仰の観点からであって、この信仰の観点からは、かれはラティウム人にとって誓言の神なのであった。ところがその後、かれらがギリシア人のことを知るようになると、かれらには異国のことはなんでもありがたがる習性があったので、ヘラクレスという名前を使うようになったのである。また、カストルとポリュデウケスも、ヘラクレスと並んで、ギリシア人にとっては誓言の神聖な証人である。ここから、ローマ人のもとでは《メヘルクレス(mehercules)》《エデポル(edepol)》《メーカストル(mecastor)》《メディウスフィディウス(mediusfidius)》という〔いずれも《神かけて》を意味する〕言い方が誓言のさいに唱える式文として残ることとなったのだった。これらのうち初めの三つは外国由来の言葉であり、四番目だけが土着語である。さらに、ラティウムのフィディウスがその後テーバイのヘラクレスに変化して生き残ることとなったのと同じようにして、農耕時代のラティウムの民の、もともと別の土着の名前で呼ばれていたにちがいない英雄を象徴した記号が、ピュタゴラスの名前すら、言語と習俗の異なるさまざまな国民を経由して、やっとのことでクロトンからローマに浸透することができたのよりも五百年も前に、ラティウムにヘラクレスを迎え入れたという、ギリシアのアルカディア出身の英雄エウァンデルに変化したのだった。(177)こうしてまた、カルデア人が星辰に貼り付けた大神たちも、たしかにオリエントでは別の名前をもっていたのだが、フェニキア人がギリシアで商いを営むようになってからは、自分たちのところで生まれた神々のギリシア名を外国の神々に貸しあたえるのが適切であることを見出したのである。これは疑いもなくホメロスのあとに起きたことであった。ホメロスの時代には、神々はすべてオリュンポス山の頂上と尾根に住んでいたからである。

三八六　このようなラテン語についての確実な歴史とギリシア語についての悟性的に推理された歴史とによって、ナポリで使用されているギリシア語の起源に確かな光があたえられる。これは、いくつかの土着のシリア的ないしエジプト的要素とギリシア人が通商上の理由でナポリにやってきたあとで導入された外来のギリシア的要素とが混ざり合った、一種のヘレニズム的言語であったにちがいないのだった。このためにティベリウスは、アテナイで使われていたアッティカ的ギリシア語よりもナポリで使われているギリシア語

(174)　タキトゥス『年代記』二・六〇。
(175)　ラムセス二世がセソストリスであったとする説は、ギリシアの歴史家、とくにヘロドトスにまでさかのぼる。ヘロドトス『歴史』二・一〇二参照。
(176)　ウァッロ『ラテン語について』五・六六。
(177)　リウィウス『ローマ史』一・七・九―一一参照。

のほうを好んでいたのだった。このように本来の名前が諸国民のさまざまな観点のもとでさまざまに変化していったことのうちに、古代人の政治史と地誌および化石、植物、動物の博物誌を覆っている永遠の夜の起源は見出されるのである。

第四一［四三］章　諸国民すべてに共通の知性の内なる語彙の辞書という観念

三八七　言語にかんするこの巻をすべての諸国民に共通の、いわば知性の内なる語彙の辞書[178]という観念でもって締めくくろう。そのような辞書は、実体にかんしてかれらが抱懐していた観念が一様であったことを説明するだろう。そして、諸国民がかれらすべてに共通の必要または有益な人間にかんすることがらについて考えるにあたってさまざまな様式をとっており、かれらの住んでいた場所と気候、ひいては自然と習俗がさまざまであったことに対応して、それらのことがらをさまざまな特性をつうじてながめていたことからして、音声語の起源はさまざまでありながら、それらはすべていっしょになってある一つの共通の理念的な言語を構成している次第について語るだろう。

三八八　わたしたちの原理に固有の同じ例にとどまり続けるとして、家族の並存状態とこの状態から生じた最初の都市の状態における家父長たちの特性を列挙してみよう。

一、神々の形像を作りあげる。

二、鳥卜にもとづく確実な儀式を執り行って得た身元の確実な妻とのあいだに身元の確実な息子をもうける。

三、それゆえ、かれらは〔以下の理由から〕英雄的な起源をもつ、あるいはヘラクレスの血を引いている。

四、前兆の知識、すなわち神占の知識をもっていた。

五、自分たちの家で神に犠牲をささげていた。

六、自分たちの家族に無限の支配権を行使していた。

七、持ち前の力を発揮して、野獣を殺し、未耕地を開拓し、穀物を盗みにやってきた不敬虔な放浪者たちから自分たちの田畑を守っていた。

八、野獣的な共同生活を送るなかでホッブズの凶暴な者たちとの争いで危険におちいって逃げてきた不敬虔な放浪者たちを、寛大にも自分たちの避難所に受け入れていた。

九、凶暴な者たちを抑圧し、弱い者たちに救援の手をさしのべたということで、名声を博するにいたった。

一〇、そのような功業を達成したことをつうじて、自分たちの田畑の主権的所有権をおのずと獲得するにいたった。

(178)「すべての諸国民に共通の、いわば知性の内なる語彙の辞書」の原語は〝un dizionario di voci, per così dire, mentali comune a tutte le nazioni〟である。

一一、その結果、武器の主権的支配権を獲得するにいたった。この武器の主権的支配権はいつの場合にも主権的土地所有権と結びついているのである。

一二、そして最後に、法律、ひいては刑罰の主権的意志を獲得するにいたった。この主権的意志は武器の主権的支配権と結びついているのである。

三八九　ここから、家父長たちはヘブライ人によって――《強い》を意味する《エル（el）》から派生した――《レビテス（Levites）》と呼ばれていたこと、アッシリア人によって《カルデア人》すなわち賢者と呼ばれていたこと、ペルシア人によって《マギ（magi）》すなわち予言者と呼ばれていたこと、エジプト人によって――だれもが知っているように――《神官》と呼ばれていたことが見出されるだろう。ギリシア人からはかれらはさまざまな名前で呼ばれていた。あるときには《英雄詩人》と呼ばれていた。その場合、《詩人》というのは神占に由来している。詩人たちは《ディーウィーナーリー（divinari〔神の意思を占う〕）》ということから《神聖な》と言われたのだった。また《英雄》と呼ばれたのは、神々の子らに血筋をひいていると信じられていたからで、そのなかにはオルペウス、アンピオン、リノスがいる。またあるときには、無限の権力をもっていることから《王》と呼ばれていた。ピュロスの使節が報告しているところによると、かれらはローマでまさに王者然として元老院に集まっていたとのことである。(179)　また、力強いことから《アリストイ（ἄριστοι）》と呼ばれていた。これは《アレース（Ἄρης）》すなわち軍神マルスに由来する語で、(180)　まるで《勇壮な者たち》のことを指しているかのようである。そして最初の都市はかれらで構成されていたので、最初の政体はアリストクラティックな政体〔貴族政体〕として生まれたのだった。さらには、サトゥルニアすなわちイタリアやクレタやアジアのいたるところで、武装した祭司の姿で出現したので、かれらは《クーレーテス（Curetes）》と呼ばれた。しかしまた、かれらは最初ギリシアでは、特別な意味あいをこめて《ヘラクレイダイ（Ἡρακλεῖδαι）》すなわちヘラクレスの一族と呼ばれていた。そしてその名称はスパルタ人のあいだで残ることとなったのであって、スパルタ人はたしかに槍で武装しており、疑いもなくアリストクラティックな政体をとっていた。まさに同じようにして、かれらはラティウムの諸民族によって《クイリーテース（quirites）》すなわち《クイール（quir）》と呼ばれる槍で武装した祭司と呼ばれていた。かれらこそはギリシア人がイタリアで観察したサトゥルニアのクーレーテスにほかならなかった。またかれらは《最強の者たち》という意味で《オプティミー（optimi）》と呼ばれていた。これは古代の《フォルトゥス（fortus〔強い〕）》が現在の《ボヌス（bonus〔善い〕）》と同じ意味であったのと事情がそっくり同じである。そしてかれらがのちに構成することとなった国家は《オプティマーテース（opimates）の国家》と呼ばれたが、これはギリシア人のアリストクラティックな国家、すなわち《勇壮な者たち》の国家に対応する。さらに、かれらは家族にたいする絶対的支配権を有していたことから、《ヘーリー（heri）》すなわち主人と呼ばれていた。[181]これは英雄たちを指す〔ギリシア起源の〕《ヘーローエース（heroes）》という語とも響きが似通っている。そしてここからかれらの遺産を《ヘーレーディタース（hereditas）》と呼ぶ言い方が残ることとなったのであって、これ

(179) プルタルコス『対比列伝』「ピュロス」一九参照。

(180) この語源説については、『普遍法』第二巻『法律家の一貫性』第二部『文献学の一貫性』二一・五参照。

については、さきに〔三六九〕証明したように、十二表法は氏族の一員が主権者として自由に処分するという古くからの習俗をそのままかれらに残していたのだった。かれらはまた、力が強いことから、《ウィリー（viri）》とも呼ばれていたが、これもギリシア人のいう《英雄たち》に対応している。そしてここから厳粛な婚姻の儀式を執り行って夫になった者たちを《ウィリー》と呼ぶ言い方が残ることとなった。古代ローマ史では、十二表法が制定されて六年後までは貴族だけがそのような婚姻の儀式を執り行っていたことがわかるのである。[182] また、執政官も《ドゥウムウィリー（duumviri〔二人委員会〕）》とか《ディケムウィリー（dicemviri〔十人委員会〕）》のように《ウィリー》と呼ばれており、さらに祭司も《クインデケムウィリー（quindecemviri〔十五人参事会〕）》や《ウィギンティウィリー（vigintiviri〔二十人評議会〕）》のように[183]《ウィリー》と呼ばれていた。そして最後に裁判官も《ケントゥムウィリー（centumviri〔百人判事団〕）》[184]のように《ウィリー》と呼ばれていた。だから、この《ウィル（vir）》という一語によって、知恵、祭司権、王権の三つをともに表現していたのであって、さきに〔一三二〕見たように、それらは家族の並存状態における最初の家父長たちの人格においては一にして同じものであったのだった。ひいてはまた、他の民族のどれよりも大きな適切さをもって、ラティウム民族のあいだで、かれらは身元の確実な息子たちをもうけたということで《パトレース（Patres〔父たち〕）》と呼ばれたのだった。これが貴族たちが《パトリキ（patrici）》と呼ばれていた理由だった。まさしくアテナイ人が貴族たちを《エウパトリダス（εὐπατρίδας）》と呼んでいたようにである。ふたたび戻ってきた野蛮時代〔中世〕には、かれらは《バロネス（barones〔領主たち〕）》と呼ばれていた。ここから、驚くべきことに、オトマンは家臣たちは封建語で《ホミネース（homines〔人々〕）》と言われていたことに注意をうながしている。(185) これはまさしくラティウム人のもとに《ウィル（vir）》と《ホモー（homo）》の違いが残っていたのと同じ違いである。前者は徳、それも見てきたようにじつに政治的な徳をもった者のための言葉であったのにたいして、後者は指導権をもった者たちに従う義務がある通常の人間を指しており、ギリシア人によって《バス（βάς）》、ラティウム人によって《ヴァス（vas）》、ドイツ人によって《ヴァス（Wass）》と呼ばれていた。そしてここから《ウァッスス（vassus）》および《ウァッサッルス（vassallus）》〔家臣〕という語はやってきたのである。この起源から、ラティウム人のもとでその後男性を女性から区別するために《ウィ

---

(181) 『普遍法』第二巻『法律家の一貫性』第二部『文献学の一貫性』二〇・六参照。そこでは、フォス『ラテン語の語源』、二八八頁とも意見を同じくして、"heri" は "haerere" すなわち「じっと付着していて離れないでいること」に由来すると説明されている。財の所有権はそれを長く占有しつづけていることによって獲得されるというのである。

(182) 護民官カヌレイウスが貴族と平民の通婚を認める法律を発布したのは紀元前四四五年のことであった。

(183) 「十五人参事会」はシビュレー本と呼ばれる神託集を守護し、国家危急のさいにそれらの神託集を参考にして進言をおこなっていた。「二十人評議会」は兵士たちのあいだでのアグロ・カンパーノの分配案件を処理するために起ちあげられた委員会であった。

(184) 「百人判事団」は私的な諸問題を解決するために選出された判事団であった。

(185) オトマン François Hotman（一五二四―一五九〇）はフランスの法律家でローマ法の歴史家。ヴィーコの言及箇所については「封建語についての註解」"De verbis feudalibus commentarius," in: *Novum lexicon utriusque iuris*（パリ、一五七三年）、七六四頁を参照。

ル（vir）》という語が使われるようになったのと同じように、たしかにイスパニア人のもとで《男性》を意味する《バロン（baron）》という言葉が残ることとなったにちがいないのである。また同じ起源から、たしかに《ホマギウム（homagium）》という語が、まるで《ホミニス・アギウム（hominis agium〔人々を指導する権利〕）》を意味するかのようにして派生したにちがいないのであって[186]、これは古代ローマ史がさきに〔一六——一六七〕語っていた英雄的抗争の源である英雄的な束縛の法にほかならないのである。このことから、キュジャス[187]その他の者たちがいかほどの知識をもって封土の起源について語っているか、わかろうというものである！

（186） デュ・カンジュ『中世および最近のラテン語の用語解説』の〝homo〟の項参照。

（187） 第二巻注（126）参照。

第四巻　この学を確立する証拠の根拠

三九〇　この学を確立する証拠の根拠をなすのは、この人類の大都市のなかで遵守されてきた万民の普遍法の普遍的な言語である。この普遍的な言語は、諸国民の自然本性の全領域を構成しているすべての部分がどのようにして生まれたのか、その生誕の仕方を説明する（それというのも、学はもっぱら〔それのあつかう対象が生成した〕その生成の仕方を認識することのうちに存するからである）。また、それぞれの種のなかで最初の種が生まれた時点を明らかにする（さらにさかのぼってもっと早くに生まれた種を探そうとするのはまったく愚かとしか言いようがないような最初の種に到達するというのが、それぞれの学が学であることの印しなのだ）。そして、これらの生誕の時点と生誕の仕方をつうじて、それらの永遠の特性を発見するのであって、それらの永遠の特性によってのみ、それらの生誕ないし自然本性はそのようなものであってそれ以外のものではありえなかったことが確証されるのである。そしてまた、それらが最初に生誕した時点から、人間的な観念の自然的な進歩に従って、事物の中断されることのない継起、いいかえるなら永続性を保持しながら進展していく次第を解明するのである。ここからわたしたちは、「著作の観念」のなかで、この巻を哲学者たちがここであつかわれている法の部分を名指すのに用いている《永遠の法》という言い回しでもって構想したのだった。さらに、上述の省察にもとづいて、そこに神話学と語源学とが合流する。神話学は〔諸国民の世界を創建することとなった最初の人間たちがおこなってきた〕もろもろの事績の歴史であり、語源学はもろもろの事物の起源についての学なのだ。こうして、これまで視界から消え失せ、散り散りになり、もともとあった場所から移動してしまっていた古代の断片のかずかずが明るみに出され、一つにまとめられ、もともとあった場所に置き戻される。また、民間伝承がもともともっていた真理の動機とそれがその後虚偽に覆われてわたしたちのところまでやってきた原因を発見することによって、民間伝承にたいする敬意が保持される。こうして、文献学のうちに存在するすべてのものが哲学によって限定された確実な意味をたずさえて管轄されることとなり、いっさいが体系〔学説〕の各部分のあいだでも総体のなかでもこれらの原理でもって構成されることとなる。

三九一　この種の証拠によって作成されたこの学には、二つの応用法がある。一つは新しい批判術によるものであって、暗闇時代および物語〔神話伝説〕時代の歴史のうちにあって真なるものを識別するための松明として役立つ。これに加えて、いま一つの応用法は診断術としての応用法であって、わたしたちを人類の知恵によって規制しながら、人間にかんすることがらの順序に従ったところから、それらにとって必要または有益なことがらの諸段階を提供する。そして、最終的な帰結として、この学に、諸国民が置かれている状態の疑いの余地のない徴候を知るという主要な目的を提供する。

三九二　たとえば、〔諸国民の自然本性についてのこの学の最初の部分が生まれたさいの〕生誕の仕方は、何人かの人間たちが野獣的な交合から人間的な交合をおこなうよう引き戻されたということであった。

三九三　最初の時点は、エジプト人、ギリシア人、ラティウム人のあいだで大洪水後初めて天が稲妻を発したときであった。

三九四　その自然本性の特性は、家父長たちが家族の並存状態における賢者であり祭司であり王であったということであった。

三九五　継起の永続性は、最初の王たちは自然状態における家父長たちであり、たしかに一者支配的な王であったということから始まる。だから、ホメロスは、火であぶった雄牛を収穫人たちに分けるよう杖で命令する家父長たちを重々しく《王》と呼んでいるのである。(1) この分配は各都市の前でアキレウスの楯の上でおこなわれており、そこにはそれ以前の世界の全歴史が描写されている。その後、家父長たちはいたるところで貴族身分を構成することとなった。そして最後に君主政が確立された。君主政はいたるところで、拡がりの点でも持続期間の点でも、世界で最も普及し称賛された政体であったし、現在もそうである。

三九六　永遠の特性は以下のとおりである。〔第一に〕諸国民の自然権については政治的な権力だけが対象となるということ。そして、その権力は〔自分たちは神々の血をひく「英雄たち」だと称する者たちからなる〕貴族政体の場合のように賢者たちで構成された統治身分のうちに存するか、自由な共和政体の場合のように賢者たちで構成される元老院によって規制されるか、君主政体の場合のように賢者たちで構成される諮問団によって補佐されるかのいずれかであるということ。〔第二に〕政治的権力の担い手たちは、家族の並存状態における最初の家父長たちがそうであったように、神に優越する存在は認めない神聖な人物として崇敬されるということ。そして最後には、大家族の家父長たちと同じような仕方で民衆を統治するということ。〔第三

(1) ホメロス『イーリアス』一八・五五六。

に〕政治的権力は、最初の家父長たちが息子たちにたいして生殺与奪の権を行使していたのと同じようにして、臣下たちに生殺与奪の権を行使するということ。そして臣下たちは、息子たちと同様、それらの家父長たちをつうじてかれらの国家を獲得するのであり、こうして家父長たちが自分たちの大家族の自由を、かれらの息子たちのためだけでなく、かれらの国民のためにも維持することができるようにするということ（これはタキトゥスも所有主のいなくなった財産にかんする法について述べた歴史のなかでローマの元首を《万人の父（omnium parentem）》と呼んでいるとおりである(2)。これが政治的権力の卓越的所有権の起源であって、公共的な必要があったさいには、家父長たちがかれらの世襲財産について有している主権的ないし専制的所有権をこの卓越的所有権に譲らなければならないのである。ボダンが主権的所有権が別の主権的所有権の下に置かれるというのは最近の野蛮時代〔中世〕の発明物であると言うとき(3)、そのかれの述言のなんと真実であることか！　実際には、〔ボダンの述言とは正反対に〕最初の家父長たちの主権的所有権を基礎にして最初の国家は誕生したのであり、それらの国家とともに文明は始まったのだった。

三九七　有益なことがらの段階は以下に列挙するとおりである。まず、国家にとっては先を見ている神的存在を崇拝する必要があるということ。つぎに、厳粛な婚姻の儀式を執り行うことによって家族関係を確かなものにする必要があるということ。最後に、死者をそこに埋葬することによって土地の所有権の所在をはっきりさせる必要があるということ。この最後の習俗から、市民たちが壮大な宮殿を建設し、都市を自分たちの子孫の名声と栄光のために公共の建物で飾り立てるということが慣行となる。そして、このようにして、不死にたいする公共的な願望が諸国民のあいだで花咲くこととなるのだった。ひいては、どの国民も最高度に盛大で厳粛このうえない儀式を執り行うことによって、祖霊信仰と、同国民間の結婚と、自分自身の土地への死者の埋葬という、三つの慣行を他のあらゆる人間にかんすることがらに優先して大事に守っているのである。なぜなら、諸国民は他のどんな習俗にもましてこれら三つの習俗にもとづいて地盤を固め、ふたたび野獣的放縦状態に落ちこむことのないようにすべきであるというのが、人類全体の共通感覚[4]であるからである。そして、これら三つの習俗はいずれも、天を前にして恥ずかしさで赤面した生者と死者双方の経験からやってきたものなのである。

三九八　同じようにして、通俗的な知恵に役立つべき深遠な知恵の有益さの諸段階も見出される。というのも、深遠な知恵は通俗的な知恵から生まれており、通俗的な知恵のために存在しているからである。そして、通俗的な知恵が弱体化したときには深遠な知恵に支持してもらい、道に迷ったときには案内してもらう

(2)　タキトゥス『年代記』三・二八。「所有主のいなくなった財産にかんする法」というのは紀元九年に制定されたパピウス・ポッパエウス法のことを指す。遺言者が死亡したさい、なんらかの事情で相続人がいなくなった場合、その財産を国家が「万人の父」として所有することを定めた、相続にかんする法律であった。

(3)　ボダン **Jean Bodin**（一五三〇—一五九六）はフランスの経済学者・法学者。ここではかれの『国家論』*Les six livres de la république* の一六二六年版（初版は一五七六年）の一〇二頁における「封建法はなにか新奇なものであって、イタリアにランゴバルド人が侵入する以前には知られていなかったように見受けられる」という記述が参照されている。

(4)　「人類全体の共通感覚」の原語は〝il senso comune di tutto il genere umano〟である。

ようにならなければならないのである。このようなわけで、人民がこれら三つの格率に近づいているか、それともそれらから遠ざかっているか、また哲学者たちがそれらを補佐しているか放棄してしまっているか、これが諸国民の状態を判断するための規則となる。

最終［第五］巻　文明の哲学と諸国民の普遍史が同時に形成されるように素材を処理すること

［序論］

三九九　この学は、一連の原因をつうじては文明の哲学であり、一連の結果をつうじては諸国民の普遍史であるが、この学にとって必要だったこれらの発見に助けられて、諸国民自体をその主題に採用する。諸国民はそれぞれに固有の宗教と法律をもっており、自分たちの宗教と法律を防衛するために、それぞれの武器をもっており、自分たちの宗教と法律で用いられる言語を習得しているからである。そのような国民こそは本来の意味において自由な国民なのだ。しかし、それらの国民がこれらのことがらを欠如させるにいたったときには、自分たちの法律と宗教を蹂躙した人民がなだれ込む内戦の猛威のなかで滅亡するよりは、摂理の計らいによって、もっと優れた国民のもとに身を委ねて自己保存を図ろうとする。このために、「著作の観念」のなかで、〔これから縷説する〕本巻の全体は《人類の契約（foedera generis humani）》というモットーのもとに包括されたのであって、このモットーは万民の自然法がある一つの国民から別の国民へと主導権が移行していきながらも総体として人類を保存するということを説明しているのである。

[第一章]　文明が諸国民のあいだでとる経過の一様性

四〇〇　文明が諸国民のあいだでとる経過の一様性は、アテナイ人とローマ人という、一方は哲学者たちからなっており、他方は兵士たちからなっている、互いに大きく異なる二つの国民の比較から容易にうかがうことができる。

四〇一　テセウスはアテナイを憐れみの祭壇の上に創建するが、これはまさしくロムルスがローマを聖なる森の中に創建するのと同じである。そして両者ともそこに避難所を開設して生命の危険にさらされた者たちを受け入れている。[1] テセウスはヘラクレス的な功業をはたして、アッティカの十二の村をかれの都市にふさわしい正当な身体にまで縮減しているが、[2] これはローマの王たちが二百五十年間にわたって二十余りの近隣の民族を自分の支配下に置こうとしてきた努力の半分にあたる。テセウスは法律と戦争の運営を自分の権限下に保持しているが、[3] これもローマの王たちと同じやり方である。アテナイの王政が終焉を迎えたとき、アルコン〔執政官〕の職が創設され、最初は十年間、その後は一年ごとに統治を担当したが、これはローマの王政が終わったとき、王に代わって一年任期のコンスル〔執政官〕が統治を担当したのと同じだった。しかも、これに先だっては、どちらの場合にも王政は暴政に、アテナイはペイシストラトス一族の、ローマはタルクイニウス一族の暴政に、おちいっていたのである。なるほど、時代こそわずかに相違していた。ブルートゥスがタルクイニウス・スペルブスをローマから追放する十年ほど前にアリストゲイトンはアテナイを僭主ヒッパルコスから解放している。[4] しかし、二人とも同じ運命をたどって、ヒッピアスとヒッパルコスはダレイオス王から支援を受けて王座に返り咲こうとしたがはたせず、[5] タルクイニウス・スペルブスも〔クルシウム市の王〕ラルス・ポルセンナのもとに逃れて王座に返り咲こうとしてはたせずに終わっている。[6] だから、事物の自然本性そのものが十年後にローマの自由に授けた以上のいったい何をソロンの知恵はアテナイの自由に授けたというのだろうか。ギリシアは二百年前、ペルシアの途方もない権力と戦って輝かしくも自由を守りぬいたように、ローマは二百年後、みずからの自由のためではなく、世界制覇のために、カルタゴと戦って勝利している。[7] だから、ローマの作戦の偉大さはギリシアの作戦の成熟さを補って余りあるもの

（1） プルタルコス『対比列伝』「テセウスの生涯」二四。リウィウス『ローマ史』一・八・五。

（2） プルタルコス『対比列伝』「テセウスの生涯」二四。

（3） プルタルコス『対比列伝』「テセウスの生涯」二五。

（4） トゥキュディデス『歴史』六・五七によると、アリストゲイトンはハルモディオスと共謀して、僭主ペイシストラトスが亡くなった紀元前五一四年にその息子（次男）のヒッパルコスを殺害している。一方、ヴィーコによると、タルクイニウス・スペルブスがローマから追放されたのは紀元前五〇六年とのことであるので、アリストゲイトンがヒッパルコスを殺害したのは紀元前五一六年頃ということになり、ほぼ計算は合っている。ただし、ペイシストラトスの後を継いで僭主になったのは兄のヒッピアスであって、ヒッパルコスではない。トゥキュディデス『歴史』六・五五参照。どうやらヴィーコはヒッピアスをヒッパルコスと取り違えているようである。

（5） 正確にはヒッピアスだけである。ヒッパルコスはすでに殺害されていた。トゥキュディデス『歴史』六・五九参照。

（6） リウィウス『ローマ史』二・九。

があるのである。このため、リウィウスの判断によると、[8] もしアレクサンドロス大王がかれの軍隊を東方でペルシアに差し向けたように西方でローマに差し向けていたとしたなら、かれは栄光のすべてを失っていただろうというのだった。このようなわけで、ソロンは創意工夫に富むアテナイ人が哲学者になるのを急がせる以外のことは何もしなかったのだった。アテナイの位置する場所が不毛で苛酷であったことがかれらをおのずと創意工夫に富む人間にしていたのであり、かれらの都市が海に面する場所に建設されていたことがかれらをおのずと内陸に住む者たちよりも人間的にしていたのである。また、ストラボンの判断によると、自然によって世界制覇を確立するのに向いているようにみえるというローマの位置[9]は、その第四の王国[10]の発展に寄与したのだった。そのうえ、もしカルタゴかヌマンティアがローマと同じだけ便利な位置にあったとしたなら、ローマ自身が世界を制覇するのではないかと懼れていたこの二つの都市はのちにローマがなったものになっていたことだろう。

［第二章］　この学の起源はエジプトの古さを示す二つのことがらのうちに見出される

四〇二　それゆえ、この学の全体は、エジプトの古さ、すなわち、つねづね、自分たちのことについてあまりにも無知なギリシア人をあざ笑って、連中はいつまで経っても子どもだなと言っていたエジプト人の古さを示す、二つのいわば大いなる柱石の上に築かれる。

四〇三　一つは、エジプト人が自分たち以前に経過したすべての時間を、第一の神々の時代と第二の英雄たちの時代と第三の人間たちの時代という、三つの時代に区分していることである。[11]このような時代の区分は、神的な統治、英雄的な統治、人間的な統治という、わたしたちがさきに〔一三一、一三五―一四〇〕論じた統治形態の区分に支持をあたえるにちがいない。時間の画期となるものは大概、世界で最も名を馳せた帝国からとられてきたというのが、一つの確実な歴史的真理であるからである。

四〇四　いま一つは、ポルピュリオス[12]がヨハンネス・シェファーの『イタリア哲学[13]』のなかで報告してい

（7）ペルシア戦争は紀元前五世紀に起きており、最初の二つのポエニ（カルタゴ）戦争は紀元前三世紀に起きている。

（8）リウィウス『ローマ史』九・一六・一九。

（9）ストラボン『地誌』六・四・一。

（10）「第四の王国」というのは、『ダニエル書』二・四〇に登場する、金、銀、青銅に次ぐ「鉄のように強い」国が典拠となっている。アッシリア―バビロニア王国、メド・ペルシア王国、マケドニア王国に次いで興ったとされる。

（11）これは、ヘロドトス『歴史』二・三六に登場する、他の民族と比較した場合のエジプト人の独特の習俗についての記述を手がかりにしたヴィーコ独自の時代区分である。

（12）ポルピュリオス（二三四―三〇五）は、オリゲネスとプロティノスに学んだテュロス出身の新プラトン主義者。『ピュタゴラスの生涯』一一―一二で、エジプト人の三種類の書法に触れている。

（13）ヨハンネス・シェファー Johannes Scheffer（一六二一―一六七九）はスウェーデンの人文主義者。『イタリア哲学もしくはピュタゴラス哲学の性質と構成』*De natura et constitutione philosophiae italicae, seu pythagorica*（一六四四年）を参照。

る、世界が始まってからエジプト人の最新の時代にいたるまでに語られてきたという言語の区分である。第一の言語は、象形語《ヒエログリフ》ないし神聖な記号によって語られていた言語、すなわちホメロスが自分の使っている言語よりも古くから存在したと語っている神々[14]の言語であって、この神聖な言語によって神々は人間にかんするすべてのことがらを説明していたのだった。これがラティウム民族のあいだでウァッロの三万の神々を名指す語彙が形成された理由である[15]。第二の言語は、象徴語あるいはインプレーサによって語られていた言語であって、これがまさしく英雄たちの使っていた言語もしくは武器の言語であったことはさきに〔三〇七―三四五〕見たとおりである。第三の言語は、書簡語あるいは通俗文字と日常生活において出会う瑣末なことどもを遂行するために約定された言葉によって語られる言語である。この言語の区分は、言語を構成する部分においても順序においても、きっかり時代の区分に対応している。ひいては、さきに〔一七六、一八三、一九二〕証明した、万民の、神的、英雄的、人間的という三種類の法の区分に対応している。言語は帝国とともに生きているのであり、言語をつうじて帝国の宗教と法律の式文は表現されるというのが、諸国民すべての経験してきたことであったからである。

[第三章]　この学の起源は聖史の起源のうちに見出される

四〇五　これらの基礎を設定したなら、さきに〔六〇、一〇三、二〇四〕証明したように、聖史の起源は俗史のどの起源よりも古いのだから、まずは聖史の起源から始めるとして、人類の二人の生みの親[16]が罪を犯したあと、裸でいるのを見られるのを恥ずかしく思うようになったことから生じた羞恥心と、間違った使い方をしまったために罪を犯す原因となった好奇心と、額に汗して生きていくのに欠かせないものを稼ぎ出すために必要とされる勤勉努力のうちに――これらは二人の最初の人間が犯した罪にたいして神が人類にあたえた三つの有益な刑罰である――、文明のすべての原理を見出しにおもむかなくてはならない。羞恥心のうちに万民の自然法を構成するすべての部分の起源は横たわっているのであって、さきに〔五八〕証明したように、どの民族もすべて羞恥心を起源として生じているのである。また、好奇心のうちにあらゆる知識の起源は横たわっているのであり、勤勉努力のうちにあらゆる技芸の起源は横たわっているのである。そして、アダムの主権的権力と、かれが使用することができた、また使用することができたかぎりでの、自然界のそれ以外の死すべき運命にある存在にたいする主権的な所有権のうちに――アダムは堕落しはしたが、自然本性上、人類すべてに君臨する最初にして最高の人間であったので――すべての政体と帝国の発生の源をなす権力と、すべての土地所有とすべての交易の源をなす所有権は見出されるのである。土地所有と交易こそはすべての時代におけるすべての国民のすべての法の二つの普遍的で永続的な源泉なのである。

(14) ホメロス『イーリアス』一・四一三―四一四、一四・二九一。

(15) 第三巻注(62)参照。

(16) アダムとエヴァを指す。『創世記』三・七―一〇参照。

(17) 『創世記』三・一九。

[第四章]　大洪水以前の歴史についての補足

四〇六　ひいては、ここでさきに〔九〇〕考案した永遠の理念的な歴史からして、セトとかれの種族からセムとかれの敬虔な非＝巨人の後裔たちにいたるまでの経過のなかで作動していた原因はカインとかれの不敬虔な巨人の後裔たちからハムとヤフェトとかれらの巨人の種族にいたるまでの経過のなかで作動していた原因と同じであったので、双方の場合における結果も同じ経過をたどったにちがいない。こうして、カインはついに不敬虔な放浪生活が諸悪をもたらすことに気づいて、少なくとも二百年におよぶ野獣的放浪のあいだに生まれた何人かの巨人たちといっしょになって、なおも父アダムの信仰を憎みながらも、カルデア人の〔星辰の位置と運動にもとづく〕占い術にどこか似たところのある神占術にもとづいて、都市を建設したのにちがいなかった[18]（なぜなら、かれの場合にはまえもって洪水は存在しておらず、世界大洪水が起こるまではおそらく天が雷鳴を轟かせることはなかったので、長い歳月が経過してはじめて天が雷鳴を轟かせたからである）。かれはまたかれの都市に農業を復活させた。復活させたというのは、かれは自分がそのなかで生まれ育った真の宗教によって明るくされた心でもって、すでに土地を耕すことの意味を発見していたからである[19]。ただし、アダムとカインのあいだには、ただ一つ、しかし顕著な相違点があった。アダムは、真実の神によって啓蒙されて、一つの分節化された英雄語を再発見していた。一方、カインは、孤立した巨人たちをなんらかの先を見通している神性が存在するという考えにもとづいて一つにまとめ、かれらと意思疎通を図る必要があったので、神的な沈黙語から始めなければならなかった。こうして、大洪水以前の聖史のうちに不分明なままに流れている千六百五十六年の長い道のりは埋め合わされるのである。

四〇七　聖史と俗史の連続性にかんしては、さきに〔一〇一―一〇三〕示したとおりである。そこでは、世界大洪水も巨人たちも自然のうちにほんとうに存在したことを証明しておいた。

〔第五章〕　アッシリア人、フェニキア人、エジプト人の闇に包まれた歴史の大要

四〇八　世界大洪水から一千年後、カルデア人のあいだでニノスの王国が出現した。そして、わたしたちがさきに〔二三四〕論じたことからは、この時代のどちらかといえば終わりごろへブライ人がエジプトで隷従生活を強いられていたことからして、エジプトは当時、王たちによって統治されていたことがわかる。一方、同じ時代の終わりごろには、すでにテュロスが航海および植民によって有名になっていた。ここからは、アッシリアとエジプトとフェニキアではすでに神々の時代と、アッシリア人によって《カルデア人》と呼ばれ、エジプト人によって《神官たち》と呼ばれていた英雄たちの時代の、二つの時代が経過していたこ

---

(18)『創世記』四・一七。

(19)『創世記』四・二によると、アダムはエヴァとのあいだに生まれた子どものカインを「土を耕す者」にしたという。

と、そしてアッシリアとエジプトは支配権を内陸に拡大していたので、王政という種類の人間的統治のもとに置かれるようになっていたことが証明される。それは内陸部に住む諸国民が最も受け入れやすい統治形態であった。しかし、フェニキアは、アッシリアやエジプトよりも少しばかり遅れていたにもかかわらず、海上に出かけるのが容易であったため、交易をつうじて、もう一つの種類の人間的統治の形態、すなわち自由な共和政に入りこんでいた。これはわたしたちが本書で〔九〇〕考案した永遠の理念的な歴史のもう一つの実証例である。

［第六章］　異教世界の人間的なことがらすべての神的な起源が見出されるギリシアの神々の時代

四〇九　オリエント、エジプト、シリアで諸国民がすでに人間的統治のもとに入りこんでいた間、ギリシアとイタリアの諸民族は神的な統治のもとで生活していた。もっとも、ギリシアはイタリアよりも諸国民すべての発生源であったオリエントに近い距離にあったのに比例して、イタリアよりもいささか速やかに人間的な統治形態に入りこんでいったのではあったが。そして、わたしたちが異教の古代について有しているすべての知識をわたしたちはギリシアから得ているのだが、まさにそのギリシアにおいて、詩的記号と真の詩的アレゴリーの原理にかんしてわたしたちがさきに〔二六一—二六四〕おこなった発見をつうじて、大氏族の十二の神々が異教徒たちの人間にかんするすべてのことがらの十二の大いなる神的起源であったことが見出されるのである。これらの神々は、わたしたちがある一つの自然神統記にもとづいて、天文学とひいては通俗年代学の歴史的起源を解明するために立てた〔二〇九―二一一、二六七〕、悟性的推理による年代学が提供する順序に従って生じている。ひいては、わたしたちから遠く隔たった原初の異教古代のこれら十二柱の神々は、これらの神々のうちのどれかになんらかの仕方で関係する政治的英雄たちの物語〔神話伝説〕にそれぞれの時代を指定することが可能となる、十二の小さな時期区分として役立つにちがいない。そこで、以下においてそのことの証拠を提供することにしよう。

〔一〕

四一〇　物語〔神話伝説〕的な歴史は、[20]天《ウラノス》がすべての神々の父であり、地上に君臨して多くの偉大な便益を人類に残した、と語っている。

〔二〕

四一一　天《ウラノス》の子どもたちのうちのゼウスは、[21]すべての神々の父であり王である、と想像された。ひいては、

（20）　ヘシオドスの『神統記』を指すと思われる。それによると、ギリシア語で「天」を指すウラノスは、カオスとガイア（大地）から生まれたという。

かれは偶像崇拝と神占すなわち前兆の知識の原理である（かれがギリシア人の想像力から生まれた最初の神となった経緯については、さきに〔一〇五―一〇七〕証明したとおりである）。そして、わたしたちの詩の原理が語っているように、偶像崇拝と神占は、天と同一視されたゼウスが、稲妻によって法律を書き、それを雷鳴によって公表したという、最初の政治的メタファー[22]の双子の娘として生まれたのだった。《最初の時代には／英雄たちは掟をユピテル〔ゼウス〕の胸のうちに読みとっていた[23]》という、崇高なものと通俗的なものとが一体となった最初の政治的な詩句は、この詩的メタファーにもとづいて形成されたのである。

四二二　ひいては、「ラテン語およびこれにならって他のすべての言語の真の原因の発見」の章で見たように、《ヨウス》は最初、《ユピテル〔ゼウス〕》と《法》の両方を意味していた。またギリシア人のもとでは、プラトンも同意しているように[24]、《ディアイオン（διαῖον）》＝《天の》は《法》をも意味していた。そこにのちになって、言葉に優美さを添えるために〝κ〟という文字が付け加えられ、《ディカイオン（δίκαιον）》と発音されるようになった。そして、《法》と《ゼウス＝ユピテル》は同じであったというこの考えにもとづいて、神聖な王国が偶像崇拝と同じく神聖な言葉あるいは神占の言語とともに始まったのであり、またたしかに万民の神聖な法は始まったのだった。その時代にデウカリオンとピュラは位置づけられるべきであって、かれらは大洪水後、山上でテミスの神殿（すなわち神の正義）を前にして、頭をおおい（すなわち恥じらいながら交合をおこない）、足元の石（すなわちグローティウスの単純な者たち）を背後に放り投げて（すなわち家政の規律をつうじて）、人間に変化させる（神的な統治にたいする恐怖によって真の人間たるにふさわしい姿へと形成する）のである[25]。こうしてまた二人こそは真のオルペウスだったのであって、神々の有する力について野獣にではなく石に歌いかけることによって、ギリシア国民を形成したのだった。

四一三 樫の木がゼウスに献げられているのは、ゼウスがすべての神々のうちで最も古かったことを立証している。なぜなら、ゼウスが樫の実を食べていた人間たちを大地にとどまらせたからである。この時代に

---

(21) ヘシオドス『神統記』では、ゼウスはウラノスの子ではなく、ウラノスが産んだクロノスの子であるとされている。ただ、クロノスは生まれてくる嬰児をすべて口から呑みこんでしまっていたとも言われる。そのクロノスを瞞着してゼウスが誕生した経緯については、『神統記』四五五―五〇五参照。

(22) 第三巻注(94)で紹介した綺想主義者テザウロの『アリストテレスの望遠鏡』に出てくる、雷は「稲妻を本体とし雷鳴をモットーとする、無言であると同時に有声の、自然の恐るべき機知にして象徴的な暗号」であるという述言を参照。同様のイメージは、ヴィーコが一七二一年、ロッカ公ジャンバッティスタ・フィロマリーノとサンテラルモ侯爵家の令嬢マリーア・ヴィットリア・カラッチョーロの結婚を祝して作った詩「踊るユノ」*Giunone in danza* にも登場する。

(23) これは「踊るユノ」に出てくる詩句「黄金時代には／人々は／運命の高き掟をユピテルの胸のうちに読みとっていたと言われていた」を転写したものである。

(24) プラトン『クラテュロス』四一二D―E。

(25) オウィディウス『変身物語』一・三一九―四一五によると、ユピテル＝ゼウスが九日間にわたる洪水によって堕落した人類の大部分を絶滅させてしまったなかでかろうじて生き延びた敬虔なデウカリオンはプロメテウスの息子であったが、妻のピュラとパルナソス山の頂きにあるテミス女神の神殿の前に立って、人間の種族がこうむった損害を回復する道を教えてくれるよう懇願する。そして女神がさずけた神託にしたがって、頭をおおって「衣を解き」、足元の石をうしろに放り投げる。すると、ここから人間の男と女があらたに生まれたという。アポロドロス『ギリシア神話』一・七・二も参照。

田畑の分割の一大原理が雷崇拝をつうじて始まるのであって、雷は不敬虔なまま森の中を放浪していた巨人たちを地下に追いやった、すなわち、一定の土地に定着させたのだった。こうしてまた、《テシス（θέσις〔置くこと〕）》から名をとったテセウスの像も、ただし、肉体が均整がとれていたことからではなく、アッティカの地に定着したことから、形づくられ始めるのである。

〔三〕

四一四　ユノ〔ヘラ〕は、厳粛な婚姻、すなわち、ユピテル〔ゼウス〕の前兆によって執り行われる儀式をへた婚姻の原理である。このため、婚姻のくびきということから《ユガーリス（Jugalis）》と呼ばれ[26]、また身元の確かな子どもを文明の光のもとに送り出すということで《ルーキーナ（Lucina）》と呼ばれる。[27]ユノはユピテル〔ゼウス〕の妹であるとともに妻である。なぜなら、最初の婚姻はユピテル〔ゼウス〕の前兆を共有していた者たちのあいだで執り行われたからである。彼女はユピテル〔ゼウス〕を嫉妬するが、その嫉妬は厳格な種類の嫉妬であって、民族や国民を建設しなければならない立法者たちにとって有益な嫉妬である。すなわち、ユピテル〔ゼウス〕の前兆を共有していない者たちに婚姻を伝えることをめぐっての嫉妬なのだ。彼女は子どもを産めない。が、それは――こう呼んでよければ――政治的な不妊である。ここから、女たちは家門をつくることをしないという、諸国民すべてに共通の習俗が残ることとなったのだった。彼女は天（前兆が発せられる領域）に吊されており、首のまわりに太い綱を巻いている。この綱は、さきに〔五八、一〇六〕見たように、巨人たちが放浪している女たちに加えた最初の力を指しており、この綱によって巨人たちは女たちを洞窟の中に引きずっていってそこに定着させたのだった。そして、ここから、家門すなわち大氏族の確実な系譜関係はやってきたのである。また彼女の手は綱で縛られているが、これは婚姻したことを示す最初の篠結びであって、その後、ほとんどすべての国民のもとで指輪に取って代えられたものである。また足元に二つの石が置かれているのは、婚姻が確固不動のものであって、けっして離婚してはならないことを示している。このため、ローマ人のあいだで離婚が認められるようになったのはずっとあとになってからのことだった。これがウェルギリウスが厳粛な婚姻を《ゆるぎない縁（coniugium stabile）》[28]と呼んだ理由である。こうして、神話学者たちの才知を最も苦しめた難問の一つであったこの物語〔神話伝説[29]〕は容易に説明される。

四一五　ユノには尻尾が彼女に仕える虹の女神イリスの色に似た孔雀が献げられているが、これは天すなわちユピテル〔ゼウス〕の前兆が発せられる領域を指しているのであって、これらの前兆をつうじてユノは厳粛な婚姻の女神となるのである。

(26)　セルウィウス『『アエネーイス』註解』四・一六。
(27)　ウェルギリウス『牧歌』四・一〇その他参照。
(28)　正確には〝connubium stabile〟である。ウェルギリウス『アエネーイス』一・七三、四・一二六参照。
(29)　ユノ＝ヘラが天から吊されたという話は、ホメロス『イーリアス』一五・一八―二〇でゼウスがヘラを脅した言葉のなかに登場する。

〔四〕

四一六　ディアナ〔アルテミス〕は人間的な交合の貞潔さの原理である。ここから、彼女は夜の星のうちで最も輝く星である月にまで高め上げられているのである。それゆえ、彼女は夜ごと、眠っているエンデュミオンのところにやってきて、エンデュミオンに知られないまま、そっと横たわっているのだった。[30]彼女は大神のうちの第三番目の大神であったにちがいない。なぜなら、一定の土地に定着してもはや放浪生活を送らなくなった男と女にとって生きていくうえでの最初の必要は、泉のある場所に巣をつくる鷲が教えてくれたにちがいない、いつまでも涸れることのない水が近くにあることだったにちがいないからである。ここから、ラティウム人は《アクイラ（aquila〔鷲〕）》のことを、水の発見者を《アクイレクス（aquilex）》と呼んでいたのと同じようにして、《アクウレガエ（aqulegae〔小川〕）》の短縮形《アクウラエ（aqulae）》で呼んでいたのだった。そして、鷲をつうじてユピテル〔ゼウス〕から最初の大いなる便益がもたらされたということで、ラティウム人は鷲を称賛していたのである。また鷲は最初、山の頂に巣をつくる特性をもつすべての猛禽類のことを指していた。そして、その風通しがよく、いつまでも涸れることのない泉が近くにあって、地盤の強固な場所に最初の都市は建設されたことがわかるのだった。プラトンはこの場所の選択を都市の最初の建設者たちの知恵によるものだとしている。[31]しかし、実際には、それは摂理のもたらしたものだったのであって、天が地上に君臨していた時代に人類のために産み出した便益の一つなのだった。なぜなら、ロムルスが都市を建設するのに適した場所を定めるさいに指示を仰いでいて、その後ローマ帝国の守護神となった

鷲は、たしかに禿鷹だったからである。(32)

四一七　このようなわけで、ディアナ〔アルテミス〕は、人間たちを一定の土地にとどまったままにしておくのに必要とされたいつまでも涸れることのない泉の宗教の原理である。こうして、これらの土地はギリシア語の《ペーゲー（πηγή）》＝《泉》からとって、ラティウム人によって《パーグス（pagus〔都邑〕）》と呼ばれたのだった。(33)そして、ここから水は異教徒たちの神にかんすることがらを構成する要素のうちの第一の要素となったのであり、ひいては人間にかんするすべてのことがらの第一原理の一つとなったのである。また神々は《ステュクス（Styx）》、地下深くを流れる水、もしくはもろもろの泉の源に誓いを立て、その上に自分たちの王国を畏怖に満ちた迷信とともに建設していたのだった。(34)ひいては、向こう見ずにも裸のディアナ〔アルテミス〕（泉の源）を見てしまったアクタイオンは鹿（臆病な動物）に変身し、かれの飼い犬たちによって（かれの邪悪で不敬虔な意識のゆえに）ずたずたに食いちぎられてしまうのである。(35)またラティウム人のもとには《リュンファ（lympha）》＝《清らかな水》から精神病者たちを《リュンファーティ（lymphati）》と

(30)　グレーヴス『ギリシア神話』六四参照。

(31)　プラトン『法律』六八一E―六八二B。

(32)　リウィウス『ローマ史』一・七・一参照。そこではたしかに「禿鷹」とあるが、鷲とは言われていない。禿鷹が鷲であったというのは、猛禽類一般が鷲と呼ばれていたというヴィーコの仮説にもとづいている。

(33)　本書〔二九一〕参照。

(34)　本書〔三六九〕参照。

(35)　オウィディウス『変身物語』三・一八二―二五二。

呼ぶ言い方が残ることとなったのだった。まるで清水を吹きかけられて気が狂ったとでもいうかのようにである。[36]

［五］

四一八　アポロ〔アポロン〕は先祖を埋葬用に定められた一定の土地に埋葬することによる名前もしくは氏族の原理である。ひいては、アポロは第四番目の大神であったにちがいない。一定の土地に定着するようになった者たちは、かれらの先祖の屍体が近くに置かれていて腐っていくなかで放つ悪臭に我慢ができなくなり、ついに屍体を地下に埋めるにいたったにちがいないのだった。こうしてまた、アポロは歴史の原理でもあるのであって、歴史は氏族の系譜を作成することから始まったのだった。それゆえ、アポロは、ユノ＝ルーキーナが正統の血を引いて生まれた子どもたちをそこへと導いていく文明の光の原理ともなるのである。このためにアポロはのちに自然の光の源である太陽に貼り付けられたのだった。アポロはまた分節語の原理でもある。だから、デウカリオンがピュラとのあいだにもうけた三人の息子をつうじてギリシアの最初の三つの方言を形成し始めたさいの長子であったヘレンは、この時代に位置づけられるべきである。ひいては、さきに〔三七四―三七八〕発見した起源からして、アポロは歌および詩句の原理であり、それゆえにまた、どこでも詩句のかたちで回答されていた神託による立法の原理でもある。なぜなら、神託は異教徒たちの最初の法律であったからであって、ここから、法律はギリシア人のもとでは《ノモイ（νόμοι）》＝《歌》という言い方が、古代ラティウム人のもとでも《歌によって告げられた神託（dictae per carmina sortes）》[37]だったということで《カルミナ〔carmina〔歌〕〕》という言い方が残ることとなったのだった。そして最初の神託、最初の運命は家父長たちによって告げられた法律であり、運命が告げられた人生上の最初のことがらは婚姻であった。それゆえ、ラティウム人のもとでは婚姻を《人生の共有〔vitae consortium〕》と呼ぶ言い方が残ることとなったのであり、夫と妻は《人生を分かち合うよう運命づけられている〔consortes〕》のだった。ひいては、アポロは最初の知恵である神占の知識の原理なのだった。そして、これらすべてのことからして、アポロは人間性＝文明〔umanità〕の原理だったのであって、ラティウム人のもとでは主として《フマーレ〔humare〕》＝《埋葬する》から《フーマーニタース〔humanitas〔人間性＝文明〕〕》という言い方は出てきたのだった。[38]

四一九　アポロ〔アポロン〕とディアナ〔アルテミス〕はラトーナ〔レト〕の産んだ双子だったが、産んだあと、かれらを隠した。その《ラテーレ〔latere〔隠す〕〕》という語から《ラティウム〔Latium〕》という語は派生したのだった。[39]そしてラティウム人のもとには《コンデレ・ゲンテース〔condere gentes〔民族をうち建てる〕〕》[40]、《コンデレ・レーゲス〔condere leges〔法律を制定する〕〕》[41]、《コンデレ・ウルベス〔condere urbes〔都市を

(36)　フォス『ラテン語の語源』四三九頁によると、"lymphati" はニンフたちが泉で水浴びしているところを眺めていた者たちがそのために気が狂ってしまったという俗信に由来するという。
(37)　ホラティウス『詩論』四〇三。
(38)　本書〔七五〕参照。
(39)　フォス『ラテン語の語源』三二六頁参照。
(40)　ウェルギリウス『アエネーイス』一・三三。

建設する〕)[42]》、《コンデレ・レーグナ(condere regna〔王国を建立する〕)[43]》という言い方が残ることとなったのである。これらはすべて、ポリュペモスがオデュッセウスに語っているように、[44]森の中に互いに孤立したまま隠れていた太古の家から生じたものだった。アポロとディアナは二人とも野獣狩りをしていたが、それは遊びのためではなく、つぎのような人間的必要からであった。すなわち、定住生活を送るようになった者たちは、不敬虔な放浪者たちのように逃げることによって野獣たちから身を守ることができなかったので、定住生活を送ることになった場所で自分と家族を守らなければならなかったのである(ひいては、おそらく《カッチャ(caccia)》というイタリア語は、野獣たちを追い出す、ただし、野獣たちの巣からではなく、自分たちの住まいから追い出すということからやってきたのだった)。これがヘラクレス、テセウス、その他の英雄たちが野獣を殺害した理由である。一方、ディアナは牧者ではなかったのにたいして、アポロは牧者と言われていたが、それはアポロが飼っていたのは羊や家畜の群れではなく、さきに〔一四八〕論じた原理にもとづいて、避難所に逃げてきて英雄たちのクリエンテーラに受け入れられた不敬虔な放浪者たちだったからである。こうして、言葉の本来の正しい意味を余すところなく表現して、ラティウム人は《グレゲス・オペラールム(greges operarum〔労働者の群れ〕)》という言い方をしていたのであり、のちにこれらの牧者たちを凌いで王たちが登場したときには《グレゲス・セルウォールム(greges servorum〔奴隷の群れ〕)》という言い方をするようになったのだった。またホメロスはそうした王たちに言及するときにはいつも《人民の牧者[45]》と言い添えていたのだった。ダプネ、ムーサ、パルナソス、ペガソス、ヒッポクレネの物語についてはさきに〔二八九―二九二〕説明したとおりである。

四二〇　ウルカヌス〔ヘパイストス〕は、人間が生活していくうえでなによりも必要とされる火の原理である。だから、かれは大氏族の第五番目の神であったにちがいない。五番目というのは、喉の渇きや屍体の腐臭は感じないでいることはできなかったのにたいして、火にかんしてはその必要性がわからないでいることも可能だったからである。それでも火は生活におおいに役立つのであって、水につづいて、神にかんすることがら、ひいてはそれ以外の世俗的な文明にかんすることがらすべての第二の要素である。こうしてローマ人のもとでは水と火は都市の共同性を意味し続けることとなったのであり、同じくローマ人のもとでは、都市の共同性に参加する権利は古くは水と火の儀式をあげて執り行われる厳粛な婚姻によって獲得されるとともに《水火の禁》[46]によって喪失させられていたのだった。

(41) リウィウス『ローマ史』三・三四・一。

(42) 〝Ab Urbe condita〔都市（ローマ）建設以来〕〟という決まり文句があることを想起されたい。リウィウスの『ローマ史』も原題は *Ab Urbe condita libri* である。

(43) ユスティヌス『ピリッポス史〔地中海世界史〕』二・一・三。〝condere〟と〝latere〟の関連については、〝condere〟には「建設する」と「隠す」の二つの意味があったことを想起されたい。

(44) ホメロス『オデュッセイア』九・一一二―一一五。ただし、語っているのはオデュッセウスのほうである。第二巻注（17）参照。

(45) ホメロス『イーリアス』一六・二。

(46) 第二巻注（226）参照。

四二二　ウルカヌス〔ヘパイストス〕はまた武器の原理でもある。武器をかれはキュクロプスたちと協同して、最初の鍛冶場で、すなわち巨人族の家父長たちが火を放った森の中で製造していたのだった。そしてかれが製造した最初の武器は、さきに〔三三六〕見たように、焼いて先を尖がらせただけの、しかし傷を負わせるには十分な木製の槍だった。ローマの歴史家たちの報告によると、そのような槍で北方の蛮族たちは武装していたのだった。(47) そして、アメリカの原住民たちも同様の武装をしていたことがのちに見出されることとなった。これこそは、地面に打ち倒された巨人たちが山の下から放った火であり、それゆえにまた、ヒュドラ、ヘスペリアとポントスのドラゴンたち、ネメアの森のライオンが口から吐き出した焔にほかならないのであって、これらはすべて、さきに〔三四四〕述べたように、大地が火によって耕作地に変えられたことを意味しているのである。これらの物語にここでは最もよく知られている物語、すなわち、尻尾が蛇で頭がライオンの形状をしていて、口から火を吐き出すキマイラの物語を付け加えさせていただく。キマイラは〔コリントスの英雄〕ベレロポンテスによって殺されたが、そのベレロポンテスはこの時代に置かれるべきである。かれはギリシアのもう一方の側におけるもう一人のヘラクレスであったにちがいないのだった。したがってまた、大蛇を殺したカドモスや、蛇を手なずけたバッコスも、この時代に置かれるべきである。なぜなら、蛇を葡萄酒で酔わせて前後不覚にさせてしまうほど、ギリシア国民を建設するにあたって大切なことはなかったからである。

四二三　つぎに、キュクロプスたちの額に付いている単眼は、巨人たちが焼いて、それから鍬入れをした土地であった。こうして《巨人はそれぞれ一つの眼をもつ》、すなわち、焼かれて耕された土地をもつ、と言われるようになったのである。ロムルスが避難所を開いた聖なる森もそれであって、この時代のギリシア人の考え方と一致して、その場所は《光が射しこんで明るい》ということから《眼》と呼ばれたのだった。[48]しかしながら、この二つの伝説、すなわち、焼き払われた森と巨人族の家父長たちによって製造された武器にかんする伝説は、ホメロスのところに届くまでには大きく毀損され形を変えてしまっていたため、オデュッセウスが先を尖らせた焼き杭でポリュペモスの一つ眼を突き刺して眼が見えなくしてしまうという見苦しい話になってしまった。[49]そしてプラトンも詩的歴史のなかで最初の家父長たちはそのような状態にあったと指摘しているのである。[50]これは、ホメロスにいたるまで英雄詩人たちは三つの時代を経過しており、さきに〔二七二―二七四、二八五―二八七〕見出しておいたように、その過程で物語は変化させられ、見苦しいものになり、不分明になり、堕落して、ホメロスのもとに伝えられたことの証拠の一つである。ひいては、ラティウム人のもとには聖なる森を指して《ルークス（lucus）》と呼ぶ言い方が残ることとなったのであり、詩人たちはそれをつねにディアナの祭壇と結びつけていたが、[51]それは水と火が文明世界を構成する要素であったからなのだった。このことから、のちに自然学者たちはそこにかれらの物語を押しこんで、神学詩人たちは水と火を自然的世界を構成する要素であると理解していたと主張するにいたるのだった。また、哀れ

(47) タキトゥス『年代記』二・一四。
(48) 第五巻注（1）参照。
(49) ホメロス『オデュッセイア』九・三八二―三九四。
(50) プラトン『法律』六七八C―六八一E。
(51) ウェルギリウス『アエネーイス』三・六八一。

ならテン語の文献学者たちは、かれらの時代の聖なる森が、現代の聖なる森もそうであるが、深い陰に包まれていて人々を悦ばせるのを見て、かれらによってかれら自身の無知へと開かれた避難所にほかならない森に逃げこんで、それが《ルークス》と呼ばれたのは《明るくないからである》という反語的表現を弄ぶ始末とあいなったのである。(52)

[七]

四二三　サトゥルヌス〔クロノス〕は古き氏族の第六番目の神であったにちがいない。なぜなら、森林で火が発生したあと——木々の葉が炎熱の太陽でからからに乾いていた夏には起こったにちがいないのだが——、焼けた穀粒をたまたま口にしてみて、味がよく、生命を維持していくのにも有益なことに気づき、地面を耕し始めたにちがいなかったからである。それまでは、大地のドラゴンがつねに見張っていて、棘といばらで覆い隠して、それらを守護していたのだった。サトゥルヌスはユピテル〔ゼウス〕の父である。ユピテル〔ゼウス〕は一定の土地に定着してその土地を耕し種を蒔いた者たちのあいだで誕生したからである。しかしまた同時にユピテル〔ゼウス〕の息子でもある。ユピテル〔ゼウス〕はすべての神々の父であり王であって、前兆の宗教をつうじて人間たちのあいだにそれらの神々を誕生させたからである。サトゥルヌスは種蒔かれた土地の原理でもあって、《サティス〔satis〔種蒔かれた〕〕》からラティウム人のもとで《サトゥルヌス〔Saturnus〕》と呼ばれるようになったのだった。(53)したがってまた、時間ないし年代記の原理でもあって、ここからかれはギリシア人のもとで《クロノス〔Κρόνος〕》と呼ばれたのだった。年代記は、さきに〔三〇七〕証明したように、刈り入れの回数を算えることによって年数を算えることから始まったからである。

〔八〕

四二四　マルス〔アレス〕は戦争の原理であって、これによって家父長たちは収穫した穀物を盗もうとして侵入してきた盗賊たちを殺害していたのだった。また、さきに〔一四二、一七七〕決闘の起源との関連で見たように、穀物を収穫していた田畑は武器と戦闘の場となり始めた。そして、かれはサトゥルヌスのあとに生まれたので、家族の並存状態のもとにおける第七番目の神であったにちがいない。

〔九〕

四二五　ウェスタ〔ヘスティア〕はサトゥルヌスの母である。彼女は大地を指しており、そのようなものとして、巨人たち、ただし、先祖を埋葬したことによって大地の子どもと呼ばれた敬虔な巨人たちの母であるからである。そしてまた、《インディゲーテス（indigetes）》と呼ばれた神々[54]、それぞれの土地で生まれた神々の母であるからである。反対に、彼女はサトゥルヌスの娘でもある。なぜなら、神聖な儀式の原理を指して

(52) セルウィウス『「アエネーイス」註解』一・四四一──〝lucus a non lucendo〟。〝lucus〟（森）と〝lux → lucere〟（光→光る・明るい）の掛け合わせに注意されたい。

(53) 第三巻注（24）参照。

(54) ウェルギリウス『農耕詩』一・四九八。リウィウス『ローマ史』一・二・六。

いるからである。そのうちの第一の儀式は、プロメテウスが天から盗んで、暑い夏の太陽のなかで木々の葉がからからに乾いているとき、火打ち石を使って森に点火した火を粗製の祭壇の上でたやさずに守り続けることだった。こうして、ローマ人のもとにアンキリアが天から降りてきたように[55]（それは楯ではなく、先が焼かれた木製の槍だったにちがいない）、ギリシア人のもとには火が天から降ってきたのであり、これをのちにローマのウェスタの巫女たちは守護したのだった。そして火が消えると、天日取りガラスを使ってふたたび天から採ってこなければならないのだった。

四二六　第二の儀式は、穀物を盗んだ者たちの生命を神々に捧げる儀式であって、これは耕された土地の上で執り行われた。ここにおいて、さきに〔一九七〕証明したように、ギリシア人が神政のもとで最初の裁判をおこなっていたさいの厳粛さを構成していた祈禱、懇願、奉納は始まる。そして罪を犯した者たちは最初の《アナテーマ（ἀνάθημα〔奉納物〕）》なのだった。このような次第で、知識に欠けるにもかかわらず、文献学者たちも、祭壇が《アーラ（ara）》と呼ばれるのはその上に《アラ（ἀρά）》＝奉納物[56]が置かれているからであり、その《アラ》はウェスタが生け贄として供えたそれらの奉納物を殺害していたアレース＝マルスからやってきていると言っていたのである。これらの結果、ラティウム人のもとでは、《ホスティス（hostis）》＝これら最初の敵たちということから《ホスティアエ（hostiae〔犠牲〕）》という言い方が、また《ウィークトゥス（victus）》＝世界におけるこれら最初の敗者たちということから《ウィクティマエ（victimae〔犠牲〕）》という言い方が残ることとなったのだった。

四二七　第三の儀式は、スペルト小麦で供え物をこしらえるというものだった。だから、ウェスタは、サトゥルヌスとマルスのあとに生まれたので、大氏族の第八番目の神であったにちがいない。ウェスタがユピテルに献げた《ファール（far〔スペルト小麦〕）》から、《ファルラーキア（farracia〔スペルト小麦の〕）》と呼ばれる生け贄(57)や、《ファール（far）》に因んで《ファリーナ（farina）》と呼ばれた粉を生け贄の額に塗る慣行(58)のような、ローマ人の神聖な儀式において大きな役割を演じているスペルト小麦はやってきたのだった。そしてローマの祭司たちのあいだでは《スペルト小麦を焼いたパンで祝される婚姻(59)》の慣行が残ることとなったのである。なぜなら、貴族は最初、だれもが祭司をつとめていたからである。

四二八　ウェスタはオプスでも(60)あって、都市の最初の創建者たちによって開設された避難所に逃げてきた不敬虔な放浪者たちが懇願した援助ないし力の原理である。その避難所でわたしたちがさきに〔一四八〕論じたクリエンテーラは成立を見たのである。そして、このクリエンテーラとともに、家族は、さきに〔一四〇〕発見した原理によって、子どもたち以外の者からも構成されることとなったのである。ひいては、オプ

---

(55)「アンキリア（ancilia）」はヌマ・ポンピリウスの時代に天から降りてきたと言われる防御用の武器。リウィウス『ローマ史』一・二〇・三に記述がある。ただし、そこでは「楯」だったとしている。

(56) "ἀρά" は、正確には「祈禱」を指す。

(57) 本書〔一七六〕参照。

(58) ウァッロ『農事について』一・三一・五。プリニウス『博物誌』一四・一三・三九。

(59) この婚礼の儀式については、プリニウス『博物誌』一八・一〇およびガイウス『法学提要』一・一一二を参照。

(60) 第三巻注（157）参照。

スから《オプティマーテース〔optimates〔貴族たち〕〕》で構成される最初の国家がやってくるのだった。この面から見た場合には、オプスはラティウム人のもとでのレアと同一であり、ギリシア人のもとでのクーレーテスすなわち槍で武装した祭司たちのキュベレないしベレキュンティアと同一である。そしてクーレーテスは、さきに〔一五六〕示したように、ラティウム人のもとで《クイリーテース〔quirites〔ローマ市民〕〕》であった者たちと同一の存在なのだった。

四二九 ウェスタは、ラティウム人が《オルビス・テルラールム〔orbis terrarum〔地球〕〕》と呼んでいた詩的な塔の宝冠（すなわち諸国民の世界）をかぶったキュベレないしベレキュンティアである。こうして、ウェスタは市民法で《テルリトーリウム〔territorium〔市の周囲の土地・領域〕〕》と言われているものの内部で行使される政治的支配権の女神である。この語は《脅かして逃がす・追い払う〔terrendo〕》に由来する語で、ことがらの本質をみごとに言い表わしている。ただし、それは語源学者たちが喋々しているように、権標を奉持した警士（リークトル）たちがその土地に権力を確立する目的で群衆を追い払ったことに由来するものではなく（なぜなら、《テルリトリウム》と呼ばれるものが生じるのは、住民の規模が小さくて数もまばらであったときだからである）、力の強い者たちは自分たちの田畑の穀物を盗りにやってきた不敬虔な者たちを追い払ったことに由来している。このようなわけで、《テルレーレ〔terrere〔脅かして逃がすこと〕〕》ひいては《テルリトリウム》は、ベレキュンティアがかぶっている宝冠を指して詩人たちが《トゥルレス〔turres〔塔〕〕》もしくは《テルレス〔terres〔領域〕〕》と呼んでいたものからやってきたのであり、これらの《トゥルレス》は世界で最初の《アルケース〔arces〔要塞〕〕》なのであった。そしてこの《アルケース》という語から《アルケーレ〔arcere〔防御する〕〕》および《アルマ〔arma〔武器〕〕》という語は出てきたのであって、武器は最初は、ことがらの自然本性が示しているとおり、あくまでも防護用のものであったにちがいなく、防護こそは要塞の真の用途なのである。これらの語はすべて、ウェスタも守護していた《アーラ〔ara〔祭壇〕〕》と起源をともにしている。そしてここに《ポストリーミニウム〔postliminium〔帰家権〕〕》と呼ばれて、《自分自身の主権を有する座に復帰する〔intra arces sui imperii se recipiunt〕》奴隷も享受していた万民の権利(62)の最初の起源が見出される。これらの詩的な塔のなかにダナエは閉じこめられていた。そのダナエの子宮にゼウスは詩的な黄金すなわち小麦の雨を降らせて、つまりはスペルト小麦によって祝される婚姻を執り行って、ギリシアの強大無双の英雄ペルセウスをもうけるのである(63)。

四三〇　ウェスタはまたライオンの牽く二輪戦車に乗ったキュベレないしベレキュンティアである。そのライオンのアッシリア語《アリ〔ari〕》から古代地誌に登場する無数の都市の名前はやってきたのであり、

(61)　ここでヴィーコが念頭に置いている「語源学者たち」とはウァッロ、セルウィウス、イシドルスらのことであろうが、かれらの解釈はヴィーコが指摘しているようなものではない。《テルレーレ〔terrere〕》は警士〔リークトル〕たちが通過することによって惹き起こされる、と述べているのはローマの法学者ポンポニウスである。『学説彙纂』一・一六・二三九・八参照。

(62)　ユスティニアヌス『法学提要』一・一二・五および『学説彙纂』四九・一五・一九。グローティウス『戦争と平和の法』三・九・一一も参照。

(63)　ヒュギーヌス『ギリシア神話集』六三、アポロドロス『ギリシア神話』二・四・一、オウィディウス『変身物語』四・六一一参照。

今日でも多くの民族の紋章を飾っているのである。

四三一　これらすべてのことから、ウェスタが最初の異教世界において、武装した、心の広い女神として崇拝されていたことが証明される。

［一〇］

四三二　ウェヌス＝アプロディテは、市民的な美[64]の原理であって、テセウス、バッコス、ペルセウス、ベレロポンの美しさはこの種類の美しさである。またガニュメデスもそうであって、かれは鷲に誘拐されたあと、前兆の知識を取得して、ゼウスの食卓の給仕となる。すなわち、ゼウスに供物を提供するのである。[65]この物語〔神話伝説〕をプラトンは抽象的な永遠の真理について省察する哲学者たちの神聖な生を確認するのにぴったりな物語であることを見出したのだった。[66]このような美しい存在に対立するのが、放浪する者たちの交合から生まれた怪物である。だから、スパルタ人が自分たちの産んだ子がそうあって欲しいと願っていた美しさは市民たるにふさわしい美しさだったのであって、そうでなかった場合には生まれた子をタイゲトス山から下の深い穴に投げ落としていたのである。[67]

四三三　アプロディテの観念が覚醒したのは、英雄たち（かれらを象徴する記号が男性のアプロディテ[68]であった）と女性の英雄たちが、野獣的放縦状態から逃れてきたところを自分たちの避難所に受け入れた男や女の醜さと比較して、自分たちが美しいことに気づき始めたときであった。だから、アプロディテ＝ウェヌスは、ギリシア人の頭の中でオプスのあとに生まれたにちがいなく、したがって、古き氏族の第九番目の神であったにちがいないのだった。これは、地上でゼウスないしユピテルの娘として、あるいは別のいくつかの場所ではサトゥルヌスの娘として生まれた、英雄たちのアプロディテ＝ウェヌスである。また、恥部を隠していて、ウェヌス・プローヌバ（Venus pronuba）、すなわち厳粛な婚姻の儀式のさいに介添え役をつとめる女神である。そして彼女の身を蔽っていた帯は、最初は木の葉っぱでできていたにちがいないが、それから獣の皮、さらには粗末な衣服になり、ついには堕落した詩人たち(69)によって肉欲を刺激するありとあらゆるものでもって織りあげられるにいたったのだった。このアプロディテ＝ウェヌスの息子が翼をつけたエロス＝クピド（愛神）、すなわち前兆をたずさえたエロス＝クピドであり、縁結びの愛神である。アプロディテ＝ウェヌスが帯で蔽われているのと同じ理由で両眼に目隠しをされ、ローマ人が《水と火で（aqua et igni）》婚姻の契約をするさいに用いる松明を手にしている。それはイドメネウスの松明と同じ松明であって、森林に火が放たれたさいに焦げたいばらの木でできていた。この種の神話は、ホッブズの暴力的な人間が官能的快

(64)　「市民的な美」の原語は〝bellezza civile〟である。「自然的な美（bellezza naturale）」と対比して用いられている。「文明の美」ないし「政治的な美」と訳すこともできる。
(65)　グレーヴス『ギリシア神話』二九参照。
(66)　ガニュメデスについて言及されているプラトンの二つの個所――『パイドロス』二五五B―Cと『法律』六三六C―D――には、こういった趣旨の説明は出てこない。より蓋然性の高い原典として考えられるのはクセノポン『饗宴』八・三〇である。
(67)　プルタルコス『対比列伝』「リュクルゴス」一六参照。
(68)　「男性のアプロディテ」については、グレーヴス『ギリシア神話』一八・八を参照。
(69)　アレクサンドリア時代の抒情詩人たちを指すと思われる。

楽の繊細さによって感覚させられる愛の炎と痛みを映し出しているという考えよりもはるかに適切な神話である。このアプロディテ＝ウェヌスの侍女が美の三女神カリテス＝グラティアエ、すなわち政治的な職務である。ここから、ラティウム人のもとには《カウッサ（caussa）》の代わりに《グラティア（gratia）》を用いる言い方が残ることとなったのであって、かれらのもとでは《カウッサ》は《職務》とか《用件》を意味していたのだった。この英雄たちのアプロディテ＝ウェヌスには白鳥が奉献される。また同じく婚姻の席で前兆を歌うアポロンにも奉献される。そしてゼウスはそれらの白鳥の一羽に変身して卵を孵化し、その卵から、すなわち、ゼウスの前兆によって、ヘレネ、カストル、ポリュデウケスが生まれたのだった。またこのアプロディテ＝ウェヌス、すなわち、ウェヌス・プローヌバ、高貴なウェヌス、厳粛な婚姻の女神から、アンキセスとアイネイアースが生まれている。(70)

四三四　平民のアプロディテ＝ウェヌスはまったくの別もので、こちらのほうは海から生まれており、その息子は翼をもたない、すなわち前兆をたずさえていないエロス＝クピドである。彼女は海を渡ってやってきた平民の女たちを象徴する記号であって、それらの女たちはギリシアよりも文明の進んだ諸国民からやってきたので、見かけたところ、ギリシアの女英雄たちよりも優美で派手な出で立ちをしていたのである。そして自然的な交合の女神であったため、その後、自然学者たちのあいだで自然を意味するようになったのだった。プラトンはこの二柱の愛神の相違が神的な愛と野獣的な愛について論じるのにこのうえなくふさわしいものであることを見出した。(71)こちらのアプロディテ＝ウェヌスには鳩が奉献される。そしてローマ人のもとでは、鷲が貴族に告げられる大きな前兆をたずさえていたのにたいして、鳩は平民に告げられる小さな前兆をたずさえていた。だから、ウェルギリウスが鳩をかれのアイネイアースの女神に見立てているのは間違った使い方である。[72] またこちらのアプロディテ＝ウェヌスには高貴さの点で月桂樹に劣る銀梅花が奉献されるが、これは銀梅花が海辺の土地で繁茂しているからで、このことによってこの女神が海からやってきたことを指し示そうとしていたのである。

［一一］

四三五　ミネルウァ〔アテナ〕は、被保護民たちの蜂起をつうじて生まれた市民的身分の原理である。したがって、オプスよりもずっとあとの時代に生まれたにちがいない。オプスのほうは、不敬虔な放浪者たちが強者たちのもとに援助を求めてやってきて強者たちの避難所に受け入れられた時代に生まれているからである。また、もしウェヌスが自然によって、すなわち自然的な身分からして、市民たるにふさわしい美を象徴する女神であったのだとするなら、ウェヌスよりもあとに生まれたにちがいない。英雄たちはかれらがかくまった被保護民たちを公正にあつかっていた。また、英雄たちのあいだでも被保護民たちのあいだでも美の

---

(70)　これは明らかに誤りである。出版直後にこの誤りに気づいたヴィーコは手元本のなかで「アイネイアースはアプロディテとアンキセスから生まれた」と訂正している（cf. Battistini, p. 1883, nota 17)。

(71)　プラトン『饗宴』一八〇D―一八一Cでパウサニアスが語っている神話を参照。

(72)　ウェルギリウス『アエネーイス』六・一九〇―一九二。

三女神が崇拝されていた。こうして英雄たちは自然によって英雄たちであった。ところが、その英雄たちがその後暴君に変貌すると、摂理は人類を保存するために、被保護民たちの蜂起につづいて市民的身分を誕生させるのだった（人類は市民的身分がなくては保存されえないのである）。すなわち、それぞれの都市の元老院がそれであって、元老院はつねにどこでも共和政体をとる国家の知恵なのだった。このことからして、ミネルウァ〔アテナ〕は第十番目の大神なのである。

四三六　都市はいずれもが、この時点で、またこのような仕方で、貴族と平民という二つの身分にもとづいて誕生したのだった――ところが、政治哲学者たちは法学者たちがあたえる通俗的な土地分割についての説明を受け入れていたために、都市の起源を見定めることができないできたのである――。またいずれもが、群衆が公正に統治されることを願望したために誕生したのであって、この群衆の願望こそはすべての統治形態の永遠の質料をなしているのである（そしてたぶん、これが――さきに〔一六九〕ローマの王の場合について証明したように――英雄的な王の指名が平民たちによってなされていた理由なのである）。そしていずれもが、ミネルウァ〔アテナ〕にもとづいて、すなわち道を踏み外した群衆を政治的な知恵によって統治する義務を負った身分が形成されたことによって安定を得ているのだった。そして政治的な知恵はありとあらゆる政治的な徳によって支持されないかぎり存立しえないのであって、これがすべての政体の永遠の形式なのである。共和政体をとる国家がどのようにして誕生したかは、それらの国家のつぎの二つの永遠の特性が立証している。すなわち、第一には、平民たちは、傲慢で冷酷で貪欲な仕打ちをこうむったときには、変化を求めるということであり、第二には、富裕で権力を握っている貴族たちは、国家の屋台骨が揺さぶられたときには、自分たちの利益を祖国の利益と結びつけ、こうして本来の意味での《オプティマーテス（optimates）》ないし《パトリキ（patrici）》になるということである。なぜなら、祖国と一体になることをつうじて、平民たちを優しく寛大かつ公平にあつかうようになるだろうからである。このことは、これが平穏な状態のもとにあっても平民たちのあつかい方であること、そしてもし貴族たちが平民たちをこのようにあつかっているなら、その国家はこのうえなく祝福されるだろうということ、ひいては永遠であるだろうということを立証している。

四三七　ミネルウァ〔アテナ〕は、ウルカヌス〔ヘパイストス〕が自分の製造した武器で家父長たちと王たちを象徴する記号であるユピテル〔ゼウス〕の頭をかち割って（知性を開いて）、かれらが団結して武装した身分を構成し、かれらに対抗して平民へと団結した被保護民たちを打ち倒そうとしたところから生まれている。この神話は、全能の娘で自分自身を理解する力に恵まれている神的な知恵が彼女の神的な善意の愛によって全能を愛するよう導かれていくといった考えよりもグローティウスの単純な者たちにはふさわしい。そして、これはプラトンが神性について考えることができた何ごとよりも崇高な神話であった。また、オリーヴがミネルウァ〔アテナ〕に奉献されているのは、ホメロスのあとに通俗文学がやってきたとき、グローティウスの単純な者たちがそれを読むのにランプを必要としたからではなく、彼女の時代に人々が生活していくうえで油が有益であることを理解し始めたからであった。また夜の鳥である梟が奉献されているの[73]

（73）プリニウス『博物誌』一二・二・三。

も、哲学者たちが瞑想するのに夜が役立つからではなく、アッティカの土地には梟がいっぱい飛びまわっていることを指すためであった。

四三八　なぜなら、ホメロスはアテナをほとんどつねに《好戦的[74]》で《獲物をせしめようとしている[75]》と呼んでいて、ごくまれに《策謀に富む[76]》と呼んでいるからである。こうして元老院で策謀を授けるミネルヴァは、集会におけるパラスであり[77]、戦場におけるベローナなのだ[78]。槍、それも先を焼いた木製の槍で武装しており、メドゥーサの首を紋にあしらった楯を手にしている（そのメドゥーサの頭髪は、最初は詩的黄金、すなわち乾燥させた麦でできていて、美しい隠喩で《大地の黄金の髪》と呼ばれていたのが、のちに蛇からなる頭髪に変わったが、これは団結して自分たちの身分を構成するにいたった家父長たちの主権的な土地所有権を表象している）。その楯でペルセウスは敵を石に変えてしまうのである（すなわち、英雄時代の処罰法に特徴的な残酷さでもって、叛逆罪を犯した者たち、もしくは祖国に戦争をしかけた者たちを震えあがらせるのである。かれらは最初の公敵であって、有罪を宣告されたときには、妹を殺したホラティウスにたいして叛逆罪のかどで言い渡すようトゥルス・ホスティリウスが二人委員に命じたような、リウィウスが《身の毛もよだつ文言の法律[79]》と呼んで拍手喝采している残酷で卑劣な刑罰に服させられることとなったのだった）。中をのぞきこんだ者をだれでも石に変えてしまうペルセウスの楯は鏡のようにぴかぴかで曇りがないが、それはこれらの刑罰が最初はギリシア人にとって《パラデイグマタ（παραδείγματα）》であり、ローマ人にとって《エクセンプラ（exempla）》であったからである〔いずれも「模範・見本」の意〕。そしてここから厳格な刑罰を《見せしめの（esemplare）》刑罰と呼び、死刑をこれらの《オルディネ（ordine〔命令〕）》からとって《ペナ・オルディナリア（pena ordinaria）》と呼ぶ言い方が残ることとなったのだった。

四三九　ホメロスのなかで、アテナはゼウスの振る舞いがギリシア勢には不公正であり、トロイア勢には満足のいくものだという理由で、ゼウスにたいして陰謀をくわだてようとしたことになっている。(80) そして、もしゼウスが一頭支配的な王であったとしたなら、このアテナの陰謀ほど政治的な知恵に適合したものはない。しかし、ホメロスの時代には、ゼウスの統治形態はアリストクラティックなものであると見られていた。というのも、英雄時代にはどこでもそのような統治形態が実施されていたからである。このため、ホメロスはゼウスに、〔息子のアキレウスが戦功をあげるまでトロイア勢に勝利させておいてほしいと懇願する海の女神〕テティスにたいして、天上の大評議会でひとたび決定されたことに逆らうわけにはいかない、と答えさせているのである。(81) こう語っているのは一人のアリストクラティックな王である。ところが、ホメロスのこのく

(74) ホメロス『イーリアス』一二・一二八。

(75) ホメロス『イーリアス』四・一二八、五・七六五、六・二六九、六・二七九、一〇・四六〇。

(76) ホメロス『イーリアス』五・二六〇、『オデュッセイア』一六・二八二。

(77) ホメロス『オデュッセイア』一・一二五に「パラス・アテナ」の名で登場する。つまりはアテナの別名。

(78) ベローナはローマ神話に登場する戦争の女神で、軍神マルスの妻（あるいは娘もしくは姉妹）。ギリシア神話のエニュオにあたる。ただし、ミネルウァと同一の女神ではない。

(79) リウィウス『ローマ史』一・二六・六。このホラティウス事件の顚末については本書〔一五八〕を参照。

(80) ホメロス『イーリアス』二一・四四四―四四五参照。

(81) ホメロス『イーリアス』一・五二六―五二七。

だりを根拠にして、ストア派はゼウス自身が運命に従属させられていたのだと想像した。また別のくだりでは、ホメロスはオデュッセウスに、トロイアの平地で騒ぎを起こした一般の兵にむかって、ただ一人の人物が統治するのが最適なのだと話させているが[82]、これは戦争の最中になされた述言であることに政治哲学者たちは思いを致すべきである。戦争の最中には、おのずと統治形態は一頭支配的なものにならざるをえないのであって、《計算書はただ一人に検査されるに越したことはない(non aliter ratio constat quam si uni reddatur)[83]》のである。また、すべての人間たちと神々が片方の側の綱にしがみついて地面に引きずり下ろそうとしても、自分は一人だけでかれらの全員を引っ張りあげてみせようとゼウスが語っている、大いなる鎖の神話[84]は、前兆の威力のことを言おうとしているのである。もしストア派の連中がこの鎖は原因の大いなる連鎖のことなのだと言い張るのなら、それを遮断することのないよう、よくよく注意することだ。その場合にはゼウスみずからが運命を思いのままにすることになるだろうからである。

［一一］

四四〇　メルクリウス〔ヘルメス〕は通商の原理である。そして家父長たちが被保護民たちに田畑を提供して耕作させ、報酬として日々の糧をあたえるというかたちで最初の取り引きがなされた時代に、かれの大まかな祖型はできあがっていた。しかし、かれが姿を見せるにいたったのは、ミネルウァ〔アテナ〕よりもずっとあとのことであった。このために、かれは古き氏族の第十一番目の神なのである。というのも、本来の意味での《レーギスラートル(legislator)》というのは法律をたずさえて受け入れるよう説得して回っていた者たちのことであって、法律を案出していた者たちのことではないかぎりで、かれは《レーギスラーティオー（legislatio）》＝《立法》の原理であるからである。(85) 法律を案出していた者たちの原理はアポロ〔アポロン〕である。ひいては、メルクリウス〔ヘルメス〕は使節の原理であって、主権者に派遣されて統治階級から平民たちに二つの農地法を運んでいくという永遠の特性をもって誕生したのだった。これらの法律は杖に巻きついた二匹の蛇――委付的と市民的という二種類の土地所有権を象徴した記号――によって表示されている。そして頭に二本の翼がついているのは、これら二つの下位的所有権が前兆の力によって土地の卓越的所有権に従属させられるということを指し示している。ここから、卓越的所有権を有する英雄たちは、《フンダーレ・ゲンテース（fundare gentes〔氏族を建設する〕）》(86)とか《フンダーレ・ウルベス（fundare urbes〔都市を建設する〕）》(87)とか《フンダーレ・レグナ（fundare regna〔王国を建設する〕）》(88)と言われるようになったのだった。最後に、メルクリウス〔ヘルメス〕は、諸国民が武器の言語で互いに氏族の法を伝達しあうさいの原理であ

---

(82) ホメロス『イーリアス』二・二〇四―二〇五――「頭領が多すぎてはなんの役にも立たない。頭領は一人で十分。王も一人で十分である」。

(83) タキトゥス『年代記』一・六・二。「元首ひとりだけに説明責任を負うのでないかぎり、法は存立しえない」の意。

(84) ホメロス『イーリアス』八・一八―二七。本書〔五二〕でも言及されている。

(85) ラテン語の“legislatio”が lex（法律）と fero（運ぶ）の完了分詞 latus からなることに注意。

(86) 出典不明。*Thesaurus linguae latinae* にも出てこない。

(87) ウェルギリウス『アエネーイス』六・八一一、八・四七八。

(88) リウィウス『ローマ史』四五・一九・一〇。

る。こうしてまた、さきに〔三二九〕論じた紋章の学の原理でもある。

［一三］

四四一　最後に、ネプトゥヌス〔ポセイドン〕は、諸国民の最後の発明である船舶および航海術の原理である。かれの時代に海賊との海戦が始まる。ネプトゥヌス〔ポセイドン〕の三叉の鉾、すなわち、あとで〔四六二〕見るように、船を捕まえるための大きな鉤がそれであって、この鉾はベレキュンティアの塔を揺さぶるほどの力をもっている。この神話は、プラトンが想像した深海の水がその内奥で地震を引き起こすという、いまになってようやく自然学者たちが受け入れている話[89]よりもことがらの真実を言い当てている。

［第七章］　古代の異教諸国民のあいだでの神々の時代の一様性

四四二　ウァッロのもとでは、この神々の時代はそっくり全体が暗闇時代のなかで経過しているが、それはウァッロが詩の起源についての俗信を受け入れて、オルペウスをはじめとするギリシアの英雄詩人たちは神々の物語をすべて一挙に作りあげたと信じていたからである。しかし、これは誤りであって、そのために異教文明全体の起源がわたしたちには隠されたままになってきたのだった。

四四三　それというのも、ギリシアの大氏族の神々はオリエントの神々と実質上一致しているからである。

オリエントの神々はフェニキア人によってギリシアに持ち運んでこられて、ギリシアの神々の名前をあたえられたのち、惑星にまで高め上げられたのだった。ひいては、同じことはフェニキア人自身の神々についても言われなければならないのであり、エジプト人の神々の場合も同様であったと受けとるべきなのである。その後、これらの同じ神々は天で浮き彫り細工をほどこされたあとギリシアからイタリアに持ち運ばれ、ラティウムの神々の名前で呼ばれるようになった。このことから、ラティウム人もギリシア人、フェニキア人、エジプト人、そしてオリエントの諸民族と起源を同じくしていたことが証明される。ところが、神々の座席にはまことに不適切なことにも惑星が指定された。肉眼で見た場合には、惑星のほうが英雄たちの座席が指定されていた恒星よりも輝きの点でも動きの点でも目立つからである。したがって、惑星のほうが恒星よりもさきに観察されたにちがいないのだった。このことからして、神々の時代は英雄たちの時代よりも前に存在したのであり、また、ヘシオドスはたしかにホメロスよりもさきに存在していたように、神々を謡った詩は英雄たちを謡った詩よりもさきに誕生したのだった。したがって、これらの国民はすべて神々を独自に作りあげたのであって、ゾロアスターやトリスメギストスやオルペウスによってかれらに押しあたえられたわけではなかったのである（これまではそうだと想像されてきたが、ラティウムの諸氏族はそれらの詩人に似た存在をなんらもってはいなかったのである）。そうではなくて、さきに〔二七―二八〕証明したように、これらの国民はみずからが自分たちにとってのゾロアスターであり、トリスメギストスであり、オルペ

(89) プラトン『ティマイオス』六〇E―六一B、『クリティアス』一一一AおよびD参照。

ウスなのだった。これはわたしたちが本書でさきに〔九〇〕案出した永遠の理念的な歴史のいま一つの実例である。

〔第八章〕 ギリシアの英雄たちの時代

四四四 このギリシア人の神々の時代の内部で、内陸部で生まれたかれらの土着の政治的英雄たちの記号が（少しあとで〔四五八―四七〇〕ヘラクレスという記号について説明するさいに見るように）しだいに形成されていった。また、その一方では、同じ時代に外国産の政治的英雄たちも海を渡ってやってきた。それというのも、さきに〔一二五〕諸国民の伝播の仕方について論じたことからして、ギリシア人のあいだで神々の時代が経過していた間、エジプト、フェニキア、プリュギアでは英雄的な騒擾が起きて、かれらの国民をケクロプス、カドモス、ダナオス、ペロプス(90)とともに海を越えてギリシア沿岸へと追い立てていったからである。そして、ある者は、たしかにケクロプスがその一人であったように、沿岸部にとどまり、ある者は、ボイオティアに向かったカドモスがそうであったように、さらに内陸の生活するのに不利で人家もまばらな地域に分け入っていった。

〔一〕

四四五　ギリシアの神々の時代はイアペトスから始まる。かれはノアの息子ヤフェトと同一人物で、[91] ヨーロッパに住みにやってきて、五百年の長きにわたってそこに住み続けた。そして、右に〔四四四〕証明したように、神々の時代の内部で政治的英雄たちの記号が形成されていったのと同様に、戦争の英雄たちの記号もその時代に祖型ができあがりつつあったのにちがいなかった。また、さきに〔二四一〕見たように、内陸部に住む諸国民は海洋で活動する諸国民よりも前に存在していたのだから、英雄たちの世紀をアルゴナウテースたちのポントス遠征でもって始める物語的な歴史は、ここにおいて大きな〔歴史上の〕空白部分を残すこととなる。しかしながら、この空白部分は、アイソンがイアソンに挨拶したときに口にした《盗賊》という言葉は、さきに〔二八一〕見たように、英雄を讃える栄誉ある称号であったという事実を手立てとする[92]

(90) ケクロプスはアテナイの神話的創建者で、エジプトからギリシアに法律、宗教、アルファベット文字を導入したとされる。カドモスはゼウスに掠奪された妹のエウロペを捜しにフェニキアからやってきて、ボイオティアに定着し、その地でテーバイの都市を建設したと伝えられる。ダナオスはエジプトからギリシアに逃げてきて、そこでアルゴスの王国を創設したと伝えられる。ペロプスはプリュギアとリディアの王であったが、蛮族によって王座を奪われてギリシアにおもむき、その地に「ペロプスの島」という名をあたえたとされる。ペロポネソス半島の由来である。

(91) イアペトスはティタン族の一人で、アトラスとプロメテウスの父。

(92) イアペトスとヤフェトを同一視することは今日でも認められている。グレーヴス『ギリシア神話』三九・二参照。しかし、ヴィーコの『新しい学の諸原理』一七四四年版では、聖史と俗史を連接させることの危険に気づいたためだろうか、こうした同一視はもはやなされていない。

ことによって、埋め合わせることができる。このことは、さきに〔二八一〕発見したように、英雄的な戦争の法のもとでは、戦争は宣戦布告なしにおこなわれていたことからして、英雄的な盗賊たちは英雄的な海賊たちよりも前に存在していたことを立証している。これらの盗賊たちについてはヘラクレスという記号のなかでもっと多くのことが語られているのをもっとさきで〔四五八―四七〇〕見ることになるだろう。

〔二〕

四四六　神々の時代がポセイドンとともに終わるように、英雄たちの時代はミノスの海賊行為とともに始まる。ミノスはエーゲ海を最初に航海した英雄で、かれのミノタウロス号は、ウェルギリウスも同じ譬喩を使って《ウェーラートルム・コルヌア・アンテンナルム（velatarum cornua antennarum）》と言っているように[93]、布で覆われた帆桁の角〔腕木〕をもった船であったにちがいなかった。かれは力の法に従ってアッティカの少年少女をむさぼり食う。まだ船を見たことのなかったアッティカの住民たちは事態をそのように理解したにちがいないのだった。ラビュリントス〔迷宮〕も、実際には人を惑わすほど多くの島々によって取り囲まれたエーゲ海のことにほかならない。〔そのラビュリントスに入って怪物ミノタウロスを倒したのち無事そこから出てこられるようにアリアドネがテセウスにもたせた〕糸というのは航海術のことであって、その航海術の考案者が翼をもったダイダロスなのである。かれはウェルギリウスの言葉を借りるなら《翼の櫂で（cum remigio alarum）[94]》航海するのだった。そして航海術をダイダロスから教わった〔ミノスの娘〕アリアドネとテセウスは恋に落ちるが、その後彼女を捨てて、その妹〔パイドラ〕といっしょになり、身を固める。それから、かれの船で海賊行為を働いて、アテナイをミノスの冷酷な法律から解放するのである。

四四七　ミノスの牡牛に似た牡牛に変身してエウロペを掠奪するゼウス[95]は、この時代に配されるべきである。この物語からは、その時代には神々の記号はすでに、人間たちが最初神々を想像したときの特性をたずさえた、当の人間たちを指すようになっていたことがわかる。実際にも、神々の王であると想像されたゼウスは、ここでは海賊行為を働いていた英雄たちからなる統治身分を指すにいたっているのである。これは神話学のきわめて重要な一つの規準である。

四四八　怪獣オルコスからアンドロメダを解放するペルセウス[96]も同じくこの時代に配されるべきである。アルキペラゴスの島々の迷宮のなかに棲まうミノタウロスと同じく、オルコスも、海賊たちを恐怖させたことにも、岩礁に鎖で縛られていた乙女たちをむさぼり食ってしまう。これはプロメテウスとティテュオスがかれらの恐怖に満ちた宗教によって断崖に鎖で縛られているのをさきに〔三〇〇〕見たのと同じである。ここから、恐怖に襲われた者たちは、約定語で、《恐怖によって固く縛られた（terrore defixi）》と表現されるようになったのだった[97]。ペルセウスはこの遠征を白モレアのエティオピアでおこなっている（ここから、さき

---

(93)　ウェルギリウス『アエネーイス』三・五四九。
(94)　ウェルギリウス『アエネーイス』一・三〇一、六・一九。
(95)　オウィディウス『変身物語』二・八三六―八七五。
(96)　ヘロドトス『歴史』二・九一、オウィディウス『変身物語』四・五七一―七三四。
(97)　リウィウス『ローマ史』五・三九・一。

に〔二二二〕説明したように、ペロポネソス半島を白モレアと呼ぶ言い方が残ることとなったのだった）。また、そこではペストが蔓延していたので、ヒッポクラテスはアルキペラゴスにあるかれの生地コス島をペストから守ったのだった。もしかれがアビシニア人のあいだで広まっていたペストからコス島を守ろうとしたのだとしたなら、かれは世界中の疾病からコス島を守らなければならないことになっていただろう。(98)

〔三〕

四四九 つぎにポントスへの船による遠征、もしくはギリシアの海のうち、その後、さきに〔二二〇〕「地理学の新しい歴史的諸原理」で証明したように、その海の全体に〔ポントス海（黒海）という〕名前をあたえることとなる海の部分における海賊行為がやってくる。この遠征には、ギリシアの英雄たちのうちで最大の英雄ヘラクレスと、いずれもが英雄詩人のオルペウス、アンピオン、リノス、それにテセウスと、最後にはヘレネの兄弟であるカストルとポリュデウケスも参加する。(99) これらの英雄詩人たちは、ギリシアの英雄的騒擾のなかで叛乱した都市の野獣たちにたいして、鳥トをへて得られる前兆には神々の力が宿っていることを歌ってきかせることによって、連中を鎮静化させる。たとえばアンピオンは三百年ほど前にカドモスが建設したテーバイに壁をうち立てるのである。これは、ローマで三百年後、平民たちが貴族の所有している法を自分たちにもあたえるよう要求したとき、リウィウスがわたしたちに語っているところによると、(100) 十人委員の孫のアッピウス・クラウディウスがそれらの法の根拠となっている前兆には神々の力が宿っていることを平民たちに歌ってきかせ、前兆をうかがう鳥トの知識と儀式を《野獣的な仕方で交合している》平民たちに分けあたえてその神聖さを汚すわけにはいかないのだ、と説いているのと同じである。こうして、これらの英雄詩人たちはギリシアの人民を建設もしくは安定させるのであるが、それは、さきに〔七三―七六〕証明したように、人民が英雄たちだけで構成されていた時代のことであった。したがって、この時代にギリシアで議論の的となったのは英雄的氏族の法であり、そこでは英雄たちがいつも優位な立場にあったため、その時代はギリシアの英雄たちの時代と呼ばれたのだった。

〔四〕

四五〇　ポントス遠征につづいてトロイア戦争がやってくる。そこでは、ギリシアの諸国家はおのずと団結して同盟を結ぶ。さきに〔二八四〕証明したように、サビーニ人はローマ人との戦争で同盟を結んだが、これと同じ事情によってである。この戦争はギリシアの一部の海でトロイア人が働いていた海賊行為が原因となって起こったものであったにちがいない。その地域は当初は《アカイア人》の住む地域と呼ばれていたにちがいないのだが、その名前がのちに拡張されてギリシア国民全体を指すまでになった。そして、そのよ

(98)　プリニウス『博物誌』七・三七・一二三参照。そこではペストはギリシア全土にひろまっていたと述べられている。

(99)　グレーヴス『ギリシア神話』一四八・iで紹介されているアルゴナウテースたちの一覧には、ヘラクレス、オルペウス、カストル、ポリュデウケスの名は見えるが、アンピオン、リノス、テセウスの名は出てこない。

(100)　リウィウス『ローマ史』六・四〇―四一。

うな誤解の結果、ホメロスはギリシア全体が連合した軍隊が存在したものと思いこんでしまったのだった。その名前が最終的にその後《アカエア》という呼称で残ることとなった地域に限定されるようになったとき、そこに、古代世界にはめずらしく複数の自由な都市が団結して一体となった一つの共和国、アカイア人からなる共和国が興った。それは現代のネーデルラント連邦共和国にとてもよく似た共和国であった。

［五］

四五一 トロイア戦争のあと、英雄たちの放浪が起きる。メネラオス、ディオメデス、アンテノール、アイネイアース、そしてなかでも有名なオデュッセウスの放浪、等々。ある者はそのまま異国の地にとどまったままになっており、ある者はふたたび祖国に戻っている。これらは、前兆とそれらに依存することがらをめぐる英雄的抗争のなかで敵対党派によって打ち負かされたり抑圧されたりした平民たちを付き従えた英雄たちの逃亡であったにちがいない。これは、スエトニウスも語っているように、[101]レギルムで反対派党派に抑圧されたクラウディウス氏族の元祖アッピウス・クラウディウスがティトゥス・タティウスの進言に従ってロムルスの時代に一族郎党を率いてローマに移動したときの状況[102]と瓜二つである。

四五二 たとえば、オデュッセウスの王宮に侵入した、すなわち英雄たちの統治秩序に侵入した〔ペーネロペーの〕求婚者たちの名は、その後、多くの王国の名とともにホメロスのもとに届くこととなった。かれらは王室の財産を食い荒らすが、それは法によって英雄たちの所有するところとなっている田畑を自分たちのものにしようとしたからにほかならない。ところが、もろもろの真実が不分明になってしまったため、この物語をギリシア神話すべてのなかで最も見当外れな物語にしてしまっているのである。最後に、かれらはペーネロペーとの婚姻を望むが、これはローマ史のなかで、[103]ローマの平民たちが、十二表法によって田畑の委付的所有権がかれらにも認められたのち、家父長たちと同等の厳粛な婚姻の権利を要求するようになったのと同じである。そして、ギリシアのある地域では厳粛な婚姻は英雄たちのあいだだけでおこなわれ続け、ペーネロペーは貞節なままで、オデュッセウスは求婚者たちの首を吊るす[104]一方で、別の地域ではペーネロペーは求婚者たちに犯されて雑多な性質をもった怪物パンを産む。[105]これは、まさしく、ローマの家父長たちが平民に語っているのと同じ事態である。すなわち、貴族の鳥卜をつうじてなされた平民の婚姻から生まれる者は、リウィウスの忠実な表現によれば、《セークム・イプセ・ディスコルス（secum ipse discors）》＝《自分自身の本性とは一致しないかたちで》生まれてくるだろう、[106]というわけである。そしてこの物語はこれまで神話学者たちを大いに鍛えあげてきたのだった。

四五三　自分自身の本性とは一致しない存在を象徴した記号であるこのパンは、女性の英雄〔半神女〕を象

（101）スエトニウス『ローマ皇帝伝』「ティベリウス」一・一。

（102）このアッピウス・クラウディウスのローマへの逃亡については、リウィウス『ローマ史』二・一六・四にも記述がある。

（103）リウィウス『ローマ史』四・一・四。

（104）ホメロス『オデュッセイア』二二・一七一―一九二。

（105）パウサニアス『ギリシア案内記』八・一二、キケロ『神々の本性について』三・二二・五六、セルウィウス『「アエネーイス」註解』二・四四等々。

（106）リウィウス『ローマ史』四・二・六。同じ文言は［二七九］にも出てくる。

徴した記号であるシュリンクスを捕まえる。[107] 彼女の名前は《歌》を指すシリア語の《シル》から、[108] すなわち、神託が歌っていた前兆からやってきたものだった（シレノスも同じくシリア語の《シル》が語源である。また、これらの神託の歌はアキレウスの時代以来婚姻のさいに歌われた祝婚歌の源泉でもあって、アキレウスの楯の上でそれらの祝婚歌が湧きあがったとホメロスは語っている）。[109] シュリンクスは葦に姿を変える。短命で卑しい草木である（一方、アポロンに捕まったダプネは高貴な常緑樹に変身している）。そしてこの物語の意味するところが不分明になってしまってからは、パンは森の中で、都市を祝賀することもなければ国民を創建することもしないできた恥知らずで卑猥なサテュロスたちといっしょになって、葦で作った笛を吹き続けるのである。しかしながら、この物語は、「外国起源の語彙の語源学という観念」〔三八三―三八四〕のなかで論じたところに従って、シリアでの英雄的抗争の物語とギリシアでのそれとが合成されてできあがったものであったにちがいないのだった。

四五四　しかし、英雄的な抗争の土着の歴史も存在しており、それらのうち最も有名なのは不和《ディスコルディア》の林檎の物語である。[110] 林檎は最初は収穫物を指していたが、それから田畑を指すようになり、最後には婚姻を指すようになった。人々が額に汗して得た最初の成果が夏以降に収穫される自然の恵みを換喩的に表現して《林檎》と呼ばれたのだった。林檎が人々が思い浮かべることのできた唯一の果実だったのである。この林檎はプロメテウスが天から火を盗んだのに続いて天から降ってくるが、この林檎をめぐってアプロディテとパラスとヘラの三女神のあいだで争いが始まる。ただし、いまの場合のアプロディテは平民的なアプロディテ、すなわちギリシアの平民たちを象徴した記号であって、まずはパラスから、すなわち団結して集会に参加していた英雄たちの階級から、田畑の所有権を要求する。つぎには厳粛な婚姻の女神であるヘラから婚姻の儀式を執り行う権利を要求する。そして、婚姻につづいて、ローマ史に記述されているようなさまざまな種類の支配権を要求するにいたるのである。このようなわけで、たんに偶然にではあるがわたしたちの原理にとっては重要な意味をもつことにも、プルタルコスは、《最も美しい女がこれ〔林檎〕を取るように（pulchriori detur）》というモットーとパリスの判定は――『イーリアス』のなかでこの物語のことが出てくるのはこの二個所だけなのであるが(111)――ホメロスによるものではなく、もう少しあとにやってきた、すでに柔弱になった英雄詩人たちによるものであると指摘している(112)。なぜなら、他の場所(113)で見たように、林檎の上に書くことのできたような俗語文字はホメロスの時代にはまだ考案されていなかったからである。ホメロスはこの形態の文字には一度も言及しておらず、ベレロポンテスが携えていたかれにとって身の破滅となる手紙は《セー

（107）オウィディウス『変身物語』一・六八九―七一二。

（108）第二巻注（288）参照。

（109）ホメロス『イーリアス』一八・四九四―四九五。

（110）ヒュギーヌス『ギリシア神話集』九二によると、海の女神テティスがペレウスと結婚したとき、ゼウスは不和の女神エリスを除いて神々を披露宴に招待したという。披露宴に招待されなかったエリスは遅れてやってきて、入口から真ん中へ林檎を投げつけた。その林檎には、最も美しい女がこれを取るようにと書いてあったとのことである。

（111）ホメロス『イーリアス』二四・二九―三〇。

（112）偽プルタルコス『ホメロスの生涯と詩について』での言及。Cf. Plutarco, *Opuscoli morali*, trad. it. G. M. Grazi (Venezia, 1625), p. 24.

（113）『普遍法の単一の原理と単一の目的』「論究」四・一四。

マタ（σήματα〔符号〕）》で書かれていたとホメロスは述べている。[114]

四五五　イクシオン、ティテュオス、平民的タンタロス、あるいは――被保護民たちはかれらの著名な主人からその名を採っていたのだから――タンタロスの平民の物語[115]も、英雄的抗争の歴史である。かれらはいずれも地獄にいると語られているが、ここでは天と比べて低い場所を指しており、そこには、とても高い場所に姿を隠している泉の源の近くに、ベレキュンティアの塔が高くそびえ立っている。こうしてまた、ふたたび戻ってきた野蛮時代〔中世〕にも、要塞化した塔は大部分が山の中に建立されているのであって、平地には村落が散在していたのだった。グローティウスの子どもたち[116]は天をどれほどの高さにあるものと見ていたことか！　それというのも、これが地上で君臨していた天であり、すべての神々の父であって、かれらは、ホメロスの時代には、オリュンポス山の尾根か頂上よりもほんの少しばかり高いところに住んでいたのだった。そしてこの天をペルセウスとベレロポンテスはペガソスに乗って駆けめぐっていたのであり[117]、そこからラティウム人のもとでは《ウォリターレ・エクオ（volitare equo）》＝《馬に乗って駆けめぐる》という表現が残ることとなったのだった[118]。

四五六　ここから、ゼウスが平民的ウルカヌスを天からまっさかさまに蹴落とすという、同じくこれらの英雄的抗争の歴史である物語も説明される。この物語はゼウスとヘラの諍いのなかに挿入されている[119]。しかし、わたしたちの批判術からするなら、この物語はゼウスとヘラのあいだの諍いではなくて、両者と、ヘラの司る婚姻とゼウスの司る鳥卜の双方の権利を主張するウルカヌスとのあいだの争いのなかに挿入されるべきなのである。そして天から落下した結果、ウルカヌスはびっこになる、すなわち、身分が低くて貶められ

た存在になるのである。いつまでも車輪を回し続けているイクシオンや、尾を口の中に呑みこんでいる蛇

(114) ホメロス『イーリアス』六・一六八。ちなみに、「ベレロポンテスが携えていた彼にとって身の破滅となる手紙」というのは、自分の兄弟を殺したかどで咎めをうけてコリントスを追われたベレロポンテスをかくまったティーリンスの王プロイトスが、后からベレロポンテスに誘惑されそうになったと言われて立腹したものの、わざわざ自分を頼ってきた客をみずから手にかけて殺すのは気がひけて、后の父であるリュキアの王イオバテスのもとに送り届けたさい、ベレロポンテスに持たせた手紙のことで、そこには「この手紙を持参した者をどうかなきものにしてください。彼はわたしの妻、あなたの娘を犯そうとしたのです」としたためてあったという。グレーヴス『ギリシア神話』七五「ベレローポーン」参照。

(115) イクシオンは、ユノを犯そうとしたということで、たえず急速に回転する車輪に縛りつけられる。ティテュオスは、ラートーナを犯そうとしたということで、アポロンに突き刺され、肝臓を永遠に禿鷹によってついばまれる。タンタロスは、殺した息子の四肢を神々の食卓に並べたということで、沼の上に枝をひろげた果樹に吊されて、永遠の飢えと渇きに苦しむこととなる。いずれもグレーヴス『ギリシア神話』参照。

(116) ここで言われている「子どもたち」とは、別の個所で「単純な者たち」と呼ばれている原始人を指す。

(117) ヘシオドス『神統記』三一九以下、ピンダロス『オリュンピア祝勝歌集』一三・六三以下、アポロドロス『ギリシア神話』二・三・二。

(118) Battistini, p. 1889によると、この〝volitare equo〟という連辞は、おそらく、ウェルギリウス『アエネーイス』一二・六五〇—六五一の〝volare equo〟=「馬を飛ばす」とタキトゥス『年代記』一五・五八・二の〝equites volitare〟=「騎兵が飛び回る」を融合したものではないかという。

(119) ホメロス『イーリアス』一・五九〇—五九一、一五・二二—二四。

〔ウロボロス〕は、少しあとで〔四六六〕見るように、土地の耕作を表象している。この表象の意味するところが不分明になったのは、《キュクロス（κύκλος）》が最初に意味していたのは円であったことがわからなかったからであり、こうして、ホメロスまでもがそう呼んでいるように、[120]車輪であると受けとられるようになったのだった。そして、このように回転させることから、ラティウム人のもとには《耕作する》ことを指すのに《テルラム・ウェルテレ（terram vertere〔土をひっくり返す〕）》と表現する言い方が残ることとなったのである。ティテュオスは石（固い土）を下から上にひっくり返す。[121]ここから同じくラティウム人のもとでは《いつまでも終わることのない労働》を指すのに《サクスム・ウォルウェレ（saxum volvere）》と表現する言い方が残ることとなったのだった。タンタロスは、つねに天に向かって、すなわち高いところにある英雄たちの都市に向かって、枝を伸ばしている傍らの林檎の実を求めて得られず、飢えの責め苦にあっている。その後、道徳哲学者たちはこれらの物語が野心的で貪欲でけちな者たちの肖像を作り出すのにうってつけであることを見出すにいたった。しかし、これらの悪徳は、人々が生きていくのに必要なものだけで満足していた時代には、けっして経験されることがなかったのだった。

四五七　しかし、オデュッセウスがポリュペモスの目を突き刺して見えなくさせてしまう物語以外にも、ペーネロペーの求婚者たちの物語は、ホメロス以前に英雄詩人たちの三つの時代があり、これらの時代を経過するなかで、さきに〔二八六―二八七〕発見した原因の結果、ギリシアの諸民族のこのうえなく堕落した歴史がホメロスのもとに伝えられたことの、いま一つの重大な証拠を提供してくれているのである。

[第九章] 古代諸国民のあいだにおける英雄たちの時代の一様性

四五八　他の古代諸国民のあいだで英雄たちの時代が一様な経過をたどったことは、二つの国民の二つの証言にもとづいた、さらなる文献学的証明によってもたらされる。一つはエジプト人の証言であって、タキトゥスによると、[122] かれらは自分たちのヘラクレスが他のどのヘラクレスよりも古く、他のヘラクレスは自分たちのヘラクレスから名前をとってきたと言っていたという。いま一つはギリシア人の証言であって、かれらは自分たちが知っているどの国民のなかにも一人のヘラクレスがいるのを確認していたのだった。エジプト人とギリシア人のこれら二つの重大な証拠には、ローマ人のうちで最も学識に秀でていたウァッロの権威が付け加わる。ウァッロは優に四十のヘラクレスを算えあげているのである。[123] それらのうちで名の知れわたったものに、ギリシアの有名なテーバイのヘラクレス以外にも、スキュティアのヘラクレス（このヘラクレスは古さの点でエジプトのヘラクレスと張り合っている）、ケルト、ガリア、リビア、エティオピア、エ

(120)　ホメロス『イーリアス』五・七二二、二三・三四〇。

(121)　「ティテュオス」とあるが、ここではヴィーコはシーシュポスのことを念頭に置いていると思われる。Nicolini版などでは「シーシュポス」と改められている。

(122)　タキトゥス『年代記』二・六二。

(123)　セルウィウス『「アエネーイス」註解』八・五六四によると、ウァッロは四十三ものヘラクレスを列挙していたという。

ジプト、フェニキア、テュロスのヘラクレスがいる。また、さきに〔三八五〕証明したように、フィディウス神はラティウム民族のヘラクレスであった。したがって、これらの古代諸国民すべてのあいだで英雄主義は同じ特性をたずさえて経過したのであり、ひいては、かれらのヘラクレスはエジプト人、ギリシア人、ウァッロから同じ名前をあたえられるに値するのである。これは、わたしたちがさきに〔九〇〕考案した永遠の理念的な歴史の一つの大いなる実例であるにちがいない。この永遠の理念的な歴史は、さきに〔九一―九三、三八一―三八二〕案出したわたしたちの批判術と語源学、そして同じくさきに〔三八七―三八九〕構想した普遍的な辞書の助けを借りて読まれるべきである。ここでは、わたしたちの原理の正しさを確認するために、英雄的諸氏族の自然法に所属するいくつかの物語について説明しておこう。

四五九　テーバイのヘラクレスの記号は神々の時代にゼウスの時期から形成され始める。なぜなら、かれを産み出したのはゼウスであって、かれはゼウスの雷鳴とともに誕生しているからである。それはギリシアのもう一人の有名な英雄ディオニュソスが雷に打たれたセメレ(124)から生まれたのと同じである。この二人の英雄はわたしたちの第一番目と第二番目の文明の原理を構成する。なぜなら、古代諸国民はすべて、先を見通した神性が存在するという正しい見解にもとづいて創建されているからであり、異教徒たちがゼウスの雷のうちに観察した前兆によって執り行っていた確実で厳粛な婚姻の儀式から始まっているからである。

四六〇　ヘラクレスが果たす大いなる功業は、たしかにヘラの時期から始まる。ヘラの指図を受けて、すなわち、家族の必要が警告するところに従って、かれはそれらの功業を遂行するのである。それらの功業のうち最初の功業はアルテミスの時期に果たされたものであって、家族を守るために野獣どもを殺害したのがそれであった。

四六一　ついでは、冥界に降りていって、ケルベロスをそこから引きずり出す。[125]これは埋葬が確立されたアポロンの時期に必要とされ、遂行されたものだった。なぜなら、最初の詩人たちにとっての冥界は墓場だったからである。オデュッセウスがかれの足元で開いた地面を上から覗きこんで故人となった英雄たちが冥界にいるのを見るように、[126]ヘラクレスは墓場から犬どもを遠ざけるのである。これはわたしたちの第三番目の文明の原理であった。すなわち、死者を埋葬するというのがそれであって、《フマーレ（humare）》＝《埋葬する》から《フーマーニタース（humanitas）》という語は派生したのである。[127]ケルベロスは《三つの頭をもつ》と言われたが、それはおそらくすべてをむさぼり食ってしまう冥界の支配者ハデスを指してそう呼んだのであって、《三つの》という語によって形容詞または副詞の最上級を表現しようとしていたのだった。この用法はいまもフランス語に残っていて、フランス語では原級に《トレ（très〔trois（三つの）との類似に着目したものか〕）》を付け加えて最上級を表現している。同じようにして、ポセイドンの三叉の鉾は海賊たちが船を捕獲するために用いていた大きな鈎であったにちがいなく、ゼウスの三つに裂けた雷も、落ちると万物をものすごい力で切り裂いたにちがいないのだった。――ケルベロスが天の視界のもとに引きずり出さ

(124)　セメレはテーバイの王カドモスの娘であったが、ゼウスの雷に打たれて殺されている。グレーヴス『ギリシア神話』参照。

(125)　ケルベロスはハデスが支配する冥界の番犬。

(126)　ホメロス『オデュッセイア』一一・三六―四三。

(127)　本書〔七五、一四四、四一八〕参照。

れると、太陽神は道を引き返す。これは、わたしたちがさきに〔三四五〕発見したように、ハデスと犬どもが人間たちの屍体をむさぼり食っていた時代のアナクロニズムであって、その時代にはアポロンはまだ存在していなかったのである。アポロンは、さきに〔二八九、四一八〕証明したように、文明の光の神であり、埋葬によって家系図を確立し、最初の氏族ないし英雄たちの家門に光輝をあたえるのである。――ついでは、アテナイ人の創建者であるテセウスも冥界に降りていく。また、ギリシア民族の創建者であると言われたオルペウスも冥界に降りていく。なぜなら、諸国民はすべて、埋葬の宗教から、いまは故人となった者たちの魂のうちに神性の存在を見てとって、その相貌のもとでかれらを崇敬するよう導かれていっているからである。ここからラティウム人のもとには《ディイ・マーネース（dii manes〔死者の神聖なる魂〕）》という言い方が残ることとなったのである。ひいては、諸国民はすべて、魂の不死を感知するように導かれていったのだった。これが諸国民の共通感覚であることはプラトンがのちに証明したとおりである[128]。

四六二　それから、ヘラクレスはまだ揺りかごの中にいたころ蛇を殺しており、成人してからはヒュドラ、ヘスペリアのドラゴン、そしてネメアの森のライオンを殺している。それらの獣はいずれも火を口から吐き出しており、さきに〔三四四、四二一〕説明したように、ヘパイストスが森林に火を放った時期の話である。

四六三　さきに〔二八〇〕証明したように黄金の時代であったクロノスの時期には、ヘラクレスはヘスペリア（つまりはアッティカの西方であって、そこではたしかにヘスペリデス〔黄昏れの娘たち〕と呼ばれるニンフたちが菜園の見張りをしていたのだった）から黄金の林檎を持ってくる。すなわち、小麦を収穫するのである。これは、寄食家どもにふさわしい歴史であるポルトガルのオレンジの話[129]よりも、ヘラクレスにふさわしい話であり、ギリシア史にふさわしい話である。この話にならって、古代の詩人たちのうちで最も学識に富んでいたウェルギリウスは、アイネイアースが古代の未耕地の森の中に探しに出かけていった小麦の穂を《黄金の枝》と呼んだのだった。(130) そして、神々が許可するまでそれを折ることはできないのだった(なぜなら、前兆を受けとっていなかった不敬虔な放浪者たちは穀物の刈り入れをおこなっていなかったからである)。その枝をたずさえてヘラクレスは冥界に向かい、それを宝物の神ディース＝ハデスに献上する。そしてヘラクレスはその宝物を発見した神なのである。またその冥界でヘラクレスは自分の先祖や後裔の姿を見るのである(これは人間の屍体を埋葬する慣習のなかった不敬虔な放浪者たちにはできないことだった)。

四六四 つぎに、アレスの時期には、ヘラクレスは怪物たち、すなわち、非道な交合から生まれ、かくては自分自身の本性とは一致しない不敬虔な放浪者たちを殺害する。また、暴虐な連中、すなわち、収穫物を盗む者たち、土地をもたず、他人の土地を占拠しようとする者たちを殺害する(連中は僭主の最初の祖型であった)。そして、ここにおいてヘラクレスは不正で暴力的な者たちから自分たちの田畑の所有権を主張す

(128) プラトン『アクシオコス』三七〇B。ただし、すでに古代にもこれは偽書であるとされていた。

(129) ヘラクレスの旅を「ポルトガルのオレンジ」(ザクロ)を求めての旅であったと解釈している代表例として、フランスの古典学者クロード・ソメーズ Claude Saumaise(ラテン名クラウディウス・サルマシウス Claudius Salmasius)(一五八八―一六五三)の『プリニウス演習』*Plinianae exercitiones* 二・六七〇(一六二九年)を参照。

(130) ウェルギリウス『アエネーイス』六・一三七、一八七、二〇八―二〇九。

ることによって田畑の英雄的な法もしくは最高にして最強の法を確立するのである。

四六五　アテナの時期には、ヘラクレスはアンタイオスと闘う[131]——これは英雄たちが田畑の所有権を平民たちに譲渡するのに抵抗した英雄的抗争の歴史である——。そして、アンタイオスを高々と持ちあげて打ち負かし、それから地面に縛りつける。これはヘルメスの時期、ヘラクレスが叛逆した平民たちに最初の農地法をもたらし、かれらを、さきに何度か〔四一六、四五五―四五六〕述べたように高い場所にあった英雄たちの都市に導いていったときに起こったにちがいない。この農地法をつうじてアンタイオスの同類は地面に縛りつけられたままになってしまったのであり、このため、ラティウム人からは《グレバエ・アッディクティ（glebae addicti〔土塊に捧げられた者たち〕）》と呼ばれ[132]、ふたたび戻ってきた野蛮時代〔中世〕には最初の農村の家臣たちは《リージェ（lieges）》と呼ばれていたのだった[133]。そしてかれらのあとに貴族の封土は到来したのである。しかし、ガリアのヘラクレスほどこの英雄的歴史をみごとに説明しているものはない。かれは詩的黄金つまりは麦の鎖を口から吐き出して、大勢の人間たちの耳を繋ぎあわせ、好きなところへ引きずっていくのである[134]。この神話は諸国民がまだ約定語で話していなかった時代に誕生したものであって、そこにはヘラクレスがたんに雄弁に語ってみせたという以上の本来的な意味がこめられていると見るべきである。そして同じ歴史は裸のアプロディテ（平民的なアプロディテ）の物語によっても意味されていたにちがいない。同じく裸のアレス（野獣の皮を身にまとっていないアレス、英雄的ではなくて平民的なアレス）の物語の場合も同様であって、ホメロスのもとでは、かれは好戦的なヘルメスから打たれることになっている[135]。すなわち、裸のアレスは、英雄たちの命令で戦争に狩り出され、トロイアの戦場で叛逆して、オデュッセウスによってアガメムノンの笏で打たれる被保護民たちを象徴した記号なのである。また、アプロディテもアレスも、ヘパイストスの網（英雄的な束縛）によって、海から引き上げられる（渡海植民たちはすでに占有された土地に海からやってきたのだった）。ところが、堕落した英雄詩人たちは、この物語が理解できなかったために、アプロディテをヘパイストスの妻にしてしまった。そしてアプロディテとアレスが姦通したという話をでっちあげるのだった。しかしながら、わたしたちの批判術からするなら、太陽神（文明の光の神）はかれらの裸を露出させるようなことはしたはずがなく、さきに〔三三九〕述べたように、名高い者たち〔英雄たち〕の栄光でもって覆い包んだのである。また神々はかれらを嘲って大笑いする。[136] これは、さきに〔一八四〕サルスティウスとともに見たように、サルスティウス自身がローマの英雄主義の時代と呼んでいた時

（131）アンタイオスはギリシア神話に登場する好戦的な巨人で、旅の途上のヘラクレスに挑戦するが、大地に足がついていなければ力を発揮できない弱点があることに気づいたヘラクレスはこの巨人を高く持ちあげて打ち負かす。アポロドロス『ギリシア神話』二・五・一一、ヒュギーヌス『ギリシア神話集』三一参照。

（132）第二巻注（124）参照。

（133）フランスのプロテスタント系弁護士で封建法の権威フランソワ・オトマン François Hotman（一五二四―一五九〇）の『封建語註解』*De verbis feudalibus commentarius*, in *Novum lexicon utriusque iuris*（一五七三年）に収録されている「封土論」（Disputatio de Feudis）を参照。

（134）ルキアノス『ヘラクレス序論』三・六参照。ルキアノス（一二〇頃―一八〇頃）はローマ帝国支配下のアテナイで活躍したシリア出身の弁論家・諷刺作家。

（135）ホメロス『オデュッセイア』八・二六七―三〇二、『イーリアス』二一・四〇三―四〇八。

（136）ホメロス『オデュッセイア』八・三二五―三二七。

代に貴族たちが不幸きわまりない平民たちを嘲り笑っていたのと同じである。そして、このことはわたしたちがさきに〔三五三〕述べたこと、すなわち、束縛は英雄的諸国民のインプレーサであったということを確証する。ヘラクレスが束縛によってのちに《ヘラクレスの》と呼ばれるようになった十分の一税、すなわち収穫物の貢納を命じたように、ゲルマニア人のあいだでは従臣・家来による主君への貢納がおこなわれているのをタキトゥスは観察している。[137] これはセルウィウス・トゥリウスの財産登録制度が永代借地権および封土とともに、同じ名のもとで、ふたたび戻ってきた野蛮時代〔中世〕に復活したものだったのだろう。

四六六 ヘラクレスは、アンタイオスとの闘いをつうじて、ギリシア人のもとで《束縛のゲーム》と呼ばれるようになったゲームを制定する。これは最初のオリュンピア競技だったにちがいなく、たしかにオリュンピア競技の創設者はヘラクレスであったと語られているのである。そして、この競技の場でギリシア国民がその最大の輝きを体験したように、ギリシア人はそれまで刈り入れの回数で算えていたギリシア史における年号をオリュンピア紀によって算え始めるようになるだった。《メテ・ディ・グラーノ（méte di grano〔田畑に積み上げられた小麦の山〕）》という言い方がイタリア人のもとに残っているのと同じように、円形競技場にはラティウム人によって《メトー（meto）》＝《刈り入れる》と呼ばれていた競走路の境界を示す円錐形の標柱がいまも残っている。これは、これらの表現の意味は太陽の一年間の経過を記述した円錐形の標柱を指しているといった、学識を積んだ天文学者たちがずっとあとになってはじめて理解するところとなった説明よりも適切な語源学的説明である。こうしてまた、とぐろを巻いて尻尾を口の中に入れている蛇は、英雄時代の農民たちには、形而上学者たちが苦心の末にやっと理解するにいたった永遠を意味していたことなどありえないのであって、刈り入れの年数を指している。刈り入れ時には、大地の蛇が毎回自分を口の中に入れて養分の補給をおこなうのである。ところが、このことが理解されなかったため、のちにイクシオンの車輪の話(138)が作り出されることとなったのだった。ここから年を《大きな輪》と呼ぶ言い方が残ることとなったのであり、《アンヌルス〔annulus〕》＝《小さな輪〔指輪〕》という語はこれから派生している。しかし、大きな輪はたしかに太陽が両回帰線のあいだ〔熱帯〕を往復する間の経路を指したものではないのである。

四六七　さきに〔四四五〕見たように英雄的海賊たちに先行して存在していたにちがいない英雄時代の盗賊たちにかんする空白部分は、ヘラクレスによって、諸国の民を征服し、ただ栄光のみを、また栄光の証拠としてヘスペリアすなわちアッティカの西方の家畜のような獲物を家に持ち帰るという特性をつうじて、埋め合わされる。

四六八　ヘラクレスは神々の時代から英雄たちの時代に移行する。そしてポセイドンの時期から船に乗ってのポントス遠征に、すなわちギリシアの英雄的海賊行為の時代に参入する。こうしてかれはオルペウス、アンピオン、リノスの同時代人であることが見出される。いずれもイアソンの仲間で、三人とも神占の賢者

---

(137)　タキトゥス『ゲルマニア』二五。

(138)　イクシオンはゼウスから食事に招待された折、ゼウスの妻ヘラを誘惑しようとして、ゼウスの怒りを買い、空中を永遠に回転する火焔車に縛りつけられてタルタロス（奈落）に突き落とされたという。グレーヴス『ギリシア神話』六三参照。「イクシオンの車輪」については、すでに本書〔四五六〕でも言及されている。

として、英雄たちのおこなっていた婚姻を自分たちにも認めるよう要求したギリシアの平民たちとの英雄的抗争のなかで際立った働きをなした。その抗争は、そこでは英雄たちの法が争点となったため、英雄の世紀に名をあたえることとなったのだった。これはまさしく、さきにリウィウスとともに証明したように〔四四九〕、家父長たちと平民との同じ抗争のなかで、十人委員の孫のアッピウス・クラウディウスがローマのオルペウスであったのと同じである。だから、すでにヘラクレスはヘルメスの時期に第二の農地法によって田畑の委付的所有権をギリシアの平民たちに認めていたにちがいないのだった。ローマで平民が家父長たちの執り行っていた厳粛な婚姻を自分たちにも認めるよう要求したことから起きた抗争にさきだって、十二表法によって田畑の委付的所有権が平民に認められていたようにである。

四六九　最後に、ヘラクレスはネッソスとも呼ばれるケンタウロス、[139]ローマ史がリウィウスのもとで説明しているように[140]相異なる二つの本性をもつ平民たちの怪物の血に汚染されて、激しい怒りに駆られる。すなわち、政治的怒りのさなかにあって、英雄たちの執り行っている厳粛な婚姻を平民たちにも認め、平民の血に汚染されて死ぬ。これは、ポエテリウス法によってローマのヘラクレス、フィディウス神が死ぬのと同じである。この法によって《信義のきずなは破られた（vinculum fidei victum est）》と、だれか古代の年代記作者の言葉を借り受けたのだろうが、リウィウスは誠実さと無知の双方がないまぜになった言い方で報告している。[141]無知がないまぜになっているというのは、これまでそこに横たわっていた考えは虚偽であるからである。ローマ人のあいだでは、ポエテリウス法の制定後も、債務者が自分の負債を支払うよう求める裁判がおこなわれていたのだった。しかし、わたしたちの原理に照らしてみるなら、封建主義的な法、すなわち束縛もしくは私牢の法が解体したという意味においてのみ、この表現は真実でありうる。その束縛もしくは私牢の法は世界で最初の避難所の内部で生まれたものであって、これによってロムルスはローマをクリエンテーラにもとづいて創建したのであり、ブルートゥスは古代ローマ史がさきに〔二六一〕語っていた起源に対応したかたちで主人たちの自由を再確立したのである。

四七〇　これらの英雄的な騒擾はギリシアの物語〔神話伝説〕的歴史の最大の素材であったことがわかる。そして、その物語的歴史は確実な古代ローマ史によって俗語で語られてきたのだった。このことは、ローマ人が十二表法とその後に制定された他のもろもろの法律を文字のかたちで保存してきたことに思いを致すなら、なんら驚くべきことではない。これにたいして、アテナイ人は法律を毎年変更してきた。また、スパルタ人は法律を文字に書き記すことを禁じられていたので、それらをいつもその時々に現に使用されている言語で語っていた。このため、かれらのあいだでは、かれらの法律と習俗の言語であった物語〔神話伝説〕の意味していたものがまたたくまに不分明になっていったのである。しかし、ローマ人のあいだでは、物語はまるごと英雄的記号から俗語的表現へと移行していかなければならなかった。実際にも、このうえなく自然にギリシアの物語がラテン俗語の表現に移行していった様子については機会あるごとに見てきたとおりである〔四一七、四二三、四二九、四三三、四四六、四四八、四五二、四五五、四五六、四六五、四六九参照〕。そしてこれ

(139)　オウィディウス『変身物語』九・一三七―一三八。
(140)　リウィウス『ローマ史』六・四〇―四一。
(141)　リウィウス『ローマ史』八・二八。

らの同じ原因によって、ラテン語はその起源をギリシア語よりもはるかに完全なまま保存してきたのだった。

［第一〇章］ 人間たちの時代

四七一 束縛は、ローマ人のもとでポエテリウス法をつうじて展開し続けたのと同じように、古代諸国民すべてのあいだで、リウィウスの言葉を借りるなら《自由の原理が他のすべてを凌駕した（aliud initium libertatis extitit）[142]》という結果をともないつつ、展開し続けた。この自由は人民的自由であったので、ここから諸国民はいたるところでその後君主政体〔一頭支配体制〕のもとへと移行していった。こうして世界史ではオリエントでニノスの帝国が始まる。これら〔人民的自由の政体と一頭支配的な君主政体〕は、わたしたちの原理からするなら、人間的な統治がとりうる二つの形態である。そして、それはアグリコラによってブリタニア人にたいして実践されているのをタキトゥスが観察している獰猛な諸国民にたいする支配の奥義をつうじて実行されるのであって、アグリコラは学芸の研究を奨励するのだったが、その狙いはかれが《〔ブリタニアの原住民たちは〕隷従化の一部でしかなかったものを文明と呼んでいた（et humanitas vocabatur, quae pars servitutis erat）[143]》というよく知られたモットーで表現していたところにあったのである。

四七二 こうしてローマ人の英雄法はアフリカ、イスパニア、ガリア、ノリクム、イリュリクム、ダキア、パンノニア、トラキア、フランドル、オランダ、さらには世界の果てのイングランドにまで文明を拡散していき、それらの地域に人間たちの時代を開始する。人間たちはそのような人間的統治の形態に書簡語、すなわち私的な業務で使用する言語、もしくは約定された意味をもつ言葉からなる通俗的な言語とともにおのずと到達するのである。そして人民的な共和政体のもとにおいては、これらの言語は人民たちにかれらが集まって群衆が理解できる唯一の衡平である自然的衡平に従って法律を制定する共同の集会において用いる語に意味を提供する。あるいは君主政体のもとにおいては、そこでも人民が言語の主人であり続けているために、統治者たちはおのずと法律が自然的衡平のみを理解する群衆の共通感覚に従って人民に受け入れられたいと欲するように導かれていくという自然の必要性から、それらの言語は発生する。こうして法律の知識は、ローマの貴族の場合に起きたように、おのずと英雄たちの手から離れ落ちていく。このため、アリストクラティックな共和政体は法律によってよりは身分によって統治されなければならないのである。

四七三　こうして、通俗的言語の原因をなしているものこそは、君主政体が人間たちの真の自然本性である十分に展開された人間的な観念の自然本性にこのうえなく適合した統治の種類である理由なのである。このため、君主政体のもとではウルピアヌスが《ユース・ゲンティウム・フーマーナールム（ius gentium humanarum〔人間的な種族の法〕）》と呼ぶ法[144]がいたるところで実施されているのである。そして、法学者たちはかれらの回答のなかで、また皇帝たちは答書のなかで、正義が疑わしい訴件を迷妄時代の気風に従ってで

（142）リウィウス『ローマ史』八・二八・一。
（143）タキトゥス『アグリコラ』二一。
（144）第二巻注（13）参照。

も英雄的ないし野蛮な時代の気風に従ってでもなく、本書全体をつうじて証明してきたように、人間的な時代の気風に従って定義しているのである。それはローマの法賢慮に固有の気風であったと同時に、ストア派やエピクロス派の気風はこれとは正反対のものであった。これらの時代の気風をつうじて摂理は諸国民をローマ法がすべての異教哲学の女王であると同時にキリスト教哲学の最も慎み深い侍女であるプラトン哲学の原理にもとづいたものであることが見出されるように導いていったのだった。それと同時にまた、ローマ法が福音書によってわたしたちに命じられている良心の法に服するよう、こういってよければ馴致されたものであることが見出されるようにも導いていったのだった。

著作の結論

四七四　ヘラクレスという記号についての以上のような説明によって、古代の諸国民の一様な起源が提供される。古代諸国民の起源はすべてギリシア人のこの物語〔神話伝説〕的歴史のうちに収容されていて、それがここではローマ人の確実な歴史をつうじて解明され、エジプト人の断片化した歴史を補填し、オリエントの暗闇に包まれてまったく不分明な歴史に光をあてる。これらの起源についての理解はニノスの王国から始まる世界史についての理解に先行するものでなければならない。また、それは哲学に先行するものでなければならない。哲学が摂理について省察することによって人間、家父長、元首について推理することができるようにするためにである。さらにはまた、摂理の定める万民の自然法の法学に先行するものでなければならない。ここから、歴史の全体と哲学のわたしたちが議論してきた部分、そしてグローティウス、セルデン、プーフェンドルフの体系〔学説〕においてあたえられているような万民の自然法の法学は、これまで起源を欠如させたままあつかわれてきたことがわかるだろう。その一方で、これらの起源にストア派は運命によって、エピクロス派は偶然によって損害をあたえてきたのだった。これが冒頭で、わたしたちは哲学者たちからも文献学者たちからもこの学を見出すことに絶望している、と述べた理由である。この学では、摂理が諸国民の世界の制定者であることが証明されてきたのである。

四七五　こうして、わたしたちが推理を開始したさいに引き合いに出した例でもって締めくくるとして、まずは鳥卜から始まった。鳥卜を神的な存在の支配する王国のもとにあった最初の世界における共有地の所有権がだれにあるのかを識別するために必要とされると人々は信じていたのだった。ついでは、英雄たちの支配する王国におけるヘラクレスの結び目の寄託に移行する。そして最後には人間たちの支配する王国における農地そのものの寄託がやってくる。これが諸国民のあいだでとぎれることなく一様に進行していく万民の自然法の始まり、進歩、終わりなのであって、この経過をたどることによって、理念において永遠であると同時に、自分の土地の所有権を他人に移転させるという所有者の確たる意志とそれを受納するという受け取り手の同じく確たる意志が両方の側で十分に表明されているなら、真の神の王国である良心の王国のもとでは十分であるという、キリスト教民族の自然法とも合致する、哲学者たちの自然法がついに理解されることとなるのである。これがこの著作の観念にほかならなかったのであって、この著作をわたしたちは《ムーサたちはユピテルから始まった（A Jove principium musae）》というモットー[1]でもって始めたのであり、いま、このモットーのもう一つの部分、すなわち、《万物はユピテルで満ち満ちている（Iovis omnia plena）》という部分[2]でもって閉じようとしているのである。

四七六　ひいては、この世に宗教が存在しなかったとしたならこの世に哲学者たちも存在しなかっただろうという事実によって、ポリビュオスは論駁される。この世に哲学者たちが存在していたなら宗教は必要なかっただろうというかれの主張[3]の真実さたるや、かくたるものであったのだ！　ひいてはまた、宗教が存在しなくても諸国民は統治できるというベール[4]も、事実によって論駁される。なぜなら、先を見ている神がいなくては、この世に放浪、野獣性、醜悪さ、暴力、凶暴さ、腐敗、流血以外の状態は存在しなかっただろう

（1）　ウェルギリウス『牧歌』三・六〇。ただし、そこでの原義は「ムーサたちよ、ユピテルから始めよう」である。

（2）　同右。

（3）　ポリュビオス『歴史』六・五六・一〇―一一。

からである。そして、おそらく、いやたしかに、恐ろしくて物言わぬ地上の大森林のどこを見渡しても、今日、人類は存在していないだろうからである。

（4） ピエール・ベール Pierre Bayle（一六四七―一七〇六）の『彗星雑考』*Pensées diverses écrites à un docteur de Sorbonne, à l'occasion de la comète qui parut au mois de Décembre 1680*（一六八三年）一六一、一七一を参照。

指標

［一］民間伝承

四七七　わたしたちは、冒頭で、この著作をヨーロッパのアカデミーに宛てて献呈したさい、民間伝承は正確な形而上学的推論の厳格な批判に付されるべきであると恭しく述べさせてもらった。そして、第一巻で、この学の原理を哲学者たちからも文献学者たちからも見出すことに絶望したさい、読者にたいして、この著作を読むのに必要とされる短い時間だけでもそれらの民間伝承について記憶を呼び起こしたり想像をたくましくしたりするのを差し控えるよう警告しておいた。こうして、読者があとでそれらに立ち戻ったとき、それらに誕生の動機をあたえてきた真実をみずからの力で認識し、それらが虚偽で覆われてわたしたちのもとにやってきた原因を理解できるようにしたいと考えたのだった。それらの民間伝承について、ジャン・ルクレールは『古今図書館』第一八巻第二部第八論考で、この著作とは別の諸原理とまったく逆の順序をつうじてこれらの同じ移り気な伝承のことが書き留められているわたしたちの別の著作の一部をなす『文献学の一貫性』に言及して、以下のように判断している。《かれはわたしたちに大洪水からハンニバルがイタリアで戦争を起こした時代までの主要な時期を簡潔に提供している。なぜなら、本書の全体をとおして、かれはこの時間帯に継起したさまざまなことどもについて議論しており、多数の素材について多くの文献学的考察をおこない、このうえなく理解力のある人士もまったく注意を払ってこなかった多量の通俗的な誤りを修正しているからである(1)》。

四七八　さて、それらの誤りとそれについての修正点は以下のとおりである。

一

四七九　オギュギアとデウカリオンの洪水はギリシアで個別に起きた洪水であったということ。――実際には、これらは世界大洪水が毀損されて伝えられたものなのだった〔一〇三〕。

二

四八〇　ヤフェトはギリシア人のイアペトスであったということ。――実際には、ヤフェトはヤフェトの一族で、不敬虔であるということで、創造主によって野獣さながらに放浪して回るようヨーロッパへ追いやられたのであって、ヨーロッパのうち現在ギリシアがある部分においてギリシアの諸民族は興ったのだった〔四四五〕。

三

四八一　詩人たちのいう巨人は不敬虔で乱暴な人間、僭主のことであり、かれらが《巨人》と呼ばれたの

（1）　Cf. Jean Le Clerc, *Bibliothèque ancienne et moderne*, tome XVIII（1722）, pars II, article VIII: "I. Ioann. Baptistae Vici, *De Universi Juris uno Principio & Fine uno*⋯", pp. 417-433.

はあくまでも譬喩としてであったということ。——実際には、かれらは正真正銘、本物の巨人だったのである。世界大洪水後、天がはじめて雷鳴を轟かせるまでは全員が不敬虔であり、その後も野獣的共棲を続けていた者たちは乱暴で、ついに敬虔な巨人たちの耕した土地を奪おうとしたときには、僭主の最初の祖型ができあがったのだった。

四

四八二　ソチーニ派のグローティウスがかれのいう単純な者たちと同じであるとみている異教の最初の人間たちは自分たちの自然本性で満足しており、それゆえ、無垢で公正な人間たちであって、詩人たちがわたしたちに語っている最初の時代である黄金の時代を作りあげていたということ。——実際には、かれらは自然の果実に満足していたのだった。そしてかれらの無垢さと公正さは、ポリュペモスがオデュッセウスに自分や他の巨人たちについて語っているようなたぐいの無垢さであり公正さであって[2]、そのような人間たちのうちにプラトンは家族の最初の状態を見てとっているのである[3]。そして黄金の時代というのは巨人たちが小麦を見つけ出した時代のことだったのである。

五

四八三　ついに人間たちは、宗教も武器の力も法律の支配もないまま共同生活を送ることがもたらすもろもろの悪に気づいて、田畑を公平に分配するにいたったのであり、都市が興るまで、境界石を置くだけで、それらの田畑を安全に保持していたということ。——実際には、これは黄金の時代についてわたしたち自身が作りあげた物語でしかなかった。なぜなら、本書のなかで〔一一六、一四三〕立証したように、田畑に境界石が置かれたのは宗教によるものだったからである。また、人々が生活していくうえで気づくにいたったもろもろの悪というのは、人間らしい共同生活に起因するものではなくて、孤独で野獣同然の生活に起因するものであった。そしてそれらの悪に気づいたのは、グローティウスの不敬虔な単純な者たちであって、かれらはホッブズの凶暴な者たちによって生存の危機に追いやられ、救済を求めて、神を信仰する強者たちの土地に逃げこんできたのだった。

六

四八四　世界で最初の法律は、ガリア人の族長ブレンヌスがローマ人に話したように[4]、力の法律であって、これをトマス・ホッブズは一部の人間が他の人間たちに押しつけたものであると想像し、ひいては、王国は力から生まれたのだから力によって維持されなければならないと考えてきたということ。——しかし、実際には、最初の法律はゼウスの力から生まれたのであって、その力を最初の人間たちは雷鳴のうちに宿ってい

（2）第二巻注（17）参照。
（3）第二巻注（15）参照。
（4）リウィウス『ローマ史』五・四八・九。ブレンヌスは紀元前三八七年、ガリア・キサルピナ軍を率いてローマを侵略したことで知られるガリア・セネノス族の族長。

ると想像したのだった。ひいては、雷鳴によって巨人たちは地面に叩きつけられて洞窟の中に追いやられる。そしてここから、さきに〔五八、一〇六、四一四〕証明したように、異教の全文明はやってくるのである。

七

四八五　世界で最初の神々は恐怖をつうじて作り出されたのであって、それは、そのような恐怖は一部の人間が他の人間たちのうちに呼び起こしたものであるというザームエル・プーフェンドルフの考えとも一致するということ。ひいては、これら恐怖を呼び起こされた者たちは欺瞞の娘である法律を制定するのであり、それゆえ、政体は権力の秘密と自由の外観でもって保持されなければならないということ。――しかし、巨人たちが雷鳴に抱いた恐怖は、摂理が許可するところに従って、かれらをしてみずからすべての神々の王であり父であるゼウスという神性を想像し崇敬するよう向かわせるのである。ひいては、力や欺瞞ではなくて、宗教〔神の信仰〕こそが国家の本質をなすのである。

八

四八六　深遠な知恵はオリエントから世界の残りの部分へ、つぎのような一連の学校をつうじて、すなわち、ゾロアスターがベロススを教え、ベロススがヘルメス・トリスメギストスを教え、ヘルメス・トリスメギストスがアトラスを教え、アトラスがオルペウスを教えるというかたちで、拡散していったということ。――しかし、拡散していったのは通俗的な知恵だったのであって、この通俗的な知恵が宗教の起源を同じくしていたことから、疑いもなくオリエントから出てきた人類が伝播していくのにつれて地上に伝播していったのだった。そして深遠な知恵も同じくオリエントからフェニキア人をつうじてエジプト人に伝えられたのであり、フェニキア人はエジプト人に四分儀と北極星の高度についての知識をもたらしたのだった。またギリシア人には星辰の座にまで高め上げられた神々をもたらしたのである。そして、本書で〔一〇七〕証明したように、どちらの場合にも、このことが起きたのは〔通俗的な知恵が伝播してから〕ずっとあとのことなのだった。

九

四八七　ついで、オルペウスは竪琴の音にあわせて神々の力についての驚嘆すべき物語をギリシアの未開の人間たちに謡って聞かせ、かれらを文明の道に連れ戻して、ギリシア民族を創建したということ。――しかし、さきに〔二一三、二一六〕示したように、これは宗教が導入されて民族と王国が創建されてから百五十年後に田畑の所有権が原因で起きた英雄的騒乱についてのはなはだしい時代錯誤《アナクロニズム》であることがわかる。

一〇

四八八　このオルペウスの物語からは、まずは俗語が存在しており、そのあとで詩人たちの言語が生まれたことがわかるということ。トラキアのオルペウスは森林の中を放浪するギリシアの人間たちと共通の言葉をもっていたとこれまでは信じられてきたからである。また、オルペウスはギリシアの俗語にもとづいて詩的な喩を作り出し、歌の韻律を使用することができたということ。なぜなら、驚嘆すべき物語と新奇な表現と甘美な和声によって、かれはホッブズの暴力的な者たち、グローティウスの単純な者たち、プーフェンドルフの見棄てられた者たちを喜ばせ、文明の道へと連れ戻していったからである。――しかし、宗教がなくてはそれらの言語はけっして生まれることすらできなかったということは、さきに〔三〇三〕証明したとおりである。

一一

四八九　言語を最初につくったのは賢者たちであったということ。――しかし、詩法の原理にかんする章のなかで〔三一三―三一六〕証明したように、かれらは感覚の知恵であった最初の本来の知恵の賢者なのであった。

一二

四九〇　語ることと哲学することとは同じことであったことからして、他のすべての言語にさきがけて自然言語すなわち事物をそれらの自然本性に従って指し示す言語が語られていたということ。――しかし、実際には、さきに〔三〇三―三〇五〕証明したように、最初の言語は異教世界の最初の詩的な民が抱懐していた虚偽の観念にもとづく神聖語であったのであって、かれら異教徒たちは神性もしくは神的な知性を具えていると信じられた物体的な実体ないし様態が国家制度的世界の起源であると考え、こうして神々を想像していたのだった。

一三

四九一　フェニキアのカドモスが文字を考案したということ。――しかし、それらは詩的記号だったのである。

一四

四九二　ケクロプス、カドモス、ダナオス、ペロポスはギリシアに植民地を開拓し、そしてギリシア人はシチリアとイタリアに植民地を開拓したということ。――しかしながら、それは新しい土地を発見したいという欲望のためでも、そこに文明を広めたということで栄光に浴したいためでもなく、自分たちの国で英雄的騒乱に巻きこまれて、安全な逃げ場を見つけ出すためなのだった。

一五

四九三　これらのさなかにあって、ヘラクレスは怪物を殺害し僭主を鎮圧しながら世界中を旅して回ったということ。――しかしながら、旅して回ったのは独りテーバイのヘラクレスだけではなかったのであり、さきに〔二六二、三八五、四五八〕十分立証したように、古代諸国民の数だけ存在した多くのヘラクレスが旅して回ったのだった。

一六

四九四　最初の戦争は栄光のためだけになされたのであって、勲章として獲物を自国に持ち帰っていたということ。——実際には、これらの戦争は英雄的大盗賊行為だったのであって、このため《大盗賊》というのは英雄たちにとって名誉の称号なのだった。

一七

四九五　オルペウスについて想像されてきたことがらから推察するなら、アンピオン、リノスその他の《神学詩人たち》と呼ばれているギリシア文明の創建者たちは、わたしたちに知られている時代において神のごときプラトンが第一人者であったような種類の、神性に通暁した賢者(5)であったということ。——しかし、実際には、かれらは神が告知する前兆を占うことにかけて秀でていた賢者であったのであって、異教徒たちにとって最初の神性は《ディーウィーナーリー（divinari〔占う〕）》からやってきているのだった。

一八

四九六　さきの誤りにつづいて、物語〔神話伝説〕のなかには深遠な知恵のいと高き秘密が隠されているということ。このために、プラトンの時代からわたしたちの時代すなわちヴェルラムのベーコン(6)の時代にいたるまで、物語〔神話伝説〕のうちに古代人の知恵を発見することがかくも熱く願望されてきたのだった。

——しかし、実際には、それらのうちに隠されていたのは、諸国民すべてのもとで神聖なことがら〔祭事〕が世俗の人間たちには秘匿されたままにされてきたような種類の知恵だったのである。

一九

四九七　そしてとりわけ、古代人の知恵をギリシアの学識全体の最初の確かな父であったホメロスのうちに見出そうという願望。——しかし、実際には、ホメロスは英雄的な知恵に通暁した人物だったのである。ホメロスは、『イーリアス』では、強者と弱者のあいだには利益にかんして権利の平等などありえないと考えているとヘクトールに語っているアキレウス(7)をギリシア人に英雄的な徳の見本として挙げている。また『オデュッセイア』では、いつの場合にも、人を欺いて利益を確保し、言葉にたいする評判を後生大事にしようとしているオデュッセウスを英雄的賢慮の見本として挙げているのである。

二〇

四九八　最初の都市はこれまで息子だけからなると受けとめられてきた家族から生じたということ。——

（5）「神性に通暁した賢者」の原語は〝sapienti in divinità〟である。

（6）第一巻注（21）参照。

（7）ホメロス『イーリアス』二二・二六一—二六七。〔五三〕参照。

しかし、実際には、家族（familia）はもともと家父長たちに奉仕する従僕（famuli）からそう呼ばれるようになったのであって、都市はそのような従僕を抱えた家族から生じたのだった。そして、もし従僕たちを苛酷なかたちで支配していた英雄たちにたいするかれらの叛乱が最初になかったとしたなら、都市がこの世に興ることはけっしてなかっただろうと思われるのである。ひいては、族長たちが公正で寛大であったのは、モーセの律法の時代までかれらが家族の並存状態を保持していたからなのだった。

二一

四九九　この地上で聞かれるようになった政治的権力者の最初の名前は《王》という名前であったということ、すなわち、これまで想像されてきたように、民の一頭支配者たちであったということ。――しかし、実際には、政治的権力を掌握していたのは、ホメロスがオデュッセウス[8]の楯の上でかれらのことを《王》と呼んでいるように、家父長たちだったのであり、これも本書で証明したように〔一三四、三六〇、三九五〕、かれらは自分たちの家族のなかにあっての一頭支配者なのであった。

二二

五〇〇　かれらがそのような存在であってほしいと願っていたプラトン[9]以来、わたしたちが深遠な知恵の持ち主であると想像してきたように、最初の時代には、かれらは賢者であり祭司であり王であったということ。――実際にも、家族の並存状態のもとにあっての家父長たちはそのような存在であったが、ただし、かれらは前兆の知恵に秀でた賢者であったのである。

二三

五〇一　群衆が美と価値について一致した理解をもっていたという黄金の時代の習俗についての意見にもとづいて、王たちは威厳のある外観をしていて勇敢な人物だということで選ばれていたということ。——しかし、実際には、さきに〔一五〇〕証明したように、王たちは被保護民《クリエンス》たちが叛逆するなかでおのずと生まれたのであり、その騒擾のなかで家父長たちのうちで最も強健で最も勇敢な者たちが貴族の先頭に立ち、かれらを一個の階級へと組織して、団結して平民を構成するにいたった被保護民《クリエンス》たちに抵抗しようとしたのだった。そしてこの時点で都市は興ったのである。

二四

五〇二　ローマ王国は人民的自由が混ざりこんだ一頭支配的な王国であったということ。——しかし、これまで《王》という名称がわたしたちを欺いてきたのだった。なぜなら、政治学者たちによると、スパルタの王国はたしかにアリストクラティックな政体をとっていたのであり、また文献学者たちによると、そのス

（8）ここで「オデュッセウス」とあるのは明らかに誤りで、正しくは「アキレウス」である。

（9）プラトン『政治家』二九〇D—E。

パルタ人はギリシアの太古の英雄的習俗をきわめて多く保持していたからである。そして、ここでさきに〔二五八―一六〇〕見たように、ローマ王国はアリストクラティックな統治形態をとっていたのである。

二五

五〇三　ロムルスがクリエンテーラを設け、そのクリエンテーラをつうじて貴族たちは平民たちに法律を教えていたとわたしたちはこれまで想像してきた。優に五百年以上のあいだ平民たちには秘密にしていて、貴族たちのあいだで符牒ないし神秘的な記号をつうじて伝えあっていた法律をである。――しかし、ロムルスはクリエンテーラをつうじて聖なる森の中に開設した避難所に平民たちを匿うことによって平民たちの生命を守ったのだった。そしてセルウィウス・トゥリウス以後、家父長たちは財産登録の重荷を背負わせるなかで平民たちに委託した田畑の所有権にかんして平民たちを守った。さらに十二表法以後、家父長たちはその法によって平民たちに最善的土地所有権を譲渡することによって平民たちを守った。ここから《わたしはローマ市民法によってこの土地がわたしのものであると断言する（Aio hunc fundum meum esse ex iure quiritium）》という権利要求の式文が出てきたのだった。[10] そして人民的自由が十分に展開するようになるとともに、家父長たちは平民たちが訴訟を起こしたり告訴したりする場合に平民たちを手助けしたり弁護したりすることによって平民たちを守ったのである。

二六

五〇四　ローマの平民はロムルスの時代から市民であったということ。——このような先入見は、わたしたちが古代ローマ法の歴史を正しく読み、ひいてはその法を十分に理解することをさまたげてきた。なぜなら、適切にも《コンヌビウム（connubium）》と呼ばれている正しい婚姻を取り結ぶ権利が家父長たちから平民たちに認められたのは、十二表法が制定されて六年後のことでしかなかったからである。

二七

五〇五　野蛮な諸国民はかれらの自由のために死にものぐるいで戦争をしていたということ。——これは真実である。なぜなら、英雄たちは自分たちの主人としての自由のために戦っていたからであり、平民たちは自分たちの自然的自由のために戦っていたからである。こうして平民たちは、隷従したままでいたなら失ってしまっていただろう田畑の自然的ないし委付的な所有権を獲得して、かれらの自然的な主人のもとで享受していたのである。

二八

五〇六　ヌマはピュタゴラスの弟子であったということ。——これはリウィウスによってさえ否定されている。(11)

（10）第三巻注（128）参照。

（11）リウィウス『ローマ史』一・一八・二―三。

二九

五〇七　ピュタゴラスが世界中を旅して回ったというのは、さきに〔三七〕証明したことからすればとても信じがたいことであるが、ピュタゴラスによって教えられた多くの教義がその後世界中で一様に見出されたことで真実であるとされるにいたったのである。

三〇

五〇八　セルウィウス・トゥリウスはローマで財産登録の制度を設けたということ。——しかし、そこで制定されたのは、田畑の委付的所有権にたいして平民たちは家父長たちに税を支払わなければならないということであって、人民的自由の基礎となる財産登録制度ではなかったのである。

三一

五〇九　ブルートゥスは人民的自由を確立したということ。——しかし、実際には、かれは主人たちの自由を再確立したのであり、同時に、二人の一年任期の執政官の制度を設けることによって、リウィウスが明言しているように(12)、人民的自由の下ごしらえをしたのだった。

三二

五一〇　ローマで自由が始まるにあたっては、グラックス兄弟によって引き起こされたのと同じ種類の農地をめぐる騒擾があったということ。――しかし、グラックス兄弟によって引き起こされたのは第二番目の種類の農地騒擾だった。すなわち、家父長たちから平民たちへの田畑の最善的所有権の譲渡にかかわる騒擾なのだった。そして、第一番目の種類の騒擾、すなわち、委付的所有権にかかわる騒擾は、セルウィウス・トゥリウスの治世下で引き起こされたにちがいなく、その騒擾をセルウィウス・トゥリウスは財産登録制度を設けることによって落着させたのである。

三三

五一一　ローマではわたしたちに知られている最後の種類の植民事業がなされていたということ。――しかし、実際には、それらはセルウィウス・トゥリウスの財産登録制度のもとで認められた委付的土地所有権の結果生じた第二番目の種類の植民事業なのだった。そしてロムルスの開いた最初の植民事業のように、それらは田畑を主人のために耕作していた植民者からなる本来の植民事業だったのである。

三四

五一二　ローマの平民たちは、不確実で自分たちに隠されていた法、そして家父長たちの王の手をつうじ

---

(12)　リウィウス『ローマ史』二・一・七。

て運営されていた法にたいする憎しみから、十二表法の制定を欲したということ。――これは真実である。ただし、それはあくまで、それらの法の結果、かれらは委付的所有権によっては家父長たちから自分たちに委託されていた田畑にかんして安全の保障が得られなかったからにほかならないのだった。

三五

五一三　十二表法は外国からローマにやってきたということ。――〔このような虚偽の思いこみが生じたのは〕ローマ人が外国に出かけたとき、この法によってかれらに命じられたのと同じ習俗がどこでも一様に存在しているのを見出したからなのだった。

三六

五一四　ローマ法はスパルタの法とアテナイの法とが集成されたものだったということ。――〔このような虚偽の思いこみが生じたのは〕ローマ人が外国に出かけたのはかれらがアリストクラティックな統治形態をとっていた時代で、自分たちの法がスパルタの法と同じであることに気づいたからなのだった。またその後かれらが人民的な統治形態をとっていた時代に、自分たちの法がアテナイの法と同じであることに気づいたからなのだった。

三七

五一五　王たちが追放された時からポエニ戦争の時までがローマ的な徳の発揮された世紀であったということ。——しかし、それはとりもなおさず、英雄的な徳の世紀であったということであって、その世紀には家父長たちは英雄主義とそれに付随することどもを、それらを渇望する平民たちから死守するために闘っていたのだった。

三八

五一六　ローマ人が最初から戦争を正当化し、勝利を実践し、獲得物を規制するために利用していた万民の自然法は、他の諸国民から受けとったものであったということ。——しかし、実際には、それはローマ人自身のあいだで、戦争の機会に知りあうようになった他の諸国民の法と一様なかたちをとって、自生的に誕生したものなのだった。

三九

五一七　最善的な法はローマ市民の世界にのみ存在していたということ。——しかし、実際には、それはあらゆる自由な都市で一様に生まれたものなのであって、それがローマ市民だけのものとなったのは、ローマ人が勝利をつうじて従属させた世界全体から奪い去ってしまったからにほかならないのである。

四〇

五一八　自然法は異教徒たちのあいだで、最初から、自分たちと真実の神によって援助された民とを区別することなく（たとえば、この民をセルデンはホッブズの暴力的な者たちから区別しておらず、グローティウスはかれの単純な者たちから区別しておらず、プーフェンドルフはかれの神の加護も援助もないままこの世に投げ出された者たちから区別していない）、真理の力にもとづいて進行していたということ。――しかし、このことが真実になるのは、それが摂理の真理にもとづいて進行してきたからなのである。

［二］一般的な発見

五一九　本書の個別的な場所でおこなってきた個別的な発見に加えて、ここでは、血液が体中に行きわたり拡がっているように、この著作全体に行きわたり拡がっている、いくつかの一般的な発見の概要を提示しておく。

一

五二〇　摂理の観念にもとづいて描写された、その上を諸国民のすべての個別的な歴史がそれらの興隆、前進、完成状態、衰退、終焉をつうじて時間の中で経過していく、永遠の理念的な歴史。

二

五二一　政体の自然本性および国家制度的なことがらの永遠の特性についての永遠の諸原理。もし読者がそれらを結び合わせて一つにまとめあげるなら、時間の中でさまざまな場所を経由しながら変化する、一つの永遠の国家の自然的な法則について描写されているのを見出すだろう。

三

五二二　これまでギリシア神話のなかに秘匿されてきた、自然状態における最初の家父長たちの一頭支配体制と英雄的国家のうちに原型のようなものとして見出される、君主政と自由な共和政の自然本性と独自の特性。これはその神話のうちに発見されるのを待ちながら秘められていた古代人の知恵なのだった。

四

五二三　ひいては、古代ローマ史の全体が、わたしたちにはほとんど知られていない古代の陰と物語のうちに見出される原因を探求するなかで、新しい光のもとに置かれる。そして、確実であるとともに、さきに〔九三、一五八―一六〇〕証明したように、現状では信じることのできない諸事実を確立することを可能にするのである。

五

五二四　世俗的な世界史全体の確実な起源と、聖史から物語的なギリシア史をへて第二次ポエニ戦争とともに始まる確実なローマ史にいたるまでのその連続性。この世界史は、摂理によって設定された順序に沿って、異教諸国民すべてのもとで始まり、経過し、終わる、三つの時代に対応しているのが見出される、三つの言語によって読まれる。これらの言語についての知識は万民の自然法について正しく語るために必要とされたのだった。

六

五二五　古代ローマの統治形態、法、歴史、法学の全体は、いずれもがラティウムの諸民族のあいだで生まれた三つの法にもとづいて、単一の体系にまとめられたものであったということ。第一はロムルスの開設したクリエンテーラにかんする法であり、第二はセルウィウス・トゥリウスの制定した財産登録制度にかんする法である。そして第三は十二表法によって、その第十一表で天神の前兆を占う鳥卜の公的な最善的権利は家父長たちに残したうえで、平民たちに認められた田畑の私的な最善的所有権にかんする法である。これら三つの法だけが人々の有徳な習俗を形成し固定させることができるのであって、これらの三つの法のうちに家父長たちの敬虔な信仰、平民の度量の大きさ、戦争をおこなうさいの民族の力強さ、敗北した諸国民に講和の法律をあたえるさいの元老院の公正さの原因は見出されるのであり、これらすべてをつうじて、ローマの偉大さの原因は見出されるのである。ここから、これらの同じラティウム産の習俗によって、ブルートゥスはローマの頸部から僭主たちを追い出したのであり、ホラティウス、ムキウス・スカエウォラ、そして最後に処女クロエリアは驚嘆すべき力を発揮してエトルリア王ラルス・ポルセナとかれの率いるエトルリア軍全体の度肝を抜いたのだった。[13] また、ローマ人はラティウムで他の諸民族を征圧したが、征圧されたラティウムの諸民族も同じ習俗を分かちもっていたので、同様に凶暴であった。そのため、ローマ事情に通じていた政治哲学者たちが指摘してきたように、征圧するのはとてもむずかしいことだったのである。その後、十二表法のなかに定着させられたこれらの同じラティウム産の習俗でもって、ローマの英雄たちはイタリアを征圧し、ついではアフリカを打ち負かし、カルタゴの廃墟の上に世界制覇にいたる基礎を敷いたのだった。

(13) ホラティウスは、エトルリア王ラルス・ポルセナが軍勢を率いてローマに攻め込んできたとき、ティベリス川に架かる橋の袂でただひとり敵兵と対峙し、その大胆不敵さで敵兵をたじろがせたホラティウス・コクレスのこと（リウィウス『ローマ史』二・一〇）。ムキウス・スカエウォラは、ポルセナを殺害しようとして敵陣に乗りこんだが果たせず、右手を炉に突っこんで焼かせたことで知られるガイウス・スカエウォラ。右手が傷ついて不自由になったことから「スカエウォラ（左手）」と添え名が付けられることとなった（リウィウス『ローマ史』二・一二）。処女クロエリアはポルセナから人質にとられるが、ティベリス川を泳いで逃げることに成功したローマの女性（リウィウス『ローマ史』二・一三）。

七

五二六　ホッブズの暴力的な者たち、グローティウスの単純な者たち、プーフェンドルフの見棄てられた者たちが、ゼウスが巨人たちを地面に打ち倒した時代から、ギリシアで七賢人が登場し、その第一人者のソロンがアテナイ人に《汝自身を知れ（Nosce te ipsum）》という有名なモットーを教え、ギリシア人がもろもろの格率をつうじて文明の完成に向かい始めた時代まで、徐々に導かれていくには何が必要とされたかをめぐっての絶えざる省察によって構成される、本来の意味での文明の哲学。先立つこと千五百年の期間中ずっと、ただひとり摂理のみがいくつかの人間的感覚をつうじてこれら最初の人間たちを文明へと導いてきたのだった。そしてかれらは、まずは先を見通した神性が存在するという信仰をつうじて、ついでは身元の確かな息子たちをもうけることをつうじて、そして最後には祖先を埋葬することをつうじて、人類を形成し始めたのだった。これらが、わたしたちが初めに設定した国家制度的宇宙の三つの原理である。

解説

一　ヴィーコ略伝

ジャンバッティスタ・ヴィーコは、一六六八年六月二十三日、ナポリの本屋街サン・ビアジオ・デイ・リブライ通りで小さな本屋を営んでいたアントニオ・ヴィーコの三男（八人兄弟姉妹の六番目）として生まれる。

一六七五年、七歳のとき、初等教育をほどこす文法学校に通っていたヴィーコは、自宅で階段から転落。頭蓋骨を損傷して、五時間にわたって人事不省におちいる。快復するのに三年を要した。

快復後の一六七八年、もとの文法学校に戻るが、程度が低すぎ、大半を家で自学自習して過ごす。一六八〇年十月、イエズス会の学校コッレジオ・マッシモ・アル・ジェズー・ヴェッキオに移るが、翌年、他の生徒との競争のさい、不正がなされたことに立腹して退学し、イエズス会の『教学綱要』で教材に指定されていたポルトガル人神父エマヌエレ・アルヴァリスの『文法教程』全三巻（一五七二年）を独学で学び終える。つづいて、リスボン生まれの神学者ペトルス・ヒスパヌスの『論理学綱要』と、ウディネ生まれのアウグスチノ会隠修士パオロ・ヴェネトの『論理学綱要』の学習に取りかかるが、難解すぎて挫折。学問への意欲を失い、一年半ほど学問から離れる。

一六八三年十月、学問への意欲を取り戻し、コッレジオ・マッシモに再入学。ジュゼッペ・リッチ神父の哲学講義を受講する。しかし、この講義にも満足できず、スペインのイエズス会士フランシスコ・スアレスの『形而上学論議』（一五九七年）が哲学にかかわる全議論を論じていると聞いて、学校をやめ、一年あまり家に閉じこもって同書に取り組む。

一六八五年、正規の学生ではなかったが、たまたま王立ナポリ大学で教会法朝方講座の教授フェリーチェ・アクアディエスの講義を聴講する機会があり、そこでドイツの法学者ヘルマヌス・ウルテユスの『ユスティニアヌス編「市民法学提要」註解』（一五九〇年）の評判を聞く。その直後、父の勧めで、フランチェスコ・ヴェルデがナポリで経営していた法律学の私塾に通うが、市民法と教会法それぞれの法廷における訴権の実際にかんする細々とした説明に終始していたヴェルデの授業に飽きたらず、二か月間通っただけでやめてしまう。そして、できることならウルテユスにならって自分も市民法提要について研究してみたいと思っていると父にうち明ける。息子の希望を聞いた父は、ウルテユスの本を法律関係の書籍の蒐集家として知られるナポリのイエズス会士ニコロ・マリーア・ジャナッタージオに売ったことがあったのを思い出し、ジャナッタージオに息子を紹介する。ジャナッタージオはヴィーコの法学への熱意に感心し、ウルテユスだけでなく、オランダの教会法学者ハインリヒ・カニジウスの『教会法大全提要』（一六〇〇年）も贈与する。

こうして法律への興味が強まったことと、経済的事情で自立する必要が生じたため、一六八六年、十八歳のとき、ナポリ王国の最高諮問機関である王立神聖評議会の評議員をしていたヴィッラローザ侯爵カルロ・アントニオ・デ・ローザの紹介で、弁護士ファブリーツィオ・デル・ヴェッキオのもとで実務見習いとなる。そして、父が同業のバルトロメーオ・モレスキから起こされた民事訴訟で弁護人をつとめ、勝訴する。

しかし、ヴィーコ自身は法廷でのやりとりに嫌気がさしていて、もっと学究的な自分に向いた仕事はないかと探していたところ、たまたま法学の教授法にかんして会話する機会のあったイスキアの司教ジェロニモ・ロッカからナポリの南、チレント半島のヴァトッラに居城のある弟ドメニコ・ロッカの息子たちの家庭教師になってくれないかと要請され、以後、一六九五年までの九年間をヴァトッラの城館でロッカ家の息子たちの家庭教師をしながら、城館の書庫で古代の哲学、文学、歴史、法律関係のラテン語文献から中世およびルネサンス期のイタリア文学にいたるまで広範囲の読書にふけることとなる。

もっとも、その間もヴィーコはナポリにしばしば戻っており、一六八九―九一年にはナポリ大学法学部に在籍している。またこの頃からナポリの私的なサロンに足繁く出入りし、レオナルド・ディ・カプアやフランチェスコ・ダンドレーアなど、「アッカデミア・デリ・インヴェスティガンティ〔探求者たちのアカデミー〕」[1]の元メンバーとも親しく付き合っている。さらに一六九二年には「アッカデミア・デリ・ウニーティ〔団結した者たちのアカデミー〕」[2]の同人になっている。

一六九三年、ドメニコ・ロッカに献げられたカンツォーネ『望みを絶たれた者の想い』がヴェネツィアの

(1) 「アッカデミア・デリ・インヴェスティガンティ」(Accademia degli Investiganti) は、十七世紀の初めからヨーロッパで進行しつつあった「科学革命」のうねりのなかでナポリに生まれた自然探求者たちのアカデミー。ナポリ大学の解剖学教授ですぐれた外科医として知られるマルコ・アウレリオ・セヴェリーノ(一五八〇―一六五六)の晩年

の弟子であった医学者レオナルド・ディ・カプア（一六一七―一六九五）の勧めで一六四四年に北イタリアに出かけた同じく医学者にして生理学者のトンマーゾ・コルネリオ（一六一四―一六八四）が、数年間の研修ののち、四九年の暮れにガリレオ、ガッサンディ、デカルト、ベーコン、ハーヴィ、ボイルなど、それまでナポリではほとんど知られていなかった新時代の科学者や哲学者の著作を旅嚢いっぱいに詰めこんで帰ってきたのが、集まりのそもそものきっかけであった。勉強会はその後、ナポリの総人口四十五万のうち二十四万の生命を奪ったといわれる五六年のペストで中断を余儀なくされる。が、六三年の秋、コルネリオの『プロギムナスマタ・フュシカ（自然学予備演習）』が上梓されたのを機に、アレーナの侯爵がパトロンとなって正式にアカデミーとして発足する。そして、弁護士のフランチェスコ・ダンドレーア（一六二五―一六九八）など十数名からなる会員がほかにも少なからぬ数の参観者を得て侯爵の館で定期的に会合を開いては、北方から入手した自然学上の新しい諸学説やその実験結果について、自らの手で再実験しながら討議しあっていたようである。しかし、王室侍医を中心とするガレノス派との化学医療をめぐる抗争が原因で、一六七〇年頃、スペインから派遣されていたナポリ副王の命令で解散させられている。同アカデミーとヴィーコとの関係については、上村忠男「数学と医学のあいだで――ヴィーコとナポリの自然探求者たち」『思想』第七五二号（一九八七年二月）（その後、上村忠男『ヴィーコの懐疑』みすず書房、一九八八年、さらに同『ヴィーコ論集成』みすず書房、二〇一七年に収録）を参照されたい。

（2）「アッカデミア・デリ・ウニーティ」（Accademia degli Uniti）は一六七二年に解散させられた「アッカデミア・デリ・インフリアーティ」（Accademia degli Infuriati〔怒れる者たちのアカデミー〕）が改称のうえ、一六九二年に再発足したアカデミー。なお、同アカデミーの中心人物でヴィーコの友人でもあった数学者のジャチント・デ・クリストフォロ（一六六四―一七二五）、教会法学者・数学者のニコラ・ガリツィア（一六六三―一七三〇）、弁護士のバジリオ・ジャンネッリ（一六六二―一七一六）の三名は、再発足後ただちに無神論の嫌疑で異端審問所から訴追され、九三年に投獄されている。

ゴンザッティ書店から出版される。[3] 公刊されたヴィーコの最初の作品である。

一六九五年、ロッカ家の息子たちが成長したため、ロッカ家を去り、職探しに奔走。一六九九年一月、三十歳でナポリ大学教授（雄弁術）の職にありつく。

ナポリ大学では毎年十月十八日の入学式に雄弁術教授が開講講演をおこなうしきたりになっていた。このため、ヴィーコも一六九九年の入学式の日から毎年のように開講講演をおこなうこととなる。同時に、前年三月二十日ナポリ副王に任命されたメディナセリ侯爵によって王宮に設立された「アッカデミア・パラティーナ（王宮アカデミー）」の会員にもなっている。

一六九九年十二月二日、貧しい家に生まれた読み書きのできない女性テレーザ・カテリーナ・デスティートと結婚、二人のあいだには八人の子どもが生まれる。大学の年俸は一〇〇ドゥカート（法学教授の六分の一）で、生計を支えるため、多くの副業を営む。

一七〇〇年、スペイン王位継承戦争始まる。一七〇一年九月、ナポリの貴族たちが十六世紀初頭以来スペインの統治下にあったナポリ王国をオーストリア皇帝の支援のもとで独立した国家にしようとして陰謀をくわだてたことが発覚し、首謀者のカルロ・ディ・サングロとジュゼッペ・カペーチェが処刑される（マッキアの陰謀事件）。一七〇三年、ヴィーコは同事件の顛末について、親ブルボン家の見地に立ったところから首謀者たちの親ハプスブルク的立場を糾弾した論考を執筆する。[4]

一七〇七年七月七日、オーストリア＝ハプスブルク家のカールの率いる軍隊がナポリに侵攻し、ナポリ王国はスペインに取って代わってオーストリアの支配下に置かれる。同年十月十一日、ヴィーコはナポリに駐屯するオーストリア軍の最高司令官フィリップ・ローレンツ・ヴィーリヒ・フォン・ダウンから委託され、四年前の糾弾論文とはうってかわって、マッキアの陰謀事件の首謀者サングロとカペーチェを称賛した銘文と二行連句を作成する。[5]

一七〇九年、ヴィーコが前年十月十八日ナポリ大学でおこなった第七回目の開講講演『われらの時代の学問方法について』が一部加筆のうえ出版される。[6] アルノーとニコルの『論理学もしくは思考の術』、通称『ポール＝ロワイヤルの論理学』（一六六二年）に代表される新時代のデカルト主義的な学問方法の問題点が批判に付されている。

（3） Giambattista Vico, *Affetti di un disperato* (Venezia, Gonzatti, 1693). ジャンバッティスタ・ヴィーコ著、上村忠男訳『自伝』（平凡社、二〇一二年）に付録として収録。このカンツォーネの意義については、上村忠男「若きヴィーコと人間存在の両義性」『知の考古学』第七号（一九七四年三―四月）（その後『ヴィーコの懐疑』に収録）を参照されたい。

（4） この論考はヴィーコの存命中には発表されずに終わった。現在、*Principum neapolitanorum coniurationis anni MDCCI historia* と *De parthenopea coniuratione* の二種類の草稿が残っている。

（5） この銘文と二行連句は一七〇八年に公刊された追悼文集、*Publicum Caroli Sangrii et Josephi Capycii, nobilium Neapolitanorum, funus* に収録されている。

（6） Giambattista Vico, *De nostri temporis studiorum ratione* (Napoli, Felice Mosca, 1709). 上村忠男・佐々木力訳『学問の方法』（岩波書店、一九八七年）。この論考の意義については、上村忠男「ヴィーコの懐疑――『現代の学問方法について』考」『知の考古学』第一一号（一九七七年三―四月）（その後『ヴィーコの懐疑』に収録）参照。

一七一〇年六月十九日、「アッカデミア・デル・アルカディア」[7]ナポリ支部の集会に呼ばれ、入会する。

一七一〇年十月、『ラテン語の起源から導き出されるイタリア人の太古の知恵』第一巻『形而上学篇』を出版。[8]イタリア人の太古の知恵を起源におけるラテン語の言い回しを介して探り当てるという体裁のもと、第一真理や最高神性、人間の精神とその諸能力などにかんするヴィーコ自身の見解を披瀝しようとしたもので、"verum et factum convertuntur"（真なるものと作られたものとは置換される）、すなわち、真理の規準は当の真理そのものを作り出したということであるとする知識理論や、ライプニッツとの共通性をうかがわせる「形而上学的点」と「コーナートゥス」の理論などが開陳されている。なお、ヴィーコは『形而上学篇』に続いて『自然学篇』と『倫理学篇』を出版すると予告している。しかし、『自然学篇』は準備され、一部は発表されたと見られるものの、現在は稿本・刊本ともに所在が不明であり、『倫理学篇』は書かれずじまいだったようである。

一七一一年、ヴェネツィアの『イタリア文人雑誌』第五巻に掲載された『形而上学篇』についての批判的な匿名書評への『答弁』を出版する。さらに翌一二年、そのヴィーコの答弁にたいして同誌第八巻に同じく匿名で掲載された再批判への『第二の答弁』を出版する。[9]

一七一三年、ナポリ大学での教え子、トラエットの公爵アドリアーノ・カラファから、ウィーンで神聖ローマ帝国皇帝レオポルト一世に仕えていた、公爵の叔父にあたる元帥アントニオ・カラファ（一六四二―一六九三）の伝記の執筆を依頼される。伝記は一七一六年、『アントニオ・カラファの功業』と題して出版されたが、[10]その準備過程でグローティウスの『戦争と平和の法』をひもといている。ヴィーコがウィーンのある高官にあてた書簡のなかで明らかにしているところによると、カラファ伝の主たる目的は、レオポルト一世が遵守していた「万民の自然法」を世界に知らしめることにあったという。『戦争と平和の法』をひもといたのはこのためであったと推測される。

一七二〇―二二年、『普遍法の単一の原理ならびに単一の目的』と『法律家の一貫性』および両書への『註解』からなる通称『普遍法』を公刊する。[11]「神と人間にかんすることどものあらゆる明らかにされた知識

（7）「アッカデミア・デル・アルカディア」（Accademia dell'Arcadia）は、一六九〇年ローマでジャン・ヴィンチェンツォ・グラヴィーナ（一六六四―一七一八）とジョヴァンニ・マリオ・クレシンベーニ（一六六三―一七二八）によって古代ギリシア文芸の復興を標榜して創立されたアカデミー。

（8）Giambattista Vico, *De antiquissima Italorum sapientia ex linguae latinae originibus eruenda. Liber primus sive metaphysicus*（Napoli, Felice Mosca, 1710）. 上村忠男訳『イタリア人の太古の知恵』（法政大学出版局、一九八八年）。

（9）Cf. *Giornale de'Letterati d'Italia*, tomo V, art. VI, pp. 119-130; Giambattista Vico, *Risposta nella quale si sciolgono tre opposizioni fatte da dotto signore contro il Primo Libro «De antiquissima Italorum sapientia»*（Napoli, Felice Mosca, 1711）; *Giornale de'Letterati d'Italia*, tomo VIII, art. X, pp. 309-338; Giambattista Vico, *Risposta all'articolo X del tomo VIII del «Giornale de'Letterati d'Italia»*（Napoli, Felice Mosca, 1712）. 応酬は *Giornale de'Letterati d'Italia*, tomo XII, art. XIII, pp. 417-418 に掲載された匿名書評者の短いノートでもって終息している。

（10）Giambattista Vico, *De rebus gestis Antonii Caraphaei libri quatuor*（Napoli, Felice Mosca, 1716）.

（11）Giambattista Vico, *De universi iuris uno et fine uno*（Napoli, Felice Mosca, 1720）; Id., *De constantia iurisprudentis*（Napoli, Felice Mosca, 1721）; Id., *Notae in duos libros*（Napoli, Felice Mosca, 1722）.

の基礎をなす単一の原理」を、フィロソフィア（哲学）とフィロロギア（文献学）を統合した「新しい学」の方法にもとづいて確立しよう、との意図のもとに書かれた野心作である。

一七二三年、ナポリ大学で空席となった市民法朝方講座の公募があり、応募。四月十日、『学説彙纂』のある一節に焦点を合わせた試験講義をおこなうが、審査委員会のだれからも支持を得られなかったらしいことがわかり、結果が公表される直前に応募を取り下げる。

一七二三年秋、のちに『新しい学・否定的形態版』[12]として知られるようになる著作の執筆に取りかかる。そして翌一七二四年暮れ、原稿がほぼ書きあがったところで、フィレンツェのロレンツォ・コルシーニ枢機卿（のちのクレメンス十二世）からの財政的援助を期待して、枢機卿への献辞を書く。枢機卿は暗黙裡にではあったが出版費用を引き受けることに同意する。

ところが一七二五年、コルシーニ枢機卿は同意を撤回。当初の判型で出版する費用を自分で負担することができなかったため、ヴィーコは七月末から九月初めにかけて急遽、『諸国民の自然本性についての新しい学の諸原理――それをつうじて万民の自然法のいま一つ別の体系の諸原理が見出される』と題した新しい短縮版を書きあげる。そして十月に公刊に漕ぎつける。[13]一・二五カラットの結婚指輪等を売り払って費用を工面しての出版であった。

イタリアにおける学問の進歩のために現役の著名なイタリア人学者たちの自叙伝記集の編纂を思い立ったヴェネツィア在住の伯爵、ジャン・アルティコ・ディ・ポルチーア（一六八二―一七四三）に依頼されて『普遍法』刊行後の一七二三年に書きあげた自伝が、『新しい学の諸原理』一七二五年版の概要など一部追補のうえ、一七二八年十月、ベネディクト会の神父アンジェロ・カロジェラ（一六九六―一七六六）が同年ヴェネツィアで創刊した『学芸論集』第一巻に『本人の書いたジャンバッティスタ・ヴィーコの生涯』と題して掲載される。(14)

一七二九年、『ライプツィヒ学者紀要』一七二七年十月号の「新刊情報」に『新しい学の諸原理』一七二五年版についての意地の悪い記事が載っているのを知り、それにたいする弁明書を出版する。(15)

---

(12) *Scienza nuova in forma negativa*.

(13) Giambattista Vico, *Principj di una scienza nuova intorno alla natura delle nazioni per la quale si ritruovano i principj di altro sistema del diritto naturale delle genti* (Napoli, Felice Mosca, 1725). 日本語版は本書が初訳。ちなみに、この版は、ヴィーコ自身の呼称にしたがって、『最初の新しい学』（Scienza nuova prima）と呼ばれることが多い。しかし、本書では『新しい学の諸原理』第一版ないし『新しい学の諸原理』一七二五年版と表記する。

(14) Giambattista Vico, "Vita di Giambattista Vico scritta da se medesimo," in: *Raccolta d'opuscoli scientifici e filologici*, tomo I (1728), pp. 143-256. なお、この時期以降の部分にかんしても、ヴィーコは『新しい学の諸原理』第二版刊行後の一七三一年に「追加」を書いている。これは生前には公表されないで終わったが、十九世紀の初めにヴィッラローザ侯爵カルロ・アントニオ・デ・ローザによって侯爵自身の手になる「ヴィーコの晩年」にかんするさらなる追加を付して出版されている。Cf. *Opuscoli di Giovanni Battista Vico*, raccolti e pubblicati da Carlantonio de Rosa marchese di Villarosa (Napoli, Porcelli, 1818), I, pp. 88-158. 今日、ヴィーコの『自伝』と言われる場合、このヴィーコおよびヴィッラローザ侯爵による追加部分を含めて言われるのが普通である。邦訳：福鎌忠恕訳『ヴィーコ自叙伝』（法政大学出版局、一九九〇年）。西本晃二訳『ヴィーコ自叙伝』（みすず書房、一九九一年）。上村忠男訳『自伝』（平凡社、二〇一二年）。

一七三〇年春、『イタリア史料集成』全二十八巻の編纂などで知られる歴史家ルドヴィーコ・アントニオ・ムラトーリ（一六七二—一七五〇）の推挙でウルビーノの「アッカデミア・デリ・アッソルディーティ〔耳が聞こえなくなってしまった者たちのアカデミー〕」[16]の会員に選出される。

一七三〇年十二月、『新しい学の諸原理』一七二五年版を全面的に書きなおした第二版『諸国民の共通の自然本性についての新しい学の諸原理・全五巻』が公刊される。[17]

一七三一年四月、自分の引退後は次男のジェンナーロを後任に任命してもらえるよう、神聖ローマ帝国皇帝カール六世に嘆願状を上申し、受諾される。

一七三二年末、ナポリ大学でおこなわれた同年十月十八日の開講講演『英雄的知性について』が出版される。[18]

一七三四年、スペイン軍がナポリを再占領、ブルボン家のドン・カルロスがナポリ王国とシチリア王国を併合して両シチリア王を名乗る（ナポリ王としてはカルロ七世）。翌三五年七月、ヴィーコはカルロ七世によって王国修史官に任命され、年金一〇〇ドゥカートを支給されることとなる。同時に大学の改革がおこなわれ、一六九九年以来据え置かれていた雄弁術教授の年金が倍額になる。同年八月には前年再建された「アッカデミア・デリ・オツィオーシ〔閑人たちのアカデミー〕」[19]の会員に選出され、聖アウグスティヌスを記念したソネットを同アカデミーで詠みあげる。また、一七三七年一月六日には同アカデミーで「アカデミーと哲学と雄弁の関係」と題する開講演説をおこなっている。[20]

一七三八年十一月のウィーン条約でナポリ王国はシチリア王国とともにカルロ王のもとで独立国となる。

一七四一年、ヴィーコ引退し、次男ジェンナーロが父の後を継いでナポリ大学雄弁術教授に任命される。一七四三年後半、『新しい学の諸原理』第二版刊行直後から準備してきた増補改訂版『諸国民の共通の自然本性についての新しい学の諸原理』の印刷が始まる。そして十二月には校正用のゲラができあがり、ヴィーコみずから目を通す。しかし、本の完成を待たずに、翌四四年一月二十二日から二十三日にかけての

---

(15) Giambattista Vico, *Notae in Acta eruditorum lipsiana mensis Augusti anni MDCCXXVII ubi inter Nova literaria unum extat de eius libro cui titulus Principj d'una scienza nuova dintorno alla natura delle nazioni*（Napoli, Felice Mosca, 1729）. 同書はそこに付されてたもうひとつの題名『ヴィーコの弁明』（Vici vindiciae）で呼ばれることが多い。

(16) ウルビーノの「アッカデミア・デリ・アッソルディティ」（Accademia degli Assorditi）は、一五四〇年頃に生まれ、一六二三年に画家のアントニオ・ガッリ（一五八五―一六五一）によって再建された、由緒ある文学アカデミー。

(17) Giambattista Vico, *Cinque libri de'principj d'una scienza nuova d'intorno alla comune natura delle nazioni*（Napoli, Felice Mosca, 1730）.

(18) Giambattista Vico, *De mente heroica*（Napoli, Giovan Francesco Paci, 1732）. 上村忠男訳「英雄的知性について」（上村訳『自伝』に付録として収録）。

(19) 「アッカデミア・デリ・オツィオーシ」（Accademia degli Oziosi）は、一六一一年、ジャンバッティスタ・マンソ（一五六七―一六四五）によってナポリで設立されたアカデミーで、一七〇〇年頃まで活動を続けていた。そして一七三四年に再建されている。

(20) "Le Accademie e i rapporti tra la filosofia e l'eloquenza". この開講演説はヴィーコの生前には公刊された形跡がないが、十九世紀以降のヴィーコ関係著作集には収録されている。さしあたり、Giambattista Vico, *Scritti vari e pagine sparse*, a cura di Fausto Nicolini（Bari, Gius. Laterza & figli, 1940）, pp. 33-37に収録されているテクストを参照されたい。

夜中に死去。享年七十五。『新しい学の諸原理』第三版が店頭に並んだのは、ヴィーコが死去して半年後の一七四四年七月末のことであった[21]。

二 『新しい学の諸原理』一七二五年版の内容と特色

＊ヴィーコの思想については、すでに『ヴィーコ――学問の起源へ』(中公新書、二〇〇九年。その後『ヴィーコ論集成』みすず書房、二〇一七年に収録)で概要を紹介してある。以下の叙述は、そこで紹介した概要のうち、とくに『新しい学の諸原理』第一版にかかわる部分を抜き出して再説したものである。

(1) 知識論における「コペルニクス的転回」

さて、ここに訳出した『新しい学の諸原理』一七二五年版であるが、出版にまつわる経緯については前述のとおりである。そこで、以下では、内容と特色について見ていくとして、なによりも注目されるのは、ヴィーコが本書において、政治と倫理にかんすることがらの認識可能性について従前の著作でとってきた立場からの「コペルニクス的転回」といっても過言ではない転回を遂げてみせていることである。

いましがたも見たように、ヴィーコは一七一〇年の著作『イタリア人の太古の知恵』第一巻『形而上学篇』のなかで《真なるものと作られたものとは置換される》と主張していた。ひいては、《真理の規準は当の真理自体を作り出したということである》と。[22]

　ヴィーコによると、「知識（scientia）」とは《事物が作り出されるさいの様式（genus, seu modus, quo res fiat）の認識》のことである。[23] そのうえでヴィーコはこう主張する。人間における知識はわたしたちの知性の欠陥から生じている。すなわち、あらゆる事物の外に存在していて、自分が知ろうとするものを自身のうちに含みもっておらず、含みもっていないために、求める真理を製作することができないでいるという、人間の知性のこのうえなく甚だしい短小さから生じている。だから、この人間の知性の欠陥を償い、数学（幾何学と算術）のように、《神に倣って》、《なんらの基体もないところから、あたかも無から創造するようにして》、描示しうる点と数多化しうる一とからなる抽象の世界を仮構することによって得られる知識こそが、もっとも確実な知識なのだ、と。そこでは真なるものと作られたものとのあいだの相互置換が実現をみているというわけである。[24]

　もっとも、点は描示されればもはや点ではない。また、一は数多化されればもはや一ではない。要する

（21）Giambattista Vico, *Principj di Scienza nuova d'intorno alla comune natura delle nazioni*（Napoli, Muziana, 1744）. 黒田正利訳『新科学』（秋田屋、一九四六年）（部分訳）。清水純一・米山喜晨訳『新しい学』、清水幾太郎責任編集『ヴィーコ』（中央公論社、一九七五年）所収。上村忠男訳『新しい学』全三分冊（法政大学出版局、二〇〇七―二〇〇八年。中公文庫、二〇一八年――引用は中公文庫版による）。

（22）上村訳『イタリア人の太古の知恵』、三三、四四頁。

（23）同前、三五頁。

（24）同前、四一―四四頁。

に、描示しうる点と数多化しうる一というのは、あくまで虚構（fictum）でしかない。このことはヴィーコも認める。さらに、そこでなされているのが名辞の定義であることもヴィーコは否定しない[25]。

ただ、ヴィーコは、数学の世界が名辞の定義からなる虚構の世界であることを認めつつも、そこでは神による世界の創造にも似た製作の行為がなされていることに着目する。と同時に、その製作の行為には、知識を真の意味で知識と呼びうるための要件である「原因からの証明」がともなっているととらえる。真なるものとは作られたもののことである。そうであってみれば、事物の真理を原因から証明するというのは、当の事物自体を完全に作りあげてみせるということにほかならない。そのような意味での「原因からの証明」を数学はおこなっているというのが、ヴィーコの見解なのだった[26]。

その一方で、ヴィーコは、まさに同じ理由から、自然の事物についてはそれを構成している諸要素がわたしたちの外部に存在しているため、自然学上のことがらを原因から証明することはわたしたちには不可能とされているとみる。そして、同様の主張は一七〇八年の開講講演『われらの時代の学問方法について』においてもなされていたことに読者の注意をうながしつつ、こう主張するのである。《幾何学上のことどもをわたしたちが証明するのは、わたしたちはそれらを作っているからである。もしかりに自然学上のことどもをわたしたちが証明できるとしたならば、わたしたちはそれらを作っていることになる》。しかし、自然学上のことどもについては、それらを作っているのはあくまでも神であって、人間ではない。ひいては、人間には「原因からの証明」は不可能というほかない、と[27]。

これはまるでトマス・ホッブズを彷彿させるかのような述言である。ホッブズの著作『数学の教授たちにあたえる六つのレッスン』（一六五六年）に付されている献辞を見てみよう。そこにはつぎのようにある。《諸学芸のうち、あるものは証明可能であり、あるものは証明不可能である。証明可能であるのは、それの対象を製作したのがその学芸に携わる者自身であるような学芸である。この場合には、かれはかれの証明のなかでかれ自身の製作行為の諸結果を演繹する以上の何ごとをもおこなってはいない。このような学芸が証明可能である理由はつぎの点、すなわち、およそあらゆる対象についての知識はその当のものの原因、それの生成および製作の様式をあらかじめ認識していることからもたらされるということにある。ひいては、原因が知られているところでは証明のための余地があるが、原因が探し求められなければならないところではそうした余地はないのである。それゆえ、幾何学は証明可能である。というのも、わたしたちが推理をおこなうさいに用いる線と図形とは、わたしたち自身によって引かれたり描かれたりしたものであるからである。〔中略〕しかし、自然物体にかんしては、わたしたちはそれらの作られ方を知らず、もろもろの結果からそれを探り当てているにすぎない。したがって、そこでは原因が何であるかを証明することは不可能とされており、ただたんに原因とおぼしきものについての証明があるにすぎないのである[28]》。『数学の教授たちにあたえる六つのレッスン』は英文である。したがって、これをヴィーコが直接読んだ

（25）　同前、四一、四二―四三頁。四〇―四一頁参照。

（26）　同前、六六頁。

（27）　同前、六六―六八頁。上村・佐々木訳『学問の方法』、

（28）　Thomas Hobbes, *The English Works*, ed. by Sir William Molesworth (London, Bohn, 1839-1845), VII, p. 183.

とは考えにくい。国際的な共通語であったラテン語以外の外国語については、ヴィーコの読解力にはおぼつかないものがあったようなのである。しかし、同趣旨の説明はホッブズのラテン語著作『人間論』（一六五八年）の第一〇章第五節でもなされている。[29]

ただ、ホッブズは『数学の教授たちにあたえる六つのレッスン』に付されている献辞のなかで幾何学の証明可能性と自然学の証明不可能性について論じたさい、政治哲学にも言及していた。そして政治哲学も証明可能であるとしていた。《わたしたちはコモンウェルス〔国家〕をわたしたち自身が作っているからである》というのが、その理由であった。[30]

同様の主張は『人間論』の第一〇章第五節でもなされているが、[31] 政治哲学の証明可能性にかんするこのようなホッブズの主張は、『われらの時代の学問方法について』や『形而上学篇』のヴィーコからすればとうてい容認しがたいものであったにちがいない。実際にも、『われらの時代の学問方法について』では、《人間にかんすることがら〔政治と倫理〕を支配しているのは、機会と選択という、いずれも不確実きわまりないものであり、大概は、見せかけと包み隠しという、きわめて欺瞞に満ちたものがそれらを導いている》と言われていた。[32] また、『形而上学篇』でも、《人間における知識は抽象によっているので、諸学は物体的な質料に浸っている度合いが大きければ大きいほど不確実なものとなる》としたうえで、《倫理学は自然学よりもなおいっそう不確実である。というのも、自然学は自然という確実なものから生じる物体の内的な運動を考察するが、倫理学は精神の運動という、きわめて奥深いところにあって、大概は欲望という無限定なものから生じる運動を探査するからである》と述べられている。[33] 当時のヴィーコにとっては、政治と倫理の領域は不確実性の支配する領域以外の何ものでもなく、ひいては、数学とは異なって、証明がもっとも困難な領域なのだった。

ところが『形而上学篇』が公刊されてから十五年後の一七二五年に世に問われた『新しい学の諸原理』ではどうかとみれば、どうだろう。

そこではまず、第一巻の第四章において、《いまここで願望されているもの、それはまさしくローマの法学者たちがかれらの先祖から受けとって、〈神の先見〔摂理〕によって人間にとって必要または有益なことがらそのものの命ずるところに従って制定され、すべての国民のもとで等しく遵守されている法〉と定義している万民の自然法の学こそがそれであることになるだろう》として、同書の目的が「万民の自然法」の解明にあることが宣言されている。[34]

そのうえで、つづく第五章において、近代になってグローティウス、セルデン、プーフェンドルフという三人の著名な人物が登場して、それぞれ万民法の体系化に努めたが、この近代自然法論の「三人の第一人者

---

(29) Thomas Hobbes, *Opera latinae*, ed. by Sir William Molesworth (London, Bohn, 1839-1845), II, pp. 93-94. 本田裕志訳『人間論』(京都大学学術出版会、二〇一二年)、一四一—一四二頁。

(30) Hobbes, *The English Works*, VII, p. 183.

(31) Hobbes, *Opera latinae*, II, p. 94. 本田訳『人間論』、一四二—一四三頁。

(32) 上村・佐々木訳『学問の方法』、五七頁。

(33) 上村訳『イタリア人の太古の知恵』、四四—四五頁。

(34) 本書二一頁〔一四〕。

たち」のこころみも、いずれも失敗に終わってしまっているとの断定がくだされる。[35]

さらに第六章では「この学がこれまで哲学者たちによっても文献学者たちによっても欠落してきた原因」について論じて、原因はこれまで哲学者たちの論議してきた「道理（ragione）」と文献学者たちの提供してきた「権威（autorità）」のいずれもがともに拠りどころとするに値しないものであったことにあるという趣旨の説明がなされている。[36]

『普遍法の単一の原理ならびに単一の目的』の本論に先立って置かれている「序言」においてヴィーコが説明しているところによると、「道理（ratio）」とは《知性が事物の秩序と合致している状態》をいう。一方、「権威（auctoritas）」には《〈アウトプシア〉と呼ばれる、わたしたち自身の感覚したことから生じたもの》と《とくに〈アウクトーリタース〉と呼ばれる、他人の言ったことから生じたもの》の二種類がある。そして、「道理」からは「真実なるもの（verum）」についての知識（scientia）が生まれるのだとすれば、「権威」からは「確実なるもの（certum）」についての意識（conscientia）、すなわち、疑いをさしはさむ余地のあるもののから守られているという意識がもたらされるのだという。[37]

また、『普遍法の単一の原理ならびに単一の目的』につづいて世に問われた『法律家の一貫性』の前半部「哲学の一貫性」につづく後半部「文献学の一貫性」の冒頭においてヴィーコが述べているところによると、「道理」の一貫性を守りぬくのがほかでもない哲学の任務であるとすれば、「権威」の一貫性は文献学によって守りぬかれなければならないとのことである。[38]「道理」の一貫性を守りぬく哲学と「権威」の一貫性を守りぬく文献学双方の協力があってはじめて「万民の自然法」の解明は可能となるとヴィーコは考えるのである。

ところが、その「万民の自然法」の解明のためには必要不可欠の条件であると考えられる「道理」と「権威」について、それぞれ、これまで哲学者たちが論議し、文献学者たちが提供してきたものはどうであったかとみれば、それらはいずれもが拠りどころとするに値しないものであるというのだ。

では、どうすればよいのか。諸国民の文明の起源ないし万民の自然法についての〈新しい学〉を発見すべきことの必然性。しかしながら、その〈新しい学〉の発見にいたる道は、結局のところ、閉ざされてしまっているのだろうか。《絶望》という言葉すら、『新しい学の諸原理』一七二五年版の第八章の見出しには見える。(39) また、第一一章にいたっては、この学の諸原理を省察するにあたっては、《あたかも、この探求のためには、わたしたちを手伝ってくれる哲学者も文献学者もかつてひとりとして存在したことがなかったかのように思いなして》、《人間と神にかんするいっさいの学識についてまったく無知の状態にまでみずからを引き戻さなくてはならない》とある。(40)

だが、このような学識の白紙状態への立ち戻りが必要とされるのはなにあろうか、これらいっさいの疑わ

(35) 本書二二一―二二九頁〔一五一―二二二〕。
(36) 本書二二九―二三〇頁〔二二三〕。
(37) Giambattista Vico, *Il diritto universale*, a cura di Fausto Nicolini (Bari, Gius. Laterza & figli, 1936), p. 35.
(38) Ibid, p. 307.
(39) 本書三四頁。
(40) 本書五二頁〔四〇〕。

しさのなかにあって、それでもなお、いかにしても疑いに付すことのできないある一つの真理、かくてはめざす〈新しい学〉の第一真理となるべき真理の存在を確認し確保するため以外のなんでもないのであった。実際にも、第一一章では、つぎのような文言が続いている。

《かくも長くて濃い闇の夜にあって、ただ一つ、つぎの光だけがほのかに輝いている》。《すなわち、異教諸国民の世界（il mondo delle gentili nazioni）はそれでもなおたしかに人間たちによって作られてきたのだ、というのがそれである。そして、この結果、そのような無限の疑わしさの大洋のなかに、ただ一つ足を踏まえることのできる、つぎのような小さな陸地が立ち現われる。すなわち、それ〔異教諸国民の世界〕の諸原理はわたしたちの人間の知性の自然本性的なあり方のうちに、ひいてはわたしたちの理解の能力のうちに、見出されるのでなければならない、というのがそれである》と。[41] これは『われらの時代の学問方法について』や『形而上学篇』における知識論的立場からのなんとドラスティックな転換であることか。「コペルニクス的転回」と称したゆえんである。

（2）反転するプラトニズム

ついで注目されるのは、『新しい学の諸原理』一七二五年版においてプラトニズムからの反転が生じていることである。

若いころからヴィーコはプラトンの形而上学に深く共感していた。たとえば、『形而上学篇』の「結論」には同書で開陳されてきたのは《人間における知識を神における知識の規準にするのではなくて、神における知識を人間における知識の規準にする、キリスト教信仰に適合した形而上学》であったとあるが、(42) この理念自体、アウグスティヌスの流れを汲むキリスト教的プラトニズムの伝統一般に通有のものとして知られている観念の神起源説、そしてヴィーコの時代には、とりわけ、オラトリオ会に属する敬虔なアウグスティヌスの徒であった神学者にして哲学者のニコラ・ド・マルブランシュ（一六三八—一七一五）が『真理探求論』（一六七四—七五年）において提示していた《わたしたちは万物を神のうちに見る（nous voyons toutes choses en Dieu）》という所説と思想的基盤をともにしたところからうち出されたものなのだった。

このことは、『形而上学篇』の「知性（mens）について」と題された第六章における叙述から裏づけられる。そこでは、《ラティウムの人々は〈知性は神々からあたえられる〉というような言い方をしていた》と指摘されるとともに、《したがって、当然にも、このような言い回しを案出した者たちは、観念は神によって人間の精神のうちに創造され、呼び起こされるのだと考えていたことになる》と主張されている。そして、この問題をめぐっては《現代のこのうえなく繊細緻密な形而上学者たち》もはるかに巧妙な仕方で論じているとして、そのうちの代表格と目されるマルブランシュが名指しされたうえで、そのマルブランシュがデカルトの第一真理「わたしは思考している、ゆえにわたしは存在する」に賛同していることに疑問を呈して、つぎのように論じられている。《神がわたしのうちに観念を創造するということからは、むしろこう論を導くべきであろう。すなわち、〈何ものかがわたしの内部で思考している。ゆえにそれは存在する。とこ

(41) 本書五二頁〔四〇〕。

(42) 上村訳『イタリア人の太古の知恵』、一四〇頁。

ろが一方、思考のうちには、わたしは物体のなんらの観念をも見出さない。したがって、わたしの内部で思考しているそのものは、このうえなく純粋な知性、つまりは神である〉と。〔中略〕実際にも、知性は思考することによって自己を現わす。が、わたしの内部において思考しているのは神である。したがって、わたしはわたしの知性そのものを神のうちに認識するのである[43]》。

また、ヴェネツィアの『イタリア文人雑誌』に出た『形而上学篇』の書評をめぐっての、書評者たちへの『第二の答弁』でも、《わたしたちは神からわたしたちにやってくるのではないなんらの認識をも有さない》というのがイタリアの太古の哲学者たちの見解であったと再確認したうえで、それがどのようにしてやってくるのかについては、アリストテレスやエピクロスの感覚経由説、ソクラテスとプラトンのものであるとされている想起説、デカルトの観念生得説、そして《神がそれらをわたしたちの内部に創造するのだ》とするマルブランシュの説などがあるとするとともに、最後のマルブランシュの説に《わたしとしては喜んで賛同したいと思っている》とある[44]。

そして観念の神起源にかんする同様の考え方は、『新しい学の諸原理』の、それも最終版となった一七四四年版にいたるまで、変わることなく堅持されていることがいくつかのくだりから判明する。

まず注目されるのは、『新しい学の諸原理』一七三〇年版と一七四四年版の「著作の観念」と題された序論に《神のうちに人間の知性たちの世界を観照する》というマルブランシュを彷彿させる文言が登場することである[45]。

それればかりではない。ヴィーコは『新しい学の諸原理』一七三〇年版の出版直後から近い将来におけるさらなる改訂版出版の機会にそなえて「訂正・改善・追加」と題されたノートを作成している。それによって見ると、『新しい学の諸原理』一七三〇年版の「方法」にかんする部の《人間たちの事績にかんするもろもろの秩序には点、線、面、図形以上に実在性があるだけに、そこには、それだけいっそう多くの真実性がともなっている。そして、このこと自体が、そのような証明は一種神的なものであって、読者よ、あなたに神的な喜悦をもたらすにちがいないということの論拠になる。それというのも、神においては認識することと製作することとは同一のことがらであるからである》と結ばれているくだり[46]のあとには、『真理探求論』のなかの観念の神起源にかんするマルブランシュの論証をほとんどそのままなぞったつぎのような文章が追加される手筈になっていたことが知られる。

《わたしたちの知性の内にはいくつかの永遠の真理が存在している。そして、これらについては、わたしたちは認めないわけにも否定するわけにもいかない。それというのも、それらはわたしたちによって存在しているのではないからである。残余のものについては、わたしたちは、身体に依存するすべての事物を、そこに理解をはたらかせつつ作り出す自由がわたしたちにはあると感じている。それゆえ、わたしたちは、そ

(43) 同前、一〇九—一一一頁。

(44) Giambattista Vico, *Le orazioni inaugurali, il De Italorum sapientia e le polemiche*, a cura di Fausto Nicolini con collaborazione di Giovanni Gentile (Bari, Gius. Laterza & figli, 1914), p. 254.

(45) Vico, *La scienza nuova 1730*, p. 27. 上村訳『新しい学』(上)一七頁〔2〕。

(46) Vico, *La scienza nuova 1730*, p. 132.

れらを時間の中で、すなわち、そうしたいと欲するときに、作り出す。しかも、そこに理解をはたらかせつつ作り出す。想像力によって像を、記憶力によって記憶を、欲求によって情念を、感覚によって匂い、味、色、音を。そして、これらすべてのものをわたしたちはわたしたちの内部に含みもっている。それらのうちのどれひとつとしてわたしたちの外部にあっては存立を得ることはできないのであって、それらが存続しえているのはそこにわたしたちがわたしたちの知性をはたらかせているかぎりにおいてのみであるからである。しかし、永遠の真理についていうなら、それらは身体によってわたしたちのうちに存在しているのではないのであるから、ある一つの永遠の理念こそが原理であると理解せざるをえない。そして、この永遠の理念は、これはこれでまた、それの認識作用のなかで、そうしたいときにいつでも、すべての事物を時間の中で創造しているのであり、それらを自身の内部に含みもっているのである。そして、そこに意を用いることによって、それらを保持しているのである[47]》。

この文章は、もともと『自伝』にあった一節を一部手直ししたうえでそのまま持ってきたものである。その『自伝』の一七二八年に公表された第一部を覗いてみるとよい。そこには、ヴィーコが「ヴァトッラの森」でその地の領主ドメニコ・ロッカの子どもたちの家庭教師をしていた時期にナポリの青年知識人たちを魅了していた「エピクロスの哲学」を指して、それは《まったくのところ感覚の形而上学》であり、物体的自然の諸形式についての説明はそれなりにみごとであるものの、《人間の知性の作用様式》を説明する段になったとたん窮境におちいっているのがわかるとするとともに、この「エピクロスの哲学」との対比において、《わたしたちの人間の知性の形式そのものから出発して、なんらの仮説も立てることなく、わたしたちがわたしたち自身についてもっている知識と意識にもとづいて、永遠の理念をすべての事物の原理として確立している》「プラトンの教説」の卓越性を顕彰したくだりがある。[48] そのくだりからとってこられたのが右に引用した文章である。が、経緯はさておき、この『自伝』の文中にある《わたしたちがわたしたち自身についてもっている知識と意識にもとづいて》というのが、プラトンもさることながら、それ以上に『省察』のデカルトを想起させずにおかない表現であるとするなら、しかしまた、そこから導き出されている論証のほうは、デカルト以上に『真理探求論』のマルブランシュを想起させるものといってよいだろう。

しかしまた、『新しい学の諸原理』一七二五年版には、《エピクロス派とストア派とは、互いに相違しているばかりか正反対の道をたどりながら、残念なことにも、双方とも、通俗的知恵から遠ざかり、これを見棄ててしまっている》なかにあって、《ただひとり神のごときプラトンだけが、宗教と法律の通俗的知恵から学びとった理論的原則に従って人間を規制することができるような深遠な知恵について思索をめぐらせた》としながらも、そのプラトンにおける「学識の錯誤」をきびしく批判したくだりが出てくる。ヴィーコの推理によると、《異教の文明の最初の創建者たちは、かつてハムとヤフェトの種族がそうであったにちがいないように、神を崇敬せず、都市をもたない人間たちの種族として、ただただ何ごとにも驚愕しては我を忘れてしまう獰猛そのものの巨大な野獣以外の何ものでもありえなかった》。したがって、プラトンは、本来なら、かれの「イデア」の世界から抜け出て、そのような《異教の文明の野蛮で粗暴な起源》にまで深く沈潜

(47) 上村訳『新しい学』〔349〕への註(2)参照。

(48) 上村訳『自伝』、三七―三八頁。

していくべきであった。ところが、プラトンは、かれもまた、《他人のよく知られていないあり方のことは自分を尺度にして測る人間の知性に通有の誤謬》を犯して、《異教の文明の野蛮で粗野な起源をかれ自身のいとも崇高で神のごとく深遠な認識がはじめて達成可能とされている〔文明の〕完成された状態にまで高めあげてしまった》。そして、《今日まで引き継がれている学識の錯誤（un dotto abbaglio）によって、異教の文明の最初の創建者たちがこのうえなく賢明で深遠な知恵を有していたことを立証しようとする》。こうヴィーコはプラトンにおける「学識の錯誤」を批判するのである。[49]

ここからは、ヴィーコの形而上学が『新しい学の諸原理』一七三〇年版と一七四四年版の巻初に置かれている「著作の観念」の説明の冒頭においても高らかに謳いあげているプラトニズム的な志向性を『新しい学の諸原理』一七二五年版の時点ですでに大きく反転させつつあったことが見てとれる。それは「形而上学」とはいいながら、およそ非プラトン的で、そればかりか反プラトン的ですらある形而上学であるといってよい。

（3）「人類の共通感覚」への着目

それにしても、文明の起源にむかってのヴィーコの旅、これはまたなんと多くの険しい困難に満ち満ちた旅であったことか。このことについては、ヴィーコ自身も痛切に実感していた。実際にも、『新しい学の諸原理』一七二五年版の第一巻の末尾には、《不敬虔な種族の最初の人間たちが、それまで人間の声を一度として聞いたことのなかった状態のなかで、どのようにして思考していたにちがいないのか、また、かれらの思考をどんなに粗野な仕方で形成し、どんなに見苦しい仕方で結合していたのか、これらについてはわたしたちはかろうじて〔頭で〕理解することができるにすぎず、具体的に〔心に〕思い描くことはまったくできないのである》という嘆息まじりの記述がみえる[50]。

ただ、ここでヴィーコは、最初の人間的思考が異教の世界に生まれたさいの生成の様式を探りあてるにあたって、「人類の共通感覚」なるものに着目する。

見てみよう。『新しい学の諸原理』一七二五年版には開口一番、《諸国民の自然法はたしかに諸国民に共通の習俗とともに生まれたのだった。また、世界に存在した国民で、神を信仰しない者たちからなる国民はいまだかつてひとつとして存在したことがない。なぜなら、諸国民はすべて、なんらかの宗教から始まっているからである[51]》とあって、『彗星にかんする雑考』(一六八二年)、ことにその『続篇』(一七〇四年)において、神への信仰をもたない者たちからなる社会の存在可能性を主張したフランス啓蒙前期の思想家、ピエール・ベール(一六四七―一七〇六)への正面からの論駁がなされている。そしてつぎのように続けられている。《宗教はすべて、永遠に生きたいという、人間だれもが生来有している願望のうちにその根を下ろしていた。人間が生来有しているこの共通の願望は、人間の霊魂は不滅であるという、人間の知性の根底に隠れているある一つの共通感覚から生じてくる。この共通感覚は、原因が秘匿されているぶん、それだけ明瞭に結

(49) 本書一八―二〇頁〔一二―一三〕。
(50) 本書五七頁〔四二〕。
(51) 本書一三頁〔八〕。

果を生み出す。すなわち、病の極みにあってまさに死を迎えんとするとき、わたしたちはなにか自然を超越した力が存在していて、その病を克服してくれないものかと願う、というのがそれである。そのような力は、もっぱら、自然そのものではなく、自然を超越した存在である神、いいかえれば、ある一つの無限にして永遠の知性のうちに見出されるべきはずのものである》[52]。

「永遠に生きたい」という「人間が生来有している共通の願望」。そしてまた「人間の霊魂は不滅である」という「人間の知性の根底に隠れているある一つの共通感覚」。これには、すこし下ったくだりで、「人類の共通感覚(il senso comune del genere umano)」という呼称があたえられている。そして、それには《万事を先見している者、つまりは神が存在するのではないかという感覚》に《ある決まった女性とのあいだに素性の確かな息子をもうけて、その女性と少なくとも公共的な宗教の諸原理が共通であるようになっていなければならないという感覚》と《死者は埋葬されなければならないという感覚》の三つがあるとするとともに、文明はつねにいたるところでそのような三つの「人類の共通感覚」にもとづいてその実践的方策を支え導いてきたのだと主張されている[53]。

『普遍法』のヴィーコは、宗教の起源を、《神にたいする恐怖心》という、啓蒙前期の自由思想家たちの宗教論の基礎でもあった心理学的かつ社会学的な経験的与件のうちに見てとりながらも、ただちに言葉を接いで、それは《罪を犯したという意識》に由来するものだとしていた[54]。そして、この意識はこの意識で《真理を知らなかったことにたいする羞恥心》以外の何ものでもないとしていた[55]。《神および人間にかんするあらゆる知識の要素は認識(Nosse)、意志(Velle)、権力(Posse)の三つ、原理はただ一つで知性(Mens)。その知性の目が理性（Ratio）であり、光が神（Deus）なのだ》というプラトン的＝アウグスティヌス的な神学の存在論的前提に立ってである。[56] この『普遍法』における説明からの、これはまたなんと大きな転換であることか。『新しい学の諸原理』一七二五年版を『普遍法』から分かつ第三の注目点である。

ちなみに、ヴィーコにおける宗教意識の問題に鋭利な分析のメスを入れてきた思想史家のアントニオ・コルサーノは、このような『普遍法』の立場から『新しい学の諸原理』の立場への転換を指して、《真理であることの形而上学（metafisica del essere-verità）》に代えての《確実であることの形而上学（metafisica del essere-certezza）》と規定するとともに、《意識ないし反省の内的な根拠》を犠牲にしての《共通感覚の新たなドグマティズム》であると指摘している。[57] もっともな指摘ではある。が、ヴィーコにおけるこの転換を「ドグマティズム」への陥落として弾劾するよりは、そうした転換を遂行せざるをえなかったヴィーコの苦渋に満ちた思索の過程にこそ思いを致すべきではないだろうか。

ともあれ、『新しい学の諸原理』のヴィーコは「人類の共通感覚」に着目する。そして、これをもってか

(52) 本書一三―一四頁〔八〕。
(53) 本書一五頁〔一〇〕。同様の主張は本書第四巻「この学を確立する証拠の根拠」三九四―三九五頁〔三九七〕でもなされている。
(54) Vico, *Il diritto universale*, p. 277.
(55) Ibid, p. 34.
(56) Ibid, p. 72.
(57) Antonio Corsano, *Giambattista Vico* (Bari, Gius. Laterza & figli, 1956), pp. 206-207.

れが構想する「文明の哲学」の礎石にしようとするのである。《ホッブズの暴力的な者たち、グローティウスの単純な者たち、プーフェンドルフの見棄てられた者たちが、ゼウスが巨人たちを地面に打ち倒した時代から、ギリシアで七賢人が登場し、その第一人者のソロンがアテナイ人に「汝自身を知れ（Nosce te ipsum）」という有名なモットーを教え、ギリシア人がもろもろの格率をつうじて文明の完成に向かいはじめた時代まで、徐々に導かれていくには何が必要とされたかをめぐっての絶えざる省察によって構成される、本来の意味での文明の哲学。先立つこと千五百年の期間中ずっと、ただひとり摂理のみがいくつかの人間的感覚をつうじてこれら最初の人間たちを文明へと導いてきたのだった。そしてかれらは、まずは先を見通した神性が存在するという信仰をつうじて、ついでは身元の確かな息子たちをもうけることをつうじて、そして最後には祖先を埋葬することをつうじて、人類を形成しはじめたのだった》。こうヴィーコは『新しい学の諸原理』一七二五年版の末尾に付されている「指標（Indice）」のなかの、《血液が体中に行きわたり拡がっているように、この著作全体に行きわたり拡がっている、いくつかの一般的な発見》の概要を提示した部分を締めくくっている。(58)

（4）詩的記号の原理の発見

ところで、ヴィーコは、その『新しい学の諸原理』一七二五年版の「指標」のなかで、同書でなされた「一般的な発見」の筆頭に《摂理の観念にもとづいて描写された、その上を諸国民のすべての個別的な歴史がそれらの興隆、前進、完成状態、衰退、終焉をつうじて時間の中で経過していく、永遠の理念的な歴史

（un'istoria ideale eterna）》なるものを挙げている。[59] 同書の第二巻第八章では、《この学は人間の習俗の哲学と歴史を一気に提供するものでなければならない。これは、ここであつかわれるような種類の法学、すなわち、人類の法学を完成するために要求される二つの部門であって、第一の部門ではその人類の法学を根拠づける一連の理由を解明し、第二の部門ではそれらの理由と合致したかたちで文明の諸事実の永続的ないし中断されることのない進展を物語るというかたちのものでなければならない。原因はそれに似た結果を生み出すからである。そして、このようにして、諸国民の世界全体の確実な起源と途絶えることのない進歩の発見へと導いていくのでなくてはならない》とことわったうえで、「だから」と言葉を接いで、《この学は、それの上を諸国民すべての歴史が時間の中で経過していく、ある一つの永遠の理念的な歴史（una storia ideale eterna）であることとなる》と主張されていた。《この永遠の理念的な歴史からのみ、わたしたちは確実な起源と確実な永続性、すなわち、今日にいたるまで人々がかくも願望してやまなかった二つの最大のことがらをそなえた普遍史を真に知識と呼ぶにふさわしいかたちで獲得することができる》というのだった。[60]「指標」での述言はこの第二巻第八章における主張を受けたものだったが、たしかに同書全体の意図からするなら、この「永遠の理念的な歴史」の構図を描き出すことができたことこそは、ほかにもいくつも挙げられている「発見」のうちでも筆頭に挙げられてしかるべき発見であっただろう。実際にも、万民の自然法に不変性と普遍

（58）本書四九四頁〔五二六〕。

（59）本書四九〇頁〔五二〇〕。

（60）本書一一二—一一三頁〔九〇〕。

性をあたえて、それを永遠の法として確立するということ自体は、すでに『普遍法』においても、それこそ最重要の課題であった。そして、同書の第二巻『法律家の一貫性』の第二部「文献学の一貫性」の、特記に値することにも「新しい学がこころみられる」と題された第一章では、そのために《文献学を知識の規範に照らして査定する》ことの必要性が力説されてもいた。[61] しかし、それが「永遠の理念的な歴史」の構図となって結実するには、『新しい学の諸原理』一七二五年版を待たなければならなかったのである。

だが、わたしとしては、「永遠の理念的な歴史」の構図もさることながら、ヴィーコが『新しい学の諸原理』一七四四年版において《この学の親鍵》であると自負している「発見」、すなわち、《異教の最初の諸国民は自然本性上の必然からして詩人たちであり、詩的記号（carattere poetico）によって語っていた》という言語および文字の起源＝原理についての「発見」[62]がはじめて明示的に表明されたのが『新しい学の諸原理』一七二五年版においてであるということに注目しておきたい。もっとも、それを予示したとおぼしい述言はすでに『普遍法』にも見出されるとしてもである。[63]

実際にも、『新しい学の諸原理』一七二五年版の第三巻の「最初の諸国民の語彙集を構成していた詩的記号の原理の発見」と題された第五章には、つぎのようにある。

《わたしたちは本書の冒頭で述べた。グローティウス、ホッブズ、プーフェンドルフの人間がどのように考えていたのか、また語っていたのかについては、わたしたちはかろうじて〔頭で〕理解することができるにすぎず、具体的に〔心に〕思い描くことはまったくできない、と。しかし、いまでは二十五年が経過した持続的な険しい省察ののち、わたしたちはついに、アルファベットが文法学の原理であり、幾何図形が幾何学の原理であるように、この学の第一原理をなすものを見出すにいたった。なぜなら、一例を挙げるなら、〝a〟という文字が無限に存在する有声化された開口母音や閉口母音すべてに一様性を提供するために文法学によって考案された記号であり、また別の一例を挙げるなら、三角形が三本の線が三つの点で結合された三つの鋭角からなる大きさの異なる無数の図形に一様性を提供するために幾何学によって図案化された記号であるように、詩的記号が最初の異教諸国民の語っていた言語を構成する要素であったことが見出されるにいたったからである[64]》。

ヴィーコは言う。《悟性的判断力がまったく使用されないかほとんど使用されないところでは感覚が強靱である。また感覚が強靱なところでは想像力が生彩を放つ。そして生き生きとした想像力は対象を感覚のうちに刻印する形像の最良の絵描きなのである》と[65]。そして、ヴィーコによると、これはまさしく異教諸国民の世界を創建することになった「最初の人間たち」が置かれていた状態にほかならないのだった。異教諸国民の世界を創建することになった「最初の人間たち」は、悟性的判断力はいまだ全然持ち合わせていなかった反面、全身がこれ感覚と想像力のかたまりであったにちがいない。ひいては、かれらには詩的創作の能力が生まれつきそなわっていたはずである。いやそれのみか、かれらはその能力にことのほか恵まれていたに

(61) Vico, *Il diritto universale*, pp. 308-319.
(62) 上村訳『新しい学』(上)六三頁〔34〕。
(63) Cf. Vico, *Il diritto universale*, p. 379.
(64) 本書二六五頁〔二六一〕。
(65) 本書二五九―二六〇頁〔二五二〕。

ちがいない――と、こうヴィーコは推理する。このような異教世界の「最初の人間たち」によって天性の詩的創作の能力を発揮しつつ仮構的に創造されていったものが、ヴィーコによると、神話に登場する神々であり、さらにはまた英雄たちの像にほかならないのだった。

しかも、ヴィーコの推理によると、かれら異教世界の「最初の人間たち」は、かれらがかれらの特異な経験のなかで想像力をたくましくしつつ作りだしていった形像を、つぎには、それに類似する経験を表示しようとするさいの記号つまりは語彙として使用していくことになったのにちがいないのだった。その理由をヴィーコはつぎのように説明している。

《ある国民が、知性がなおもきわめて不足しているために、ある特性を表現するのに抽象的あるいは類的な言い方をするすべを知らないとしよう。また〔その一方で〕ある人間を呼ぶのに最初に目にとまった特性に応じて種的な(in ispecie〔形相的な〕)呼び方をし、その人間が最初にその相貌のもとに見られたところの特性によって呼んでいるとしよう。たとえば、ある大仕事を家族の必要から命ぜられてなしとげ、その仕事によって、かれの家または氏族、そしてかれに割り当てられた部分にかんして、人類を守ったということで栄光に輝く存在となった人物をまさしくこの相貌のもとでとらえて、婚姻ひいては家族の女神であるヘラのクレオス〔栄光〕ということから、ヘラクレスと呼んだとしよう。すると、そのような国民は疑いもなく、その後ほかにもさまざまな人間がさまざまな時にその仕事と同じ特性をもつ行為をなしとげていたことに気づいた場合には、まずはそれらの行為に目をとめて、それらの人間にその当の特性によって最初に名づけた人物の名前をあたえることだろう。そして、いまの例でいうと、それらのだれをもヘラクレスと呼ぶだろう。

しかも、そのように未開で無教養と想定される国民は同時に愚鈍でもあって、きわめて強烈な印象をあたえる行為にしか目をとめないにちがいないので、さまざまな人間によってさまざまな時に同一の種類の特性においてなされる行動の、最も強く感じとられる部分——いまの例でいうと家族の必要の命ずるところにしたがって果たされる大仕事——にもっぱら目をとめて、それらのすべてを最初にその特性によって名づけた人物の名前に結びつけることだろう。そして、いまの例でいうと、そのような人間の全員をヘラクレスという共通の名前でもって呼ぶだろう(66)》。

このような呼称法——詩的アレゴリー——は、一般には、詩人たちの意図的な作為による換称であると解釈されている。しかし、これをヴィーコは《このような仕方で思考し説明する以外になかった、すべての異教諸国民に共通する自然本性上の必要》から生じたものであったとみる(67)。そして、このようにして自然本性上の必要によって作りだされていった詩的記号から最初の異教諸国民の言語はできあがっていた、というのがヴィーコの推理＝「発見」であったのである。言語ないし一般に記号というものの本質とそれが人間存在にとってもつ意味を考えるうえで教示されるところの少なくない推理＝「発見」であるといってよい。ちなみに、ここに登場する「詩的記号」については、『新しい学の諸原理』一七四四年版では《それぞれの類に類似したところのあるすべての個別的な種があたかも理念的なモデルまたは肖像に還元されるかのようにしてそこに還元される》《想像的な類または普遍（il genere o universale fantastico）》のことであるとの定義的説明

(66)　本書二六五—二六六頁〔二六二〕。

(67)　本書二六七頁〔二六三〕。

があたえられている[68]。

もっとも、ヴィーコの推理は、これを「発見」と称するにはあまりにもレトリック（弁論術＝修辞学）の伝統的概念からの借用が目立つことも事実である。しかし、このことからただちにそれを《レトリカルな行為の一般化[69]》と断定するのは妥当ではないだろう。

それというのも、第一に、レトリックの世界には、自らは学識があり悟性的判断力を十二分にそなえた弁論家がいる。なるほど、かれらが相手とする聴衆は、アリストテレスも述べているように、《野暮で知性を欠いている[70]》かもしれない。しかし、その聴衆に向かう弁論家自身はあくまでも学識ある存在であり、悟性的判断力を十二分にそなえた者たちなのだ。これにたいして、異教世界の最初の諸国民は詩人たちからなっていたとヴィーコが述べるときの詩人たちは、かれら自身が《野暮で知性を欠いている》存在である。というか、ヴィーコによると、異教世界を創建した「最初の人間たち」は、いってみれば《人類の幼児》なのであった。ひいては、かれらが詩人たちであったといわれる場合のかれらの詩的創作活動なるものも、本質的に幼児の遊戯に等しいものとして理解されるのである。

第二に、ヴィーコの「発見」が開き示しているものは何かといえば、それはまさしく、ドイツの哲学者ハンス＝ゲオルク・ガダマーが解釈学の哲学的基礎づけをこころみた著作『真理と方法』（増補第三版一九七二年）において「言語意識の基礎的隠喩作用」と名づけているものにほかならない。

ガダマーによると、語るという行為には、ある一つの《自然的な》概念形成の過程が最初からすでにつねにともなっているという。ただし、その段階では、互いに相異なることどものあいだに共通的なものが存在するということについてのなんらの明確な反省もいまだ生じてはいない。類という意味での普遍性は、なおも言語意識から遠く離れたところにある。人がそこでたどっているのは、むしろ、類似性を見つけ出していく自己拡大的な経験である。そして、そのようにして《類似性に表現をあたえる》ことができるということのうちにこそ、言語意識に固有の天賦の独創性が存在しているのである[71]。

この《類似性に表現をあたえる》言語意識固有の作用を指してガダマーは「言語意識の基礎的隠喩作用」と呼ぶのだが、これはとりもなおさず、ヴィーコによって悟性的類概念の形成に先立つ「想像的普遍」の形成としてとらえられていたものでなくて、いったいなんであろう。ヴィーコは、その「発見」によって、ほかでもなく、そのような「言語意識の基礎的隠喩作用」の場、概念形成の自然的な作用の場に到り着いていたのだった。

もっとも、この場合にも、たしかに「隠喩」ではある。そしてヴィーコもまた、「隠喩」という言葉を用いているのは事実である。ヴィーコは、最初の異教諸国民の世界の根源に隠喩作用の存在を確認するととも

(68) 上村訳『新しい学』(上) 六四頁〔34〕、一九五頁〔209〕。

(69) Michael Mooney, *Vico in the Tradition of Rhetoric* (Princeton, Princeton University Press, 1985), p. 210.

(70) アリストテレス『弁論術』一三九五b一―一四。

(71) Cf. Hans-Georg Gadamer, *Wahrheit und Methode: Grundzüge einer philosophischen Hermeneutik* (3., erweiterte Auflage: Tübingen, Mohr, 1972), pp. 404-406. 轡田収・三浦國泰・巻田悦郎訳『真理と方法3』(法政大学出版局、二〇一二年)、七四六―七四八頁。

に、その世界の歴史的展開過程をも、そこに隠喩法から換喩法へ、さらには提喩法、そして反語法へというように修辞学上の四種類の喩法を段階的に重ね合わせつつ説明している。[72] そして、アメリカ合州国の批評家ヘイドン・ホワイトの言葉を借りるなら、この《歴史の喩法》をもって〈新しい学〉の世界の深層構造をなしている。[73]

また、この場合「隠喩」という言葉によって意味されているところも、語の定義そのものとしては、おそらく、《隠喩とは、あることがらにたいして、本来は別のものを指す名を転用することである》というアリストテレスの『詩学』における有名な定義を出るものではないだろう。[74]

しかし、とガダマーは言う。この「名の転用」をもってこれをただちに《本来の語義の非本来的な使用》と受けとってしまうのは《言語に疎遠な論理学的理論の先入見》以外の何ものでもない、と。ガダマーによると、このような意味における隠喩は、かれが「言語意識の基礎的隠喩作用」と名づける自然的概念形成の原理が悟性的反省の場へと吸いあげられ、そこで文法学者たちの手によって喩法化されたものにほかならないのだった。[75]

そしてヴィーコもまた、すでに『普遍法』のなかで、詩的な言い回しを本来の語義の非本来的な使用であるとみるのは文献学者たちの犯してきた重大な誤謬であると指摘していた。[76] さらに、『新しい学の諸原理』一七二五年版では《詩的な喩はすべて、最初の諸国民の自然本性から生まれたのであって、詩作の才に長けた個人の綺想から生まれたわけではないことが見出される》と述べている。[77] そして一七三〇年版と一七四四年版では、この一七二五年版の述言をそのまま引き取って、《これまで著作家たちの機知に富む発明物だと信じられてきた喩のすべては、最初の詩的諸国民の必然的な説明様式であり、起源においてはその生まれつきの特性をそっくりそのまま有していたこと、ところがのちに人間の知性が展開するようになるにつれて、抽象的な形式や種を包括したり部分を全体に合成したりする類概念を指す言葉が発明され、最初の諸国民のそのような語りは本来の語義の転移態に転化してしまったことが明らかになる》とするとともに、《ここから文法家に共通の二つの誤謬が作動しはじめる。散文家の語りが本来的なものであって、詩人の語りは非本来的なものであるとする誤謬と、散文による語りが初めにあって、そのあとに韻文の語りが登場したとする誤謬である》と指摘している。[78]「隠喩」とはいいながら、ガダマーおよびヴィーコの隠喩は、論理学的思考の成立を前提としてこれの平面上で文法学者たちによってとらえられているレトリカルな文彩の一種としての隠喩とは、およそその位置と性質を異にしているのである。

（72） 本書三〇九―三一一頁〔三〇六―三〇七〕、*La scienza nuova 1730*, pp. 155-157. 上村訳『新しい学』（上）三二九―三三五頁〔404-408〕参照。

（73） Cf. Hayden White, "The Tropics of History: the Deep Structure of the *New Science*" (1976), in: Id. *Tropics of Discourse* (Baltimore & London, The Johns Hopkins University Press, 1978), pp. 197-217. ヘイドン・ホワイト著、上村忠男編訳『歴史の喩法』（作品社、二〇一七年）、八三―一一六頁。

（74） アリストテレス『詩学』一四五七b六―七。

（75） Cf. Gadamer, op. cit., pp. 406-409. 轡田ほか訳『真理と方法3』、七四八―七五三頁。

（76） Vico, *Il diritto universale*, p. 317.

（77） 本書三〇八―三〇九頁〔三〇五〕。

（78） *La scienza nuova 1730*, p. 157. 上村訳『新しい学』（上）三三五―三三六頁〔409〕参照。

それだけではない。ヴィーコは、その「発見」に到り着く過程で、ガダマーのいう「言語意識の基礎的隠喩作用」の場自体をも突き抜けて、いっそう原初の場面にまで降りていく。そして、その原初の場面に降り立ったところから、当の「言語意識の基礎的隠喩作用」そのもののよって来たるところを見さだめうる視座を獲得している。

ガダマーの理解のうちにある隠喩作用というのは、すでに形成されて秩序を構成している言語の内部においての出来事である。要するに、それは言語意識の作用なのだ。一方、ヴィーコもまた、異教諸国民の世界の始源には、まずもっては隠喩的な作用が存在したと言う。が、ヴィーコがそう述べるときの隠喩的な作用とは、すでにできあがった言語の世界の内部にあってのものではない。ヴィーコは、当の言語の世界の成立過程そのものを視野のうちにとらえこもうとする。そして、ほかでもなく、その言語の創出過程そのもののうちに隠喩的な作用を見てとるのである。

たとえば最初の神、〈天神〉ゼウスの誕生がそうである。ヴィーコによると、ゼウスとは、その自然的原因がわからず、また初めての経験であったために類似する事物によって説明する手立てすらなかった「最初の人間たち」によって、かれら自身のイデア＝自己観念像から自己差異化的に創出されていった形像にほかならないのだった(79)。この異教諸国民の世界の原初の、言語が成立する以前の場面において働いていたとみられる自己差異化的な転移の作用を指して、ヴィーコは「隠喩」と称しているのである。

したがって、ヴィーコが異教諸国民の世界の始源に措定している隠喩的な作用というのは、ガダマーの「基礎的隠喩作用」におけるような《類似性に表現をあたえる》ことではない。それはなによりもまず人間の心的世界のなかに事物がそもそも自己同一性をそなえて立ち現われてくるさいの当の事物の自己同一性の原理にほかならない。

ソシュール言語学に造詣の深いイタリアの言語学者、トゥッリオ・デ・マウロがアリストテレス的＝約定説的と呼んでいる、言語の起源についての見方がある。世界は、そこに人間が介入する以前に、すでに自己同一性をそなえ、相互に区別されて存在する事物の布置関係からなっている。そして、それらの相互に区別された事物が人間の心の中に反映して観念は作りあげられるのであって、事物の観念自体はだれにとっても同一であるが、ただそれらを表現する音声形式はそれぞれの社会を構成する人々のあいだの約定（convenzione〔慣行〕）によって相異なったかたちで成立しているとする見方である。[80]

これにたいして、ヴィーコのほうでは、事物の自己同一性自体が人間のイデア＝自己観念像の自己差異化的な転移の作用をつうじてはじめて確立されるとみる。[81] そして、このようにして最初の人間たちがかれら自

（79）本書二六一―二六二頁〔二五五〕。*La scienza nuova 1730*, pp. 142-144. 上村訳『新しい学』（上）二九七―三〇五頁〔375-379〕参照。

（80）Cf. Tullio De Mauro, *Introduzione alla semantica* (Bari, Gius. Laterza & figli, 1965), Cap II. トゥリオ・デ・マーウロ著、竹内孝次訳『意味論序説』（朝日出版社、一九七七年）、第二章。

（81）Cf. Ernesto Grassi, *Rhetoric as Philosophy: The Humanist Tradition* (University Park & London, The Pennsylvania State University Press, 1980), pp. 19-20; Donald Phillip Verene, *Vico's Science of Imagination* (Ithaca & London, Cornell University Press, 1981), pp. 79, 181-183.

身の自己観念像から自己差異化的に作りだしていった形像がやがて「想像的普遍」としての条件を具備した詩的記号――こちらのほうは類似性の発見をつうじて形成されていくわけであるが、そのような詩的記号として機能するにいたるまでには、なおもその間に、まさに相異なることどものあいだに類似性を見出すことができるようになるだけの類似する経験の少なからざる積み重ねが必要とされるはずなのだった。

なお、ヴィーコの「想像的普遍」概念にかんしてはクローチェの有名な批判がある。クローチェによると、ヴィーコの「想像的普遍」なる知的形成物にあっては想像の要素に普遍性の要素が結合されなければならないが、後者の普遍性の要素はそれ自体としてはあくまでも真の意味での普遍、すなわち、悟性的なものであって、想像的なものではない。それゆえ、そこでは、説明されなければならないはずの悟性的普遍の生成が前提に置かれてしまっており、いわゆる「論点先取の虚偽」が生じているという。[82] しかし、ヴィーコは、悟性による総合以前のところに独自の総合の層、真理把握と普遍形成のある独自の層が存在するということをこそ明らかにしようとしていたのである。[83] そして、そこに「論点先取の虚偽」を見るような悟性主義的なものの見方をこそ打破しようとしていたのだった。

(5)『新しい学の諸原理』第二・三版との異同について

ヴィーコが『新しい学の諸原理』一七二五年版において「発見」と称しているものの大部分はそれを全面的に書き改めたという一七三〇年版と一七四四年版においてもそのまま受け継がれている。

ただ、そうしたなかで『新しい学の諸原理』一七三〇年版と一七四四年版の第三巻「真のホメロスの発見」だけは一七二五年版にはなかった新しい発見であるといってよい。実際にも、そこでは、《ホメロスとかれの詩についてわたしたちが推理し他の人々が語ってきたこれらすべてのことがらは、わたしたちをして、トロイア戦争にかんして起こったのとまったく同じことがホメロスにかんしても起こったと主張するよう、強引に引きずりこんでやまない》として、つぎのように主張されている。

《トロイア戦争といえば歴史上時代を画するほど有名な出来事であるにもかかわらず、最も思慮深い批評家たちは、その戦争はこの世では一度として起きなかったものと判断している。そしてたしかに、もしトロイア戦争の場合と同様、ホメロスについてもかれの詩篇という偉大な痕跡が残っていなかったとしたら、かくも多くの難問を前にして、ホメロスというのは観念上の詩人（poeta d'idea）であって、自然界に実在する一個人ではなかった、と言いきってしまってもよいほどなのだ。しかし、このような数多くの難問と、かれの詩篇がわたしたちのもとに届いていることを併せて考えてみるとき、わたしたちとしては中間をとってつぎのように主張することを余儀なくされるのではないかと思われる。すなわち、このホメロスは自分たちの歴

（82） Cf. Benedetto Croce, *La filosofia di Giambattista Vico*（Bari, Gius. Laterza & figli, 1911）, p. 59. ベネデット・クローチェ著、青木巖訳『ヴィコの哲學』（東京堂、一九四二年）、八八―八九頁。

（83） Enzo Paci, "Vico, Structuralism, and the Phenomenological Encyclopedia of the Sciences," in: Giorgio Tagliacozzo（ed.）, Hayden V. White（co-ed.）, *Giambattista Vico: An International Symposium*（Baltimore, The Johns Hopkins Press, 1969）, pp. 497-515.

史を歌いながら物語っていたギリシアの人々の自己観念像（idea）、あるいは英雄的記号（carattere eroico）であったというのが、それである[84]》。

ホメロスの知恵と技法については、『新しい学の諸原理』一七二五年版でも、《ホメロスには、かれがそのもとで生まれ育った英雄的な時代の気風に似つかわしい政治的な知恵以外の知恵を帰属させることはできない。〔中略〕また、ホメロスには、ギリシアの英雄的言語の時代に居合わせたという幸運と結びついた生まれつきの天分以外の技法を帰属させることもできない。〔中略〕プルタルコスが（この点でもプラトンの後を継いで）ホメロスのうちに見てとっている深遠な知恵や、批評家たちがホメロスのうちに見出している詩の技法は、人間的な観念の〔自然的な〕流れと哲学者たちと詩人たちについての確実な歴史の双方に背反するからである》と述べられていた[85]。しかし、そのホメロスが《自分たちの歴史を歌いながら物語っていたギリシアの人々の自己観念像、あるいは英雄的記号》であったということまでは、『新しい学の諸原理』一七二五年版の段階では明確に認識するにはいたっていなかったのである。一七二五年版にくらべての認識の進歩ないし深化とみてよいだろう。

さらに、『新しい学の諸原理』一七二五年版と一七三〇年版および一七四四年版とのあいだには、全体の構成にかんしても大きな相違が認められる。この点についてヴィーコは『自伝』への追加部分（一七三一年執筆）で、まず『普遍法』にかんして、《本来ならまったく正反対の道をとるべきであったにもかかわらず、プラトンをはじめ高名な哲学者たちの知性から出発して異教世界の創始者たちの愚昧で単純な知性へと降り立っていこうとこころみていた》ため、《いくつかの主題で誤謬を犯すこととなってしまった》と振り返ったのち、一七二五年の『新しい学の諸原理』を「最初の新しい学」と呼んだうえで、《『最初の新しい学』では、主題においてではなかったにしても、順序においてたしかに誤った。というのも、観念の原理と言語の原理とは本性上互いに結合しているにもかかわらず、両者を切り離してあつかってしまったからである》と述べている。そして、《これらすべてのことは『第二の新しい学』では訂正された》としている。[86]

ただ、このヴィーコの『自伝』における記述にかんして言わせてもらうなら、『普遍法』の立場からの脱却にむけてのヴィーコの努力そのものには満幅の敬意を表したいと思うが、ここでいわれている「順序における誤り」の「訂正」がかえって叙述の明断さを損なう結果になってしまってはいないかという疑問が残ることも事実である。また、ヴィーコは、『新しい学の諸原理』一七二五年版では、その直前に計画して執筆したもののお蔵入りになってしまった『新しい学・否定的形態版』の痕跡をなおも多分にとどめていることを認めたうえで、そのような否定的な、つまりは論敵にたいする駁論的な論の進め方を否定的にとらえている。[87] しかし、一七二五年版がそうした痕跡をとどめていることは『新しい学の諸原理』がどのような学者たちのどのような学説を論敵にして書かれたのかをうかがうのにはむしろありがたいことではないだろうか。一七三〇年版以降では極力払拭の努力がなされているだけになおさらである。これが、すでにわたし自

(84) *La scienza nuova 1730*, p. 377. 上村訳『新しい学』(下)一八六―一八七頁〔873〕。

(85) 本書二九九頁〔二九六〕。

(86) 上村訳『自伝』、一五五―一五六頁。

(87) 同前、一五六頁参照。

身『新しい学の諸原理』一七四四年版を訳出しておきながら、ここで一七二五年版をわざわざ訳出したいと考えた大きな理由のひとつなのである。一七二五年に世に問われた『新しい学の諸原理』は、これをヴィーコが規定しているように第二・第三版によって代替可能な「最初の新しい学」と位置づけるよりも、それ自体独自の光彩を放つ一個の独立した著作とみるほうが妥当ではないかと思う。

三　小括――バロック人ヴィーコ

なお、『新しい学』の一七三〇年版と一七四四年版では一枚の口絵が扉頁の前に掲げられている。最後に注目しておきたいのは、この点である。それというのも、ヴィーコは、啓蒙主義的合理主義の最初の芽生えがみられ、また古典主義が新たに勢力を回復しつつあった十八世紀の前半期にあって活動していながら、その精神というか、趣味は、まったくのところ十七世紀的でバロック的であった。このバロック人としてのヴィーコの一面が口絵にはよくあらわれているからである。

なるほど、ヴィーコの説明によると、口絵は《読者にとって、この著作の観念を、これを読むまえに自分のうちに宿しておき、また読んでしまったのちにも、想像力の援助を得て、よりたやすく想い起こすのに役だつはずである》との配慮のもとに作成されたものだという[88]。だとすれば、このような寓意画による本論への導入という案内方法そのものは、古典古代のギリシア・ローマ以来、ヨーロッパ思想史の奥深い伝統をかたちづくってきて、とりわけルネサンス時代のイタリアにおいて隆盛をみた記憶術にかんする議論の流れを汲んだものである。なにか記憶しておきたいことがらがあるとき、人間の生来の記憶力には限界があるため、まず、一定の秩序ある構造をもった〈場所〉を選定する。それから、記憶しておきたいことがらの観念の特徴をとらえて〈形像《イメージ》〉化し、それを〈場所〉の適当な部分に按配する。こうした措置によって、記憶力の補強を図ろうというものである。そして、それ自体としては、この案内方法はとりたててバロック的であったわけではない(89)。

しかし、美術史家のマリオ・プラーツが『十七世紀における図像《イメジャリー》の研究』（増補版一九六四年）において明らかにしているところによると、バロックの時代とは《形像《イメージ》への志向が極端にまで達していた》時代であったという(90)。そうであってみれば、寓意画を用いての案内方法の採用も、そうしたバロックの時代の趣味を反映したものとみてさしつかえないのではないだろうか。

（88） *La scienza nuova 1730*, p. 27. 上村訳『新しい学』（上）一七頁〔1〕。

（89） Cf. Paolo Rossi, *Clavis universalis. Arti della memoria e logica combinatoria da Lullo a Leibniz*（Milano-Napoli, Ricciardi, 1960）. パオロ・ロッシ、清瀬卓訳『普遍の鍵』（国書刊行会、一九八四年）。Frances A. Yates, *The Art of Memory*（Chicago, The University of Chicago Press, 1966）. フランシス・A・イェイツ著、玉泉八州男監訳『記憶術』（水声社、一九九三年）参照。

（90） Mario Praz, *Studies in Seventeenth-Century Imagery*（Second ed. considerably increased: Roma, Edizioni di Storia e Letteratura, 1964）, p. 15. 上村忠男・尾形希和子・廣石正和・森泉文美訳『バロックのイメージ世界——綺想主義研究』（みすず書房、二〇〇六年）、一七頁。

実際にも、口絵はヴィーコの指示にもとづいて友人の画家ドメニコ・アントニオ・ヴァッカーロ（一六七八―一七四五）が描いているが、そこでは、もろもろの事物が一本の垂直の線にそって配列されるとともに、それらが表示していることがらはそれらの相互的な結合関係のなかではじめて明らかになるように配列されている。また、画像の全体は、ある一つの暗くて定かでない背景から浮き出ている。そして、光に照らし出された各平面の周りには、暗くて定かでないもの、無限定なものがつねに残っていて、光に照らし出されたものとのあいだで一種の同調関係をかたちづくっている（図1）。これは、光と影とが互いに相手をさえぎりあい、両者の交錯が画像に意味とリズムとをあたえていた、ナポリ派を代表する画家フランチェスコ・ソ

図1　『新しい学の諸原理』（1730年版）の扉にある口絵

図２　フランチェスコ・ソリメーナ作「ディアナとエンデュミオン」（1700〜1730年頃）。リヴァプール国立美術館蔵。

リメーナ（一六五七—一七四七）のバロック的作風（図２）そのままであるということができる。[91]

　もっとも、寓意画による著作の観念の説明という方法をヴィーコが考案したのは、さきに略伝のなかでも触れたように、本論の原稿がすでにできあがって印刷に回してしまってから、印刷の途中で生じた《ある緊急事態》に対処するための窮余の一策としてであった。したがって、この経緯を見るかぎり、口絵とそれについての説明文はたしかにあとから急場しのぎに付け足されたものであり、本論はこの部分を予想することなくさきに書かれていたわけであるから、たとえこの部分がなかったとしても全体の論旨に影響はないといえないこともない。[92]だが、たとえ当初の事情がこのようなもので

（91）Cf. Biagio De Giovanni, "Vico barocco," *Il Centauro*, n. 6, p. 64. 廣石正和訳「バロック人ヴィーコ」『思想』第七五二号（一九八七年二月）、一六〇—一六一頁。

（92）Cf. Fausto Nicolini, Nota a : Giambattista Vico, *La Scienza nuova seconda*, giusta l'edizione del 1744 con le varianti dell' edizione del 1730 e di due redazioni intermedie inedite (Quarta ed. riveduta e arricchita di postille inedite d'un discepolo: Bari, Gius. Laterza & figli, 1953), Parte II, p. 349.

あったことは事実であるにしても、この新たな工夫はそのまま一七四四年版に引き継がれていることもまた事実なのだ。ヴィーコはどうやら、この思いつきがよほど気に入ったものと思われる。

しかも、このヴィーコの得心には、それなりの理由があった。

そもそも、絵画ないし一般に図像的表象媒体には、それに特有の視覚的直截性によって、絶大な説得効果を発揮することができるという利点がある。

ホラティウスの『詩論』にはある。《詩人の務めは、役に立つか、楽しみをあたえるか、それとも人生の喜びとなり導きとなる言葉を告げることです。〔中略〕有益なものを甘美なものと（utile dulci）混ぜ合わせて、観客を楽しませながら導くことのできる詩人は、あらゆる人にほめられ、もてはやされることでしょう[93]》と。

この近代にいたるまでの全ヨーロッパ文学の理論的基礎をなしてきたといっても過言ではないホラティウスの格率をバロックの人々は人間の自然本性についての一種感覚主義的な理解のもとで受けとめた。人間というものは不完全で、いつまで経っても子どものような存在であって、感覚的なものによってしか動かされることがなく、甘美な糖衣で包んでやらないかぎり、それがどれほど真実で有益なものであっても、哲学の教えなどといったものは受けつけない。この点にホラティウスはわたしたちの注意を喚起したというわけである。

それと同時に、バロックの人々は、ここに図像の惹起しうる直截的な視覚的魅力についてのかれら特有の認識を重ね合わせた。そして、ホラティウスの格率において詩ないし一般に文学の務めであるとされている人々の道徳的善導のためには、図像、ことに絵画ほど有効な手段はないとの確信を深めていったのだった。

実際にも、バロックの時代にはとりわけ対抗宗教改革運動の精力的な推進者であったイエズス会士たちによるエンブレムの頻繁な利用が見られたが、それはかれらがエンブレムという絵画的表象媒体のうちに道徳的真理を民衆に直観的形態によって教えこむための最適の手段を見出したからにほかならなかった(94)。

そしてヴィーコはどうであったかというと、対抗宗教改革運動とのそれ自体こみいった関係についてはいまはおくとして、ヴィーコもまた人間の自然本性についてのバロック人の一種感覚主義的な理解の共有者であったことは、『われらの時代の学問方法について』の詩作にかんする章に、詩人も人々に義務を教え、有徳な行動へといざなおうとしている点では哲学者と同じであるが、ただし、《詩人は哲学者が厳格に教えることがらを心楽しませつつ教える》という、明らかに〈有益なもの〉と〈甘美なもの〉との混ぜ合わせにかんするホラティウスの格率に準拠した文言が登場することからも確認される(95)。

しかしまた、レトリックの手段としての絵画ないし一般に図像的表象媒体の意義は、この媒体がそれ特有の視覚的直截性をつうじて〈有益なもの〉を〈甘美なもの〉と混ぜ合わせることによって発揮しうる説得効果のみにあるのではない。このこと以外にも、絵画ないし図像には、その同じ視覚的直截性によって、そこに描かれている事物の一挙的総覧をも可能にするという特色がある。そして、この事物の一挙的総覧という

---

(93) ホラティウス『詩論——ピーソー父子へ』三三三—三四六。

(94) Cf. Praz, op. cit., p. 16. 上村ほか訳『バロックのイメージ世界』、一八頁。

(95) 上村・佐々木訳『学問の方法』、七七—七八頁。

ことは、とりもなおさず、他方でヴィーコがその意義を力説してやまないトピカ的な知の特性でもあるのだった。

トピカ（topica）というのは、もともと、弁証術や弁論術が推論を組み立てるときに依拠すべき論点の在処であるトポス（topos）について考察したアリストテレスの著作『トピカ』に由来する語で、キケロによって、同名の著作『トピカ』で、真偽の判断術（ars iudicandi）にかんする学科である論理学と対比させて、論点の発見術（ars inveniendi）にかんする学科を指すのに採用されて以来、ルネサンス時代の人文主義者たちのあいだでも雄弁家になるために必須の学習課目として重視されてきた。そしてヴィーコは、ナポリ大学での一連の開講講演からもうかがえるように、かれもまたそうしたキケロ的ヒューマニズムの精神の体現者の一人だったのだが、そのヴィーコの理解のうちにあるトピカ的な知とは、なによりも第一には視覚の知、〈見ること〉あるいは〈まなざし〉の知にほかならない。すなわち、自分が対象とすることがらの構成要素全体の通覧ないし一挙的総覧によって成り立っているということ、このことがわけてもトピカ的な知の特性をなしているのだった。実際にも、『われらの時代の学問方法について』にはつぎのような主張がみえる。《トピカ〔中略〕の訓練を受けた者たちは、論述にさいして、すでに論点のあらゆるトポス〔在処〕を知っているので、どんな問題に直面してもそのなかにある説得可能などんなことをも、あたかもアルファベットにざっと目を通すかのようにして、即座に見てとる能力をすでにもっている。他方、その能力を手に入れていない者は、弁論家の名にほとんど値しない。弁論家の主たる任務は、遅延とか審問延期を容れない緊急のことがら〔中略〕において、事件について弁論するのにわずかの時間しかあたえられていない被告人に即刻の助力をあたえることなのである。〔中略〕またしばしば、きわめて強力な根拠によっても動かされない人が、なんらかの軽微な論点によって見解を変えるというようなことが自然に生じる。それゆえ、弁論家が確実にあらゆる心を捕らえるためには、論点のあらゆるトポスを通覧していることが必要なのである》[96]。そして口絵はほかでもなく、この事物の一挙的総覧という点におけるトピカと絵画の類縁性、密接不可分離の関係性をも、見まがう余地なくあざやかにわたしたちに指し示してくれているのである。

しかも、いまの場合、口絵の意味するところはさらに特殊である。デ・ジョヴァンニは書いている。《時間は、〔中略〕トピカ的な知のまなざしのもとで、さながら相互に連関しあった空間の諸相のなかに引き戻されてしまっているかのようである。しかし、深さのある空間は、層をなして複合化した真理が等質的で空虚な時間の線にそって流れていきながらもけっして溶けさってしまうことなく、諸事実の力の内部にあって永続しているありさまを、直線的な時間以上にみごとに表示している》と[97]。まこと、口絵の意味するものは、ことのほか大きく、また深いというべきだろう。

(96) 同前、三〇―三一頁。
(97) De Giovanni, art. cit., p. 65. 廣石訳「バロック人ヴィーコ」、一六一頁。

謝辞

二〇一八年はくしくもヴィーコ生誕三五〇周年にあたる。この記念すべき年に『新しい学の諸原理』一七二五年版の日本語訳を世に問えることは訳者にとって望外の喜びである。

京都大学学術出版会へは、同出版会「近代社会思想コレクション」の編集委員で、わたしが東京外国語大学在任中に同僚であった同大学大学院国際協力講座担当の教授・中山智香子さん（経済思想史専攻）が紹介の労をとってくださった。そして編集の実務は、京都大学学術出版会の國方栄二さんが担当してくださった。お二人のご厚意に深く感謝する。

二〇一八年十月八日

上村忠男

マ行

ヤ行

ラ行

タ行

ナ行

ハ行

サ行

事項索引

ア行

カ行

マ行

ヤ行

ラ行

ナ行

ハ行

サ行

タ行

索　引

数字はファウスト・ニコリーニよって付けられた段落番号を指す。
passim は本書の全体にわたって頻出することを示す。

人名索引

ア行

カ行

訳者紹介

上村　忠男（うえむら　ただお）

1941年生まれ、東京外国語大学名誉教授。専門は学問論・思想史。

主な著訳書

『歴史家と母たち——カルロ・ギンズブルグ論』（未來社）、『歴史的理性の批判のために』（岩波書店）、『回想の1960年代』（ぷねうま舎）、『ヴィーコ論集成』（みすず書房）、『ヘテロトピアからのまなざし』（未來社）など。翻訳は、ヴィーコ『学問の方法』（佐々木力と共訳、岩波書店）、『イタリア人の太古の知恵』（法政大学出版局）、『自伝』（平凡社）、『新しい学』1744年版（中央公論新社）のほか、アガンベン『身体の使用』（みすず書房）、グラムシ『革命論集』（講談社）、ホワイト『歴史の喩法』（作品社）、ギンズブルグ『ミクロストリアと世界史』（みすず書房）など多数。

新《あたら》しい学《がく》の諸原理《しょげんり》〔1725年版〕　近代社会思想コレクション25

平成30（2018）年12月20日　初版第一刷発行

著　者　ジャンバッティスタ・ヴィーコ

訳　者　上《うえ》　村《むら》　忠《ただ》　男《お》

発行者　末　原　達　郎

発行所　京都大学学術出版会

京都市左京区吉田近衛町69
京都大学吉田南構内（606-8315）
電話　075（761）6182
FAX　075（761）6190
http://www.kyoto-up.or.jp/

印刷・製本　亜細亜印刷株式会社

Printed in Japan
ISBN978-4-8140-0186-6
定価はカバーに表示してあります

近代社会思想コレクション刊行書目

（既刊書）